INDEX TO THE ARKANSAS GENERAL LAND OFFICE 1820-1907

Covering the Counties of: Jackson, Clay, Greene, Sharp, Lawrence, Mississippi, Craighead, Poinsett and Randolph

Sherida K. Eddlemon

VOLUME 7

HERITAGE BOOKS
2008

HERITAGE BOOKS
AN IMPRINT OF HERITAGE BOOKS, INC.

Books, CDs, and more—Worldwide

For our listing of thousands of titles see our website
at
www.HeritageBooks.com

Published 2008 by
HERITAGE BOOKS, INC.
Publishing Division
100 Railroad Ave. #104
Westminster, Maryland 21157

Copyright © 2000 Sherida K. Eddlemon

All rights reserved. No part of this book may be reproduced or transmitted in any form or by any means, electronic or mechanical, including photocopying, recording or by any information storage and retrieval system without written permission from the author, except for the inclusion of brief quotations in a review.

International Standard Book Numbers
Paperbound: 978-0-7884-1384-1
Clothbound: 978-0-7884-7554-2

PREFACE

Hernando DeSoto explored the Arkansas area in 1541 and was followed in 1673 by French explorers, Louis Joliet and Jacques Marquette. LaSalle, in 1682, also explored this wilderness and claimed it for France. LaSalle named the area Louisiana There were many Native American tribes living in this region: the Osage, Caddo, Akansa and the Quapaw. Spain became the owner of the region in 1762 when France ceded the area to them. Spain permitted Americans to settle in the Arkansas area in 1783. In 1801 Spain returned the Louisiana area back to France and in 1803 the United States regained this region. Residents in the area had to file claims with the United State government proving legal ownership of the land. Until legal ownership was established the entire region was the property of the federal government. These claims appear in the American States Papers.

While the property disputes were being settled, the Arkansas Territory was formed in 1819 when their sister area, Missouri, applied for statehood. At that time the Arkansas Territory also contained parts of Oklahoma. On June 15, 1836, Arkansas lost this Oklahoma area when it became a state.

Arkansas is one of thirty public land states excluding the thirteen original states, Hawaii, Kentucky, Maine, Tennessee, West Virginia and Texas. This index is of the public land of the eastern area of the state known today as the counties of Jackson, Clay, Greene, Sharp, Lawrence, Mississippi, Craighead, Poinsett, and Randolph as dispersed through the General land Office (GLO) between the years 1820 to 1906. There were over 9,800 entries filed in these counties alone. In the beginning the GLO as under the supervision of the Treasury Department, but was later transferred to the Department of the Interior. This index is for land transactions of the GLO beginning in 1820 after statehood.

Entrymen went to the local General Land Office to file their claim or their intent to purchase a parcel. Depending upon the act in force at the time, this public land could be purchased outright for as little as $1.25 per acre, or a bid could be filed. The Land Office surveyors did their work earlier in the southern areas of the country. Land in the South was available for public entry at an earlier date than some of the other regions of the United States. By 1854 the United States still had over 31 million acres that had remained unsold for over twenty five years most of which was in the South. The Graduation Act of 1854 dramatically reduced the price of land below the prior asking price of $1.25 per acre in the effort to sale more land.

Most GLO transactions fell under the Cash Sale Act of April 24, 1820 in most public land states. The cash sale entries did not really have qualifying conditions as later acts such as the Homestead Act of May 20, 1862. These entries contain basic information such as the name of the purchaser, legal description of the land, the purchase price, date of sale and date of purchase.

Sometimes if a purchaser could not meet a condition of sale such as improvements that may have been required under a later act the entry was converted to a cash transaction.

Transaction of the Pre-emption Act of 1841 in addition to the basic information also had statements from witnesses and each entryman had to file an affidavit to establish his residence subsequent to making his application.

The land surveyed for the General Land Office (GLO) was laid out in a six mile by six mile grid containing 35 sections. Each section contained 640 acres. These sections could be divided into quarter or half sections.

Most of the original tract books held at the local GLO office are housed at the National Archives. The duplicate tract books for Arkansas that were maintained for the GLO are at the Eastern States Office. Their address is:

>Bureau of Land Management
>Eastern States Office
>7450 Boston Blvd.
>Springfield, VA 22153

The Family History Library of the Latter Day Saints of Jesus Christ has microfilmed many of these tract books except for Missouri and Alaska. This microfilm may be ordered for a small fee at one of the local Family History Centers. Family History Centers are staffed by volunteers.

Topographical maps can be useful at times in your search when you have a general idea of the physical location. These can ordered through the U.S. Geological Survey. Their address is:

>Map Distribution Center
>U. S. Geological Survey
>Box 25285, Federal Center
>Denver, CO 80225

The county abbreviations used in this volume are:

County	Abbreviation
Mississippi	Miss
Poinsett	Poin
Craighead	Crai
Jackson	Jack
Lawrence	Lawr
Clay	Clay
Greene	Gree
Randolph	Rand
Sharp	Shar

Good luck for your search for your ancestor. I hope he or she appears within this index.

Last Name	First Name	Int.	Section No.	Twp.	Ran	Acres	Date	Co.
Abbot	Benjamin		14	14N	1W	160	22 Oct. 1821	Jack
Abbott	Eli		35	21N	2E	320	1 May 1860	Rand
Abbott	John	W.	28	20N	2E	320	1 May 1860	Rand
Abell	William		30	10N	5W	320	5 Sep. 1838	Jack
Abernathy	J	L.	29	17N	6W	40	23 Sep. 1879	Shar
Abernethy	Joseph	L.	29	17N	6W	40	23 Jul. 1880	Shar
Acker	Stephen		20	16N	3W	160	24 May 1822	Lawr
Ackley	Joel		7	13N	1W	160	18 Jul. 1828	Jack
Acree	Joseph	T.	34	20N	1E	40	26 May 1892	Rand
Acres	James	M.	21	19N	1W	40	1 Jul. 1859	Rand
Adair	James	B.	23	17N	5W	160	19 Jun. 1895	Shar
Adair	James		27	17N	6W	80	1 May 1860	Shar
Adair	Mary		9	19N	1E	160	1 Sep. 1860	Rand
Adair	William		27	20N	3E	40	16 Aug. 1838	Clay
Adams	Alexander	B.	14	19N	5W	160	30 Aug. 1895	Shar
Adams	Andrew	J.	35	20N	4W	120	18 Oct. 1890	Shar
Adams	Barbara	J.	1	19N	5W	80	12 Nov. 1900	Shar
Adams	James		32	19N	6E	160	15 Jan. 1883	Gree
Adams	James		32	19N	6E	160	10 Sep. 1883	Gree
Adams	Joseph		33	16N	4W	160	5 Sep. 1825	Shar
Adams	Josephus		1	15N	4E	80	9 Jul. 1895	Crai
Adams	Patric		5	10N	3W	40	10 May 1882	Jack
Adams	William	C.	28	17N	5W	80	1 May 1861	Shar
Adams	William	C.	23	17N	4W	120	18 Oct. 1898	Shar
Adams	William	H.	22	19N	1W	40	1 May 1860	Rand
Adams	William	H.	15	19N	1W	40	1 Jul. 1859	Rand
Adams	William	H.	22	19N	1W	40	1 Jul. 1859	Rand
Adamson	Simon		22	16N	3W	80	1 Jul. 1859	Lawr
Adare	James		34	17N	6W	120	30 Oct. 1857	Shar
Adare	James		34	17N	6W	40	30 Oct. 1857	Shar
Adier	Sarah		18	17N	5W	40	1 Jul. 1859	Shar
Adkins	Olive		19	10N	5W	160	25 Jun. 1827	Jack
Adkisson	John		4	13N	4E	160	1 Jan. 1836	Crai
Agnew	James		35	21N	3W	80	30 Dec. 1902	Rand
Ainsworth	William		17	11N	4E	80	1 May 1860	Poin
Akers	John	W.	21	19N	1W	73.32	1 Mar. 1855	Rand
Akins	William		23	10N	4W	160	26 Apr. 1836	Jack
Albertson	Nancy		30	10N	4E	320	21 May 1821	Poin
Albright	Martin		11	14N	3E	40	1 May 1860	Crai
Albright	Masten		11	14N	3E	80	10 Dec. 1859	Crai
Albright	Nicholas		26	14N	3E	80	6 Jun. 1890	Crai
Alcorn	Hamlet	F.	6	19N	1W	40	1 Jul. 1859	Rand
Alcorn	Hamlet	T.	6	19N	1W	78.84	1 Jul. 1859	Rand
Alcorn	Isham	F.	5	19N	1W	124.9	10 Jul. 1844	Rand
Alcorn	Isham	F.	19	20N	1W	40	10 Jul. 1844	Rand
Alcorn	Isham	F.	31	20N	1W	80	10 Jul. 1848	Rand
Alcorn	Isham	F.	24	20N	2W	52.35	16 Aug. 1838	Rand
Alcorn	Isham	F.	24	20N	2W	80	16 Aug. 1838	Rand

Last Name	First Name	Int.	Section No.	Twp.	Ran	Acres	Date	Co.
Alcorn	Isham	F.	24	20N	2W	71.59	16 Aug. 1838	Rand
Alexander	James	C.	15	17N	3W	40	1 May 1860	Lawr
Alexander	James	C.	15	17N	3W	160	1 Jul. 1859	Lawr
Alexander	James	C.	15	17N	3W	40	1 Aug. 1861	Lawr
Alexander	James	F.	26	18N	2W	40	1 May 1860	Lawr
Alexander	James	S.	14	18N	5E	120	1 Jul. 1859	Gree
Alexander	Julia	A.	30	18N	2W	120.4	15 May 1894	Lawr
Alexander	Pleasant	J.	32	18N	2W	40	20 Nov. 1884	Lawr
Alexander	Stephen		9	15N	3W	160	27 Nov. 1820	Lawr
Alexander	William	M.	26	18N	2W	120	2 Nov. 1888	Lawr
Alexander	William	W.	10	18N	6E	320	1 Jul. 1859	Gree
Alexander	William		15	11N	4E	160	24 Jan. 1826	Poin
Allbright	Simpson		31	15N	4E	92.53	1 May 1861	Crai
Allbright	Simpson		6	14N	4E	40	1 Jul. 1859	Crai
Allbright	Simpson		31	15N	4W	40	1 Jul. 1859	Shar
Allen	Alfred	B.	9	20N	1W	80	1 May 1861	Rand
Allen	Benjamin		15	16N	5W	160	6 Jan. 1825	Shar
Allen	David		19	19N	2W	160	27 Nov. 1820	Rand
Allen	Edward	M.	10	19N	7E	80	1 Jul. 1859	Clay
Allen	Edward	M.	20	19N	7E	80	1 Jul. 1859	Clay
Allen	John	W.	15	21N	1E	80	1 May 1860	Rand
Allen	John	W.	15	21N	1E	40	1 May 1860	Rand
Allen	Riley		8	15N	5W	40	1 Sep. 1856	Shar
Allen	William		32	16N	5W	160	23 Apr. 1821	Shar
Allen	Zera		10	21N	2E	40	1 Mar. 1856	Rand
Allen	Zera		10	21N	2E	160	16 Jun. 1856	Rand
Allen	Zera		15	21N	2E	40	1 Jul. 1859	Rand
Allen	Zera		15	21N	2E	120	20 Nov. 1880	Rand
Alley	Arasmas		21	20N	2W	160	15 Nov 1902	Rand
Allison	Archibald		34	10N	4W	160	27 Nov. 1820	Jack
Allison	George		21	20N	2W	160	8 May 1901	Rand
Allison	James	L.	2	20N	3W	80	1 Jul. 1859	Rand
Allison	John		10	9N	1W	320	2 Jun. 1824	Jack
Allison	Johnson	N.	6	20N	3W	59.83	1 May 1860	Shar
Allman	Guss	A.	2	19N	7E	40	5 May 1883	Clay
Allman	Sarah	A.	22	20N	7E	80	16 Mar. 1885	Clay
Almey	David		11	18N	1W	160	27 Nov. 1820	Rand
Alphin	Josiah		25	20N	1W	120	1 Jul. 1859	Rand
Alphin	Josiah		25	20N	1W	40	1 Sep. 1860	Rand
Alsobrook	John		19	14N	4E	160	27 Nov. 1820	Crai
Altman	Daniel	H.	18	15N	5E	80	1 Sep. 1857	Crai
Altman	Richard		19	15N	5E	80	20 Dec. 1861	Crai
Alvis	John	W.	17	11N	10E	99.84	1 Nov. 1848	Miss
Ambler	Augustine	J.	12	17N	2W	40	1 Mar. 1855	Lawr
Amboden	Andrew	H.	6	16N	1W	40	1 Oct. 1850	Lawr
Amburn	Levi		26	10N	4W	160	27 Nov. 1820	Jack
Amiden	Aaron		22	21N	4W	160	7 Sep. 1894	Shar
Amonet	John		25	21N	2W	80	1 Mar. 1855	Rand

Last Name	First Name	Int.	Section No.	Twp.	Ran	Acres	Date	Co.
Amos	Isom		34	21N	2W	40	1 May 1860	Rand
Amos	Isom		34	21N	2W	40	18 Oct. 1898	Rand
Anders	Philip		24	17N	4E	40	1 Jul. 1859	Gree
Anders	Philip		12	17N	4E	80	10 Dec. 1859	Gree
Anderson	David	W.	8	16N	5W	80	12 Aug. 1901	Shar
Anderson	Eliza		1	18N	3W	80	20 Sep. 1889	Lawr
Anderson	Frederick		30	16N	5W	160	31 Mar. 1827	Shar
Anderson	Isaac	S.	3	16N	4W	40	29 Feb. 1896	Shar
Anderson	Isaac	S.	4	20N	2W	80	20 Sep. 1889	Rand
Anderson	Isaac	S.	4	16N	4W	80	26 Nov. 1895	Shar
Anderson	James	B.	33	21N	2W	160	26 Aug 1904	Rand
Anderson	James	F.	6	14N	4E	160	14 May 1821	Crai
Anderson	James	M.	18	17N	2W	160	26 Sep. 1877	Lawr
Anderson	James	S.	20	17N	4W	40	10 Jul. 1844	Shar
Anderson	James		32	16N	3W	160	31 Aug. 1821	Lawr
Anderson	Joel	C.	22	17N	5E	40	1 May 1860	Gree
Anderson	Joel	C.	22	17N	2E	40	1 May 1860	Lawr
Anderson	John	A.	10	16N	4W	80	22 Mar 1901	Shar
Anderson	John	S.	1	15N	3E	39.93	1 Mar. 1856	Crai
Anderson	John	S.	2	15N	3E	39	1 Mar. 1856	Crai
Anderson	John	T.	3	15N	5W	139.5	14 Apr. 1897	Shar
Anderson	John		4	16N	4W	120	1 May 1860	Shar
Anderson	John		30	15N	4W	118.8	30 Oct. 1877	Shar
Anderson	John		22	10N	5W	160	27 Nov. 1820	Jack
Anderson	Jonathan		22	15N	3W	160	16 May 1821	Lawr
Anderson	Joshua	W.	33	16N	5W	120	1 May 1860	Shar
Anderson	Pressley		9	10N	5W	160	30 Apr. 1821	Jack
Anderson	Robert	L.	10	16N	5W	40	1 May 1860	Shar
Anderson	Robert	S.	10	16N	5W	40	1 May 1860	Shar
Anderson	Samuel		5	15N	5W	40	1 May 1860	Shar
Anderson	Samuel		26	10N	4W	160	27 Nov. 1820	Jack
Anderson	William	V.	3	15N	5W	139.1	14 Apr. 1897	Shar
Andley	William		20	21N	2E	120	1 May 1860	Rand
Andrew	Congrave	J.	28	21N	1W	160	5 Jun. 1889	Rand
Andrews	James	G.	4	9N	10E	80	23 Sep. 1879	Miss
Andrews	James	G.	12	10N	9E	80	23 Sep. 1879	Miss
Andrews	James		10	16N	6W	160	1 Aug. 1861	Shar
Andrews	John		12	17N	4E	40	1 May 1860	Gree
Andrews	John		24	17N	4E	40	1 May 1860	Gree
Andrews	John		9	21N	1W	160	15 Nov. 1892	Rand
Andrews	Robert		9	10N	4E	160	27 Nov. 1820	Poin
Andson	Robert	S.	3	16N	4W	120	1 Jul. 1859	Shar
Anesworth	William		17	11N	4E	80	1 May 1860	Poin
Angatti	Steven		17	21N	4W	160	21 Jul. 1896	Shar
Anglin	Daniel	B.	33	16N	6W	40	1 Jul. 1859	Shar
Anglin	Daniel	B.	33	16N	6W	200	1 Sep. 1857	Shar
Anlich	Ernst	T.	30	19N	6E	40	10 Jun. 1880	Gree
Annis	Tegal		14	15N	4W	160	30 Jul. 1822	Shar

Last Name	First Name	Int.	Section No.	Twp.	Ran	Acres	Date	Co.
Anthony	James	W.	2	12N	3W	80	1 Sep. 1856	Jack
Anthony	Joseph	F.	29	21N	3E	79.86	16 Aug. 1838	Rand
Anthony	Joseph	I.	21	21N	3E	80	1 Oct. 1839	Clay
Anthony	Joseph	J.	20	21N	3E	152.9	5 Sep. 1842	Rand
Anthony	Joseph	J.	29	21N	3E	24.72	5 Sep. 1842	Rand
Anthony	Peter	L.	24	19N	5W	80	10 Dec. 1885	Shar
Appleby	William	H.	28	17N	6W	40	1 Mar. 1856	Shar
Archer	William	F.	32	21N	2W	80	31 Jan. 1903	Rand
Archer	William		5	20N	4W	45.88	10 Dec. 1859	Shar
Arendale	Richard		35	17N	1W	80	24 Oct. 1888	Lawr
Arledge	Tilman	F.	5	12N	4E	179.3	1 Jul. 1859	Poin
Arledge	William	G.	33	13N	4E	160	1 Mar. 1855	Crai
Arledge	William	G.	4	12N	4E	150.8	1 Jul. 1859	Poin
Arledge	William	G.	34	13N	4E	40	1 Sep. 1856	Crai
Arledge	William	G.	5	10N	4E	230.1	1 Dec. 1896	Poin
Armstrong	Andrew	G.	4	18N	6W	40	1 Mar. 1883	Shar
Armstrong	James	L.	6	19N	5W	54.81	30 Jun. 1882	Shar
Armstrong	James	L.	13	18N	6W	40	1 Jul. 1859	Shar
Armstrong	Richard	D.	12	18N	6W	120	1 Jul. 1859	Shar
Armstrong	Richard	D.	12	18N	6W	160	30 Oct. 1857	Shar
Armstrong	Robert		20	15N	1W	160	14 Dec. 1822	Lawr
Armstrong	Robert		23	20N	4W	160	18 May 1905	Shar
Armstrong	Rodney	H.	20	20N	3W	120	1 Sep. 1857	Shar
Armstrong	Thomas	H.	14	18N	6W	40	1 Sep. 1857	Shar
Armstrong	William	D.	5	19N	5W	160	1 Oct. 1903	Shar
Armstrong	William	L.	8	18N	1W	80	20 Jan. 1892	Rand
Armstrong	William	L.	24	20N	4W	80	25 Jun. 1901	Shar
Armstrong	William	T.	7	15N	5E	40	1 May 1860	Crai
Armstrong	William	T.	18	15N	5E	200	1 Sep. 1857	Crai
Arney	Willis		2	12N	3W	40	9 Dec. 1850	Jack
Arnold	Asel		20	21N	1W	120	21 Dec. 1904	Rand
Arnold	Elias	D.	28	21N	4W	40	7 Sep. 1894	Shar
Arnold	Francis		11	21N	1E	40	1 Jul. 1850	Rand
Arnold	Francis		2	21N	1E	40	1 Sep. 1848	Rand
Arnold	Francis		2	21N	1E	40	30 Oct. 1857	Rand
Arnold	James	R.	19	17N	6W	80	8 Mar. 1898	Shar
Arnold	Newton	J.	30	21N	4W	160	17 Mar. 1899	Shar
Arnold	Robert	A.	22	16N	4E	80	10 Oct. 1882	Gree
Arnold	Rufus	K.	6	17N	5W	194.7	5 May 1904	Shar
Arnold	Thomas	P.	14	21N	4W	160	17 Mar. 1892	Shar
Arnold	William		3	21N	4W	134.1	1 May 1860	Rand
Arthur	David		19	16N	4W	560	25 Jun. 1822	Shar
Asbury	James		19	15N	4W	160	3 Mar. 1827	Shar
Ashburn	Bird		29	11N	9E	40	1 Nov. 1848	Miss
Ashburn	Bird		30	11N	9E	160	1 Nov. 1848	Miss
Ashburn	Jessee		13	10N	8E	160	1 Nov. 1848	Miss
Ashley	Chester		32	16N	1W	80	3 Sep. 1835	Lawr
Ashley	Chester		36	16N	1W	40	3 Sep. 1835	Lawr

Last Name	First Name	Int.	Section No.	Twp.	Ran	Acres	Date	Co.
Askew	Samuel	O.	8	18N	6W	40	7 Mar. 1902	Shar
Askew	William	B.	35	16N	6W	40	1 May 1860	Shar
Askew	William	B.	1	15N	6W	40	1 Jul. 1859	Shar
Askew	William	B.	1	16N	6W	80	1 Sep. 1857	Shar
Askew	William	B.	34	16N	6W	80	10 Dec. 1859	Shar
Askins	John	J.	13	18N	4E	120	16 Nov. 1901	Gree
Atchison	James	L.	14	16N	4E	40	16 Aug. 1838	Gree
Atchison	James	L.	24	16N	4E	40	16 Aug. 1838	Gree
Atkinson	Robert		24	16N	3W	160	9 Jan. 1823	Lawr
Ator	Mary	A.	14	21N	1E	80	30 Dec. 1876	Rand
Ator	Rosetta	A.	10	21N	1E	80	10 Nov. 1882	Rand
Ault	Joseph		33	10N	4E	160	17 Aug. 1826	Poin
Austin	Benjamin	F.	12	18N	3W	160	17 Sep. 1889	Lawr
Austin	Ransom		4	16N	5E	80	1 Jul. 1859	Gree
Autrey	George	W.	2	17N	4E	80.1	10 Dec. 1859	Gree
Avendale	Richard		25	17N	1W	80	1 Sep. 1856	Lawr
Avent	William		18	15N	5W	81.74	1 Jul. 1859	Shar
Avery	John		35	15N	4W	160	27 Nov. 1820	Shar
Bach	Nicolas		11	21N	1W	40	1 May 1874	Rand
Bach	Nicolas		10	21N	1W	120	20 Nov. 1880	Rand
Bach	Peter		3	21N	1W	86.05	27 Mar. 1905	Rand
Bachanan	Acilles	W.	17	16N	6W	40	1 Mar. 1855	Shar
Bacon	Nathan		17	11N	10E	4.03	1 Sep. 1856	Miss
Bagley	David		19	15N	1W	320	27 Nov. 1820	Lawr
Bagwell	William		10	16N	5E	40	1 Oct. 1860	Gree
Bagwell	William		9	11N	7E	158.3	1 Jul. 1903	Poin
Bailey	Abner		24	21N	2W	40	16 Aug. 1838	Rand
Bailey	Allen	A.	33	20N	2W	160	10 Apr. 1899	Rand
Bailey	David	M.	35	20N	3W	160	16 Nov 1906	Rand
Bailey	Elijah	U.	3	21N	1W	160	18 Jan. 1894	Rand
Bailey	Hopson	C.	32	10N	4W	160	1 Sep. 1856	Jack
Bailey	James		20	15N	4W	160	18 Oct. 1823	Shar
Bailey	James		29	10N	5W	160	13 Nov. 1821	Jack
Bailey	Margaret	N.	25	11N	8E	160	3 Aug. 1882	Miss
Bailey	Moses		18	21N	1E	81.75	1 May 1860	Rand
Bailey	Moses		11	21N	1W	40	2 Jul. 1860	Rand
Bailey	Rebecca		35	20N	3W	120	12 Nov. 1900	Rand
Bailey	William	W.	6	19N	2W	40	10 Feb. 1881	Rand
Bailey	William	W.	6	19N	2W	40	10 Apr. 1882	Rand
Bailey	William	W.	5	19N	2W	80	3 Nov. 1876	Rand
Bain	James		28	15N	4W	45.12	6 Apr. 1895	Shar
Baird	Andrew	M.	35	19N	4W	164.3	21 Dec. 1899	Shar
Baird	Jeremiah		6	18N	3W	80	18 Jan. 1891	Shar
Baird	Jeremy	P.	19	18N	2W	80	1 Jul. 1859	Lawr
Baird	Jeremy		19	18N	2W	40	2 Jul. 1860	Lawr
Baird	Josiah	W.	26	18N	3W	80	16 Jun. 1856	Lawr
Baird	Josiah	W.	25	18N	3W	80	8 Jun. 1895	Lawr
Baker	Edward		20	18N	6W	40	1 Sep. 1848	Shar

Last Name	First Name	Int.	Section No.	Twp.	Ran	Acres	Date	Co.
Baker	Elijah	R.	2	20N	3W	80	1 May 1860	Rand
Baker	Emily		30	21N	1W	120	10 May 1882	Rand
Baker	George	A.	30	19N	3W	56.98	1 May 1860	Shar
Baker	George	A.	17	19N	3W	80	16 Jun. 1856	Shar
Baker	George	A.	8	19N	3W	40	1 Jul. 1859	Shar
Baker	George	A.	30	19N	3W	40	1 Jul. 1859	Shar
Baker	George	C.	8	17N	6W	40	1 Jul. 1859	Shar
Baker	George	W.	24	21N	2W	80	4 May 1885	Rand
Baker	George	W.	32	21N	1W	40	30 Oct. 1857	Rand
Baker	German	M.	13	21N	2W	40	10 Nov. 1882	Rand
Baker	Giles		11	15N	5W	80	16 Jun. 1856	Shar
Baker	Giles		14	15N	5W	80	16 Jun. 1856	Shar
Baker	Giles		14	15N	5W	40	1 Jul. 1859	Shar
Baker	Harriet	E.	20	19N	3W	40	30 Oct. 1857	Shar
Baker	Harriet	E.	20	19N	3W	40	10 Dec. 1859	Shar
Baker	Horace	D.	3	21N	1W	160	31 May 1890	Rand
Baker	James	A.	1	19N	4W	160	13 Feb. 1899	Shar
Baker	James		17	10N	7E	160	13 Mar. 1890	Poin
Baker	John	H.	18	17N	6W	149.4	1 Mar. 1855	Shar
Baker	John	P.	25	21N	2W	52.93	1 May 1860	Rand
Baker	John		33	20N	4W	160	31 May 1890	Shar
Baker	John		18	10N	4E	160	3 Aug. 1829	Poin
Baker	Jones		6	17N	6W	40	1 May 1860	Shar
Baker	Joseph	N.	8	19N	3W	40	14 Apr. 1897	Shar
Baker	Lucinda		6	17N	6W	40	1 May 1860	Shar
Baker	Lucinda		17	17N	6W	120	1 Jul. 1859	Shar
Baker	Martha	A.	35	17N	3W	40	2 Dec. 1893	Lawr
Baker	Robert	W.	23	21N	7E	40	20 Feb. 1894	Clay
Baker	Samuel	H.	18	18N	5W	80	1 May 1860	Shar
Baker	Samuel	H.	5	17N	6W	120	1 Sep. 1860	Shar
Baker	Tamar	D.	30	21N	1W	71.78	11 Jan. 1892	Rand
Baker	Thomas		29	19N	2W	80	10 Jul. 1848	Rand
Baker	Thomas		30	19N	2W	80	12 Dec. 1823	Rand
Baker	William	H.	24	21N	2W	80	1 May 1860	Rand
Baker	William	H.	36	19N	5E	80	12 May 1888	Gree
Baker	William	H.	36	19N	5E	160	12 May 1888	Gree
Baker	William	H.	36	19N	5E	80	12 May 1888	Gree
Baker	William	M.	23	21N	7E	40	23 Jan. 1901	Clay
Baker	William	N.	17	19N	3W	80	10 Sep 1907	Shar
Baker	William		31	21N	1W	40	1 May 1860	Rand
Baker	William		35	18N	2W	160	1 Jul. 1859	Lawr
Baker	William		21	14N	1W	160	27 Nov. 1820	Jack
Baker	William		18	21N	1W	144.9	5 May 1904	Rand
Baldridge	Alexander		35	21N	4W	160	20 Sep. 1889	Shar
Baldridge	Alonzo	T.	21	20N	3W	80	17 Jan. 1902	Shar
Baldridge	Andrew	M.	33	20N	3W	120	5 May 1904	Shar
Baldridge	Andrew		12	19N	4W	160	21 Dec. 1904	Shar
Baldridge	Charles	R.	34	19N	1W	80	4 Jun. 1906	Rand

Last Name	First Name	Int.	Section No.	Twp.	Ran	Acres	Date	Co.
Baldridge	Cinthia	A.	6	20N	3W	80	30 Aug. 1895	Shar
Baldridge	Daniel	L.	14	20N	3W	160	26 Aug 1904	Rand
Baldridge	Daniel		28	20N	4W	320	1 Oct. 1860	Shar
Baldridge	Francis		2	19N	4W	160	1 May 1861	Shar
Baldridge	Isaac		23	20N	3W	160	12 Nov. 1900	Rand
Baldridge	James	F.	32	20N	3W	80	15 Jul. 1904	Shar
Baldridge	Mary	A.	31	20N	3W	120	17 Sep. 1889	Shar
Baldridge	Nelson	W.	32	20N	3W	78.97	13 Mar. 1890	Shar
Baldwin	Eber	L.	17	19N	2W	160	1 Nov. 1904	Rand
Baldwin	Eliza	E.	14	11N	3W	80	15 Sep. 1851	Jack
Baldwin	Eliza	E.	23	11N	3W	40	1 Oct. 1849	Jack
Baldwin	James	N.	9	19N	2W	160	27 Jul. 1904	Rand
Bales	William	N.	2	18N	5W	160	10 Oct 1907	Shar
Balfour	Andrew		10	17N	1W	6.96	1 Oct. 1850	Rand
Balfour	Andrew		31	17N	1W	40	1 Oct. 1850	Lawr
Ball	Ben	F.	35	19N	4W	160	25 Feb. 1899	Shar
Ball	Benjamin	F.	15	15N	5W	200	1 Jul. 1859	Shar
Ball	Gilbert	C.	5	10N	3W	48.97	1 May 1854	Jack
Ball	Harrison	W.	27	21N	2W	80	20 Sep. 1889	Rand
Ball	James	W.	8	19N	7E	40	1 Jul. 1859	Clay
Ball	James	W.	18	19N	7E	120	1 Jul. 1859	Clay
Ball	James	W.	18	19N	7E	78.4	1 Jul. 1859	Clay
Ball	Jeremiah		29	15N	4W	160	27 Nov. 1820	Shar
Ball	John	J.	5	10N	3W	53.42	1 May 1854	Jack
Ball	John	J.	6	10N	3W	40	1 May 1854	Jack
Ball	John	J.	8	10N	3W	39.99	1 May 1854	Jack
Ball	John		34	18N	3W	160	1 May 1860	Lawr
Ball	John		10	18N	3W	80	10 Dec. 1885	Lawr
Ball	Sam	H.	14	19N	3W	84.44	10 Jun. 1889	Shar
Ball	Samuel	H.	13	19N	3W	88.44	8 May 1888	Rand
Ball	Samuel	H.	13	19N	3W	44.18	8 May 1888	Rand
Ball	Samuel	H.	14	19N	3W	87.59	8 May 1888	Shar
Ball	Tillman	H.	24	17N	4W	160	11 Sep. 1905	Shar
Ball	William	J.	22	18N	3W	40	23 Nov. 1891	Lawr
Ball	William		4	10N	3W	153.6	1 May 1854	Jack
Ball	William		5	10N	3W	109.6	1 May 1854	Jack
Ball	William		28	11N	3W	40	1 May 1854	Jack
Ball	William		33	11N	3W	80	1 May 1854	Jack
Ballard	John	H.	17	16N	6W	80	26 Nov 1904	Shar
Ballard	John		4	18N	6W	39.15	1 Jul. 1859	Shar
Ballard	Mary	J.	3	20N	2W	38.68	28 Jun. 1899	Rand
Ballard	William	R.	4	15N	5W	59.92	1 May 1860	Shar
Ballard	William	R.	5	15N	5W	120	30 Oct. 1857	Shar
Bandy	George	W.	2	15N	6W	40	30 Oct. 1857	Shar
Bandy	Thomas		26	16N	4W	80	1 Oct. 1860	Shar
Bandy	Thomas		26	16N	4W	40	1 Oct. 1860	Shar
Bandy	William	P.	26	16N	6W	40	1 May 1874	Shar
Banks	James	N.	17	20N	3W	40	13 Mar. 1890	Shar

Last Name	First Name	Int.	Section No.	Twp.	Ran	Acres	Date	Co.
Barber	Amon		17	10N	4E	160	14 Dec. 1822	Poin
Barber	James		3	10N	3W	80	18 Sep. 1891	Jack
Barber	John		22	14N	1W	160	16 May 1821	Jack
Bard	William		32	11N	9E	80	1 Aug. 1849	Miss
Barett	Soloman		29	18N	2W	80	18 Oct. 1898	Lawr
Barfield	John	B.	21	16N	5E	160	28 Mar. 1861	Gree
Barfield	John	B.	21	16N	5E	40	1 May 1860	Gree
Barham	Arthur		5	19N	1E	80	1 Jul. 1859	Rand
Barham	Arthur		6	19N	1E	80	1 Jul. 1859	Rand
Barham	Arthur		6	19N	1E	40	1 Jul. 1859	Rand
Barham	Arthur		5	19N	1E	80	1 Sep. 1860	Rand
Barham	James		9	19N	1E	120	10 Dec. 1859	Rand
Barker	John	H.	36	21N	2E	240	1 May 1860	Rand
Barker	John		34	12N	11E	9.09	10 Sep. 1827	Miss
Barker	William		20	10N	5W	160	16 Apr. 1821	Jack
Barker	William		8	11N	11E	25.36	10 Sep. 1827	Miss
Barnes	James	T.	35	11N	8E	160	13 Feb. 1899	Miss
Barnes	James		8	15N	5W	40	16 Jun. 1856	Shar
Barnes	James		8	15N	5W	40	1 Jul. 1859	Shar
Barnes	John	C.	19	12N	12E	99.7	12 May 1847	Miss
Barnes	John	C.	7	16N	6W	135.5	1 May 1860	Shar
Barnes	John	F.	24	18N	1W	120	1 Oct. 1860	Rand
Barnes	John		28	20N	1W	320	16 Jun. 1823	Rand
Barnes	Nathan		6	13N	2W	80	16 Aug. 1838	Jack
Barnes	Thomas	E.	13	18N	6W	120	1 Jul. 1859	Shar
Barnes	Thomas	E.	24	18N	6W	120	1 Jul. 1859	Shar
Barnes	Thomas	E.	24	18N	6W	120	1 Jul. 1859	Shar
Barnes	William	R.	35	18N	1W	40	1 Mar. 1855	Rand
Barnet	Nicholas		30	16N	4W	80	1 Jul. 1859	Shar
Barnet	Nicholas		31	16N	4W	80	1 Sep. 1856	Shar
Barnett	Cyntha	C.	2	15N	5W	60.72	1 May 1860	Shar
Barnett	David	N.	30	21N	1W	160	30 Jun. 1885	Rand
Barnett	Franklin	M.	36	17N	5W	160	1 Sep. 1857	Shar
Barnett	Franklin	M.	3	15N	5W	40	30 Oct. 1857	Shar
Barnett	Franklin	M.	10	15N	5W	120	1 Oct. 1860	Shar
Barnett	Ian	M.	15	11N	2W	40	1 Sep. 1856	Jack
Barnett	James	A.	14	16N	4W	40	2 Jul. 1860	Shar
Barnett	James	G.	23	16N	4W	40	27 Jul. 1842	Shar
Barnett	James	G.	24	10N	4W	40	10 Sep. 1844	Jack
Barnett	James	M.	17	16N	3W	80	1 May 1860	Lawr
Barnett	James	M.	17	16N	3W	80	16 Jun. 1856	Lawr
Barnett	Jeremiah		32	17N	5W	40	16 Aug. 1838	Shar
Barnett	John		21	20N	3W	160	24 Jun. 1895	Shar
Barnett	William		9	15N	5W	80	16 Jun. 1856	Shar
Barnett	William		9	15N	5W	80	16 Jun. 1856	Shar
Barnett	William		2	15N	5W	58.81	1 Sep. 1860	Shar
Barnett	William		10	15N	5W	80	30 Oct. 1857	Shar
Barney	Jehu		27	10N	10E	76.26	1 Dec. 1842	Miss

Last Name	First Name	Int.	Section No.	Twp.	Ran	Acres	Date	Co.
Barnhill	Tryphosia		18	17N	5W	80	1 Jul. 1903	Shar
Barnwell	George	W.	30	21N	8E	40	23 Jan. 1901	Clay
Barret	James		6	11N	11E	80	1 Dec. 1842	Miss
Barret	James		7	11N	11E	80	1 Dec. 1842	Miss
Barret	James		18	11N	11E	80	1 Dec. 1842	Miss
Barrow	John	H.	18	21N	1E	40	6 Aug. 1888	Rand
Basinger	George	J.	29	20N	2W	160	10 Apr. 1894	Rand
Bass	Ephraim	C.	24	13N	10E	160	1 Dec. 1849	Miss
Bass	James	M.	28	10N	10E	160	8 Feb. 1838	Miss
Bass	John	M.	5	10N	9E	161.2	15 Jan. 1858	Miss
Bass	John	M.	21	10N	10E	160	8 Feb. 1838	Miss
Bass	John	M.	28	10N	10E	160	8 Apr. 1848	Miss
Bass	John	M.	5	10N	9E	80	24 Jun. 1834	Miss
Bass	John	M.	6	10N	9E	80	24 Jun. 1834	Miss
Bass	John	M.	7	10N	9E	80	24 Jun. 1834	Miss
Bass	John	M.	9	10N	9E	80	24 Jun. 1834	Miss
Bass	John	M.	14	10N	9E	160	24 Jun. 1834	Miss
Bass	John	M.	21	10N	10E	160	10 Jul. 1838	Miss
Bass	John	M.	24	10N	9E	118.8	1 Sep. 1846	Miss
Bass	John	M.	23	10N	9E	98.51	27 Nov. 1834	Miss
Bass	John	M.	6	10N	9E	80.14	3 Dec. 1834	Miss
Bass	John	M.	33	10N	10E	51.23	1 Dec. 1849	Miss
Bass	Jordan		24	13N	10E	160	1 Sep. 1856	Miss
Bassett	Joseph		19	16N	4W	320	27 Nov. 1820	Shar
Bates	Benjamin	H.	26	19N	1W	160	30 Aug. 1899	Rand
Bates	Francis	M.	14	21N	1W	80	31 May 1890	Rand
Bates	James		15	19N	1W	40	1 May 1861	Rand
Bates	James		10	19N	1W	160	1 Jul. 1859	Rand
Bates	James		18	19N	1E	40.05	1 Aug. 1861	Rand
Bates	Robert		32	12N	3W	80	16 Aug. 1838	Jack
Bates	Robert		32	12N	3W	80	16 Aug. 1838	Jack
Bates	Robert		32	12N	3W	40	5 Sep. 1842	Jack
Bates	William		11	19N	1W	240	1 May 1861	Rand
Bates	William		14	19N	1E	40	1 Jul. 1859	Rand
Bates	Williston		18	18N	1E	118.6	1 May 1860	Rand
Batten	John	W.	32	19N	6E	80	5 May 1904	Gree
Batten	William	G.	28	19N	6E	120	27 Jan. 1904	Gree
Battey	William		9	18N	2W	160	27 Nov. 1820	Lawr
Battle	Holyman		17	14N	4E	160	1 Feb. 1821	Crai
Battles	John		2	10N	5W	160	27 Nov. 1820	Jack
Battley	Joseph	S.	15	11N	2W	40	2 Jul. 1860	Jack
Bauer	Johann		33	20N	4W	160	11 Jan. 1895	Shar
Baugh	Robert	W.	33	11N	9E	160	1 Nov. 1848	Miss
Baugh	Robert	W.	34	11N	9E	80	1 Dec. 1849	Miss
Baxter	David	L.	32	19N	6E	160	26 Jan. 1889	Gree
Baxter	John	W.	29	16N	6W	40	1 May 1860	Shar
Baxter	John	W.	29	16N	6W	80	16 Jun. 1856	Shar
Baxter	John	W.	29	16N	6W	40	30 Oct. 1857	Shar

Last Name	First Name	Int.	Section No.	Twp.	Ran	Acres	Date	Co.
Baxter	Plummer	W.	6	15N	5W	40	1 Sep. 1857	Shar
Baxter	Plummer	W.	5	15N	6W	257.9	1 Sep. 1857	Shar
Baxter	Richard	W.	8	15N	6W	40	28 Mar. 1861	Shar
Baxter	Richard	W.	8	15N	6W	40	1 May 1860	Shar
Baxter	Richard	W.	8	15N	6W	40	1 Sep. 1857	Shar
Baxter	William		14	10N	5W	160	6 Mar. 1822	Jack
Beach	Isaac	D.	22	21N	1W	120	2 Jul. 1860	Rand
Beakly	Napoleon		8	19N	1E	160	1 Jul. 1859	Rand
Bean	Jeremiah		33	10N	5W	160	27 Nov. 1820	Jack
Bean	Jesse	E.	24	15N	1W	160	27 Nov. 1820	Lawr
Bean	Josiah		27	21N	7E	160	2 Apr. 1860	Clay
Bean	Pleasant	H.	5	11N	4E	160	18 Dec. 1820	Poin
Beard	Irena		12	19N	6E	80	15 May 1880	Clay
Beard	John		30	21N	2E	40	1 May 1860	Rand
Beard	William		4	21N	2E	134.2	1 May 1860	Rand
Bearden	James		10	16N	6W	40	1 Sep. 1857	Shar
Bearden	Lucinda		6	15N	3W	149	16 Jun. 1856	Lawr
Bearden	Thomas	J.	22	17N	5W	160	21 Apr 1900	Shar
Beasley	James	R.	8	20N	3W	80	28 Mar. 1861	Shar
Beatman	John	B.	10	15N	3W	160	7 May 1821	Lawr
Beaton	Edward	H.	3	17N	4E	39.66	1 Jul. 1874	Gree
Beaty	Joseph		6	11N	2W	320	23 Nov. 1841	Jack
Beaty	Mary		36	21N	2W	280.4	15 Nov. 1830	Rand
Beavers	James	H.	6	20N	8E	75.05	30 Jul. 1891	Clay
Beavers	Thomas		13	15N	2W	41.81	1 Oct. 1860	Lawr
Bechtile	John		13	16N	5W	160	20 Apr. 1822	Shar
Beck	Micajah		28	11N	3W	80	1 Jul. 1850	Jack
Beck	Micajah		28	11N	3W	40	1 Jul. 1850	Jack
Beck	Micajah		21	11N	3W	40	10 Oct. 1850	Jack
Beck	Windfield	S.	34	19N	4W	40	23 Nov. 1891	Shar
Beck	Winfield	S.	34	19N	4W	40	23 Nov. 1891	Shar
Bedford	Lawson	H.	36	13N	10E	160	1 Dec. 1849	Miss
Bedwell	Robert	D.	24	10N	2W	40	16 Jun. 1856	Jack
Begger	James	N.	33	20N	1E	80	16 Jun. 1856	Rand
Beghold	Louis	C.	11	20N	6E	80	5 Mar. 1906	Clay
Belding	John		1	18N	1W	160	6 Dec. 1821	Rand
Bell	Ann		28	10N	4E	160	24 Jun. 1833	Poin
Bell	Eliza	F.	20	18N	1E	80	5 May 1904	Rand
Bell	Henry	G.	26	14N	3E	40	1 Feb. 1893	Crai
Bell	John	F.	14	15N	5W	80	7 Sep. 1894	Shar
Bell	John	N.	6	16N	3W	150.5	1 Jul. 1859	Lawr
Bell	Joseph	L.	20	17N	6W	80	10 Apr. 1882	Shar
Bell	William		18	10N	5W	160	1 Feb. 1821	Jack
Bella	Leonard		25	20N	3W	40	5 Sep. 1842	Rand
Bellah	Edward		7	21N	1W	150.7	30 Jun. 1882	Rand
Bellah	Elba		32	21N	1W	40	28 Mar. 1861	Rand
Bellah	George	L.	13	21N	2W	40	10 Jun. 1904	Rand
Bellah	Leonard		34	21N	1W	160	31 May 1890	Rand

Last Name	First Name	Int.	Section No.	Twp.	Ran	Acres	Date	Co.
Bellah	Polly	A.	33	21N	1W	80	2 Dec. 1893	Rand
Bellah	Thomas	J.	36	21N	1W	80	15 Oct. 1906	Rand
Bellah	Walter		32	21N	3W	40	1 May 1860	Rand
Bellah	Walter		34	21N	3W	160	7 Jun. 1897	Rand
Bellah	Walter		32	21N	3W	80	1 Sep. 1860	Rand
Bellamy	Richard	B.	30	18N	2W	80	23 Jan. 1901	Lawr
Beller	Samuel		3	20N	3W	93.12	1 May 1860	Rand
Beller	Samuel		3	20N	3W	40	1 Jul. 1859	Rand
Beller	Samuel		34	21N	3W	40	1 Jul. 1859	Rand
Bemiss	William	R.	32	21N	2E	40	5 May 1904	Rand
Benham	John		30	16N	5W	160	27 Mar. 1827	Shar
Benham	Peter		31	20N	1W	160	7 May 1821	Rand
Bennet	George		36	9N	1W	160	16 May 1821	Jack
Bennett	Anna		29	10N	5W	160	28 Dec. 1832	Jack
Bennett	Calvin	H.	25	11N	3W	40	1 Sep. 1856	Jack
Bennett	Cindrilla		5	19N	1W	158.9	30 Oct. 1857	Rand
Bennett	Edward		5	19N	1W	47.51	1 Mar. 1855	Rand
Bennett	George	R.	17	19N	1W	40	18 May 1905	Rand
Bennett	Hardy		26	17N	5W	80	30 Oct. 1857	Shar
Bennett	Henry	S.	14	21N	1W	40	11 Oct. 1902	Rand
Bennett	James		26	17N	5W	200	1 Jul. 1859	Shar
Bennett	Joseph	A.	25	11N	3W	160	15 Sep. 1851	Jack
Bennett	Joseph	A.	26	11N	3W	40	1 Sep. 1856	Jack
Bennett	Joseph	A.	26	11N	3W	40	1 Sep. 1856	Jack
Bennett	Joseph	T.	11	19N	2W	160	21 May 1900	Rand
Bennett	Joseph		12	9N	1W	121.1	5 Aug. 1841	Jack
Bennett	Thomas		11	19N	2W	160	6 May 1893	Rand
Bennett	William	S.	10	19N	1W	40	1 Jun. 1882	Rand
Bennett	William	W.	6	19N	1W	26.93	1 Jul. 1859	Rand
Bennett	William	W.	35	20N	2W	80	1 Jul. 1859	Rand
Bennett	William		9	13N	4E	160	27 Nov. 1820	Crai
Benson	James	H.	27	17N	3W	40	16 Aug. 1838	Lawr
Benson	James	H.	33	17N	3W	160	5 Sep. 1842	Lawr
Benson	James	H.	33	17N	3W	40	5 Sep. 1842	Lawr
Benton	Jackson	C.	9	15N	6W	120	1 Jul. 1859	Shar
Benton	John	P.	11	21N	2E	200	1 Jul. 1859	Rand
Benton	John	P.	11	21N	2E	40	1 Sep. 1860	Rand
Benton	Lemuel	H.	19	21N	3E	143.9	1 May 1860	Rand
Benton	Robert	J.	2	13N	3E	40	1 May 1860	Crai
Benton	Thomas	G.	9	13N	4E	160	27 Nov. 1820	Crai
Bentzel	Henry	J.	6	18N	1E	280.1	1 May 1860	Rand
Berkley	Benjamin	E.	29	15N	1W	160	27 Nov. 1820	Lawr
Bernays	Louis	C.	5	19N	2W	40	10 Apr. 1882	Rand
Berry	Bird		15	17N	2W	120	1 Feb. 1875	Lawr
Berry	James	W.	32	16N	4E	120	15 Dec. 1897	Gree
Berry	John	W.	13	21N	2E	120	1 May 1860	Rand
Borry	John	W.	13	21N	2E	80	10 Dec. 1859	Rand
Berry	Mary		36	19N	4W	87.15	1 Jul. 1859	Shar

Last Name	First Name	Int.	Section No.	Twp.	Ran	Acres	Date	Co.
Berry	Spencer		10	16N	6W	40	1 Mar. 1855	Shar
Berry	Spencer		15	16N	6W	80	1 May 1860	Shar
Berry	Spencer		15	16N	6W	40	1 Jul. 1859	Shar
Berry	Spencer		6	15N	5W	44.88	1 Aug. 1861	Shar
Berry	Spencer		15	16N	6W	80	1 Sep. 1857	Shar
Berry	Spencer		9	16N	6W	40	1 Oct. 1860	Shar
Berryman	Josiah	H.	33	21N	3E	79.13	1 Sep. 1846	Rand
Berryman	Josiah		33	21N	3E	96.58	10 Jul. 1844	Rand
Berryman	Josiah		33	21N	3E	33.08	1 Sep. 1846	Rand
Beshers	Wesley	B.	24	21N	4W	102.7	3 May 1895	Rand
Beshoar	Michael		9	20N	2E	320	1 Sep. 1860	Rand
Best	Reuben	B.	1	18N	4W	40	1 Nov. 1834	Shar
Bettes	Henry	D.	34	16N	3E	160	25 Jun. 1901	Gree
Bettis	Elijah		9	18N	2E	40	1 Nov. 1835	Rand
Bettis	Elijah		10	18N	2E	40	1 Nov. 1835	Rand
Bettis	John	T.	7	17N	4W	155.8	1 Mar. 1904	Shar
Bettis	Overton		4	18N	2E	80	16 Aug. 1838	Rand
Bettis	Ramon	S.	3	18N	2E	80	16 Aug. 1838	Rand
Bettis	Ransom	S.	27	19N	1E	85.82	16 Aug. 1838	Rand
Bettis	Ransom	S.	31	19N	2E	25.2	16 Aug. 1838	Rand
Bettis	Ransom	S.	27	19N	1E	72.02	5 Sep. 1842	Rand
Bettis	Ransom	S.	27	19N	1E	97.79	17 Nov. 1842	Rand
Bettis	Ranson	S.	28	19N	1E	40	16 Aug. 1838	Rand
Bettis	Ranson	S.	36	19N	1E	106.2	16 Aug. 1838	Rand
Bettis	Ranson	S.	19	18N	2E	80	5 Sep. 1842	Rand
Bettis	Ranson	S.	19	18N	2E	80	5 Sep. 1842	Rand
Bettis	Ranson	S.	10	19N	2E	40	1 Oct. 1839	Rand
Bettis	Ranson	S.	20	18N	2E	80	17 Nov. 1842	Rand
Bevens	Alfred		30	16N	3W	297	1 Oct. 1860	Lawr
Bevens	William	A.	13	10N	4W	46.3	30 Oct. 1857	Jack
Bibb	Alfred	T.	28	16N	6W	40	1 May 1860	Shar
Bibb	Alfred	T.	28	16N	6W	40	1 Oct. 1860	Shar
Bibb	Benjamin	F.	20	18N	6E	40	21 Jan. 1889	Gree
Bibb	Richard	H.	22	16N	6W	80	1 Oct. 1860	Shar
Bienert	George	A.	30	19N	3W	40	22 Jan. 1890	Shar
Bigers	James	N.	33	20N	1E	40	5 Sep. 1842	Rand
Bigers	James	N.	33	20N	1E	40	5 Sep. 1842	Rand
Biggar	James		28	20N	1E	80	2 Jul. 1860	Rand
Bigger	Benjamin	F.	34	20N	1E	40	12 Jun. 1902	Rand
Bigger	Chesterfield		28	20N	1E	80	18 Oct. 1890	Rand
Bigger	James	N.	33	20N	1E	80	1 May 1860	Rand
Bigger	James	N.	3	20N	1E	40	1 Jul. 1859	Rand
Bigger	James	N.	33	20N	1E	40	1 Jul. 1859	Rand
Bigger	James		9	20N	1E	80	10 Nov. 1830	Rand
Biggers	Adolphus	G.	7	17N	5W	80	14 Mar 1906	Shar
Biggers	Doc	C.	13	18N	7W	154.9	25 Jun. 1901	Shar
Biggers	John	A.	31	19N	5W	91.08	31 May 1890	Shar
Biggers	Ransom	M.	4	19N	1E	160	1 Jul. 1859	Rand

Last Name	First Name	Int.	Section No.	Twp.	Ran	Acres	Date	Co.
Biggers	Robert	S.	4	19N	5W	160	8 Mar 1903	Shar
Biggs	Francis	M.	24	17N	5W	40	15 Jul. 1904	Shar
Bilbrey	John	C.	2	16N	3W	40	1 May 1860	Lawr
Bilbrey	John	C.	17	17N	2W	160	1 Jul. 1859	Lawr
Bilbrey	Louis	O.	2	16N	3W	80	31 Dec. 1890	Lawr
Billinger	Andrew		34	16N	3W	160	18 Jan. 1823	Lawr
Billings	William	M.	33	13N	2W	40	1 Mar. 1856	Jack
Billings	William	M.	33	13N	2W	40	1 Mar. 1856	Jack
Billings	William	M.	27	13N	3W	40	1 Mar. 1856	Jack
Billings	William	M.	27	13N	3W	40	1 Mar. 1856	Jack
Billings	William	M.	11	12N	3W	80	1 May 1854	Jack
Billings	William	M.	32	14N	2W	160	10 Jul. 1848	Jack
Billings	William	M.	13	12N	3W	40	1 Sep. 1856	Jack
Billings	William	M.	33	13N	2W	40	1 Sep. 1856	Jack
Billings	William	M.	36	15N	2W	40	1 Sep. 1856	Lawr
Billings	William	M.	36	15N	2W	40	1 Sep. 1856	Lawr
Billington	James		9	10N	5W	160	27 Nov. 1820	Jack
Billips	Amos	C.	28	21N	1W	160	16 Jun. 1905	Rand
Billips	Emily	F.	29	21N	1W	160	11 Sep. 1905	Rand
Billips	John	W.	27	21N	1W	160	8 Nov 1903	Rand
Billrey	John	C.	17	17N	2W	40	1 Jul. 1859	Lawr
Bingham	George	W.	29	14N	2W	80	10 Jul. 1848	Jack
Binkley	John		4	15N	5W	40	1 May 1860	Shar
Binkley	John		4	15N	5W	40	1 Jul. 1859	Shar
Binkley	John		4	15N	5W	120	30 Oct. 1857	Shar
Binkley	John		8	13N	11E	160	1 Nov. 1848	Miss
Binkley	Leonidas		10	15N	5W	80	30 Oct. 1857	Shar
Bintzell	Eliza		28	13N	4E	160	24 May 1836	Crai
Birch	Thomas		32	10N	4E	160	15 Aug. 1838	Poin
Birchett	Larkin	J.	7	20N	7E	70.06	16 Mar. 1885	Clay
Birchett	Right	S.	14	21N	2W	160	3 Jan. 1896	Rand
Bird	John	B.	12	19N	1W	40	1 Jan. 1861	Rand
Bird	Joshua	W.	8	15N	5W	80	16 Jun. 1856	Shar
Birmingham	James	C.	35	16N	6W	200	16 Jun. 1856	Shar
Birmingham	James	C.	26	16N	6W	80	1 Jul. 1859	Shar
Bishop	Mary	A.	35	21N	1W	80	15 Jan. 1883	Rand
Bishop	William	H.	35	21N	1W	160	15 Jan. 1883	Rand
Bishop	William	H.	35	21N	1W	80	30 Apr. 1890	Rand
Bivens	James		22	20N	4W	160	11 Jan. 1892	Shar
Black	Alexander		32	20N	3W	80	6 Jun. 1890	Shar
Black	Alexander		32	20N	3W	80	1 Oct. 1860	Shar
Black	Ananias		11	13N	1W	160	2 Jan. 1833	Jack
Black	Cyrus		35	11N	2W	40	20 Jul. 1870	Jack
Black	Cyrus		35	11N	2W	40	1 Sep. 1856	Jack
Black	David	C.	8	19N	1W	52.25	1 Jul. 1859	Rand
Black	David	C.	7	19N	1W	79.66	1 Aug. 1861	Rand
Black	David	C.	7	19N	1W	80	1 Oct. 1860	Rand
Black	George		31	9N	1W	160	27 Nov. 1820	Jack

Last Name	First Name	Int.	Section No.	Twp.	Ran	Acres	Date	Co.
Black	James	S.	17	19N	1W	40	1 Nov. 1835	Rand
Black	James		19	11N	7E	73.57	31 Jan. 1903	Poin
Black	John	P.	17	19N	1W	13.87	1 Mar. 1855	Rand
Black	John	P.	6	19N	1W	230.1	1 Jul. 1859	Rand
Black	John	P.	31	18N	1E	40	1 Oct. 1850	Rand
Black	John	P.	6	16N	1W	65.92	1 Oct. 1850	Lawr
Black	John	P.	6	16N	1W	40	1 Oct. 1850	Lawr
Black	John	P.	28	17N	1W	40	1 Oct. 1850	Lawr
Black	John	P.	31	17N	1W	40	1 Oct. 1850	Lawr
Black	Rufus	H.	17	19N	1W	21.45	1 Oct. 1860	Rand
Black	Thomas	W.	10	20N	1E	80	12 Mar. 1906	Rand
Black	Thomas		17	19N	1W	59.32	5 Sep. 1842	Rand
Black	Thomas		27	19N	1W	40	1 Oct. 1839	Rand
Black	Washington	L.	19	11N	7E	138.5	11 Jan. 1895	Poin
Black	William	B.	17	19N	1W	158.3	12 Dec. 1823	Rand
Black	William		17	19N	1W	40	27 Apr. 1842	Rand
Black	William		31	20N	1W	1.81	10 Jul. 1848	Rand
Black	William		8	19N	1W	67.28	16 Aug. 1838	Rand
Black	William		8	19N	1W	32.73	30 Oct. 1857	Rand
Blackburn	Gideon	H.	8	15N	5W	40	30 Oct. 1857	Shar
Blackburn	Meridith		29	10N	4E	160	27 Nov. 1820	Poin
Blackburn	Robert	H.	6	16N	6W	40	1 Jul. 1859	Shar
Blackburn	Robert	H.	6	16N	6W	80	1 Sep. 1860	Shar
Blackburn	Robert	H.	6	16N	6W	80	30 Oct. 1857	Shar
Blackburn	Robert	H.	35	16N	6W	80	16 Dec. 1895	Shar
Blackburn	William		18	13N	1W	40	1 Sep. 1856	Jack
Blackby	Samuel		27	14N	3E	80	1 Aug. 1861	Crai
Blackley	Samuel		29	14N	3E	40	25 Jan. 1896	Crai
Blackley	Samuel		29	14N	3E	40	1 May 1860	Crai
Blackmore	Andrew	G.	20	13N	11E	140.2	1 Nov. 1848	Miss
Blackmore	Andrew	G.	20	13N	11E	97.5	1 Nov. 1848	Miss
Blackmore	Thomas	J.	4	13N	12E	129.8	1 Nov. 1848	Miss
Blackmore	Thomas	J.	5	13N	12E	80	1 Nov. 1848	Miss
Blackmore	Thomas		3	13N	12E	27.23	1 Nov. 1848	Miss
Blackwell	Benjamin		7	16N	2W	80	1 Mar. 1855	Lawr
Blackwell	Benjamin		18	16N	2W	175.4	1 May 1860	Lawr
Blackwell	Benjamin		7	16N	2W	80	1 Jul. 1859	Lawr
Blackwell	Benjamin		18	16N	2W	40.52	1 Jul. 1859	Lawr
Blackwell	Dizard		29	21N	1W	80	1 Jun. 1882	Rand
Blackwell	Eli	H.	29	21N	1W	160	19 Oct. 1905	Rand
Blackwell	James		8	16N	2W	80	1 Mar. 1855	Lawr
Blackwell	James		8	16N	2W	120	1 Jul. 1859	Lawr
Blackwell	James		8	16N	2W	80	1 Jul. 1859	Lawr
Blackwell	Joel		22	17N	4W	40	10 Jul. 1844	Shar
Blackwell	Joel		15	17N	4W	40	16 Aug. 1838	Shar
Blackwell	John	D.	8	21N	1W	160	26 May 1892	Rand
Blackwell	John	F.	8	21N	1W	80	1 Jul. 1903	Rand
Blackwell	William	F.	14	19N	3W	44.42	8 May 1888	Shar

Last Name	First Name	Int.	Section No.	Twp.	Ran	Acres	Date	Co.
Blackwell	William	F.	14	19N	3W	44.42	8 May 1888	Shar
Blagg	Caleb		5	12N	2W	40	1 Sep. 1856	Jack
Blagg	Marks	J.	15	17N	5W	80	4 Nov. 1893	Shar
Blagg	Samuel	A.	7	17N	5W	147	19 Apr. 1897	Shar
Blagg	Samuel		13	17N	6W	160	1 Oct. 1860	Shar
Blain	James		22	21N	2W	38.47	1 Jul. 1859	Rand
Blair	Harvey		23	11N	1W	120	30 Oct. 1857	Jack
Blair	James		15	21N	2W	40	10 Jun. 1889	Rand
Blair	James		22	21N	2W	18.12	1 Oct. 1860	Rand
Blake	Henry	C.	26	21N	8E	80	4 Oct. 1886	Clay
Blakeley	Isaac	D.	29	11N	2W	160	1 Feb. 1875	Jack
Blakeley	William		13	10N	3W	40	1 Jul. 1850	Jack
Blakely	William	C.	24	10N	3W	26.5	1 Sep. 1848	Jack
Blakely	William		24	10N	3W	70.38	1 Sep. 1848	Jack
Blakley	William	M.	33	17N	4W	80	1 May 1860	Shar
Blalock	David		10	21N	8E	80	3 Jan. 1896	Clay
Blalock	Jeremiah		8	14N	3E	80	10 Dec. 1859	Crai
Blan	George	W.	30	17N	5W	40	1 May 1860	Shar
Blan	George	W.	30	17N	5W	40	1 May 1874	Shar
Blancett	Bennetta	J.	23	19N	2W	160	19 Jun. 1895	Rand
Blanchard	Asa		32	14N	4E	160	27 Nov. 1820	Crai
Blanchard	Henry		23	10N	5W	160	21 Nov. 1821	Jack
Blanchard	Isaac		28	15N	3W	160	27 Nov. 1820	Lawr
Blanchard	Richard	F.	10	15N	4E	80	27 Jan. 1904	Crai
Bland	Williamson		25	15N	4W	160	18 Jan. 1822	Shar
Bland	Willis		21	21N	4W	160	20 Sep. 1889	Shar
Blankenship	Joshua	K.	11	16N	6W	80	1 May 1860	Shar
Blankenship	Josiah		31	17N	6W	63.04	1 Sep. 1860	Shar
Blanset	Elijah		36	12N	3W	80	10 Jul. 1844	Jack
Blansett	William	J.	24	19N	2W	160	27 Jan. 1904	Rand
Blanton	Claiborn		2	20N	7E	83.95	5 Apr. 1890	Clay
Blanton	James	O.	1	15N	5W	100.4	1 May 1860	Shar
Blattenberger	Christian		20	13N	4E	160	16 Jan. 1826	Crai
Blazer	Nathan	R.	2	19N	2W	80	17 Sep. 1889	Rand
Blizzard	John		9	10N	10E	122.4	10 Oct. 1839	Miss
Blye	Isaac		5	19N	1W	84.05	1 Jul. 1859	Rand
Boals	Robert		18	11N	1W	40	1 Sep. 1856	Jack
Bobo	Alfred	P.	20	17N	5E	80	28 Mar. 1861	Gree
Bodenhofer	Matilda		3	20N	6E	80	17 Jan. 1902	Clay
Bodford	William		23	15N	4W	160	30 Apr. 1821	Shar
Bogarth	Stephen		32	21N	1W	40	1 May 1854	Rand
Bohaning	Washington	G.	12	18N	5E	160	1 Jul. 1859	Gree
Boker	John	P.	30	21N	1W	69.6	30 Jun. 1875	Rand
Boles	John	H.	6	16N	4W	63.97	31 May 1890	Shar
Bolin	Baley		8	16N	4W	40	1 Jul. 1859	Shar
Bolin	Calvin		13	20N	1E	80	1 May 1860	Rand
Bolin	John	J.	32	20N	2E	80	14 Apr. 1897	Rand
Boling	Francis	M.	28	21N	1W	160	10 Feb. 1897	Rand

Last Name	First Name	Int.	Section No.	Twp.	Ran	Acres	Date	Co.
Bollinger	Henry		4	20N	1E	80	10 Jan. 1824	Rand
Bollinger	Henry		22	17N	6W	160	5 Oct. 1896	Shar
Bond	Sylvester	P.	29	12N	10E	160	1 Dec. 1849	Miss
Bone	Young	E.	18	15N	5W	174.1	16 Jun. 1856	Shar
Bonham	John	A.	22	18N	5E	80	26 Jan. 1889	Gree
Bonner	Milton	B.	5	15N	6W	80	17 Jan. 1902	Shar
Bonner	Pat		36	19N	2W	80	16 Mar. 1885	Rand
Boone	Albert	C.	35	19N	5W	160	8 Aug 1903	Shar
Boone	Eunice	A.	34	19N	5W	160	24 Nov. 1903	Shar
Boone	Henry	O.	30	19N	4W	160	23 Jan. 1901	Shar
Booth	Milton	F.	12	19N	4W	160	6 Mar. 1891	Shar
Booth	Riley	W.	20	19N	3W	40	1 Mar. 1855	Shar
Booth	Riley	W.	20	19N	3W	40	6 Jul. 1893	Shar
Booth	Susan		6	20N	3W	40	9 Mar. 1896	Shar
Booth	William		33	20N	4W	40	13 Oct. 1898	Shar
Boothe	Ferguson		6	20N	3W	120	27 Jun. 1871	Shar
Boothe	Ferguson		30	19N	3W	40	5 Sep. 1842	Shar
Boothe	Isaac		11	20N	3W	80	1 May 1860	Rand
Boothe	Riley	W.	18	19N	3W	40	1 Jan. 1861	Shar
Boothe	Sarah	A.	32	19N	4W	160	20 Sep. 1889	Shar
Boothe	Timothy		10	20N	3W	80	1 Jan. 1861	Rand
Boothe	William	R.	20	20N	3W	80	12 Jul. 1900	Shar
Borah	Chesterfield	G.	33	17N	4W	80	1 Mar. 1856	Shar
Borah	Chesterfield	G.	25	17N	3W	40	16 Jun. 1856	Lawr
Borah	Chesterfield	G.	25	17N	3W	80	1 Jul. 1859	Lawr
Borah	Chesterfield	G.	36	17N	3W	40	1 Aug. 1861	Lawr
Boran	Bazil	A.	9	20N	1E	80	10 Jul. 1848	Rand
Boran	Bazil	A.	8	20N	1E	80	12 Dec. 1823	Rand
Boran	John	A.	11	21N	1E	80	5 Sep. 1842	Rand
Boss	John	M.	17	10N	9E	80	31 Jan. 1837	Miss
Boss	John	M.	20	10N	10E	160	31 Jan. 1837	Miss
Boss	John	M.	21	10N	10E	102.6	31 Jan. 1837	Miss
Boss	John	M.	21	10N	10E	124.6	31 Jan. 1837	Miss
Boss	John	M.	33	10N	10E	73.85	1 Aug. 1849	Miss
Boswell	James	J.	15	17N	4W	40	30 Oct. 1857	Shar
Boswell	Thomas		5	15N	4W	160	25 Feb. 1822	Shar
Botham	William	G.	22	12N	4E	40	16 Jun. 1856	Poin
Bottom	John	L.	4	20N	4W	280	27 May 1901	Shar
Bottom	William	P.	33	18N	4W	80	1 Jul. 1859	Shar
Bottoms	John	A.	9	18N	3W	160	30 Jun. 1885	Lawr
Bounds	Hiram	L.	5	20N	1W	40	18 Nov 1905	Rand
Bounds	Louis	M.	5	20N	1W	160	13 Feb. 1899	Rand
Bounds	Mary		14	21N	2W	66.51	24 Apr 1901	Rand
Bowen	George	M.	22	14N	1W	160	16 May 1821	Jack
Bowen	Peter		19	20N	1E	160	16 Jun. 1824	Rand
Bowen	Rees		36	13N	10E	160	1 Sep. 1857	Miss
Bowen	Rufus		1	19N	3W	80	9 Jun. 1894	Rand
Bowen	Rufus		1	19N	3W	80	17 Sep. 1889	Rand

Last Name	First Name	Int.	Section No.	Twp.	Ran	Acres	Date	Co.
Bowen	William	G.	14	19N	3W	40	1 May 1860	Shar
Bowers	Silas		2	19N	6E	80	20 Mar. 1877	Clay
Bowlin	William		14	14N	4E	320	30 Apr. 1821	Crai
Bowling	Burgis		36	16N	4E	160	1 Nov. 1860	Gree
Bowling	Nathaniel	M.	26	17N	4E	80	1 Jan. 1861	Gree
Bowling	Nathaniel	M.	24	17N	4E	40	1 Jul. 1859	Gree
Bowls	David	N.	26	16N	3E	40	1 May 1860	Gree
Bowman	Andrew	J.	10	18N	6W	40	1 Mar. 1856	Shar
Bowman	Andrew	J.	34	17N	2W	160	1 Jul. 1859	Lawr
Bowman	Andrew		10	18N	6W	80	1 Mar. 1856	Shar
Bowman	John		14	20N	2W	160	27 Nov. 1820	Rand
Bowman	William	C.	9	18N	6W	40	1 Mar. 1855	Shar
Bowman	William	C.	10	18N	6W	40	1 Mar. 1856	Shar
Box	Hiram	D.	30	13N	2W	88.24	1 Mar. 1856	Jack
Boxhorn	Carl		15	19N	5W	40	21 Jul 1900	Shar
Boyce	Sampson		34	16N	6W	200	1 Sep. 1857	Shar
Boyd	John	C.	32	18N	2W	120	1 Jul. 1859	Lawr
Boyd	John	S.	27	11N	9E	40	1 Nov. 1848	Miss
Boyd	John		8	20N	4W	160	23 Jan. 1901	Shar
Boyd	Joseph	A.	17	19N	3W	80	1 Sep. 1857	Shar
Boyd	Levi		26	21N	8E	40	1 Jul. 1859	Clay
Boyd	Lewis	C.	2	20N	2E	83.31	1 May 1860	Rand
Boyd	Sarah		6	11N	2W	40	17 Nov. 1842	Shar
Boyer	David		31	20N	4W	164.6	13 Nov. 1895	Shar
Boyer	James	W.	13	15N	5W	125.4	2 Jul. 1860	Shar
Boyer	James	W.	13	15N	5W	122.7	2 Jul. 1860	Shar
Boyer	James	W.	36	18N	5W	80	10 Dec. 1885	Shar
Bozarth	Bathsheba	R.	32	21N	1W	40	1 Mar. 1856	Rand
Bozarth	William	B.	30	19N	1E	229	1 Jul. 1859	Rand
Bracken	James		4	15N	4E	40	1 Mar. 1855	Crai
Brackenridge	David	E.	26	18N	4E	40	1 Mar. 1856	Gree
Brackenridge	David	J.	26	18N	4E	40	1 Mar. 1856	Gree
Brackenridge	James		14	18N	4E	40	1 Sep. 1856	Gree
Brackenridge	Samuel		19	9N	2W	118.1	30 Oct. 1857	Jack
Brackenridge	Thomas		20	9N	2W	40	1 Mar. 1856	Jack
Brackenridge	Thomas		20	9N	2W	40	30 Oct. 1857	Jack
Bradbery	James	R.	7	20N	7E	80	10 Dec. 1885	Clay
Bradbury	James	R.	7	20N	7E	80	19 Aug. 1891	Clay
Braden	John		6	20N	8E	160	4 May 1885	Clay
Bradford	Andrew	E.	12	19N	2E	40	2 May 1838	Rand
Bradford	Joseph	W.	28	10N	4E	160	7 May 1821	Poin
Bradford	Lee	O.	36	20N	7E	120	26 Jan. 1889	Clay
Bradford	Robert		12	19N	2E	80	2 May 1838	Rand
Bradley	Elizabeth		6	15N	3W	101	12 Dec. 1823	Lawr
Bradshaw	Mary	A.	1	11N	7E	164.7	23 Oct. 1901	Poin
Bradt	Peter		27	10N	5W	160	22 Jun. 1836	Jack
Brady	Eli		31	18N	2W	151.8	20 Jun. 1873	Lawr
Brady	Eli		6	17N	2W	80	1 Sep. 1860	Lawr

Last Name	First Name	Int.	Section No.	Twp.	Ran	Acres	Date	Co.
Brady	Eli		31	18N	2W	40	1 Sep. 1860	Lawr
Brady	James		22	17N	3W	40	1 Aug. 1861	Lawr
Brady	James		1	17N	3W	136.7	1 Sep. 1860	Lawr
Brady	Jeremiah		33	17N	2W	40	1 Mar. 1855	Lawr
Brady	Jeremiah		12	17N	3W	160	1 Jul. 1859	Lawr
Brady	John		22	14N	1W	160	16 May 1821	Jack
Bragg	Joseph	F.	12	18N	3W	40	21 Dec. 1899	Lawr
Brakenridge	John		18	9N	2W	40	1 Oct. 1850	Jack
Braley	Robert	O.	22	14N	3E	80	22 Jan. 1890	Crai
Bramble	Charles		8	21N	4W	160	30 Aug. 1895	Shar
Bramlett	Lewis		26	17N	5E	80	1 Jul. 1859	Gree
Bramlett	Wiley	G.	18	18N	2E	160	30 Oct. 1857	Rand
Bramlett	Wiley		34	16N	5W	40	1 Sep. 1857	Shar
Branch	William	D.	34	11N	8E	160	25 Jun. 1901	Miss
Brandes	Henry		21	21N	4W	80	17 Jan. 1902	Shar
Brandon	Abraham		36	17N	5W	80	28 Feb. 1894	Shar
Brandon	Hiram		35	17N	5W	40	20 Sep. 1889	Shar
Brandon	James	R.	5	15N	3W	160	12 Mar. 1895	Lawr
Brandon	William	A.	35	19N	5W	160	26 Jul. 1899	Shar
Brandon	William	G.	14	19N	5W	106	20 Sep. 1889	Shar
Brannon	Hiram		35	17N	5W	80	1 May 1860	Shar
Brannon	Hiram		35	17N	5W	80	1 Sep. 1857	Shar
Brannon	Hiram		35	17N	5W	40	30 Oct. 1857	Shar
Brannon	Joseph		34	16N	4E	40	1 Aug. 1861	Gree
Brantley	Joel	A.	3	19N	5W	120	1 May 1860	Shar
Brashear	Eva	M.	26	11N	7E	40	5 May 1904	Poin
Brashear	Phillip	W.	22	20N	7E	40	31 Jul. 1903	Clay
Brashears	Wiley	T.	2	17N	4E	40	26 Jan. 1889	Gree
Brashears	William	G.	2	20N	4W	160	26 Oct 1904	Shar
Brashers	John	R.	6	17N	5E	80	1 Mar. 1883	Gree
Brashers	John	R.	23	17N	4E	40	26 Jun. 1860	Gree
Braswell	William	L.	26	17N	2W	80	27 Apr. 1888	Lawr
Bratcher	Allen		23	17N	3W	80	2 Jul. 1860	Lawr
Bratcher	Amos	J.	28	17N	3W	80	11 Jan. 1892	Lawr
Bratcher	Joseph	A.	6	16N	2W	40	30 Jun. 1885	Lawr
Bratten	Edward		3	17N	4E	79.32	1 Mar. 1856	Gree
Brawley	Hugh	P.	18	17N	6W	40	1 Sep. 1857	Shar
Brawner	James	M.	30	20N	8E	40.28	1 Jul. 1859	Clay
Brawner	Mason	A.	30	20N	8E	160	17 Sep. 1889	Clay
Bray	Mathew	M.	22	17N	5W	80	20 Oct. 1882	Shar
Brennon	George		18	17N	6E	40	23 Sep. 1879	Gree
Brents	John	M.	9	17N	2W	160	1 Jul. 1859	Lawr
Brewer	Barziel		8	14N	4E	160	7 Mar. 1836	Crai
Brewer	Joseph		6	21N	2W	93.01	30 Jun. 1882	Rand
Brickey	Preston	B.	4	15N	3W	85.17	16 Jun. 1856	Lawr
Bridgeman	Martin		13	11N	3W	80	28 Sep. 1840	Jack
Bridges	Alva	N.	15	20N	1E	80	1 May 1860	Rand
Bridges	Alva	N.	11	20N	1E	80	1 Sep. 1860	Rand

Last Name	First Name	Int.	Section No.	Twp.	Ran	Acres	Date	Co.
Bridges	James		2	10N	5W	160	27 Nov. 1820	Jack
Bridges	Jesse		33	21N	1E	40	16 Aug. 1838	Rand
Bridges	John		2	18N	2W	80	23 Jun. 1836	Rand
Bridges	John		24	18N	2W	117.8	5 Sep. 1842	Rand
Bridges	John		24	18N	2W	80	20 Dec. 1861	Rand
Bridges	Minerva		11	20N	1E	120	1 Jul. 1859	Rand
Bridges	Wiley	J.	11	20N	1E	120	16 Jun. 1856	Rand
Bridges	William	B.	35	21N	1E	40	1 Jul. 1859	Rand
Bridges	William	B.	11	20N	1E	80	10 Dec. 1859	Rand
Bridges	William		32	19N	2W	120	15 May 1883	Rand
Briggs	George	A.	32	16N	4W	160	15 Apr. 1822	Shar
Brigham	Robert	S.	6	11N	3W	160	5 Sep. 1842	Jack
Bright	Jacob		13	10N	5W	80	12 Jun 1901	Jack
Bright	John		34	20N	3W	40	16 Jun. 1905	Shar
Brightwell	William	J.	12	18N	1W	80	1 May 1860	Rand
Brim	Robert	W.	7	19N	4W	80	1 Sep. 1860	Shar
Brinkley	Bumpus		30	20N	1E	40	1 May 1860	Rand
Brinkley	Simeon		24	20N	1W	40	1 May 1860	Rand
Brinkley	Simeon		24	20N	1W	80	9 Jul. 1895	Rand
Britt	Leroy		14	16N	5W	160	28 Jan. 1824	Shar
Britton	Ezra		17	15N	3W	160	21 Jan. 1833	Lawr
Britton	James	L.	18	20N	4W	151.3	14 Mar 1906	Shar
Broadaway	James	M.	34	15N	3E	160	1 May 1860	Crai
Broadfoot	Charles	L.	2	17N	3W	80	1 May 1860	Lawr
Brock	Hiram	E.	35	17N	4W	120	22 Jan. 1890	Shar
Brock	James		27	20N	1E	160	23 Mar. 1829	Rand
Brock	Robert		27	16N	4W	160	27 Nov. 1820	Shar
Brock	Willis	J.	32	19N	5W	80	1 May 1860	Shar
Brockman	Bledsoe		22	15N	3W	160	16 May 1821	Lawr
Brodaway	James	M.	34	15N	3E	40	1 May 1860	Crai
Brodhead	John	M.	4	10N	4E	240	28 Jul. 1838	Poin
Brookfield	Isaac		24	14N	3E	40	16 Aug. 1838	Crai
Brookfield	Isaac		27	14N	3E	40	16 Aug. 1838	Crai
Brookfield	James	C.	29	15N	4E	160	1 Apr. 1857	Crai
Brooks	Alexander		9	19N	2W	160	31 Dec. 1890	Rand
Brooks	David		29	21N	2E	40	1 May 1860	Rand
Brooks	Elisha		28	20N	2E	80	1 May 1860	Rand
Brooks	Hannah		21	10N	4E	160	19 Jun. 1837	Poin
Brooks	Hulen		6	19N	5W	163.4	1 Nov. 1904	Shar
Brooks	James		6	21N	1E	150.5	28 Oct. 1897	Rand
Brooks	Joseph		8	20N	2E	80	1 May 1860	Rand
Brooks	Joseph		8	20N	2E	160	1 May 1860	Rand
Brooks	Joseph		32	21N	2E	40	1 May 1860	Rand
Brooks	Joseph		32	21N	2E	120	1 May 1860	Rand
Brooks	Joseph		31	21N	2E	120	1 Jul. 1859	Rand
Brooks	Joseph		32	21N	2E	40	1 Oct. 1839	Rand
Brooks	Ransom		30	21N	2E	40	18 Aug. 1890	Rand
Brothers	George		18	18N	4W	320	1 May 1860	Shar

Last Name	First Name	Int.	Section No.	Twp.	Ran	Acres	Date	Co.
Brower	Noah		34	13N	3W	40	16 Aug. 1838	Jack
Brown	Asa	M.	10	11N	2W	40	1 Sep. 1856	Jack
Brown	Cornelius	S.	22	18N	5E	80	1 May 1860	Gree
Brown	Dixon		27	18N	3W	160	16 Jun. 1856	Lawr
Brown	Dixon		27	18N	3W	80	1 Jul. 1859	Lawr
Brown	Dixon		27	18N	3W	80	1 Jul. 1859	Lawr
Brown	Elijah		2	20N	2W	80	1 May 1860	Rand
Brown	Elijah		23	20N	2W	40	10 Sep. 1883	Rand
Brown	Elijah		3	18N	3W	160	20 Dec. 1824	Lawr
Brown	Elijah		22	21N	2W	68.42	18 Dec 1902	Rand
Brown	Eliza	J.	34	20N	2W	160	10 Aug 1907	Rand
Brown	Elzy		3	10N	3W	80	20 Jun. 1873	Jack
Brown	Elzy		3	10N	3W	80	18 Sep. 1872	Jack
Brown	Ephraim	M.	35	10N	7E	160	16 Mar. 1896	Poin
Brown	Ezekiel		21	19N	2W	160	16 Jun. 1823	Rand
Brown	Francis	M.	1	11N	7E	166.9	26 Jul. 1899	Poin
Brown	Frederick		10	17N	6W	120	19 Nov. 1889	Shar
Brown	George	G.	3	10N	3W	80	12 Aug. 1896	Jack
Brown	George	G.	3	10N	3W	80	13 Feb. 1905	Jack
Brown	George	W.	18	19N	1E	80	6 Apr. 1895	Rand
Brown	George	W.	15	20N	1W	40	31 Dec. 1890	Rand
Brown	George	W.	3	20N	2W	78.68	26 Jun 1904	Rand
Brown	James	J.	3	20N	2W	80	28 Mar. 1861	Rand
Brown	James	J.	3	20N	2W	80	1 May 1860	Rand
Brown	James	S.	33	17N	3W	40	1 Oct. 1839	Lawr
Brown	James		26	20N	2W	40	28 Mar. 1861	Rand
Brown	James		2	20N	2W	86.62	1 May 1860	Rand
Brown	James		11	20N	2W	80	1 May 1860	Rand
Brown	James		23	18N	2W	80	1 Oct. 1860	Lawr
Brown	Jesse		26	20N	2W	80	4 Dec. 1901	Rand
Brown	John	A.	34	20N	2W	160	14 Sep. 1906	Rand
Brown	John	G.	2	16N	5E	79.42	1 Jul. 1859	Gree
Brown	John	H.	24	11N	2W	40	10 Jul. 1849	Jack
Brown	John	M.	19	20N	2W	160	31 Dec. 1904	Rand
Brown	Jonathan		9	10N	4E	160	9 Jul. 1821	Poin
Brown	Joseph	T.	22	20N	1W	80	27 Jan. 1904	Rand
Brown	Leonidas	D.	35	21N	2W	80	1 May 1860	Rand
Brown	Lovel		12	16N	4W	160	27 Nov. 1820	Shar
Brown	M	F.	22	20N	2W	120	10 Feb 1907	Rand
Brown	Markus	F.	33	20N	2W	120	17 Sep. 1889	Rand
Brown	Mary		8	10N	5W	160	14 May 1821	Jack
Brown	Pamela		23	16N	5W	160	9 May 1834	Shar
Brown	Samuel	J.	20	21N	8E	40	24 Aug 1901	Clay
Brown	Samuel		23	20N	2W	160	27 Nov. 1820	Rand
Brown	Sanford		28	18N	2W	40	1 Jul. 1903	Lawr
Brown	Thomas		22	14N	1W	160	16 May 1821	Jack
Brown	Thomas		9	20N	2W	160	27 Nov. 1820	Rand
Brown	William	C.	34	20N	2W	80	1 Jan. 1861	Rand

Last Name	First Name	Int.	Section No.	Twp.	Ran	Acres	Date	Co.
Brown	William		11	18N	3W	80	15 Jan. 1883	Lawr
Brown	William		27	13N	1W	160	1 Feb. 1821	Jack
Brown	William		7	18N	5E	38.53	1 Mar. 1855	Gree
Brown	William		6	11N	3W	135.7	23 Aug. 1847	Jack
Brown	William		6	11N	3W	80	1 Sep. 1846	Jack
Brown	William		32	11N	9E	40	1 Nov. 1848	Miss
Broyles	Lewis	H.	1	20N	1E	79.33	1 Jul. 1859	Rand
Bruce	Spartan		21	21N	2E	320	1 May 1860	Rand
Bruff	Robert	H.	32	17N	3W	80	1 Aug. 1861	Lawr
Brumbelow	James		36	15N	3E	80	1 May 1860	Crai
Brumbelow	William	E.	34	14N	3E	80	1 May 1861	Crai
Brundige	Deba	A.	6	20N	1W	160	31 Mar. 1837	Rand
Brundrett	John		32	20N	3E	240	16 Aug. 1838	Rand
Brune	William		34	15N	3E	40	1 May 1860	Crai
Bryan	Benjamin		21	21N	2W	40	1 May 1860	Rand
Bryan	Benjamin		28	21N	2W	80	1 May 1860	Rand
Bryan	Michael		29	10N	4E	160	10 Oct. 1837	Poin
Bryant	Anderson		12	12N	3W	40	19 Oct. 1905	Jack
Bryant	Charles	P.	6	19N	8E	42.53	23 Jan. 1901	Clay
Bryant	Frederic		14	16N	5W	160	27 Jan. 1824	Shar
Bryant	John	J.	12	21N	4W	160	8 Mar. 1898	Rand
Bryant	Mary		18	21N	3W	160	26 Nov. 1904	Rand
Bryant	Robert		8	19N	1E	280	25 May 1870	Rand
Bryant	Robert		8	19N	1E	40	20 Jun. 1870	Rand
Bryant	Robert		8	19N	1E	40	1 Jul. 1859	Rand
Bryant	Robert		17	11N	4E	160	27 Nov. 1820	Poin
Bryant	William	H.	36	16N	3W	80	1 May 1860	Lawr
Bryant	William		17	21N	3E	110	1 May 1854	Rand
Buchanan	Acellus	U.	17	16N	6W	320	16 Jun. 1856	Shar
Buchanan	Albert	B.	22	16N	6W	120	1 May 1860	Shar
Buchanan	Eliza		6	17N	3W	80	30 Oct. 1857	Lawr
Buchanan	James		9	17N	4W	40	1 Jul. 1859	Shar
Buchanan	James		9	17N	4W	80	2 Jul. 1860	Shar
Buchanan	John	B.	8	17N	4W	120	1 Jul. 1859	Shar
Buchanan	John		22	16N	6W	40	1 May 1860	Shar
Buchanan	John		22	16N	6W	80	1 May 1860	Shar
Buchanan	Mary	M.	6	17N	3W	190.9	1 Jul. 1859	Lawr
Buchanan	Thomas		11	12N	11E	35.33	14 May 1828	Miss
Buchanan	Thomas		31	19N	3W	91.5	10 Nov. 1830	Shar
Buchanan	William		1	17N	4W	160	1 May 1860	Shar
Buchanan	William		1	17N	4W	80	1 May 1860	Shar
Buchannon	William		15	16N	5W	160	27 Dec. 1825	Shar
Buck	David	D.	4	11N	7E	123	18 Mar. 1905	Poin
Buck	David	S.	4	11N	7E	148.8	12 Jun 1901	Poin
Buckannan	John	B.	17	17N	4W	120	1 Aug. 1861	Shar
Buckles	Isaac	N.	3	20N	4W	169.8	16 Nov. 1901	Shar
Buckless	Ann		24	10N	4W	160	13 Jun. 1835	Jack
Buckley	Thomas	R.	12	21N	3W	126.6	5 May 1904	Rand

Last Name	First Name	Int.	Section No.	Twp.	Ran	Acres	Date	Co.
Bucy	Edward	T.	36	20N	7E	120	23 Jul. 1888	Clay
Buel	James		34	10N	5W	160	27 Nov. 1820	Jack
Buffalow	Isaac		11	18N	6W	120	10 May 1882	Shar
Buie	Duncan		31	10N	4E	160	26 Feb. 1825	Poin
Bull	Benjamin	F.	15	15N	5W	40	1 Mar. 1855	Shar
Bullard	Christopher		6	20N	2E	120	1 Jul. 1859	Rand
Bullard	Christopher		5	20N	2E	80	10 Dec. 1859	Rand
Bullard	Isaac		5	20N	2E	160	22 Jun. 1895	Rand
Bullard	John	H.	25	10N	7E	160	3 May 1895	Poin
Bullard	Joseph	S.	23	10N	7E	40	5 Oct. 1897	Poin
Bullock	Baston		15	13N	1W	160	9 May 1837	Jack
Bullock	Richard		3	13N	1W	160	6 Aug. 1823	Jack
Bumpass	Joshua	A.	9	21N	2E	40	1 Nov. 1849	Rand
Bunch	Martin	M.	7	12N	11E	160	21 Aug. 1837	Miss
Bunch	Martin	W.	7	12N	11E	140.9	15 Aug. 1837	Miss
Bunch	Martin	W.	21	12N	11E	160	20 Aug. 1838	Miss
Bunch	Riley		8	19N	4E	320	16 Aug. 1838	Clay
Bund	Martin	W.	34	10N	10E	143.3	26 Aug. 1847	Miss
Bundy	William	P.	26	16N	6W	80	30 Oct. 1857	Shar
Burchfield	Ruthia		2	16N	4W	160	23 Feb. 1892	Shar
Burchfield	Ruthia		2	16N	4W	160	12 Oct. 1900	Shar
Burchfield	Sarah		5	16N	6W	40	1 May 1860	Shar
Burchfield	Sarah		5	16N	6W	120	1 Sep. 1857	Shar
Burdick	Culphurnia		9	14N	4E	160	26 Sep. 1838	Crai
Burdick	David		6	13N	4E	160	12 Dec. 1825	Crai
Burgan	Francis	T.	29	14N	1W	40	1 Sep. 1856	Jack
Burgess	Aeril		2	18N	1W	160	9 Jun. 1830	Rand
Burgess	Lee		3	12N	3W	40	1 Sep. 1856	Jack
Burgin	Isaac		27	12N	3W	40	1 Sep. 1846	Jack
Burk	Francis	M.	11	14N	3E	120	10 Dec. 1859	Crai
Burk	John		15	14N	1W	160	27 Nov. 1820	Jack
Burks	Ralph	S.	28	16N	6W	80	1 Jul. 1859	Shar
Burnes	Bennett		7	20N	4W	131.2	18 Oct. 1890	Shar
Burns	James	R.	35	18N	4W	82.58	20 Apr. 1888	Shar
Burns	Louis	W.	5	17N	6W	159.5	26 Jun. 1906	Shar
Burns	Marcus	D.	26	20N	7E	160	18 Nov. 1895	Clay
Burnsides	John		26	20N	2W	80	10 May 1882	Rand
Burrell	Warren	T.	30	17N	5E	160	5 Oct. 1897	Gree
Burress	Charles	W.	27	11N	2W	40	16 Jun. 1856	Jack
Burress	Charles	W.	28	11N	2W	40	16 Jun. 1856	Jack
Burress	Charles	W.	22	11N	2W	40	1 Sep. 1856	Jack
Burris	Stephen	A.	22	21N	3W	160	1 Feb. 1893	Rand
Burrow	Arminta		18	21N	4W	123.8	21 Mar. 1898	Shar
Burrow	Cris		5	18N	4W	78.45	18 Aug 1905	Shar
Burrow	Devaney		6	15N	4E	119.7	1 May 1860	Crai
Burrow	Devaney		6	15N	4E	39.4	1 May 1861	Crai
Burrow	Devaney		6	15N	4E	40	1 Jul. 1859	Crai
Burrow	Freeman		36	19N	5W	120.3	1 Jun. 1896	Shar

Last Name	First Name	Int.	Section No.	Twp.	Ran	Acres	Date	Co.
Burrow	James	M.	31	16N	5W	40	1 Sep. 1857	Shar
Burrow	Jesse		24	21N	4W	40	16 Jun. 1905	Rand
Burrow	John	H.	18	21N	1E	40	11 Jan. 1889	Rand
Burrow	Lavina	E.	11	21N	1W	40	18 Sep. 1891	Rand
Burrow	Lorensey	R.	18	21N	1E	197.6	1 May 1860	Rand
Burrow	William		13	21N	1W	40	27 Aug. 1895	Rand
Burrow	William		12	21N	1W	120	19 Oct. 1881	Rand
Burrus	Thomas	P.	30	19N	5W	85.37	24 Nov 1901	Shar
Burrus	Wick	C.	1	18N	6W	160	1 Jul. 1903	Shar
Burson	David	A.	13	20N	6E	80	11 Jan. 1892	Clay
Burt	Monroe	E.	17	18N	4W	320	1 Aug. 1861	Shar
Burton	Garret	G.	8	19N	5W	40	1 May 1860	Shar
Burton	Isaac		22	13N	4E	160	23 May 1822	Crai
Burton	Josiah	L.	30	21N	2E	40	15 Feb. 1884	Rand
Burton	Josiah	L.	30	21N	2E	40	10 Dec. 1885	Rand
Burton	Nancy		18	21N	2E	40	1 May 1860	Rand
Burton	Nancy		19	21N	2E	40	1 Jul. 1859	Rand
Burton	Robert	H.	17	20N	7E	40	1 Apr. 1861	Clay
Burton	Robert	H.	17	20N	7E	40	1 Oct. 1860	Clay
Burton	Robert		27	12N	11E	80	1 Nov. 1834	Miss
Busby	Cassel	C.	1	14N	3E	40.24	1 May 1860	Crai
Busby	John	J.	12	14N	3E	240	1 Jul. 1859	Crai
Bush	Benjamin	L.	31	16N	1W	40	1 Oct. 1849	Lawr
Bush	Benjamin	T.	6	15N	1W	37.18	1 Oct. 1849	Lawr
Bush	James	W.	7	15N	5E	317.2	6 Jul. 1896	Crai
Bush	John	R.	23	21N	1W	120	31 Jul. 1903	Rand
Bush	Margaret		26	10N	4W	160	4 Aug. 1828	Jack
Bush	Stephen	L.	32	16N	1W	40	1 Oct. 1850	Lawr
Bush	Stephen		13	15N	2W	41.89	1 Sep. 1856	Lawr
Buster	Batie		36	17N	4W	40	10 Jul. 1844	Shar
Buster	Francis	B.	36	17N	4W	40	1 May 1860	Shar
Buster	James	M.	25	17N	4W	120	1 Jul. 1859	Shar
Buster	John	C.	19	19N	2W	81.68	1 May 1860	Rand
Buster	John		35	17N	4W	40	1 May 1860	Shar
Buster	John		36	17N	4W	160	6 May 1871	Shar
Buster	John		36	17N	4W	80	1 Jul. 1859	Shar
Buster	John		35	17N	4W	40	8 Oct. 1895	Shar
Buster	William		12	19N	3W	40	1 May 1860	Rand
Buster	William		12	19N	3W	40	1 Jul. 1859	Rand
Butler	Benjamin		17	20N	1E	160	1 Feb. 1821	Rand
Butler	Edward		36	18N	2W	40	1 Jul. 1859	Lawr
Butler	Edward		36	18N	2W	40	2 Jul. 1860	Lawr
Butler	Elias	C.	22	11N	10E	80	1 Nov. 1848	Miss
Butler	Elias	C.	22	11N	10E	120	1 Nov. 1848	Miss
Butler	Elias	C.	22	11N	10E	80	1 Nov. 1848	Miss
Butler	Elias	C.	22	11N	10E	40	1 Nov. 1848	Miss
Butler	Franklin	P.	12	18N	5E	40	27 Mar. 1894	Gree

Last Name	First Name	Int.	Section No.	Twp.	Ran	Acres	Date	Co.
Butler	James	A.	28	18N	1W	40	1 May 1860	Rand
Butler	James	A.	28	18N	1W	36.99	2 Jul. 1860	Rand
Butler	James	W.	36	19N	5E	80	13 Mar. 1890	Gree
Butler	Jesse	P.	24	19N	6E	160	30 Mar. 1905	Clay
Butler	John	A.	7	19N	3W	160	14 Apr. 1897	Shar
Butler	John	R.	10	21N	4W	160	30 Aug. 1899	Rand
Butler	John	W.	29	18N	1W	160	16 Jun. 1856	Rand
Butler	Reuben	L.	14	15N	6W	80	12 Jun. 1871	Shar
Butler	Reuben	L.	14	15N	7W	40	1 Jul. 1859	Shar
Butler	Reuben	L.	14	15N	6W	80	1 Sep. 1857	Shar
Butt	William		3	19N	5W	120	1 Feb. 1875	Shar
Butterfield	David	G.	29	13N	1W	160	27 Nov. 1820	Jack
Butterworth	Stephen	H.	35	17N	5W	111.4	1 Sep. 1857	Shar
Byers	Thomas	N.	22	19N	1E	40	1 Oct. 1839	Rand
Byrd	Albert	J.	23	17N	5W	80	5 May 1905	Shar
Byrd	Andrew	J.	19	20N	2W	77.05	23 Jan. 1901	Rand
Byrd	Bartlett	F.	31	14N	2W	50.17	1 Sep. 1856	Jack
Byrns	Matthew		27	11N	4E	160	14 Jan. 1823	Poin
Cabler	John		34	20N	1E	80	30 Jun. 1882	Rand
Cagle	William	W.	18	18N	1E	38.54	6 Jul. 1896	Rand
Cahill	Winfield	S.	19	11N	7E	151.9	7 Jun. 1897	Poin
Cahoon	John		1	15N	3W	160	25 Nov. 1828	Lawr
Cain	Augustus	N.	12	19N	2W	240	1 May 1860	Rand
Cain	Daniel		33	11N	4E	160	16 Apr. 1821	Poin
Cain	Elizabeth		13	19N	1W	320	1 Jul. 1859	Rand
Cain	James	C.	11	15N	6W	80	11 May 1895	Shar
Cain	Robert		36	9N	1W	160	16 May 1821	Jack
Cain	William	I.	30	10N	4E	80	8 May 1888	Poin
Cain	William	R.	14	19N	1W	240	10 Jul. 1859	Rand
Caldwell	Andrew	J.	18	10N	4E	80	1 Sep. 1857	Poin
Caldwell	James		14	15N	3E	80	1 May 1860	Crai
Caldwell	Joseph		8	15N	4E	40	1 Mar. 1855	Crai
Caldwell	Joseph		29	15N	4E	80	1 Apr. 1857	Crai
Caldwell	Joseph		6	15N	4E	40	1 May 1860	Crai
Caldwell	Joseph		6	15N	4E	40	1 May 1860	Crai
Caldwell	Newman		29	10N	5W	160	15 Jan. 1833	Jack
Caldwell	William	L.	24	11N	8E	120	22 Nov 1901	Miss
Calvert	William		23	20N	1E	160	21 Jul. 1823	Rand
Cammack	Samuel		3	16N	6W	49.67	1 Mar. 1856	Shar
Camp	Mary		24	14N	1W	160	10 Feb. 1830	Jack
Camp	William	M.	15	19N	1W	40	7 Sep. 1894	Rand
Campbell	Ardener		11	10N	3W	160	30 Mar. 1894	Jack
Campbell	Burrell		35	19N	1W	160	27 Nov. 1820	Rand
Campbell	Charles	L.	8	21N	2W	160	16 Nov. 1901	Rand
Campbell	Daniel	R.	17	17N	3W	80	1 May 1860	Lawr
Campbell	James	A.	35	20N	4W	160	14 Apr. 1897	Shar
Campbell	James	H.	25	17N	3W	40	1 Mar. 1855	Lawr
Campbell	James	H.	25	17N	3W	40	1 Mar. 1855	Lawr

Last Name	First Name	Int.	Section No.	Twp.	Ran	Acres	Date	Co.
Campbell	James	H.	7	18N	3W	156.5	12 Mar. 1894	Lawr
Campbell	James		26	18N	2W	80	23 Jun. 1836	Lawr
Campbell	James		25	18N	2W	80	12 Dec. 1823	Lawr
Campbell	John	H.	13	18N	3W	80	26 Dec 1904	Lawr
Campbell	John	H.	13	18N	3W	40	15 Oct. 1906	Lawr
Campbell	John	S.	21	19N	1W	50.08	25 Mar. 1902	Rand
Campbell	John	T.	34	21N	8E	80	19 May 1903	Clay
Campbell	John	W.	25	18N	2W	55.5	10 Jul. 1844	Lawr
Campbell	Mary	E.	35	17N	4W	80	5 May 1904	Shar
Campbell	Merrill	P.	15	18N	2E	80	30 Oct. 1857	Rand
Campbell	Robert	L.	10	21N	3W	160	18 Dec 1905	Rand
Campbell	Stephen	J.	25	18N	2W	40	1 Oct. 1850	Lawr
Campbell	William	H.	15	21N	3W	160	10 May 1882	Rand
Campbell	Willis	W.	15	21N	3W	160	18 Dec 1905	Rand
Canada	John		35	20N	3W	40	1 May 1860	Rand
Canada	John		36	20N	3W	42.76	1 May 1860	Rand
Canada	John		33	21N	3W	120	1 Aug. 1861	Rand
Canada	Joseph		14	21N	1E	120	1 Jul. 1859	Rand
Canada	Joseph		13	21N	1E	40	10 Dec. 1859	Rand
Canada	William		22	21N	4W	80	1 Feb. 1875	Shar
Canida	Hugh	H.	34	21N	3W	80	1 Sep. 1860	Rand
Cannon	James	H.	36	11N	8E	160	1 Jun. 1875	Miss
Cannon	James		15	18N	2W	160	27 Nov. 1820	Lawr
Cantwell	General	L.	10	21N	1E	120	1 Jun. 1896	Rand
Cantwell	Sarah		12	21N	1W	80	1 Mar. 1883	Rand
Cape	Andrew		22	18N	6W	160	2 Jul. 1860	Shar
Capp	Jacob		15	16N	5E	40	1 May 1860	Gree
Capps	Nimrod		24	16N	3E	40	1 Mar. 1855	Gree
Capps	Nimrod		26	16N	3E	40	1 Mar. 1856	Gree
Capps	Nimrod		23	16N	3E	40	1 Sep. 1856	Gree
Caraway	Elisha		18	18N	3W	161	12 Nov. 1900	Lawr
Caraway	Elisha		18	18N	3W	161	12 Nov. 1900	Lawr
Cardwell	Daniel		28	16N	4E	40	1 Mar. 1855	Gree
Cardwell	George		32	16N	4E	40	1 Mar. 1855	Gree
Cardwell	George		5	15N	4E	41.55	1 Mar. 1855	Crai
Cardwell	George		5	15N	4E	40	1 Mar. 1856	Crai
Cardwell	George		32	16N	4E	80	1 May 1860	Gree
Cardwell	George		1	15N	3E	40	1 Sep. 1856	Crai
Cardwell	John		28	16N	4E	40	1 Jul. 1859	Gree
Cardwell	Jonathan	D.	33	17N	6W	80	1 Jul. 1859	Shar
Cardwell	Jonathan	D.	34	17N	6W	80	30 Oct. 1857	Shar
Cardwell	Jonathan	D.	34	17N	6W	40	30 Oct. 1857	Shar
Cargill	Daniel	F.	30	16N	6W	40	1 Jul. 1859	Shar
Cargill	Daniel	F.	19	16N	6W	120	1 Sep. 1857	Shar
Cargill	John	P.	5	15N	6W	290	30 Oct. 1857	Shar
Carl	Jonathan		35	12N	3W	80	23 Jun. 1836	Jack
Carley	John		27	19N	5W	80	10 Jan. 1901	Shar
Carner	John	J.	7	21N	1E	166.2	13 Mar. 1890	Rand

Last Name	First Name	Int.	Section No.	Twp.	Ran	Acres	Date	Co.
Casteel	Robert	W.	3	20N	6E	79.74	31 Jul. 1903	Clay
Castiel	James	A.	11	20N	6E	80	14 Aug 1906	Clay
Castleberry	George	W.	13	21N	4W	80	1 May 1860	Rand
Castleberry	Mary	J.	13	21N	4W	80	1 Sep. 1860	Rand
Caswell	Daniel		25	20N	3W	160	27 Nov. 1820	Rand
Cate	Samuel		7	16N	6W	80	10 Jul. 1844	Shar
Cate	Samuel		7	16N	6W	80	10 Jul. 1844	Shar
Cater	David		36	20N	3W	160	16 Jul. 1821	Rand
Cates	Benjamin		21	17N	6W	80	1 May 1860	Shar
Cates	Christopher	C.	28	21N	8E	160	30 Jul. 1891	Clay
Cathey	Archibald		7	17N	6W	167.4	10 Dec. 1859	Shar
Cathey	Edward	B.	28	18N	6W	40	1 May 1860	Shar
Cathey	Edward	B.	28	18N	6W	120	1 Jul. 1859	Shar
Cathey	Edward	B.	29	18N	6W	80	1 Oct. 1860	Shar
Cato	Grandison		17	18N	5E	40	1 Mar. 1856	Gree
Caton	Solomon		27	17N	4W	40	8 Oct. 1895	Shar
Caton	Solomon		2	16N	3W	80	1 Dec. 1876	Lawr
Catron	Oliver	P.	22	11N	10E	40	1 Nov. 1848	Miss
Caulder	Peter		29	16N	5W	160	22 Mar. 1824	Shar
Cavenar	Henry	J.	27	20N	1W	160	22 Sep 1901	Rand
Cavenor	John		15	10N	5W	160	27 Nov. 1820	Jack
Cavin	Alexander		31	19N	2E	281.8	16 Aug. 1838	Rand
Caywood	Clarence	A.	27	19N	5W	160	22 Apr 1901	Shar
Cedars	Solomon	T.	5	18N	1W	160	30 Apr. 1821	Rand
Cegraves	Valentine		11	20N	1W	80	1 May 1860	Rand
Chaffin	Susan	J.	22	17N	4E	80	23 Jul. 1888	Gree
Chamberlain	Susan		34	10N	5W	160	27 Nov. 1820	Jack
Chambers	Benjamin	F.	20	15N	4E	40	1 Jul. 1859	Crai
Chambers	Hubbard	W.	4	17N	6W	158.4	21 Aug. 1900	Shar
Chambers	James	T.	22	13N	8E	82.32	12 Oct 1901	Miss
Chambers	John		30	15N	1W	320	29 May 1823	Lawr
Chambers	Mary	E.	12	11N	7E	160	12 Jul. 1900	Poin
Chambless	Zachariah		29	11N	4E	160	27 Nov. 1820	Poin
Champ	Hermis		5	13N	12E	31.09	1 Nov. 1848	Miss
Chandler	James	P.	23	10N	7E	80	1 Jun. 1896	Poin
Chandler	John		23	21N	1E	80	1 Oct. 1849	Rand
Chandler	John		26	21N	1E	40	1 Oct. 1849	Rand
Chandler	John		26	21N	1E	80	1 Oct. 1849	Rand
Chandler	John		26	21N	1E	40	1 Oct. 1849	Rand
Chandoin	Eli		13	15N	6W	200	16 Jun. 1856	Shar
Chandoin	Eli		13	15N	6W	120	1 Jul. 1859	Shar
Chaney	Samuel	D.	20	19N	1W	80	22 Sep 1901	Rand
Chapman	Charles	T.	19	19N	4W	166.2	17 Jan. 1902	Shar
Chapman	Daniel	J.	28	14N	2W	40	1 Oct. 1850	Jack
Chapman	Daniel	J.	28	14N	2W	40	1 Oct. 1850	Jack
Chapman	Daniel	P.	28	14N	2W	80	10 Sep. 1844	Jack
Chapman	Moses		7	10N	4E	160	6 Mar. 1821	Poin
Chase	Moses		10	11N	4E	160	27 Nov. 1820	Poin

Last Name	First Name	Int.	Section No.	Twp.	Ran	Acres	Date	Co.
Carter	John	W.	28	16N	6W	40	1 Mar. 1855	Shar
Carter	John		4	18N	1W	40	1 Mar. 1855	Rand
Carter	John		4	18N	1W	73.96	1 May 1860	Rand
Carter	John		4	18N	1W	44.36	1 Jul. 1850	Rand
Carter	John		4	18N	1W	103.7	1 Oct. 1860	Rand
Carter	Leroy		24	18N	6W	120	1 May 1861	Shar
Carter	Levi		4	20N	2E	81.86	31 Jan. 1889	Rand
Carter	Matilda		19	19N	6E	47.23	1 Sep. 1856	Clay
Carter	Matilda		19	19N	6E	40	1 Sep. 1856	Clay
Carter	Matilda		19	19N	6E	47.04	1 Sep. 1856	Clay
Carter	Robert	I.	20	19N	6E	80	1 May 1860	Clay
Carter	Robert	J.	20	19N	6E	80	1 May 1860	Clay
Carter	William	P.	10	21N	1W	40	22 Apr 1901	Rand
Carter	William	R.	8	18N	1W	80	1 May 1860	Rand
Carter	William		7	17N	4W	73.52	1 May 1860	Shar
Carter	William		12	17N	5W	80	1 Sep. 1857	Shar
Cartwright	Abraham		35	19N	5W	160	10 Dec. 1859	Shar
Caruthers	John		31	16N	3W	80	1 Jul. 1848	Lawr
Caruthers	John		31	15N	3W	80	19 Aug. 1826	Lawr
Caruthers	Samuel		23	16N	4W	80	10 Jul. 1848	Shar
Carver	George		36	18N	1W	160	14 Oct. 1837	Rand
Carver	James	P.	29	17N	5W	80	1 Sep. 1857	Shar
Carver	John	D.	36	17N	6W	40	1 May 1860	Shar
Carver	John	D.	6	16N	5W	127.4	1 Sep. 1860	Shar
Carver	John	D.	31	17N	5W	55.9	30 Oct. 1857	Shar
Carver	John	D.	36	17N	6W	80	1 Oct. 1860	Shar
Carver	John	W.	11	17N	5W	80	8 May 1901	Shar
Cary	John		33	14N	3E	40	1 Jul. 1859	Crai
Cary	John		33	14N	3E	40	1 Jul. 1859	Crai
Case	Newton	H.	17	20N	3W	80	30 Mar. 1905	Shar
Case	William		17	14N	4E	160	16 May 1821	Crai
Casey	Abner	M.	27	14N	3E	40	1 May 1860	Crai
Casey	Abner	M.	27	14N	3E	40	1 May 1860	Crai
Casey	Abner	M.	27	14N	3E	40	10 Dec. 1859	Crai
Casey	Charles	H.	11	20N	2W	80	1 Nov. 1904	Rand
Casey	David	C.	34	21N	2W	40	1 Jul. 1903	Rand
Casey	Samuel	C.	2	20N	2W	84.68	1 Jul. 1903	Rand
Casey	Samuel	F.	18	17N	1W	44.64	20 Nov. 1884	Lawr
Cash	Feryby		9	17N	5W	160	14 Jun. 1897	Shar
Cason	John	B.	31	15N	4W	40	1 Jul. 1859	Shar
Cason	John	B.	31	15N	4W	105.8	30 Oct. 1857	Shar
Cason	Sebron		30	15N	3W	37.56	1 Mar. 1855	Lawr
Casper	Jacob	A.	18	16N	2W	80	1 May 1860	Lawr
Casper	John		18	16N	2W	120.5	28 Mar. 1861	Lawr
Casper	John		18	16N	2W	40	1 May 1860	Lawr
Casper	John		18	16N	2W	160	1 Jul. 1859	Lawr
Casper	Nancy	G.	18	16N	2W	55.76	25 Jun. 1901	Lawr
Casteel	George	W.	4	21N	1E	40	10 Apr. 1882	Rand

Last Name	First Name	Int.	Section No.	Twp.	Ran	Acres	Date	Co.
Carnes	John		17	9N	1W	160	27 Nov. 1820	Jack
Carney	John	D.	20	19N	5W	80	22 Oct 1901	Shar
Carney	John	D.	19	19N	5W	80	16 Jun. 1905	Shar
Carney	John	R.	31	10N	4W	160	9 Oct. 1821	Jack
Carney	Michael		6	13N	4E	160	7 May 1821	Crai
Carpenter	Asa	M.	7	11N	2W	40	16 Aug. 1838	Jack
Carpenter	Charley	C.	20	19N	5W	160	27 Jul. 1904	Shar
Carpenter	Elijah		7	11N	2W	40	10 Jul. 1844	Jack
Carpenter	Elijah		17	10N	3W	5.83	1 Jul. 1850	Jack
Carpenter	James		34	20N	7E	80	10 Sep. 1883	Clay
Carpenter	John		27	10N	5W	160	16 Feb. 1824	Jack
Carpenter	Lee	R.	24	20N	7E	160	8 Oct. 1892	Clay
Carpenter	Robert		35	17N	5W	80	16 Jun. 1856	Shar
Carpenter	Robert		35	17N	5W	40	30 Oct. 1857	Shar
Carpenter	Sarah	J.	26	19N	4W	160	25 Jun. 1901	Shar
Carpenter	Thomas	M.	26	17N	5W	40	1 Sep. 1857	Shar
Carpenter	Thomas		7	18N	2E	320	16 Aug. 1838	Rand
Carpenter	William	S.	28	19N	5W	160	31 Jul. 1903	Shar
Carpenter	William		21	19N	5W	160	8 Mar 1903	Shar
Carr	John	T.	5	19N	4W	40	23 Nov. 1891	Shar
Carr	Nathaniel	G.	33	11N	4E	160	16 Apr. 1821	Poin
Carr	Robert	D.	29	15N	13E	159.2	1 Feb. 1858	Miss
Carr	Robert	D.	29	15N	13E	160	1 Feb. 1858	Miss
Carr	Robert	D.	30	15N	13E	160	1 Feb. 1858	Miss
Carrier	Amos	N.	1	16N	3W	160	4 Jun. 1822	Lawr
Carrigan	John	W.	6	18N	6E	282.3	1 Jul. 1859	Gree
Carrigan	John	W.	6	18N	6E	40.62	1 Oct. 1860	Gree
Carroll	Charles	B.	2	18N	2W	40	26 Sep 1904	Rand
Carroll	John	W.	28	15N	4E	40	26 Jan. 1889	Crai
Carroll	Joseph	O.	5	16N	3W	320	1 Feb. 1821	Lawr
Carroll	Rhoda		20	10N	7E	160	2 Feb. 1889	Poin
Carroll	William		33	10N	5W	160	27 Feb. 1821	Jack
Carson	Alexander		34	12N	4E	160	27 Nov. 1820	Poin
Carson	Hannah	E.	23	13N	10E	160	10 Aug. 1850	Miss
Carter	Aaron		28	18N	6W	120	1 May 1860	Shar
Carter	Charles		28	13N	4E	160	21 Mar. 1822	Crai
Carter	Charles		34	15N	4W	160	27 Nov. 1820	Shar
Carter	Elizabeth	J.	2	20N	1E	40	15 Jan. 1883	Rand
Carter	Henry	C.	2	21N	1W	160	16 Apr. 1892	Rand
Carter	Hugh		6	16N	5W	40	1 Mar. 1855	Shar
Carter	Hugh		1	16N	6W	209	1 May 1860	Shar
Carter	Isaac		7	15N	6W	85.94	1 Jul. 1859	Shar
Carter	Isaac		7	15N	6W	120	1 Mar. 1859	Shar
Carter	James	C.	15	19N	2W	160	6 Mar. 1891	Rand
Carter	James		10	21N	2E	80	1 May 1860	Rand
Carter	John	C.	30	18N	1W	40	23 Nov. 1891	Rand
Carter	John	T.	27	18N	6W	80	1 May 1860	Shar
Carter	John	T.	22	18N	6W	80	16 Dec. 1895	Shar

Last Name	First Name	Int.	Section No.	Twp.	Ran	Acres	Date	Co.
Cherrington	John		30	14N	4E	160	16 Apr. 1821	Crai
Chesser	Hozia	F.	8	18N	1E	77.64	18 Jan. 1894	Rand
Chesser	James		12	18N	1W	80	1 Jul. 1859	Rand
Chesser	John	T.	8	18N	1E	40	20 Feb. 1894	Rand
Childers	Alexander	C.	15	18N	3W	40	1 Mar. 1855	Lawr
Childers	Alexander	C.	6	18N	2W	148.3	1 Jul. 1859	Lawr
Childers	Robert	H.	2	18N	5E	40	1 Jul. 1859	Gree
Childers	Robert	H.	2	18N	5E	281.3	1 Jul. 1859	Gree
Childers	Robert		36	19N	3W	120	30 Jun. 1885	Lawr
Childres	Alexander	C.	1	18N	3W	40	1 Jul. 1859	Lawr
Childress	Alexander	C.	15	18N	3W	80	16 Jun. 1856	Lawr
Childress	William		19	10N	4E	160	7 May 1821	Poin
Childs	Cale	C.	13	11N	7E	80	27 Jan. 1904	Poin
Chilson	Levi		14	18N	1W	320	1 May 1860	Rand
Chilton	Thomas		3	18N	2E	140.7	16 Aug. 1838	Rand
Chism	George	W.	28	19N	4W	130.8	30 Oct. 1857	Shar
Chism	Green		29	18N	4W	40	15 Feb. 1884	Shar
Chisum	George	W.	27	17N	4W	160	18 Oct. 1898	Shar
Chrisco	Goodlin	M.	28	17N	5W	40	30 Oct. 1857	Shar
Chrisco	Jacob	L.	31	19N	5W	162.7	28 Feb. 1894	Shar
Chriscoe	Goodland	M.	25	16N	6W	40	1 Nov. 1856	Shar
Chrisenbery	Pleasant	M.	25	16N	5W	120	8 May 1901	Shar
Christian	Fidillo	H.	18	16N	3W	136.5	1 Jul. 1859	Lawr
Christian	Jesse	G.	24	14N	3E	40	1 Jul. 1859	Crai
Christian	William	T.	20	17N	2W	160	1 Oct. 1860	Lawr
Christie	James		12	20N	1E	160	16 May 1821	Rand
Christoe	Goodlaname		19	16N	5W	80	2 Jul. 1860	Shar
Christopher	Sanford		35	17N	3W	40	10 Mar 1907	Lawr
Cisco	Isaac		32	11N	4E	160	16 Feb. 1824	Poin
Cisna	Thomas		31	11N	4E	160	27 Sep. 1821	Poin
Cissna	Thomas		31	11N	4E	160	23 Apr. 1821	Poin
Clark	Amos		17	16N	3W	160	12 Aug. 1837	Lawr
Clark	David	M.	28	18N	5E	160	6 Jun. 1890	Gree
Clark	George	H.	33	20N	3W	80	1 Jul. 1903	Shar
Clark	George	W.	11	21N	4W	160	30 Jun. 1882	Rand
Clark	James	A.	32	21N	1W	100.4	7 Sep. 1888	Rand
Clark	John		22	16N	5E	80	3 Aug. 1882	Gree
Clark	Joseph		29	16N	5W	160	22 Mar. 1824	Shar
Clark	Joseph		36	16N	4E	160	28 Mar. 1861	Gree
Clark	Josiah		19	15N	3W	160	27 Nov. 1820	Lawr
Clark	Mary		29	10N	10E	160	1 Oct. 1844	Miss
Clark	Nicholas		30	12N	2W	40	10 Jul. 1844	Jack
Clark	Solomon		28	15N	3W	160	27 Nov. 1820	Lawr
Clark	Thomas	N.	30	16N	5W	40	16 Jun. 1856	Shar
Clark	Thomas	N.	30	16N	5W	43.16	30 Oct. 1857	Shar
Clark	Thomas	N.	24	16N	6W	168	10 Dec. 1859	Shar
Clark	Thomas		26	17N	5E	40	1 Mar. 1856	Gree
Clark	William	H.	23	12N	3W	40	1 Oct. 1850	Jack

Last Name	First Name	Int.	Section No.	Twp.	Ran	Acres	Date	Co.
Clark	William	H.	4	19N	4E	40	1 Oct. 1850	Clay
Clarke	Edmund	S.	20	19N	5W	160	16 Jun. 1905	Shar
Clarkson	Abigail		15	16N	4W	160	22 Mar. 1826	Shar
Claude	Annie		15	19N	2W	120	30 Mar. 1905	Rand
Clawson	Ebenezer		31	16N	4W	44.06	16 Jun. 1856	Shar
Clayton	Albert	C.	19	21N	1W	32.79	23 Oct 1904	Rand
Clayton	Daniel		28	18N	6W	160	1 May 1860	Shar
Clayton	Harlin	A.	10	21N	2W	33.33	27 Jul. 1904	Rand
Clayton	John	M.	12	21N	2W	160	14 Apr. 1897	Rand
Clayton	Perry		8	17N	5W	40	1 May 1860	Shar
Clayton	W	G.	11	19N	5W	40	23 Nov. 1891	Shar
Clayton	W	Y.	5	19N	5W	46.65	23 Nov. 1891	Shar
Clayton	Walker		11	19N	5W	40	16 Mar. 1885	Shar
Clayton	Walker		4	19N	5W	40	8 May 1888	Shar
Clayton	Walker		10	19N	5W	40	8 May 1888	Shar
Clayton	Walker		4	19N	5W	40	23 Nov. 1891	Shar
Clear	Robert	B.	12	17N	6W	80	18 Jun 1905	Shar
Clear	Thomas	M.	3	17N	6W	160	21 Dec. 1899	Shar
Cleaviland	Micajah		32	11N	10E	80	1 Nov. 1848	Miss
Clem	Jacob		29	21N	2E	40	1 May 1860	Rand
Clem	Robert	E.	18	11N	7E	49.82	25 Jun. 1901	Poin
Clement	Paul	G.	23	18N	4W	160	1 Oct. 1860	Shar
Clements	Elijah	P.	34	18N	4W	160	23 Jan. 1901	Shar
Clements	Mannen	E.	18	16N	4E	40	1 Jul. 1859	Gree
Clements	Thomas	C.	25	18N	4W	160	16 Nov. 1901	Shar
Clements	William	A.	36	10N	3E	40	10 Jun. 1889	Poin
Clemmans	Adam	D.	21	16N	4W	120	10 Dec. 1859	Shar
Clemmons	James		34	17N	6W	40	30 Oct. 1857	Shar
Clemmons	James		35	17N	6W	80	10 Dec. 1859	Shar
Clemmons	James		35	17N	6W	80	10 Dec. 1859	Shar
Cleveland	Russell	R.	20	16N	5E	120	1 Jun. 1896	Gree
Cline	Michael		8	14N	3E	40	15 Jun. 1855	Crai
Cline	Thomas	W.	6	16N	5E	40	14 Sep. 1906	Gree
Clingings	James	P.	12	21N	3W	160	17 Dec. 1901	Rand
Clinton	Ezekiel		36	16N	3W	160	27 Nov. 1820	Lawr
Close	Gilbert		26	16N	3W	320	14 May 1821	Lawr
Clover	William		6	19N	3E	240	16 Aug. 1838	Rand
Clubb	Anthony		12	17N	2W	40	10 Jul. 1848	Lawr
Clubb	Anthony		12	17N	2W	40	10 Jul. 1848	Lawr
Coates	Joshua		7	18N	1W	80	1 May 1860	Rand
Coates	Kinsay		32	19N	1W	40	1 May 1860	Rand
Coates	Kinsey		32	19N	1W	80	1 Jul. 1859	Rand
Coats	Richard	H.	27	20N	4W	160	31 May 1890	Shar
Coats	Thomas		27	15N	4W	160	16 Apr. 1821	Shar
Cobb	David	R.	6	16N	5E	68.3	20 Sep. 1889	Gree
Cobb	Jacob		20	20N	1E	160	14 May 1821	Rand
Cobb	John	N.	8	16N	5E	40	13 Oct. 1898	Gree
Coburn	Reuben		2	20N	1W	160	14 Nov. 1836	Rand

Last Name	First Name	Int.	Section No.	Twp.	Ran	Acres	Date	Co.
Cochrain	George	W.	7	19N	1W	40	1 Oct. 1839	Rand
Cochran	James	P.	9	19N	5W	81.54	8 May 1888	Shar
Cochran	James	P.	8	19N	5W	40	11 Jun. 1889	Shar
Cochran	John	L.	29	20N	3E	80	23 Jun. 1836	Rand
Cochran	William	D.	22	17N	6W	80	22 Nov 1901	Shar
Cocke	Andrew		13	15N	5W	84.38	16 Jun. 1856	Shar
Cocke	Andrew		13	15N	5W	42.49	1 Jul. 1859	Shar
Cocke	James		14	15N	5W	80	16 Jun. 1856	Shar
Cocke	James		13	15N	5W	40.39	1 Jul. 1859	Shar
Cockrum	Cane	J.	27	21N	2E	200	1 May 1860	Rand
Cockrum	Henry	C.	23	21N	2E	80	1 Sep. 1860	Rand
Cockrum	Henry		23	21N	2E	120	1 May 1860	Rand
Cockrum	Henry		15	21N	2E	200	1 Jul. 1859	Rand
Cockrum	Theophilus	M.	14	21N	2E	160	1 May 1860	Rand
Cockrum	Theophilus	M.	14	21N	2E	80	1 May 1860	Rand
Cockrum	Theophilus	M.	23	21N	2E	80	1 Sep. 1860	Rand
Coe	Henry	C.	13	21N	2W	160	11 Nov. 1892	Rand
Coe	James	R.	10	21N	2W	79.55	20 Feb. 1901	Rand
Coe	Jason	G.	18	21N	1W	160	19 Oct. 1905	Rand
Coe	Mary		18	21N	1W	160	31 May 1890	Rand
Coffal	Henry		33	18N	2W	40	1 Jul. 1859	Lawr
Coffel	Henry		33	18N	2W	40	1 May 1860	Lawr
Coffelt	Jacob		33	20N	1W	80	1 Jul. 1859	Rand
Coffman	James	W.	20	17N	1W	40	15 May 1883	Lawr
Coffman	Joseph		30	14N	4E	160	16 Apr. 1821	Crai
Cohn	Thomas	T.	26	19N	6E	160	23 Jul. 1888	Gree
Coil	Thomas		12	20N	1W	160	27 Nov. 1820	Rand
Coker	James		9	14N	1W	160	28 Jul. 1826	Jack
Colbert	Henry		29	16N	1W	80	1 Oct. 1850	Lawr
Cole	Andrew		4	16N	2W	80	18 Mar. 1905	Lawr
Cole	Carey	T.	20	18N	5E	160	30 Jun. 1882	Gree
Cole	George	W.	32	17N	2W	240	1 May 1874	Lawr
Cole	Henry	M.	28	15N	4E	160	1 May 1860	Crai
Cole	James	A.	1	19N	2W	160	1 May 1860	Rand
Cole	Lucas	E.	23	16N	6W	160	14 Aug. 1899	Shar
Cole	Rhoda		36	18N	2W	40	1 Jun. 1875	Lawr
Cole	Ruffin	A.	20	18N	5E	160	31 May 1890	Gree
Cole	Samuel		4	16N	2W	80	1 Sep. 1860	Lawr
Cole	Thomas		9	12N	4E	160	20 Apr. 1831	Poin
Cole	Uriah		30	13N	2W	40	1 Mar. 1855	Jack
Cole	William		31	13N	2W	40	1 Sep. 1856	Jack
Coleman	Chasteen	A.	24	15N	3E	40	20 Dec. 1861	Crai
Coleman	Daniel		21	16N	3W	160	7 May 1821	Lawr
Coleman	Jordan		30	15N	4E	40	1 Jul. 1859	Crai
Coleman	Joseph	S.	22	21N	1W	80	30 Jul. 1891	Rand
Coll	Daniel		14	17N	3W	160	14 May 1838	Lawr
Collier	Robert		30	20N	1E	148.5	1 May 1860	Rand
Collings	William		2	21N	2E	74.34	1 May 1860	Rand

Last Name	First Name	Int.	Section No.	Twp.	Ran	Acres	Date	Co.
Collins	Charles		25	20N	1E	160	11 Feb. 1822	Rand
Collins	Charley		30	21N	4W	160	4 Jun. 1906	Shar
Collins	John		34	12N	4E	160	27 Nov. 1820	Poin
Collins	Martin	S.	12	14N	3E	80	1 May 1860	Crai
Collins	Martin	S.	12	14N	3E	40	1 May 1860	Crai
Collins	Martin	S.	12	14N	3E	40	1 Jul. 1859	Crai
Collins	Samuel		31	21N	4W	136.4	24 Nov. 1899	Shar
Collins	Stephen		31	21N	4W	160	4 Nov. 1893	Shar
Collins	Thomas	M.	29	10N	9E	160	1 Feb. 1843	Miss
Collins	Thomas		25	20N	3W	128.6	27 Jan. 1904	Rand
Collins	William	A.	7	15N	6W	80	10 Jul. 1883	Shar
Coln	Thomas		34	19N	6E	40	25 Jun. 1901	Gree
Coltrain	Kenneth		14	15N	3W	160	14 Nov. 1836	Lawr
Combs	John		2	14N	4E	160	27 Nov. 1820	Crai
Combs	Philip		20	10N	4E	160	3 Mar. 1821	Poin
Compton	John		21	19N	2W	160	13 Mar. 1890	Rand
Conaway	Joseph		28	10N	4E	160	7 May 1821	Poin
Conaway	Richard		8	15N	4W	160	27 Nov. 1820	Shar
Condit	Edward	B.	6	20N	1E	80	1 May 1860	Rand
Condit	Jacob	L.	22	20N	1W	160	1 May 1860	Rand
Condray	Bird		27	13N	3W	40	16 Aug. 1838	Jack
Condray	Bird		27	13N	3W	80	16 Aug. 1838	Jack
Conklin	Eleaser	M.	10	12N	10E	80	1 Dec. 1849	Miss
Connally	Grief		31	12N	3W	40	16 Aug. 1838	Jack
Connally	Grief		31	12N	3W	40	16 Aug. 1838	Jack
Connally	Grieff		6	11N	3W	132.6	5 Sep. 1842	Jack
Connel	Elias		3	18N	1W	160	27 Nov. 1820	Rand
Connelly	James		25	20N	2W	160	27 Nov. 1820	Rand
Conner	Thomas		10	14N	4E	160	5 Jan. 1830	Crai
Conner	Thomas		6	19N	1W	160	16 Jul. 1821	Rand
Conway	Constant		8	18N	4W	160	1 Aug. 1861	Shar
Conway	Constant		8	18N	4W	160	1 Sep. 1860	Shar
Cook	Christopher		36	16N	3E	40	1 Mar. 1856	Gree
Cook	George		6	15N	4E	42.29	1 Jan. 1861	Crai
Cook	George		17	14N	4E	160	16 May 1821	Crai
Cook	George		6	15N	4E	40	1 May 1860	Crai
Cook	Henry		7	15N	4E	40	1 Mar. 1855	Crai
Cook	Henry		7	15N	4E	40	1 Mar. 1855	Crai
Cook	Henry		25	16N	3E	40	1 Mar. 1856	Gree
Cook	Henry		7	15N	4E	40	16 Jun. 1856	Crai
Cook	Henry		7	15N	4E	83.92	1 Jul. 1859	Crai
Cook	James	J.	2	12N	3W	40	1 Sep. 1856	Jack
Cook	John	M.	26	10N	5W	160	27 Nov. 1820	Jack
Cook	John	T.	13	21N	1E	160	1 Jul. 1903	Rand
Cook	John		14	15N	3E	40	1 May 1860	Crai
Cook	John		14	15N	3E	40	1 Aug. 1861	Crai
Cook	John		14	10N	4W	160	27 Nov. 1820	Jack
Cook	John		21	11N	4E	160	27 Nov. 1820	Poin

Last Name	First Name	Int.	Section No.	Twp.	Ran	Acres	Date	Co.
Cook	Joseph		14	15N	3E	40	6 Jul. 1893	Crai
Cook	Josiah		10	19N	1E	120	10 Dec. 1859	Rand
Cook	Lodiwick		13	15N	4W	160	14 May 1821	Shar
Cook	Malinda		22	15N	3E	80	1 May 1860	Crai
Cook	Malinda		22	15N	3E	80	1 May 1861	Crai
Cook	Martha	B.	28	15N	3E	80	5 Feb. 1896	Crai
Cook	Martin	L.	36	16N	3E	40	1 Mar. 1856	Gree
Cook	Martin	L.	36	16N	3E	80	1 May 1860	Gree
Cook	Naman	J.	5	21N	2E	89.78	30 Mar. 1905	Rand
Cook	Orrin		21	14N	4E	160	14 Nov. 1836	Crai
Cook	Randolph		27	20N	1E	40	1 Mar. 1856	Rand
Cook	Randolph		34	20N	1E	40	1 Mar. 1856	Rand
Cook	Randolph		34	20N	1E	80	25 Jun. 1872	Rand
Cook	Randolph		34	20N	1E	200	1 Sep. 1860	Rand
Cook	Randolph		27	20N	1E	40	30 Oct. 1857	Rand
Cook	Rhoda	C.	22	15N	3E	160	1 May 1861	Crai
Cook	Samuel	W.	6	15N	4E	41.01	28 Mar. 1861	Crai
Cook	Samuel	W.	6	15N	4E	80	1 May 1860	Crai
Cook	Shubael		14	15N	4W	160	15 Jul. 1822	Shar
Cook	William		25	13N	1W	160	30 Apr. 1821	Jack
Cook	William		14	19N	1E	40	1 May 1861	Rand
Cook	William		14	19N	1E	200	1 Jul. 1859	Rand
Cook	William		14	19N	1E	40	1 Jul. 1859	Rand
Cook	William		14	19N	1E	80	30 Oct. 1857	Rand
Cooks	Jarret	T.	5	21N	2E	160	28 Mar. 1861	Rand
Coop	Alfred	M.	19	16N	6W	80	1 May 1874	Shar
Coop	Alfred	M.	19	16N	6W	160	1 Sep. 1857	Shar
Cooper	Alexander		19	21N	3E	40	1 May 1860	Rand
Cooper	Berry		2	19N	3W	160	17 Sep. 1889	Shar
Cooper	David		29	14N	4E	160	27 Nov. 1820	Crai
Cooper	George	W.	1	19N	3W	83.63	26 Nov. 1904	Rand
Cooper	James	M.	35	15N	4E	40	1 May 1860	Crai
Cooper	James	M.	35	15N	4E	40	1 May 1860	Crai
Cooper	James	M.	17	19N	1W	40	16 Aug. 1838	Rand
Cooper	James	M.	13	19N	2W	40	16 Aug. 1838	Rand
Cooper	James		31	19N	5W	80	1 Oct. 1860	Shar
Cooper	Jane		8	14N	3E	80	1 May 1860	Crai
Cooper	John	M.	7	18N	5E	80	3 May 1895	Gree
Cooper	John	M.	7	18N	5E	80	28 Nov. 1894	Gree
Cooper	Laban		27	16N	4W	160	20 Apr. 1822	Shar
Cooper	Richard		28	11N	4E	160	27 Sep. 1821	Poin
Cooper	Robert	M.	11	11N	7E	160	12 Jul 1901	Poin
Cooper	Simeon		26	10N	5W	160	27 Nov. 1820	Jack
Cooper	Washington		32	17N	3W	160	12 Dec. 1823	Lawr
Cooper	William	D.	35	15N	4E	40	15 Jun. 1855	Crai
Cooper	William	H.	13	18N	4E	120	17 Mar. 1892	Gree
Cooper	William	H.	13	18N	4E	40	14 Apr. 1897	Gree
Cope	Andrew		22	18N	6W	120	1 Jul. 1859	Shar

Last Name	First Name	Int.	Section No.	Twp.	Ran	Acres	Date	Co.
Cope	Cader	B.	17	18N	6W	80	1 Sep. 1857	Shar
Cope	James	W.	15	19N	5W	160	8 Dec. 1896	Shar
Cope	Jesse	H.	22	18N	6W	40	1 Aug. 1861	Shar
Cope	Wiley	H.	1	18N	7W	40	1 Mar. 1855	Shar
Cope	Wiley	H.	12	18N	7W	40	1 Mar. 1855	Shar
Cope	Wiley	H.	12	18N	7W	40	1 May 1854	Shar
Cope	Wiley	H.	1	18N	7W	80	30 Oct. 1857	Shar
Cope	William	A.	14	18N	6W	120	1 Jul. 1859	Shar
Cope	William	A.	23	18N	6W	160	1 Jul. 1859	Shar
Copeland	Anthony	M.	4	20N	1E	40	10 Jul. 1848	Rand
Copeland	Benjamin	F.	12	19N	7E	120	15 Mar. 1894	Clay
Copeland	Cornelius		11	20N	3W	80	1 May 1860	Rand
Copeland	Martin		12	11N	3W	80	28 Sep. 1840	Jack
Copeland	Martin		13	11N	3W	80	28 Sep. 1840	Jack
Copeland	Singleton		22	19N	7E	40	1 Sep. 1856	Clay
Copeland	Singleton		19	19N	4E	40	1 Oct. 1839	Clay
Copps	Nimrod		12	16N	3E	120	1 Sep. 1856	Gree
Corbet	William	C.	26	15N	4W	80	11 Sep. 1905	Shar
Corbit	Thomas		30	15N	3W	157.3	1 Jul. 1859	Lawr
Cornelius	Edmund	R.	30	19N	5W	160	12 Mar. 1906	Shar
Cornelius	George		20	16N	5W	160	3 Mar. 1832	Shar
Cornelius	William		9	10N	4E	160	27 Nov. 1820	Poin
Cornwell	Alexander		9	18N	2E	320	16 Aug. 1838	Rand
Corsey	John		10	19N	2W	160	23 Apr. 1892	Rand
Cortney	Isaac	D.	32	15N	4E	40	1 Mar. 1855	Crai
Corwin	Oliver		5	16N	5W	160	21 Nov. 1822	Shar
Coss	Joel	M.	1	21N	1E	40	1 Sep. 1857	Rand
Cothren	Rubin	M.	34	17N	4E	160	7 Jun. 1897	Gree
Cothrin	William	H.	26	17N	4E	160	15 Jan. 1883	Gree
Cotter	Edward	J.	30	12N	2W	80	1 Nov. 1834	Jack
Cotter	Edward	J.	30	12N	2W	80	1 Nov. 1834	Jack
Cotton	Joseph		20	12N	4E	160	27 Nov. 1820	Poin
Couch	Berry	H.	12	18N	7W	40	12 Aug. 1896	Shar
Couch	Britton		6	16N	6W	80	26 Jun 1905	Shar
Couch	Henry		2	16N	3W	86.68	1 Oct. 1860	Lawr
Coureton	John		20	18N	1W	80	1 May 1860	Rand
Couts	James	R.	8	18N	2W	40	1 Mar. 1856	Lawr
Couts	James	R.	9	18N	2W	23.04	1 Jul. 1859	Lawr
Couts	James	R.	17	18N	2W	280	1 Jul. 1859	Lawr
Couts	James		9	18N	2W	40	1 Mar. 1856	Lawr
Couts	James		15	18N	2W	155.8	10 Jul. 1848	Lawr
Couts	James		10	18N	2W	240	1 Jul. 1859	Lawr
Couts	James		10	18N	2W	40	1 Oct. 1839	Lawr
Couts	James		10	18N	2W	80	1 Oct. 1839	Lawr
Couts	James		9	18N	2W	66.2	1 Oct. 1850	Lawr
Covert	James	H.	10	16N	3W	160	27 Nov. 1820	Lawr
Covey	Harrison		26	15N	4E	120	1 Sep. 1860	Crai
Covil	Peter		18	20N	1E	160	22 Jun. 1836	Rand

Last Name	First Name	Int.	Section No.	Twp.	Ran	Acres	Date	Co.
Cowan	John	J.	23	13N	10E	80	23 Nov 1904	Miss
Coward	Elisha		32	15N	3E	40	1 Sep. 1856	Crai
Coward	James	C.	28	15N	3E	80	1 Sep. 1860	Crai
Coward	Joel		32	15N	3E	80	1 May 1860	Crai
Coward	Joel		32	15N	3E	80	1 Jul. 1859	Crai
Coward	Simpson		5	21N	3E	77.53	1 Mar. 1855	Clay
Coward	Simpson		8	21N	3E	93.8	1 May 1854	Rand
Coward	Simpson		5	21N	3E	102.2	1 May 1860	Clay
Coward	Simpson		5	21N	3E	68.45	1 Nov. 1856	Clay
Cowsar	Samuel	F.	14	11N	10E	159.4	1 Nov. 1848	Miss
Cox	Charles		34	16N	4W	160	27 Nov. 1820	Shar
Cox	Charles		9	20N	4W	80	8 May 1901	Shar
Cox	David		9	14N	4E	160	19 Sep. 1823	Crai
Cox	John		2	13N	3E	38.05	15 May 1883	Crai
Cox	Johnson	R.	3	20N	1W	40	28 Mar. 1861	Rand
Cox	Loyd		24	19N	5W	160	21 Dec. 1899	Shar
Cox	Mary	E.	8	21N	2E	40	31 May 1890	Rand
Cox	Nancy		24	17N	5E	80	1 May 1860	Gree
Cox	Oliver	H.	1	10N	3W	162.2	11 Jan. 1895	Jack
Cox	Richard	H.	9	20N	4W	160	4 Oct. 1900	Shar
Cox	Thomas		7	11N	4E	40	1 Mar. 1855	Poin
Cox	William	A.	28	20N	7E	40	2 Apr. 1860	Clay
Cox	William	A.	28	20N	7E	40	2 Apr. 1860	Clay
Cox	William	A.	14	21N	8E	40	2 Apr. 1860	Clay
Cox	William	A.	14	21N	8E	40	1 Jul. 1859	Clay
Cox	William		34	14N	3E	40	28 Apr. 1896	Crai
Cozart	Anthony		6	16N	2W	120	1 May 1860	Lawr
Cozart	Anthony		6	16N	2W	120	1 May 1860	Lawr
Cozart	William	F.	12	16N	3W	160	1 May 1860	Lawr
Crabtree	Elizabeth	H.	34	18N	1W	40.34	1 Mar. 1855	Rand
Crabtree	Jackson	P.	15	19N	4W	80	27 Aug. 1898	Shar
Crabtree	Jackson	P.	15	19N	4W	80	26 Nov. 1904	Shar
Crabtree	William	D.	19	21N	1W	160	20 Feb. 1901	Rand
Crabtree	William	T.	36	19N	4W	132.3	1 Jun. 1896	Shar
Cradic	James	W.	1	11N	7E	117.9	4 Dec. 1901	Poin
Crafton	James	J.	19	16N	6W	245.9	16 Jun. 1856	Shar
Crafton	Tilman	L.	17	16N	6W	120	1 May 1860	Shar
Crafton	Tilman	L.	17	16N	6W	40	1 May 1860	Shar
Craig	H	H.	7	20N	4W	40	23 Nov. 1891	Shar
Craig	James		19	15N	3W	160	27 Nov. 1820	Lawr
Craig	Silas		19	15N	1W	165.3	3 Sep. 1835	Lawr
Craig	Silas		36	17N	1W	160	3 Sep. 1835	Lawr
Craighead	David	B.	33	11N	10E	51.77	24 Jun. 1834	Miss
Craighead	David		24	11N	10E	80	1 Mar. 1834	Miss
Craighead	David		24	11N	10E	80	1 Mar. 1834	Miss
Craighead	David		26	11N	10E	97.62	1 Mar. 1834	Miss
Craighead	David		19	11N	11E	361	12 Mar. 1834	Miss
Craighead	David		19	11N	11E	80	12 Mar. 1834	Miss

Last Name	First Name	Int.	Section No.	Twp.	Ran	Acres	Date	Co.
Craighead	David		20	11N	11E	62.06	12 Mar. 1834	Miss
Craighead	David		28	11N	11E	80	1 Mar. 1834	Miss
Craighead	David		28	11N	11E	80	1 Mar. 1834	Miss
Craighead	David		28	11N	11E	80	12 Mar. 1834	Miss
Craighead	David		29	11N	11E	80	1 Mar. 1834	Miss
Craighead	David		30	11N	11E	80	12 Mar. 1834	Miss
Craighead	David		30	11N	11E	80	12 Mar. 1834	Miss
Craighead	David		13	11N	10E	160	10 Apr. 1837	Miss
Craighead	David		24	11N	10E	80	10 Apr. 1837	Miss
Craighead	David		24	11N	10E	160	10 Apr. 1837	Miss
Craighead	David		24	11N	10E	80	10 Apr. 1837	Miss
Craighead	David		25	11N	10E	233.5	10 Apr. 1837	Miss
Craighead	David		28	11N	11E	80	10 Apr. 1837	Miss
Craighead	David		29	11N	11E	160	10 Apr. 1837	Miss
Craighead	David		29	11N	11E	160	10 Apr. 1837	Miss
Craighead	David		25	11N	10E	154.9	27 May 1834	Miss
Craighead	David		27	11N	10E	270.8	24 Jun. 1834	Miss
Craighead	David		28	11N	10E	283	24 Jun. 1834	Miss
Craighead	David		28	11N	10E	160	24 Jun. 1834	Miss
Craighead	David		33	11N	10E	146.9	24 Jun. 1834	Miss
Craighead	David		18	11N	11E	80	23 Jun. 1836	Miss
Craighead	David		24	11N	10E	80	15 Jun. 1837	Miss
Craighead	David		13	11N	10E	160	28 Jul. 1838	Miss
Craighead	David		30	11N	11E	228	28 Jul. 1838	Miss
Craighead	David		30	11N	11E	160	28 Jul. 1838	Miss
Craighead	David		29	11N	11E	80	1 Dec. 1842	Miss
Craighead	James	B.	32	11N	11E	31	1 Sep. 1857	Miss
Craighead	Thomas	B.	12	12N	11E	60.79	1 Mar. 1834	Miss
Craighead	Thomas	B.	13	12N	11E	160	1 Mar. 1834	Miss
Craighead	Thomas	B.	13	12N	11E	80	1 Mar. 1834	Miss
Craighead	Thomas	B.	13	12N	11E	77.15	1 Mar. 1834	Miss
Craighead	Thomas	B.	24	12N	11E	80	1 Mar. 1834	Miss
Craighead	Thomas	B.	24	12N	11E	80	1 Mar. 1834	Miss
Craighead	Thomas	B.	24	12N	11E	87.4	1 Mar. 1834	Miss
Craighead	Thomas	B.	24	12N	11E	47.81	24 Jun. 1834	Miss
Craighead	Thomas	B.	13	12N	11E	67.82	1 Oct. 1839	Miss
Craighead	Tmomas	B.	24	12N	11E	80	24 Jun. 1834	Miss
Cramer	Charles		14	17N	3W	160	24 Nov. 1837	Lawr
Crane	Chauncey		1	10N	5W	160	11 May 1837	Jack
Craps	William		31	14N	4E	160	28 Jan. 1822	Crai
Craven	Andrew	R.	34	17N	5E	200	1 Jul. 1859	Gree
Craven	Levi	S.	9	19N	1W	120	7 Sep. 1894	Rand
Cravens	Andrew	J.	4	17N	1W	160	1 May 1860	Lawr
Cravens	Andrew	J.	9	17N	1W	40	16 Jun. 1856	Lawr
Cravens	Andrew	J.	9	17N	1W	40	1 Sep. 1856	Lawr
Cravens	David	W.	34	18N	1W	58.46	1 Jul. 1859	Rand
Cravens	Jesse		7	16N	1W	40	1 Oct. 1850	Lawr
Cravens	Jesse		8	16N	1W	39.9	1 Oct. 1850	Lawr

Last Name	First Name	Int.	Section No.	Twp.	Ran	Acres	Date	Co.
Cravens	Jesse		8	16N	1W	8.78	1 Oct. 1850	Lawr
Cravens	Jesse		17	16N	1W	16.71	1 Oct. 1850	Lawr
Cravens	Jesse		18	16N	1W	6.03	1 Oct. 1850	Lawr
Cravens	Lee		8	17N	1W	80	17 Sep. 1889	Lawr
Cravens	Polly		36	18N	2W	135.3	23 Jun. 1836	Lawr
Cravens	Thomas		20	16N	3W	160	7 May 1821	Lawr
Crawford	Andrew	J.	29	14N	2W	40	1 Sep. 1856	Jack
Crawford	Andrew		8	11N	2W	40	1 Sep. 1856	Jack
Crawford	Andrew		9	11N	2W	40	1 Sep. 1856	Jack
Crawford	David	O.	30	19N	3W	40	1 Mar. 1855	Shar
Crawford	David	O.	36	19N	4W	42.86	10 Apr. 1860	Shar
Crawford	David	O.	36	19N	4W	14.92	2 Jul. 1860	Shar
Crawford	Enos	W.	8	11N	2W	40	15 Jun. 1855	Jack
Crawford	Joel		32	15N	3W	40	15 May 1883	Lawr
Crawford	Lawrence		31	19N	3W	82.49	1 May 1860	Shar
Crawford	Moses	S.	30	19N	3W	40	1 Sep. 1860	Shar
Crawford	Rodney	R.	23	20N	2W	40	25 Jun. 1901	Rand
Crawford	Rodney		10	20N	2W	40	10 Dec. 1885	Rand
Crawford	William	M.	11	20N	2W	160	5 May 1904	Rand
Creason	Eli		20	21N	1W	160	10 May 1882	Rand
Creason	Eli		20	21N	1W	160	10 May 1882	Rand
Creason	George	W.	15	21N	1W	160	30 Aug. 1899	Rand
Creason	William	H.	1	21N	1W	149.1	15 May 1894	Rand
Creech	Edward	H.	4	21N	3W	88.99	18 May 1905	Rand
Cremeens	William	A.	30	19N	1W	160	12 Jul. 1900	Rand
Crenshaw	James	W.	28	18N	1W	50.93	1 May 1860	Rand
Crenshaw	James	W.	22	18N	1W	160	1 Aug. 1861	Rand
Crenshaw	Thomas	B.	27	10N	6E	320	21 Aug. 1837	Poin
Crider	Joseph	M.	4	17N	3W	160	12 Mar. 1906	Lawr
Crider	Richard	A.	5	17N	3W	96.19	1 Mar. 1904	Lawr
Crisler	Simeon		22	14N	3E	80	1 May 1860	Crai
Criswell	Halem		22	17N	4W	80	5 Sep. 1842	Shar
Criswell	Polly		8	18N	2W	30.08	1 Sep. 1848	Lawr
Crittendon	William	S.	26	21N	8E	40	22 Jan 1901	Clay
Crockett	Amy		29	21N	7E	40	18 Jan. 1891	Clay
Crockett	Samuel		29	21N	7E	160	18 Aug. 1890	Clay
Croft	George	B.	22	17N	4E	40	1 May 1854	Gree
Croft	George	B.	22	17N	4E	40	10 Jul. 1844	Gree
Croft	George	B.	22	17N	4E	40	1 Jul. 1850	Gree
Croft	George	B.	21	19N	1E	40	16 Aug. 1838	Rand
Croft	George	B.	22	17N	4E	40	1 Oct. 1860	Gree
Cromwell	George		6	11N	2W	69.28	5 Apr. 1876	Jack
Cromwell	George		17	11N	2W	40	1 Nov. 1835	Jack
Cromwell	George		18	11N	2W	40	1 Nov. 1835	Jack
Cronk	Absalom		22	16N	4W	160	27 Nov. 1820	Shar
Croom	Major		36	16N	4W	80	1 Jul. 1859	Shar
Croom	Major		36	16N	4W	40	1 Jul. 1859	Shar
Cropling	John		33	17N	4W	80	1 May 1860	Shar

Last Name	First Name	Int.	Section No.	Twp.	Ran	Acres	Date	Co.
Cross	James	D.	2	21N	1E	40	10 Jul. 1848	Rand
Cross	James	D.	11	21N	1E	40	1 Sep. 1848	Rand
Cross	Joel	M.	1	21N	1E	39.83	1 Jul. 1859	Rand
Cross	Joel	M.	6	21N	2E	72.64	1 Jul. 1859	Rand
Cross	John	J.	14	17N	2W	40	30 Jun. 1892	Lawr
Cross	John		19	15N	4E	40	30 Oct. 1857	Crai
Cross	Joseph		36	16N	3W	160	27 Nov. 1820	Lawr
Cross	Joshua	H.	1	21N	1E	40	1 Sep. 1848	Rand
Cross	Joshua	H.	1	21N	1E	40	1 Oct. 1849	Rand
Cross	Joshua	H.	1	21N	1E	40	1 Oct. 1849	Rand
Cross	Sarah		1	21N	1E	109.1	29 Feb. 1896	Rand
Cross	Uriah		2	21N	1E	164.5	10 Jul. 1848	Rand
Crosslin	William		5	12N	2W	49.49	1 Oct. 1850	Jack
Crosson	James	W.	21	21N	2E	320	10 Dec. 1859	Rand
Crosson	Joseph		22	21N	2E	80	10 Dec. 1859	Rand
Crouch	James	E.	18	15N	5W	84.13	1 Sep. 1857	Shar
Crouch	John	R.	13	15N	6W	80	16 Jun. 1856	Shar
Crouch	Joseph	F.	26	19N	6E	160	14 Apr. 1897	Gree
Crouse	Jane		30	14N	1W	160	27 Nov. 1820	Jack
Crow	John		17	15N	5W	120	16 Jun. 1856	Shar
Crowley	Benjamin		4	16N	4E	80	16 Aug. 1838	Gree
Crowley	Benjamin		33	17N	4E	40	20 Nov. 1880	Gree
Crowley	Wiley		33	17N	4E	40	10 Jul. 1844	Gree
Crownover	David		19	10N	4E	160	7 May 1821	Poin
Crozier	James	D.	32	16N	4W	160	18 Jan. 1822	Shar
Cruce	William	L.	12	21N	8E	40	1 May 1861	Clay
Crumb	Hugh		27	16N	4W	160	10 Apr. 1822	Shar
Crump	Augustin	C.	25	11N	3W	40	1 Sep. 1856	Jack
Crump	Augustine	C.	25	11N	3W	40	1 Sep. 1856	Jack
Crump	Robert	M.	25	11N	3W	160	5 Sep. 1842	Jack
Crump	Sarah		25	11N	3W	80	1 Oct. 1849	Jack
Cruse	William	H.	5	20N	6E	79.22	8 Mar. 1898	Clay
Crutcher	George	A.	34	15N	4W	40	1 Jul. 1859	Shar
Cude	James		6	19N	1W	80	1 Jul. 1859	Rand
Cude	James		12	19N	2W	40	1 Jul. 1859	Rand
Cude	James		11	19N	2W	200	1 Sep. 1857	Rand
Cude	John		29	19N	1W	40	1 May 1861	Rand
Culberhouse	Moses		34	15N	4E	120	1 May 1860	Crai
Culberhouse	Thomas	D.	34	15N	4E	40	1 May 1860	Crai
Culberhouse	Thomas	D.	35	15N	4E	120	1 May 1860	Crai
Culberhouse	Thomas	D.	35	15N	4E	40	1 Sep. 1860	Crai
Culley	John		6	13N	4E	160	7 May 1821	Crai
Culp	Thomas		1	15N	4W	79.87	10 Jul. 1848	Shar
Cummings	James	C.	10	19N	5W	40	10 Dec. 1859	Shar
Cunningham	Ambrose		2	15N	5W	80	1 Jul. 1859	Shar
Cunningham	Ambrose		10	15N	5W	40	1 Jul. 1859	Shar
Cunningham	Ambrose		11	15N	5W	80	1 Jul. 1859	Shar
Cunningham	Cathren		20	11N	7E	155.4	25 Jun. 1901	Poin

Last Name	First Name	Int.	Section No.	Twp.	Ran	Acres	Date	Co.
Cunningham	Fleming		2	15N	5W	80	1 Jul. 1859	Shar
Cunningham	Fleming		2	15N	5W	40	2 Jul. 1860	Shar
Cunningham	Fleming		2	15N	5W	101.6	1 Oct. 1860	Shar
Cunningham	Harvey	B.	31	21N	1W	80	1 Mar. 1876	Rand
Cunningham	Hugh		9	18N	5W	320	1 Sep. 1860	Shar
Cunningham	Isaac		3	15N	5W	40	2 Jul. 1860	Shar
Cunningham	Isaac		3	15N	5W	40	1 Sep. 1857	Shar
Cunningham	James		20	17N	3W	160	19 Jun. 1895	Lawr
Cunningham	Maggie	K.	21	17N	5W	160	14 Feb 1906	Shar
Cunningham	Peter		3	16N	5W	120	28 Mar. 1861	Shar
Cunningham	Samuel	B.	26	18N	6W	40	1 Nov. 1860	Shar
Cunningham	Thomas		35	18N	3W	160	21 May 1821	Lawr
Cunningham	William	T.	22	17N	6W	40	18 Sep. 1891	Shar
Cupp	John		32	17N	5E	120	1 Jul. 1859	Gree
Cupp	William	C.	28	16N	4E	80	26 Nov. 1904	Gree
Cupp	William		6	16N	5E	40	1 May 1860	Gree
Cupp	William		6	16N	5E	114.8	1 Jul. 1859	Gree
Curlin	Hypasia	P.	5	19N	2W	161.1	31 May 1890	Rand
Curll	William		4	13N	4E	160	7 May 1821	Crai
Curran	Henry		7	11N	2W	80	1 Nov. 1834	Jack
Curren	Henry		7	11N	2W	80	23 Jun. 1836	Jack
Currier	Adam		20	16N	4W	40	16 Jun. 1856	Shar
Currier	Adam		20	16N	4W	80	10 Dec. 1859	Shar
Currin	Adam		17	16N	4W	40	11 Jun. 1900	Shar
Curry	James		28	15N	4W	45.73	8 Jun. 1895	Shar
Curry	James		28	15N	4W	90.87	8 Jun. 1895	Shar
Curry	James		22	15N	4W	73.9	1 Jul. 1859	Shar
Curry	Robert		11	18N	1W	160	27 Nov. 1820	Rand
Curtis	Hiram		13	15N	4W	160	27 Nov. 1820	Shar
Curtis	Thomas		1	17N	5W	40	1 Jul. 1859	Shar
Curtis	Thomas		6	17N	4W	210.1	1 Jul. 1859	Shar
Curtiss	Eliza		19	15N	4W	160	2 Apr. 1827	Shar
Cushman	David		33	15N	3W	160	12 Feb. 1828	Lawr
Cutler	Jonas		31	15N	1W	320	12 Mar. 1822	Lawr
Dacus	James	R.	30	16N	4E	146.5	1 May 1860	Gree
Dacus	Jarel	J.	4	15N	4E	40	1 Mar. 1855	Crai
Dacus	Jarel	J.	4	15N	4E	40	1 Mar. 1855	Crai
Dacus	John	A.	4	15N	4E	40	1 May 1860	Crai
Dacus	Paskel	L.	20	16N	4E	280	22 Jun. 1895	Gree
Dail	John	R.	34	19N	3W	101.4	8 Feb. 1892	Shar
Dailey	Josephine		13	17N	4W	80	25 Jun. 1901	Shar
Dailey	Michael		23	15N	1W	160	27 Nov. 1820	Lawr
Daily	Andrew		11	19N	5W	80	30 Aug. 1895	Shar
Daily	Peter		8	15N	1W	320	27 Dec. 1823	Lawr
Daily	William		21	18N	4W	40	1 Jul. 1859	Shar
Daily	William		21	18N	4W	80	1 Jul. 1859	Shar
Dalgam	Margaret		23	14N	1W	80	28 Mar. 1900	Jack
Dalton	David		4	21N	1E	55.87	24 Dec 1901	Rand

Last Name	First Name	Int.	Section No.	Twp.	Ran	Acres	Date	Co.
Dalton	Lewis		35	21N	2W	40	16 Mar. 1885	Rand
Dalton	Lewis		26	21N	2W	50.73	8 May 1888	Rand
Dalton	Lewis		2	19N	3W	40	8 May 1888	Shar
Dalton	Thomas	W.	14	18N	6W	160	1 Oct. 1903	Shar
Dameron	Christopher		2	19N	1W	283.9	1 May 1860	Rand
Dana	Joseph		2	15N	4W	160	6 Feb. 1826	Shar
Daniel	Edward	M.	9	13N	12E	0.62	10 Aug. 1850	Miss
Daniel	Ephraim		32	17N	5E	160	23 Apr. 1868	Gree
Daniel	Ephraim		32	17N	5E	160	1 May 1860	Gree
Daniels	Winston	M.	7	11N	7E	42.2	16 Jun. 1905	Poin
Danley	Atlas		26	17N	4E	80	1 Jan. 1861	Gree
Danley	Benjamin		24	17N	4E	40	1 Jan. 1861	Gree
Dark	Harris	E.	30	19N	5W	160	16 Nov. 1901	Shar
Darling	Margaret	E.	25	19N	5W	160	6 Mar. 1891	Shar
Darling	William	A.	33	19N	4W	40	21 Oct. 1895	Shar
Darnell	Abraham		32	18N	4W	160	12 Nov. 1900	Shar
Darnell	Sanford	J.	21	18N	4W	160	5 May 1904	Shar
Darnell	William	T.	3	16N	5W	111.7	1 Sep. 1860	Shar
Darr	Elijah		14	18N	1W	160	27 Nov. 1820	Rand
Darr	Hiram		3	13N	3E	40	1 Mar. 1855	Crai
Darr	William		2	13N	3E	40	1 Mar. 1855	Crai
Darter	Hiram		28	17N	2W	40	1 Mar. 1855	Lawr
Darter	Hiram		28	17N	2W	40	1 Mar. 1855	Lawr
Darter	Hiram		28	17N	2W	40	1 Mar. 1856	Lawr
Darter	Hiram		28	17N	2W	160	2 Jul. 1860	Lawr
Darter	Hiram		28	17N	2W	40	1 Oct. 1850	Lawr
Darter	Michael	V.	26	17N	1W	80	1 Sep. 1856	Lawr
Darter	Michael	V.	23	17N	1W	40	1 Oct. 1850	Lawr
Darter	Rosana		22	17N	2W	40	1 Mar. 1855	Lawr
Daugherty	Milton	C.	4	19N	5W	95.1	14 Jul. 1903	Shar
Daugherty	Robert	M.	10	19N	5W	80	30 Aug. 1899	Shar
Daulton	James		19	11N	2W	40	1 Sep. 1856	Jack
Daulton	Thomas	H.	27	19N	3E	40	25 Feb. 1899	Clay
Davenport	Thomas	N.	22	16N	6W	280	1 May 1860	Shar
Davidson	Drucilla	C.	30	18N	6W	40	1 May 1860	Shar
Davidson	Drucilla	C.	30	18N	6W	158.1	1 Sep. 1857	Shar
Davidson	James		25	11N	3E	40	1 Mar. 1855	Poin
Davidson	James		1	19N	2W	120.5	15 Jul. 1904	Rand
Davidson	Mary	E.	8	21N	1E	160	31 Dec. 1890	Rand
Davidson	Mela	P.	17	19N	5W	160	4 Jun. 1904	Shar
Davidson	Samuel	H.	6	17N	1W	45.4	1 Mar. 1883	Lawr
Davidson	Samuel	W.	20	21N	1E	160	17 Mar. 1892	Rand
Davidson	Victoria		34	19N	6E	40	27 Jan. 1904	Gree
Davidson	William	C.	5	21N	1E	120.1	27 Mar. 1894	Rand
Davidson	William	E.	30	18N	6W	39.5	1 Oct. 1849	Shar
Davidson	William	H.	21	13N	8E	120	11 Oct. 1902	Miss
Davidson	William	W.	8	21N	1E	160	18 Oct. 1890	Rand
Davie	James		9	19N	5W	160	31 Jul. 1903	Shar

Last Name	First Name	Int.	Section No.	Twp.	Ran	Acres	Date	Co.
Davies	Daniel	F.	32	20N	2W	80	1 May 1860	Rand
Davies	James	F.	21	11N	10E	80	10 Apr. 1882	Miss
Davies	James	F.	1	19N	2E	80	1 Oct. 1860	Rand
Davis	Abijah		14	20N	1E	80	19 Aug. 1826	Rand
Davis	Absalom		19	21N	3E	40	1 May 1860	Rand
Davis	Alexander	M.	14	15N	4E	40	28 Mar. 1861	Crai
Davis	Alexander	M.	31	16N	5E	120	1 May 1860	Gree
Davis	Alexander	M.	10	15N	4E	80	1 May 1860	Crai
Davis	Alexander	M.	32	16N	5E	40	1 May 1861	Gree
Davis	Arthur		8	21N	3E	80	1 May 1860	Rand
Davis	Benjamin	F.	36	20N	3W	85.4	28 Mar. 1861	Rand
Davis	Benjamin		4	17N	6W	40	1 May 1860	Shar
Davis	Charles	A.	30	19N	4W	160	27 Jan. 1904	Shar
Davis	Charles	C.	21	20N	1E	80	16 Aug. 1838	Rand
Davis	D	W.	12	19N	6E	40	1 May 1860	Clay
Davis	David		32	19N	5W	120	1 Jul. 1859	Shar
Davis	David		32	19N	5W	120	1 Jul. 1859	Shar
Davis	David		8	17N	1W	160	5 Aug. 1885	Lawr
Davis	Elihu		29	20N	8E	80	1 Sep. 1856	Clay
Davis	Elisha		23	21N	1W	160	10 May 1882	Rand
Davis	Elison	M.	20	20N	2W	160	31 May 1890	Rand
Davis	Elzy	H.	10	18N	4W	160	22 Apr 1901	Shar
Davis	Francis	M.	35	15N	4E	160	1 May 1860	Crai
Davis	Francis	M.	26	15N	4E	120	1 Jul. 1859	Crai
Davis	Harriet	A.	27	20N	3W	160	16 Jun. 1905	Shar
Davis	Henry		24	21N	4W	160	7 Sep. 1894	Rand
Davis	Hezekiah		35	15N	3W	160	27 Nov. 1820	Lawr
Davis	Hugh		32	14N	4E	160	27 Nov. 1820	Crai
Davis	Isaac	H.	9	18N	4W	160	30 Jul. 1891	Shar
Davis	James	D.	36	20N	3W	80	1 Nov. 1904	Rand
Davis	James	E.	2	18N	5W	160	5 May 1904	Shar
Davis	James	F.	2	17N	5E	39.76	1 Jul. 1859	Gree
Davis	James	F.	34	18N	5E	120	1 Jul. 1859	Gree
Davis	James	F.	34	18N	5E	40	1 Aug. 1861	Gree
Davis	James	F.	36	18N	5E	280	10 Dec. 1822	Gree
Davis	James	M.	36	16N	3E	40	1 May 1860	Gree
Davis	James	M.	18	17N	2W	40	1 Jul. 1859	Lawr
Davis	James	M.	10	18N	4W	80	30 Aug. 1899	Shar
Davis	James	M.	22	16N	4E	80	10 Oct. 1882	Gree
Davis	James	R.	9	20N	1W	80	20 Feb. 1894	Rand
Davis	James	S.	36	19N	3W	160	30 Sep. 1873	Lawr
Davis	James		33	11N	3W	267.6	5 Feb. 1846	Jack
Davis	James		8	17N	2W	160	1 Feb. 1875	Lawr
Davis	James		17	17N	2W	80	1 Jul. 1859	Lawr
Davis	Jefferson		35	13N	8E	71.57	3 Jan. 1896	Miss
Davis	John	A.	8	15N	6W	40	25 May 1896	Shar
Davis	John	H.	23	18N	2W	40	1 Mar. 1855	Lawr
Davis	John	R.	23	21N	1W	40	25 Aug. 1882	Rand

Last Name	First Name	Int.	Section No.	Twp.	Ran	Acres	Date	Co.
Davis	John	T.	22	20N	3W	160	31 Dec. 1904	Shar
Davis	John	W.	21	20N	1E	40	16 Aug. 1838	Rand
Davis	John		2	20N	3W	40	1 May 1860	Rand
Davis	John		11	17N	4W	200	1 Jul. 1859	Shar
Davis	John		11	17N	4W	40	1 Jul. 1859	Shar
Davis	John		13	20N	3W	164.8	1 Sep. 1857	Rand
Davis	John		18	17N	2W	149.5	18 Sep. 1872	Lawr
Davis	John		7	20N	1W	160	2 Oct. 1835	Rand
Davis	John		10	18N	5W	80	1 Oct. 1860	Shar
Davis	Joseph	H.	30	20N	2E	86.46	1 Jul. 1859	Rand
Davis	Joseph	H.	30	20N	2E	80	1 Jul. 1859	Rand
Davis	Joseph	H.	30	20N	2E	40	1 Jul. 1859	Rand
Davis	Joseph	J.	10	20N	1W	40	30 Jul. 1891	Rand
Davis	Joseph		11	14N	4E	160	20 Mar. 1828	Crai
Davis	Lot		25	20N	3W	41.73	1 Jan. 1861	Rand
Davis	Lot		30	20N	2W	37.88	1 Jul. 1859	Rand
Davis	Lot		36	20N	3W	121.2	1 Jul. 1859	Rand
Davis	Lot		36	20N	3W	80	1 Jul. 1859	Rand
Davis	Lot		30	20N	2W	38.11	16 Aug. 1838	Rand
Davis	Lot		36	20N	3W	40	5 Sep. 1842	Rand
Davis	Lott		31	20N	2W	37.18	8 Jun. 1895	Rand
Davis	Lott		18	19N	2W	80	10 Jul. 1848	Rand
Davis	Lott		30	20N	2W	154.5	12 Dec. 1823	Rand
Davis	Malinda		26	20N	3W	80	14 Apr. 1897	Rand
Davis	Martha	A.	8	19N	4W	138.1	26 Sep. 1902	Shar
Davis	Mary	E.	32	19N	4W	161.3	12 Aug 1901	Shar
Davis	Owen	K.	22	19N	2W	80	20 Sep. 1889	Rand
Davis	Owen	K.	27	19N	2W	80	28 Nov. 1894	Rand
Davis	Robert		12	14N	4E	160	1 Dec. 1820	Crai
Davis	Samuel	L.	22	18N	5W	80	23 Jan. 1901	Shar
Davis	Solomon	F.	13	20N	3W	120	24 Dec 1901	Rand
Davis	Solomon		31	20N	2W	80	15 Jan. 1883	Rand
Davis	Solomon		31	20N	2W	80	28 Apr. 1896	Rand
Davis	Solomon		10	20N	2W	40	1 Jul. 1859	Rand
Davis	Solomon		5	20N	2W	160	1 Aug. 1861	Rand
Davis	Solomon		10	20N	2W	80	1 Sep. 1857	Rand
Davis	Stephen	L.	11	20N	3W	160	30 Sep. 1899	Rand
Davis	Sylvester		13	21N	4W	160	12 Nov. 1900	Rand
Davis	Sylvester		24	21N	4W	160	12 Nov. 1900	Rand
Davis	Thomas	B.	5	17N	2W	80	30 Oct. 1877	Lawr
Davis	Thomas	B.	5	17N	2W	80	30 Oct. 1877	Lawr
Davis	William	A.	30	20N	2W	80	24 Jun 1901	Rand
Davis	William	H.	17	19N	4W	160	13 Nov. 1895	Shar
Davis	William		19	21N	3E	40	1 May 1860	Rand
Davis	Williamson		1	11N	3W	41.03	20 Jun. 1873	Jack
Davison	Chester		30	11N	4E	160	27 Nov. 1820	Poin
Davlin	Thomas		21	20N	3E	320	16 Aug. 1838	Rand
Dawson	David	J.	17	17N	5W	80	17 Sep. 1889	Shar

Last Name	First Name	Int.	Section No.	Twp.	Ran	Acres	Date	Co.
Dawson	Hiram		10	18N	3W	80	1 Jul. 1859	Lawr
Dawson	Hiram		10	18N	3W	80	1 Sep. 1857	Lawr
Dawson	Nancy		10	18N	3W	80	28 Mar. 1861	Lawr
Dawson	Otis		11	17N	5W	160	27 Jul. 1904	Shar
Dawson	Robert	A.	4	17N	5W	160.1	1 May 1860	Shar
Dawson	Robert	A.	29	17N	3W	80	2 Jul. 1860	Lawr
Dawson	Thomas	J.	35	19N	3W	80	1 Jul. 1859	Shar
Dawson	Thomas		23	13N	3W	80	17 Sep. 1889	Jack
Day	Ann		29	10N	4W	160	30 Mar. 1826	Jack
Day	Clarendon		23	15N	1W	160	27 Nov. 1820	Lawr
Day	Philip	T.	24	21N	1E	120	1 May 1860	Rand
Day	Philip	T.	24	21N	1E	187.1	26 Aug. 1896	Rand
Deaderick	J	T.	8	21N	3W	40	25 Aug. 1882	Rand
Dean	James	C.	9	10N	9E	80	28 Jul. 1838	Miss
Dean	James		28	10N	10E	77.3	1 Aug. 1849	Miss
Dean	James		28	10N	10E	78.27	10 Oct. 1839	Miss
Dean	Robert	C.	11	10N	9E	160	28 Jul. 1838	Miss
Dean	Robert	C.	33	10N	10E	139.4	1 Sep. 1864	Miss
Dean	William		6	19N	8E	64.9	1 Sep. 1856	Clay
Deboard	John	C.	4	17N	2W	101.1	1 May 1860	Lawr
Deboard	John	C.	3	17N	2W	126.9	1 Oct. 1860	Lawr
Deboard	John		3	17N	2W	84.57	1 May 1860	Lawr
Deck	Frederick		21	17N	1W	24.26	1 Oct. 1850	Lawr
Deckard	William		33	17N	4W	160	1 Sep. 1857	Shar
Decker	Abraham	F.	21	19N	2W	160	23 Jan. 1901	Rand
Decker	Mary	A.	12	15N	3W	160	26 Apr. 1836	Lawr
Decker	Mary	A.	12	15N	3W	160	26 Apr. 1836	Lawr
Deen	William		3	16N	3W	40	10 Sep. 1844	Lawr
Deeter	William		22	16N	3W	40	15 Feb. 1884	Lawr
Deeter	William		24	16N	3W	160	10 Nov. 1882	Lawr
Degear	John		20	10N	4E	160	23 Apr. 1821	Poin
Dehart	Joab		27	11N	9E	120	1 Nov. 1848	Miss
Demastus	Foster		6	11N	4E	160	27 Nov. 1820	Poin
Demilt	Henry		36	10N	5W	160	14 Sep. 1827	Jack
Demun	Louis		32	19N	1E	80	10 Jul. 1848	Rand
Dennis	Nancy	A.	26	16N	3E	40	13 Mar. 1890	Gree
Dennis	Redford		15	10N	4E	160	5 Jan. 1829	Poin
Denny	Daniel		24	15N	4W	320	14 May 1821	Shar
Denny	David		27	10N	5W	160	22 Jun. 1836	Jack
Dent	James	T.	9	17N	2W	120	1 Jul. 1859	Lawr
Dent	James	T.	10	17N	2W	160	1 Jul. 1859	Lawr
Dent	Josiah		9	17N	2W	40	1 May 1860	Lawr
Dent	Josiah		9	17N	2W	40	1 Jul. 1859	Lawr
Dent	Thomas	H.	5	17N	2W	80	1 May 1860	Lawr
Dent	Thomas	H.	5	17N	2W	210.9	1 Jul. 1859	Lawr
Dent	William	T.	7	17N	2W	80	1 Jul. 1859	Lawr
Dent	William	T.	8	17N	2W	160	1 Jul. 1859	Lawr
Dent	William	T.	7	17N	2W	80	1 Oct. 1860	Lawr

Last Name	First Name	Int.	Section No.	Twp.	Ran	Acres	Date	Co.
Denton	Esther		22	17N	3W	160	12 Jun. 1827	Lawr
Denton	James	W.	2	18N	6W	76.46	1 Jul. 1859	Shar
Denton	James	W.	2	18N	6W	35.87	1 Jul. 1859	Shar
Denton	William	B.	1	18N	6W	78.25	1 Jul. 1903	Shar
Denton	William		6	19N	3E	242.6	16 Aug. 1838	Rand
Derome	George		24	19N	4W	80	18 Jan. 1896	Shar
Derrington	Green		7	15N	1W	160	27 Nov. 1820	Lawr
Dettre	Edward		2	17N	4E	120	2 Apr. 1891	Gree
Devon	Luke		20	10N	4E	160	23 Apr. 1821	Poin
Devore	Elias	W.	34	21N	1E	120	1 May 1860	Rand
Devore	Elias	W.	27	21N	1E	80	24 Jun. 1878	Rand
Devore	John		4	12N	4E	160	27 Nov. 1820	Poin
Dickenson	Townsend		28	12N	3W	143	22 Sep. 1845	Jack
Dickinson	Charles		25	15N	3W	160	27 Nov. 1820	Lawr
Dickinson	Irvine		24	17N	6W	40	1 Nov. 1834	Shar
Dickinson	Irvine		24	17N	6W	40	1 Nov. 1834	Shar
Dickson	James	O.	20	17N	4W	40	10 Jul. 1844	Shar
Dickson	Joshua		6	15N	5E	80	1 Jul. 1859	Crai
Dickson	Michael		20	15N	4E	40	1 Jul. 1859	Crai
Dickson	Michael		29	15N	4E	80	1 Jul. 1859	Crai
Dickson	Michael		6	15N	5W	80	1 Jul. 1859	Shar
Dickson	Nathaniel		6	18N	1E	212.6	2 Jul. 1860	Rand
Dickson	William	H.	20	17N	4W	40	10 Jul. 1844	Shar
Dickson	William	H.	20	17N	4W	40	10 Jul. 1844	Shar
Dietz	Henry	H.	19	10N	3W	73.02	28 Oct. 1902	Jack
Dietz	Purda	C.	19	10N	3W	40	10 Jun 1907	Jack
Dietz	Purda		19	10N	3W	78.2	15 Oct. 1906	Jack
Dilday	Charles	D.	31	20N	1W	80	1 Nov. 1904	Rand
Dilday	Noah		2	15N	6W	40	1 Sep. 1857	Shar
Dillbeck	Bennet	C.	23	21N	2E	240	1 May 1860	Rand
Dillehay	William	C.	24	13N	10E	160	1 Aug. 1849	Miss
Dillingham	James		6	18N	2E	319.7	16 Aug. 1838	Rand
Dillingham	John		32	20N	3E	320	16 Aug. 1838	Rand
Dillingham	William		2	20N	3E	320	16 Aug. 1838	Clay
Dillman	L	G.	20	16N	5E	40	23 Nov. 1891	Gree
Dillon	Thomas	I.	14	18N	1W	160	27 Nov. 1820	Rand
Dillow	Daniel		20	21N	8E	160	19 Jun. 1895	Clay
Diviny	Giles	L.	2	16N	2W	40	26 Jul 1906	Lawr
Dix	Lucinda		34	18N	1W	45.11	29 Jun. 1896	Rand
Dixon	Amos		7	20N	2W	166.1	7 Jun. 1897	Rand
Dixon	Francis	M.	13	18N	4E	160	17 Mar. 1892	Gree
Dixon	William	B.	23	11N	7E	120	8 Mar. 1898	Poin
Dobbins	Alfred	M.	33	17N	6W	80	30 Oct. 1857	Shar
Dobson	James	N.	19	21N	8E	160	15 Jan. 1858	Clay
Dobson	John		35	16N	4W	160	29 Apr. 1822	Shar
Dodd	Atlass	J.	17	12N	1W	80	1 Sep. 1856	Jack
Dodd	Nancy		19	16N	3E	40	1 Sep. 1856	Gree
Dodd	Robert	J.	2	16N	4E	37.93	8 Jul. 1895	Gree

Last Name	First Name	Int.	Section No.	Twp.	Ran	Acres	Date	Co.
Dodds	Allen		14	15N	3E	40	1 May 1860	Crai
Dodds	Allen		14	15N	3E	40	1 May 1860	Crai
Dodson	Harrison		9	10N	3W	80	30 Jun. 1882	Jack
Dodson	John	B.	20	14N	3E	160	1 May 1860	Crai
Dodson	John	B.	20	14N	3E	80	1 May 1860	Crai
Dodson	John	P.	28	14N	3E	80	1 May 1860	Crai
Dodson	N	C.	29	21N	1W	160	30 Jun. 1882	Rand
Dodson	Sampson	W.	18	17N	2W	228.4	12 Mar. 1895	Lawr
Doherty	John	P.	18	15N	3W	154.2	1 Jul. 1859	Lawr
Dolar	Ann	J.	6	15N	4E	124.5	1 May 1860	Crai
Dolen	John		33	17N	5W	80	20 Apr. 1875	Shar
Dolen	John		33	17N	4W	80	30 Oct. 1857	Shar
Dolen	John		33	17N	5W	200	30 Oct. 1857	Shar
Dollahon	Thomas	C.	4	20N	3W	160	25 Jun. 1901	Rand
Donaghue	Charles		22	19N	1W	160	27 Nov. 1820	Rand
Donehey	James		36	15N	4W	160	2 Mar. 1821	Shar
Donell	Henry	J.	30	13N	2W	44.96	1 Mar. 1856	Jack
Donoho	Elizabeth		15	11N	4E	160	21 Jan. 1826	Poin
Dooley	Daniel		20	18N	2W	80	1 May 1860	Lawr
Dority	John		9	18N	5W	120	1 May 1860	Shar
Dority	Nathan		9	18N	5W	40	1 May 1860	Shar
Dority	Nathan		10	18N	5W	200	1 May 1860	Shar
Dorneck	Jacob		27	10N	4W	160	5 Jul. 1838	Jack
Dorsay	Robert	W.	26	18N	5E	40	1 Mar. 1856	Gree
Dorsey	Robert	W.	26	18N	5E	40	1 Jul. 1859	Gree
Dortch	John		6	18N	6E	320.5	1 May 1860	Gree
Dortch	John		32	19N	6E	40	1 May 1860	Gree
Dortch	Thomas		22	19N	6E	80	1 Mar. 1876	Clay
Dortch	William	H.	28	19N	6E	160	1 Apr. 1890	Gree
Dotson	George	W.	8	21N	4W	160	17 Jan. 1902	Shar
Dotson	Jane		19	17N	4W	122	16 Jun. 1856	Shar
Dotson	Samuel		4	17N	4W	111.1	1 Jul. 1859	Shar
Dotson	Simon		20	17N	4W	40	1 Oct. 1839	Shar
Dougherty	John		36	18N	3W	160	27 Nov. 1820	Lawr
Dougherty	Robert	M.	10	19N	5W	40	8 May 1888	Shar
Douglass	John	N.	20	18N	5E	160	20 Jun. 1894	Gree
Douglass	John		29	17N	6W	120	1 May 1860	Shar
Douglass	Wyatt		30	11N	4E	160	23 Apr. 1821	Poin
Dowden	William	H.	8	21N	4W	160	26 Jul. 1897	Shar
Dowdy	Emeline		18	19N	7E	37.92	8 Jul 1903	Clay
Dowdy	Thomas		10	19N	1E	120	1 Sep. 1860	Rand
Dowell	David	G.	32	20N	3W	76.34	1 May 1860	Shar
Dowell	Henry	J.	28	14N	2W	40	1 Sep. 1856	Jack
Dowell	Richard	H.	2	16N	5W	46.2	1 May 1860	Shar
Dowell	William	B.	1	16N	5W	40	1 May 1860	Shar
Dowell	William	B.	1	16N	5W	120	16 Jun. 1856	Shar
Dowell	William	B.	1	16N	5W	49.6	30 Oct. 1857	Shar
Downey	Dennis	C.	29	21N	2E	120	1 May 1860	Rand

Last Name	First Name	Int.	Section No.	Twp.	Ran	Acres	Date	Co.
Downey	Dennis	C.	7	20N	2E	120	1 Jul. 1859	Rand
Downey	Dennis	C.	32	21N	2E	80	1 Jul. 1859	Rand
Downey	James		4	20N	2E	80	1 Jul. 1859	Rand
Downey	James		33	21N	2E	40	27 Mar. 1905	Rand
Downey	William		22	20N	2E	80	1 Jul. 1859	Rand
Dowthit	Uriah	J.	17	17N	6W	320	10 Dec. 1859	Shar
Doyle	James		18	15N	3W	50.33	16 Jun. 1856	Lawr
Drake	Diana	E.	24	15N	4W	160	30 Jun. 1882	Shar
Drake	Ira	H.	25	19N	4W	134.4	22 May 1901	Shar
Drake	Ira	H.	25	19N	4W	134.4	22 Jun 1901	Shar
Drake	Johnson		36	15N	4W	80	1 May 1860	Shar
Drake	Nelson	M.	28	20N	7E	160	31 May 1890	Clay
Drake	William	B.	14	19N	1W	40	10 Jul. 1848	Rand
Draper	Benjamin	W.	21	20N	1E	40	10 Jul. 1844	Rand
Draper	Benjamin	W.	27	20N	1E	40	1 Oct. 1839	Rand
Draper	Eliza		15	20N	1E	80	16 Jun. 1856	Rand
Draper	William	H.	8	19N	3W	160	31 May 1890	Shar
Drew	Thomas	S.	2	18N	2E	159.3	16 Aug. 1838	Rand
Drew	Thomas	S.	4	18N	2E	40	16 Aug. 1838	Rand
Drew	Thomas	S.	9	18N	2E	40	16 Aug. 1838	Rand
Drew	Thomas	S.	10	18N	2E	40	16 Aug. 1838	Rand
Drew	Thomas	S.	10	18N	2E	120	16 Aug. 1838	Rand
Drew	Thomas	S.	27	19N	1E	40	16 Aug. 1838	Rand
Drew	Thomas	S.	33	19N	1E	80	10 Nov. 1830	Rand
Drew	Thomas	S.	11	19N	2E	40	1 Nov. 1835	Rand
Driggs	Joshua		15	20N	1E	160	23 Jan. 1827	Rand
Driskill	Jesse		10	20N	2E	40	16 Aug. 1838	Rand
Driver	James		20	11N	9E	80	28 May 1856	Miss
Driver	John	L.	1	12N	10E	160	1 Aug. 1849	Miss
Drown	Zara	O.	13	20N	6E	80	20 Jun. 1876	Clay
Drowns	Zara	O.	13	20N	6E	80	15 Feb. 1884	Clay
Drum	Agnes		12	20N	2W	160	16 Jun. 1829	Rand
Dubois	Andrew	C.	34	21N	2W	40	1 May 1860	Rand
Duboise	Elias		1	21N	4W	80	1 May 1860	Rand
Duboise	Henry	P.	18	21N	3W	139.5	26 Feb 1904	Rand
Duboise	Mary	M.	15	21N	4W	80	18 Jun 1905	Shar
Duboise	William	L.	2	21N	4W	36.78	26 Sep 1905	Rand
Duckett	Thomas	W.	21	14N	4E	160	7 Feb. 1821	Crai
Duckworth	Daniel		2	19N	2E	133	23 Jun. 1836	Rand
Duckworth	Daniel		1	19N	2E	82.93	16 Aug. 1838	Rand
Duckworth	Daniel		2	19N	2E	19.24	16 Aug. 1838	Rand
Duckworth	Daniel		10	19N	2E	160	16 Aug. 1838	Rand
Duckworth	Daniel		11	19N	2E	160	16 Aug. 1838	Rand
Duckworth	Daniel		11	19N	2E	80	16 Aug. 1838	Rand
Duckworth	Daniel		36	20N	2E	160	16 Aug. 1838	Rand
Duckworth	Daniel		35	20N	2E	155.5	5 Sep. 1842	Rand
Duckworth	Daniel		35	20N	2E	62.73	5 Sep. 1842	Rand
Duckworth	Daniel		36	20N	2E	80	1 Nov. 1835	Rand

Last Name	First Name	Int.	Section No.	Twp.	Ran	Acres	Date	Co.
Duckworth	Isaiah		9	19N	1W	80	1 May 1860	Rand
Dudley	Robert		22	20N	7E	40	12 Apr 1901	Clay
Due	William	L.	8	15N	6W	40	28 Mar. 1861	Shar
Due	William	L.	7	15N	5W	40	1 May 1860	Shar
Duff	Elijah		36	21N	2E	160	1 May 1860	Rand
Duff	John		30	21N	3E	33.65	16 Jun. 1905	Rand
Duffel	Joseph	M.	36	19N	6E	80	1 May 1860	Gree
Duffel	Joseph	M.	36	19N	6E	40	1 Jul. 1859	Gree
Dufour	Francis		15	11N	3W	320	5 Feb. 1846	Jack
Duggins	William		15	16N	5W	160	18 Dec. 1824	Shar
Duke	Benjamin	F.	12	19N	7E	80	16 Apr. 1890	Clay
Duke	John	W.	7	13N	4E	78.2	1 Sep. 1857	Crai
Duke	John		18	10N	4E	80	10 Jul. 1861	Poin
Duke	Monroe	J.	5	17N	6W	80	22 Mar. 1906	Shar
Dukes	Major		28	16N	4W	160	1 May 1874	Shar
Dukes	Major		21	16N	4W	120	1 Sep. 1860	Shar
Dukes	Major		21	16N	4W	40	30 Oct. 1857	Shar
Dukes	Ransom		29	16N	4W	40	1 May 1860	Shar
Dulin	Thaddeus	G.	21	20N	3E	80	16 Aug. 1838	Rand
Dunahay	James		4	12N	3W	40	1 Mar. 1855	Jack
Dunahay	James		3	12N	3W	40	1 Sep. 1856	Jack
Dunaway	Edmund	E.	10	10N	5W	200	1 Oct. 1860	Jack
Dunaway	Eliza		1	21N	1E	40	1 Jul. 1850	Rand
Dunbar	Robert	A.	23	13N	3W	80	16 Aug. 1838	Jack
Dunbar	Robert	F.	24	13N	3W	80	16 Aug. 1838	Jack
Dunbar	Robert	T.	11	13N	3W	40	16 Aug. 1838	Jack
Dunbar	Robert	T.	13	13N	3W	80	16 Aug. 1838	Jack
Dunbar	Robert	T.	13	13N	3W	80	16 Aug. 1838	Jack
Dunbar	Robert	T.	14	13N	3W	160	16 Aug. 1838	Jack
Dunbar	Robert	T.	14	13N	3W	80	16 Aug. 1838	Jack
Dunbar	Robert	T.	14	13N	3W	40	16 Aug. 1838	Jack
Dunbar	Robert	T.	7	13N	2W	165.2	5 Sep. 1842	Jack
Dunbar	Robert	T.	11	13N	3W	120	5 Sep. 1842	Jack
Duncan	Daniel		35	10N	4W	320	25 Sep. 1837	Jack
Duncan	Daniel		31	16N	5W	40	30 Oct. 1857	Shar
Duncan	Elizabeth		31	16N	5W	40	1 May 1860	Shar
Duncan	James		13	19N	3E	320	16 Aug. 1838	Clay
Duncan	John	W.	7	17N	4W	80	23 Jan. 1901	Shar
Duncan	Stephen		3	20N	7E	87.92	30 Jun. 1882	Clay
Duncan	William	B.	23	19N	3E	320	16 Aug. 1838	Clay
Duncomb	Aaron		34	18N	3W	160	27 Nov. 1820	Lawr
Dungan	George	A.	35	17N	3W	120	26 May 1892	Lawr
Dungan	William	H.	6	17N	5W	40	10 May 1882	Shar
Dunham	Moses		25	16N	4W	160	31 Dec. 1829	Shar
Dunn	John	D.	19	19N	1W	40	1 Jul. 1859	Rand
Dunn	Martha		4	18N	1W	120	1 Sep. 1857	Rand
Dunn	Samuel		23	17N	3W	160	1 Feb. 1821	Lawr
Dunnaway	Charles		2	18N	6E	40	13 Nov. 1884	Gree

Last Name	First Name	Int.	Section No.	Twp.	Ran	Acres	Date	Co.
Eddy	Edwin	D.	4	16N	1W	39.31	1 Nov. 1849	Lawr
Eden	George		31	12N	3W	40	16 Jun. 1856	Jack
Edens	Ann		26	10N	5W	150.4	1 Jul. 1859	Jack
Eder	George		11	12N	3W	160	10 Jul. 1844	Jack
Eder	George		31	12N	3W	40	16 Aug. 1838	Jack
Eder	George		32	12N	3W	17.7	1 Sep. 1856	Jack
Eder	George		33	12N	3W	76.29	1 Nov. 1849	Jack
Edgin	Andrew		29	10N	10E	148.3	11 Apr. 1844	Miss
Edmondston	Archibald	S.	2	18N	6E	159.5	1 Jul. 1859	Gree
Edmonson	Mary		2	18N	6E	80	1 Jul. 1859	Gree
Edmonston	Charles	W.	2	18N	6E	40	30 Mar. 1905	Gree
Edmonston	John	W.	2	18N	6E	159.9	1 Oct. 1860	Gree
Edney	Newton		34	21N	4W	160	23 Jun. 1896	Shar
Edney	William	E.	33	21N	4W	160	22 Apr. 1899	Shar
Edrington	John	H.	2	12N	10E	165.7	1 Aug. 1849	Miss
Edrington	John	P.	36	13N	10E	160	8 May 1848	Miss
Edrington	Joseph	P.	2	12N	10E	160	1 Aug. 1849	Miss
Edrington	William	B.	31	13N	11E	76.2	8 May 1848	Miss
Edrington	William	L.	14	19N	1W	40	7 Sep. 1894	Rand
Edwards	Amos	A.	20	18N	4W	320	1 Sep. 1860	Shar
Edwards	Bradford		31	19N	4W	201.1	21 Oct. 1895	Shar
Edwards	Felix	G.	4	20N	8E	40	16 Mar. 1885	Clay
Edwards	Hardy	M.	2	15N	4E	120	1 May 1860	Crai
Edwards	Hardy	M.	2	15N	4E	40	19 Jun. 1895	Crai
Edwards	Hardy	M.	1	15N	4E	161.9	2 Jul. 1860	Crai
Edwards	Henry	H.	6	18N	6W	40	1 Mar. 1904	Shar
Edwards	James	H.	11	15N	4E	80	1 May 1860	Crai
Edwards	James	H.	14	15N	4E	160	10 Dec. 1859	Crai
Edwards	James	M.	4	20N	8E	120	17 Sep. 1889	Clay
Edwards	James	T.	30	17N	5E	144.4	30 Jun. 1882	Gree
Edwards	Jefferson	D.	19	17N	5W	140.4	12 Nov. 1906	Shar
Edwards	Jenie	S.	34	20N	4W	160	6 Jul. 1893	Shar
Edwards	John	B.	15	15N	3W	40	1 Sep. 1857	Lawr
Edwards	John	W.	25	17N	5W	80	21 Oct. 1895	Shar
Edwards	John		12	16N	3W	160	27 Nov. 1820	Lawr
Edwards	John		25	15N	3W	160	27 Nov. 1820	Lawr
Edwards	Jordan		11	21N	4W	200	1 May 1860	Rand
Edwards	Mathew	H.	24	13N	3W	80	10 Jul. 1844	Jack
Edwards	Matthew	H.	34	13N	3W	160	10 Jul. 1844	Jack
Edwards	Matthew	H.	18	13N	2W	80	16 Aug. 1838	Jack
Edwards	Matthew	H.	22	13N	3W	160	16 Aug. 1838	Jack
Edwards	Matthew	H.	22	13N	3W	80	16 Aug. 1838	Jack
Edwards	Matthew	H.	23	13N	3W	80	16 Aug. 1838	Jack
Edwards	Matthews	H.	22	13N	3W	40	16 Aug. 1838	Jack
Edwards	Robert	M.	1	20N	2W	55.7	1 Jul. 1859	Rand
Edwards	Stephen	D.	34	16N	4E	40	27 Jul. 1904	Gree
Edwards	William	M.	20	12N	4E	40	1 Sep. 1856	Poin
Edwards	William	T.	4	20N	8E	40	12 Nov. 1900	Clay

Last Name	First Name	Int.	Section No.	Twp.	Ran	Acres	Date	Co.
Dunning	Doctor		35	15N	3W	160	27 Nov. 1820	Lawr
Dunsmore	Ray		32	21N	3W	160	11 Sep. 1905	Rand
Dupey	Jane		17	17N	4W	80	1 Jul. 1859	Shar
Dupey	Joseph		17	17N	4W	120	17 May 1871	Shar
Dupey	Joseph		22	17N	4W	120	1 Jul. 1859	Shar
Dupey	Stephen		21	17N	4W	40	1 May 1874	Shar
Dupree	Joseph		23	20N	4W	80	1 May 1860	Shar
Dupuy	Alfred		19	17N	4W	40	16 Aug. 1838	Shar
Dupuy	Alfred		22	17N	4W	40	1 Oct. 1839	Shar
Dupuy	Alfred		22	17N	4W	80	1 Oct. 1839	Shar
Dupuy	David		28	20N	3E	320	16 Aug. 1838	Rand
Dupuy	Green		21	17N	4W	40	25 Aug. 1882	Shar
Dupuy	Marcus	C.	21	17N	6W	80	10 Jul. 1844	Shar
Dupuy	Marcus	C.	21	17N	4W	40	16 Aug. 1838	Shar
Dupuy	Marcus	C.	21	17N	4W	40	1 Oct. 1839	Shar
Duty	Solomon		12	17N	1W	38.77	15 May 1883	Lawr
Duty	Solomon		12	17N	1W	38.77	1 Oct. 1850	Lawr
Duvall	Bouldin		35	18N	2W	120	1 Jul. 1859	Lawr
Duvall	James	B.	19	18N	3W	82.62	14 May 1900	Lawr
Eagle	William	Z.	13	20N	6E	160	31 Dec. 1890	Clay
Eaker	Jonas		4	17N	5E	119.6	30 Jul. 1891	Gree
Eara	Joseph		19	19N	3W	160	27 Nov. 1820	Shar
Earles	Daniel		4	11N	3W	80	5 Sep. 1842	Jack
Earles	Daniel		3	11N	3W	26.63	1 Nov. 1849	Jack
Earls	Andrew	J.	13	18N	4W	80	22 Aug 1901	Shar
Earls	Daniel		4	11N	3W	343.1	5 Sep. 1842	Jack
Earls	James	L.	18	18N	3W	79.77	23 Jan. 1901	Lawr
Earls	John	L.	13	21N	2E	120	1 May 1860	Rand
Earls	John	L.	18	21N	3E	141.3	1 Sep. 1860	Rand
Earls	John	L.	13	18N	4W	160.1	22 Apr 1901	Shar
Early	Charles	F.	35	21N	1W	80	21 Jan 1900	Rand
Early	John	F.	36	21N	1W	40	12 Nov. 1900	Rand
East	Ella		18	17N	1W	123.9	28 Feb. 1894	Lawr
East	John	V.	35	18N	2W	80	1 Aug. 1861	Lawr
East	Robert	A.	34	18N	2W	40	1 Aug. 1861	Lawr
Easter	Burrus		8	18N	6W	40	1 Sep. 1846	Shar
Eastin	Thomas	B.	24	18N	2W	40	14 Nov. 1905	Rand
Easton	Hezakiah		15	14N	4E	160	1 Jun. 1836	Crai
Eastwick	Sarah		10	14N	4E	160	23 Jan. 1830	Crai
Eatheridge	George		8	17N	1W	40	1 Jul. 1859	Lawr
Eaton	Jacob	F.	32	10N	4E	160	21 Jun. 1838	Poin
Eaton	John	J.	9	21N	2W	160	28 Nov. 1894	Rand
Eaves	Benjamin	L.	32	20N	2W	120	1 Feb. 1893	Rand
Eaves	John		33	12N	4E	160	1 Feb. 1821	Poin
Ebert	Christian		28	11N	9E	40	1 Dec. 1849	Miss
Eddy	Asa	H.	33	17N	1W	40	1 Oct. 1850	Lawr
Eddy	Asa	H.	4	16N	1W	38.62	1 Nov. 1849	Lawr
Eddy	Edwin	D.	4	16N	1W	40.01	1 Oct. 1850	Lawr

Last Name	First Name	Int.	Section No.	Twp.	Ran	Acres	Date	Co.
Edwards	William		6	20N	1E	200	1 Nov. 1860	Rand
Egner	Joseph	H.	25	11N	11E	80	23 Jun. 1836	Miss
Eichthal	Auguste	D.	17	16N	4W	160	5 Sep. 1842	Shar
Eichthal	Auguste	D.	2	18N	2W	80	9 Nov. 1840	Rand
Eichthal	Auguste	D.	2	18N	2W	80	9 Nov. 1840	Rand
Eichthal	Auguste	D.	4	18N	2W	80	9 Nov. 1840	Rand
Eichthal	Auguste	D.	5	18N	2W	80	9 Nov. 1840	Rand
Eichthal	Auguste	D.	8	19N	2W	80	9 Nov. 1840	Rand
Eichthal	Auguste	D.	19	19N	2W	80	9 Nov. 1840	Rand
Eichthal	Auguste	D.	20	19N	2W	80	9 Nov. 1840	Rand
Eichthal	Auguste	D.	22	19N	2W	80	9 Nov. 1840	Rand
Eichthal	Auguste	D.	29	19N	2W	120	9 Nov. 1840	Rand
Eichthal	Auguste	D.	29	19N	2W	80	9 Nov. 1840	Rand
Eichthal	Auguste	D.	30	19N	2W	80	9 Nov. 1840	Rand
Eichthal	Auguste	D.	30	19N	2W	80	9 Nov. 1840	Rand
Eichthal	Auguste	D.	30	19N	2W	80	9 Nov. 1840	Rand
Eichthal	Auguste	D.	30	19N	2W	80	9 Nov. 1840	Rand
Eichthal	Auguste	D.	32	19N	2W	80	9 Nov. 1840	Rand
Elder	Richard		20	11N	10E	80	1 Dec. 1849	Miss
Eldridge	Henry		14	21N	1E	40	1 May 1860	Rand
Eldridge	Henry		14	21N	1E	40	30 Oct. 1857	Rand
Eldridge	James	R.	10	21N	1E	81.17	30 Oct. 1857	Rand
Eldridge	John		2	21N	1E	40	30 Oct. 1857	Rand
Eldridge	Ransom	F.	10	21N	1E	166.8	1 May 1860	Rand
Eldridge	Reason		3	21N	1E	40	28 Mar. 1861	Rand
Eldridge	Sampson		3	21N	1E	80	1 Nov. 1834	Rand
Eldridge	Stephen		2	21N	1E	28.52	18 Mar. 1905	Rand
Eldridge	William	D.	29	20N	3W	160	4 Jun. 1906	Shar
Elinger	George		33	11N	4E	160	12 Feb. 1821	Poin
Eliott	Henry		8	15N	3W	120	30 Oct. 1857	Lawr
Elkins	James		25	10N	4W	160	9 Apr. 1821	Jack
Elkins	John	B.	31	19N	4W	160	9 Mar. 1896	Shar
Elkins	John		21	14N	4E	160	25 Sep. 1837	Crai
Elkins	William		29	14N	4E	160	28 Dec. 1830	Crai
Ellington	Erven		26	16N	4E	80	14 Sep 1906	Gree
Ellington	James	C.	30	16N	5E	40	1 Jul. 1903	Gree
Ellington	John	C.	26	16N	4E	80	30 Jun. 1882	Gree
Ellington	Samuel		15	11N	2W	40	1 Sep. 1856	Jack
Ellington	Samuel		15	11N	2W	40	1 Sep. 1856	Jack
Elliot	Howard		32	15N	1W	160	3 Jan. 1825	Lawr
Elliott	Henry		8	15N	3W	80	1 Mar. 1855	Lawr
Elliott	James		4	15N	4W	320	16 Apr. 1821	Shar
Elliott	Joseph		28	11N	4E	160	28 May 1821	Poin
Elliott	Nancy	M.	22	16N	5E	80	20 Oct. 1882	Gree
Elliott	Uriah		23	15N	4W	160	15 Apr. 1822	Shar
Ellis	Adley	B.	10	19N	1E	40	20 Aug. 1892	Rand
Ellis	Alfred		9	17N	3W	160	1 Jul. 1859	Lawr
Ellis	Eli		36	18N	3W	320	1 Jul. 1859	Lawr

Last Name	First Name	Int.	Section No.	Twp.	Ran	Acres	Date	Co.
Ellis	Elisha		13	18N	3W	80	6 Jun. 1890	Lawr
Ellis	James		13	18N	4E	40	1 Mar. 1856	Gree
Ellis	James		30	16N	3E	40	1 Sep. 1856	Gree
Ellis	James		12	18N	4E	80	1 Oct. 1850	Gree
Ellis	Joseph	E.	15	20N	1W	80	1 Jan. 1861	Rand
Ellis	Joseph	E.	22	20N	1W	160	1 Sep. 1860	Rand
Ellis	Thomas	H.	6	18N	2W	40	24 Nov. 1899	Lawr
Ellis	William	J.	34	18N	3W	320	1 Jul. 1859	Lawr
Ellis	William		10	16N	2E	40	1 Sep. 1856	Lawr
Ellis	William		26	10N	5W	160	14 Nov. 1836	Jack
Ellis	William		29	21N	4W	160	26 Jun. 1906	Shar
Ellison	Catharine		30	17N	4W	80	1 May 1861	Shar
Ellison	John		15	16N	1W	80	20 Sep. 1889	Lawr
Ellison	Pernesa	J.	9	17N	4W	240	1 Jul. 1859	Shar
Ellison	Purnecy		9	17N	4W	40	1 Aug. 1861	Shar
Elms	David		25	19N	1E	258.3	16 Aug. 1838	Rand
Elwell	Ingraham		22	16N	5W	160	31 May 1825	Shar
Emmery	Zachariah		34	15N	3W	160	23 Jul. 1821	Lawr
Emmons	Richard	G.	22	20N	1E	320	22 Feb. 1825	Rand
Endsley	Alexander		24	18N	6W	80	16 Jun. 1856	Shar
Endsley	Alexander		25	18N	6W	120	1 Jul. 1859	Shar
Endsley	Alexander		25	18N	6W	80	30 Oct. 1857	Shar
Endsley	James	H.	23	18N	6W	80	31 Jan. 1890	Shar
Endsley	William	H.	35	19N	5W	160	1 May 1860	Shar
Endsley	William	H.	36	19N	5W	80	26 Nov. 1895	Shar
England	John	D.	32	20N	1W	70.9	1 Jul. 1859	Rand
England	John	D.	32	20N	1W	80	1 Oct. 1860	Rand
England	John		36	11N	3E	40	1 Mar. 1855	Poin
England	John		36	11N	3E	80	1 May 1854	Poin
England	John		36	11N	3E	40	1 Jul. 1850	Poin
England	John		36	11N	3E	80	1 Sep. 1848	Poin
England	Newell		28	21N	2W	40	1 May 1860	Rand
England	William	N.	12	21N	4W	80	18 Oct. 1890	Rand
England	William	N.	9	20N	2W	40	26 Jan 1904	Rand
English	Edward	M.	36	19N	4W	22.45	1 Mar. 1856	Shar
English	Edward	M.	36	19N	4W	25.29	1 Jul. 1859	Shar
English	Edward	M.	35	19N	4W	84.2	7 Oct. 1896	Shar
English	Stephen		31	19N	3W	42.18	1 Mar. 1855	Shar
English	William		35	20N	3W	40	11 Jun. 1889	Rand
Enlows	Henry		10	10N	9E	320	20 Jun. 1835	Miss
Erwin	Wade	H.	36	16N	4W	40	1 May 1861	Shar
Eshon	Daniel		28	11N	4E	160	30 May 1821	Poin
Eskew	William		6	11N	3W	91.56	1 Sep. 1846	Jack
Eskew	William		6	11N	3W	90.56	1 Sep. 1846	Jack
Eskridge	Benjamin	N.	15	21N	1E	120	6 Feb. 1891	Rand
Eskridge	Thomas	P.	7	10N	9E	80	1 Nov. 1834	Miss
Eskridge	Thomas	P.	18	10N	9E	80	1 Nov. 1834	Miss
Eskridge	Thomas	P.	18	10N	9E	80	1 Nov. 1834	Miss

Last Name	First Name	Int.	Section No.	Twp.	Ran	Acres	Date	Co.
Eskridge	Thomas	P.	18	10N	9E	80	1 Nov. 1834	Miss
Eskridge	Thomas	P.	18	10N	9E	80	1 Nov. 1834	Miss
Eskridge	Thomas	P.	18	10N	9E	80	1 Nov. 1834	Miss
Eskridge	Thomas	P.	19	10N	9E	320	1 Nov. 1834	Miss
Eskridge	Thomas	P.	19	10N	9E	80	1 Nov. 1834	Miss
Eskridge	Thomas	P.	19	10N	9E	80	1 Nov. 1834	Miss
Eskridge	Thomas	P.	19	10N	9E	80	1 Nov. 1834	Miss
Eskridge	Thomas	P.	19	10N	9E	80	1 Nov. 1834	Miss
Eskridge	Thomas	P.	19	10N	9E	80	1 Nov. 1834	Miss
Eskridge	Thomas	P.	27	12N	11E	160	1 Nov. 1834	Miss
Eskridge	Thomas	P.	27	12N	11E	80	1 Nov. 1834	Miss
Eskridge	Thomas	P.	7	10N	9E	80	1 Nov. 1835	Miss
Estes	Archibald	B.	7	18N	6W	117.7	1 Jul. 1859	Shar
Estes	Archibald	B.	7	18N	6W	80	1 Sep. 1856	Shar
Estes	Archibald	B.	18	18N	6W	75.24	1 Sep. 1860	Shar
Estes	Barrus		9	18N	6W	80	30 Oct. 1857	Shar
Estes	Burris		17	18N	6W	40	1 Mar. 1856	Shar
Estes	Burris		7	18N	6W	80.58	1 Jul. 1859	Shar
Estes	Burris		18	18N	6W	40	1 Jul. 1859	Shar
Estes	Burris		20	18N	6W	40	1 Jul. 1859	Shar
Estes	Burrus		13	17N	6W	80	1 May 1860	Shar
Estes	Burrus		17	18N	6W	78.02	1 Jul. 1859	Shar
Estes	Burus		17	18N	6W	80	10 Jul. 1844	Shar
Estes	James	C.	9	18N	4W	160	16 Jun. 1905	Shar
Estes	James		7	18N	6W	39.16	1 Mar. 1855	Shar
Estes	James		7	18N	6W	40	1 Mar. 1856	Shar
Estes	James		7	18N	6W	40	1 Sep. 1848	Shar
Estes	Jefferson	D.	23	17N	4W	80	5 May 1904	Shar
Estes	Nathaniel		31	19N	1W	160	7 May 1821	Rand
Estis	Philip		21	10N	5W	160	15 Aug. 1838	Jack
Etchison	Andrew	J.	27	19N	3W	40	8 Dec. 1896	Shar
Ethridge	David		34	16N	5W	160	5 May 1831	Shar
Eubanks	Joel	J.	36	18N	4E	160	7 Mar. 1902	Gree
Eulitt	Thomas	J.	23	11N	2W	40	1 Sep. 1856	Jack
Eulitt	Thomas	J.	23	11N	2W	40	1 Sep. 1856	Jack
Evanoff	Evan		9	15N	4W	320	16 Apr. 1821	Shar
Evans	Ann	C.	11	18N	6W	160	1 May 1860	Shar
Evans	Charles	M.	2	18N	6W	80	16 Jun. 1856	Shar
Evans	Charles	M.	2	18N	6W	40	1 Jul. 1859	Shar
Evans	Elisha		34	12N	11E	247.1	10 Sep. 1827	Miss
Evans	George	H.	20	11N	9E	160	1 Nov. 1848	Miss
Evans	George	H.	21	11N	9E	160	1 Nov. 1848	Miss
Evans	George	H.	21	11N	9E	160	1 Nov. 1848	Miss
Evans	George	H.	29	11N	9E	160	1 Nov. 1848	Miss
Evans	George	H.	29	11N	9E	40	1 Nov. 1848	Miss
Evans	Haywood		21	18N	3W	80	1 May 1860	Lawr
Evans	Jeremiah	S.	4	15N	4W	87.04	30 Oct. 1857	Shar
Evans	John	W.	3	20N	7E	43.28	31 Jul. 1903	Clay

Last Name	First Name	Int.	Section No.	Twp.	Ran	Acres	Date	Co.
Fisk	Alvarez		30	11N	11E	80	1 May 1835	Miss
Fisk	Alvarez		14	12N	11E	160	1 May 1835	Miss
Fisk	Alvarez		14	12N	11E	136.9	1 May 1835	Miss
Fisk	Alvarez		15	12N	11E	160	1 May 1835	Miss
Fisk	Alvarez		15	12N	11E	148.3	1 May 1835	Miss
Fisk	Alvarez		23	10N	9E	57.57	15 Jun. 1837	Miss
Fisk	Alvarez		3	10N	9E	160	1 Nov. 1834	Miss
Fisk	Alvarez		10	10N	9E	320	1 Nov. 1834	Miss
Fisk	Alvarez		11	10N	9E	160	1 Nov. 1834	Miss
Fisk	Alvarez		13	10N	9E	160	1 Nov. 1834	Miss
Fisk	Alvarez		13	10N	9E	160	1 Nov. 1834	Miss
Fisk	Alvarez		14	10N	9E	320	1 Nov. 1834	Miss
Fisk	Alvarez		14	10N	9E	160	1 Nov. 1834	Miss
Fisk	Alvarez		15	10N	9E	80	1 Nov. 1834	Miss
Fisk	Alvarez		22	10N	9E	160	1 Nov. 1834	Miss
Fisk	Alvarez		28	11N	10E	80	1 Nov. 1834	Miss
Fisk	Alvarez		7	11N	11E	80	1 Nov. 1834	Miss
Fisk	Alvarez		13	12N	11E	80	1 Nov. 1834	Miss
Fisk	Alvarez		14	12N	11E	160	1 Nov. 1834	Miss
Fisk	Alvarez		23	12N	11E	160	1 Nov. 1834	Miss
Fisk	Alvarez		24	12N	11E	80	1 Nov. 1834	Miss
Fisk	Alvarez		26	12N	11E	160	1 Nov. 1834	Miss
Fisk	Alvarez		26	12N	11E	79.52	1 Nov. 1835	Miss
Fisk	Robert	M.	4	18N	6E	159.6	17 Feb. 1897	Gree
Fisk	Robert	M.	4	18N	6E	160.5	1 Jul. 1859	Gree
Fitch	James		22	11N	4E	160	23 Apr. 1821	Poin
Fitzgerald	Durward	L.	30	17N	5E	80	3 May 1895	Gree
Fitzgerald	John		2	20N	7E	40	4 Sep. 1894	Clay
Fix	Leo		32	19N	5W	160	12 Nov. 1900	Shar
Fixure	Batean		33	10N	4E	160	17 Aug. 1826	Poin
Flack	James		6	15N	4W	160	7 May 1821	Shar
Flanagan	Luke		29	11N	4E	160	24 Mar. 1821	Poin
Flanagin	Barney		21	17N	5W	80	10 Nov. 1882	Shar
Flanery	David	R.	23	19N	1W	40	1 May 1860	Rand
Flanery	John	T.	23	19N	1W	160	1 Jul. 1859	Rand
Flanery	Thomas	J.	33	21N	3W	40	1 Aug. 1861	Rand
Flanigan	George	W.	34	17N	5W	40	1 Jul. 1859	Shar
Flanigan	George	W.	34	17N	5W	40	1 Jul. 1859	Shar
Flanigan	Joseph	N.	13	21N	1W	160	16 Mar. 1896	Rand
Fleming	Oliver	F.	8	17N	4W	80	10 Jan 1907	Shar
Flemming	John		31	14N	4E	160	15 May 1828	Crai
Fletcher	Elizabeth		33	21N	1E	40	1 Oct. 1839	Rand
Fletcher	Elizabeth		33	21N	1E	40	1 Nov. 1835	Rand
Fletcher	Elliot	H.	13	11N	10E	80	1 Feb. 1843	Miss
Fletcher	Elliott	H.	31	15N	13E	160	1 Jul. 1859	Miss
Fletcher	John	G.	30	21N	1E	40	1 May 1854	Rand
Fletcher	John	G.	28	21N	1E	40	2 Jul. 1860	Rand
Fletcher	Lemuel	S.	23	18N	4W	160	17 Mar. 1892	Shar

Last Name	First Name	Int.	Section No.	Twp.	Ran	Acres	Date	Co.
Evans	Simie		33	20N	3E	40	16 Aug. 1838	Rand
Evans	William	E.	6	20N	2E	40	8 May 1901	Rand
Evans	William		18	19N	1E	296.4	10 Dec. 1859	Rand
Everhart	John		10	15N	3W	160	4 Apr. 1822	Lawr
Ewins	John		21	11N	4E	160	27 Nov. 1820	Poin
Ezell	Gillam		19	21N	3E	240	1 May 1860	Rand
Ezell	Gillam		30	21N	3E	80	1 May 1860	Rand
Ezell	Reuben	A.	23	21N	2E	320	1 May 1860	Rand
Ezell	William		24	21N	2E	320	1 May 1860	Rand
Faber	William	L.	21	16N	4W	40	1 Jul. 1859	Shar
Faber	William	L.	21	16N	4W	320	1 Jul. 1859	Shar
Falkner	Dickerson		14	14N	3E	80	1 May 1860	Crai
Falkner	George	D.	23	14N	3E	80	1 May 1860	Crai
Fanning	Benjamin	B.	9	19N	4E	240	16 Aug. 1838	Clay
Fare	Daniel	R.	29	17N	3W	80	10 Dec. 1859	Lawr
Fare	David	R.	15	18N	4W	80	1 Oct. 1860	Shar
Farley	Sanford	W.	35	21N	7E	40	23 Jan. 1901	Clay
Farley	William	L.	36	21N	7E	80	23 Jan. 1901	Clay
Farmer	John	S.	4	20N	4W	320	1 Nov. 1860	Shar
Farmer	Rebecca		8	20N	4W	200	1 Oct. 1860	Shar
Farmer	Scortel		2	15N	4E	40	1 Oct. 1850	Crai
Farmer	William	A.	11	18N	4W	160	26 Jan. 1889	Shar
Farquaher	Francis		5	9N	1W	160	20 Apr. 1822	Jack
Farr	Wesley		4	20N	8E	39.67	1 Jul. 1859	Clay
Farrer	Judson		25	15N	3W	160	23 Apr. 1821	Lawr
Farrow	Joel		32	20N	1W	80	14 Jun. 1897	Rand
Farrow	Seth		17	13N	4E	160	16 Jan. 1826	Crai
Faucett	William	T.	18	10N	4E	190.5	1 Feb. 1858	Poin
Faulkenberry	David		18	17N	6W	80	1 Oct. 1849	Shar
Faulkenberry	Hugh	P.	17	18N	6W	40	1 Oct. 1849	Shar
Faulkenberry	Peter	D.	12	18N	7W	40	1 May 1860	Shar
Faulkenberry	William		2	15N	3W	79.71	30 Oct. 1857	Lawr
Featheringill	William		36	19N	6E	120	1 Jul. 1859	Gree
Featheringill	William		8	19N	7E	120	1 Jul. 1859	Clay
Fedrick	William	S.	10	20N	2E	320	1 Jul. 1859	Rand
Felker	John	A.	22	21N	2W	91.31	10 Jul. 1848	Rand
Felkins	John	M.	4	18N	4W	120	12 Aug. 1896	Shar
Felkins	Wiley	J.	26	18N	4W	160	25 Jun. 1901	Shar
Felts	Robert	E.	11	15N	6W	120	26 Aug. 1896	Shar
Fenton	John		27	14N	1W	160	12 Feb. 1836	Jack
Fergusen	John	H.	12	18N	7W	40	10 Feb. 1881	Shar
Ferguson	Achilles		34	13N	3W	160	10 Jul. 1844	Jack
Ferguson	Calvin		7	18N	6W	120	4 Jan. 1896	Shar
Ferguson	George	W.	29	19N	5W	160	27 Jan. 1904	Shar
Ferguson	Isaac	S.	19	20N	2W	154.3	1 Jul. 1859	Rand
Ferguson	Isaac	S.	24	20N	3W	46.64	1 Jul. 1859	Rand
Ferguson	Isaac	S.	24	20N	3W	85.13	1 Jul. 1859	Rand
Ferguson	Isaac		18	19N	2W	44.26	1 Mar. 1855	Rand

Last Name	First Name	Int.	Section No.	Twp.	Ran	Acres	Date	Co.
Ferguson	Isaac		20	19N	2W	40	1 Jul. 1859	Rand
Ferguson	Jerome	W.	6	15N	6W	40	1 May 1860	Shar
Ferguson	Jerome	W.	5	15N	6W	80	8 Jun. 1895	Shar
Ferguson	Jerome	W.	5	15N	6W	40	1 Sep. 1856	Shar
Ferguson	Jerome	W.	6	15N	6W	120	30 Oct. 1857	Shar
Ferguson	John	B.	7	16N	4E	40	1 Mar. 1855	Gree
Ferguson	John	D.	31	19N	5W	160.1	8 May 1901	Shar
Ferguson	John	H.	12	18N	7W	79.52	1 May 1860	Shar
Ferguson	John	H.	18	17N	6W	80	1 Sep. 1857	Shar
Ferguson	John	H.	18	17N	6W	160	30 Oct. 1857	Shar
Ferguson	John		35	15N	4W	160	27 Nov. 1820	Shar
Ferguson	Joseph	T.	8	18N	5W	160	31 Jul. 1903	Shar
Ferguson	Robert	H.	18	18N	1E	40	1 May 1860	Rand
Ferguson	William	D.	24	10N	9E	67.06	21 Aug. 1837	Miss
Ferguson	William		17	19N	4W	40	1 Jan. 1861	Shar
Ferguson	William		3	18N	4W	40	1 Mar. 1856	Shar
Ferguson	William		31	19N	3W	84.22	1 Mar. 1856	Shar
Ferguson	William		32	19N	3W	90.36	1 Jul. 1859	Shar
Ferguson	William		3	18N	4W	80.87	1 Oct. 1860	Shar
Fernimen	John		18	21N	3W	121.3	24 Nov. 1899	Rand
Ferril	David		26	21N	2W	64.36	10 Jul. 1844	Rand
Ferril	David		21	21N	2W	80	10 Jul. 1848	Rand
Ferril	David		28	21N	2W	80	10 Jul. 1848	Rand
Ferrill	Gregory		12	15N	4W	160	27 Nov. 1820	Shar
Fetzer	John	G.	15	21N	4W	160	14 Apr. 1897	Shar
Fewgate	Benjamin		9	10N	5W	160	27 Nov. 1820	Jack
Fickett	Woodbury		8	10N	5W	160	24 Feb. 1837	Jack
Fielder	Jesse		24	19N	6E	80	10 May 1882	Clay
Fillingin	Benjamin		9	15N	4W	160	2 Aug. 1824	Shar
Finch	Edward		5	11N	4E	160	18 Dec. 1820	Poin
Findley	Rudolph	W.	2	13N	3E	79.33	31 May 1890	Crai
Fine	Hinton	S.	28	21N	2W	40	1 Mar. 1856	Rand
Fine	Hinton	S.	27	21N	2W	40	5 Dec. 1850	Rand
Fine	John		28	21N	2W	40	10 Jul. 1848	Rand
Fine	John		28	21N	2W	40	10 Jul. 1848	Rand
Fine	Smith	H.	27	21N	2W	40	18 Oct. 1898	Rand
Finley	John	B.	25	13N	10E	160	1 Aug. 1849	Miss
Finney	John		2	16N	3W	160	7 May 1821	Lawr
Fips	Hezekiah		10	17N	2W	80	1 Jul. 1859	Lawr
Fips	John		33	18N	2W	80	1 Jul. 1859	Lawr
Fips	John		15	17N	4W	40	1 Aug. 1861	Shar
Fips	Joshua		10	17N	2W	40	1 Jul. 1859	Lawr
Fisher	John		5	10N	4E	160	3 Jan. 1825	Poin
Fisher	Ludwick		28	13N	4E	160	24 May 1836	Crai
Fisher	Thomas		26	15N	3W	160	16 Apr. 1821	Lawr
Fisher	William	W.	2	19N	5W	46.03	25 Jun. 1901	Shar
Fisk	Alvarez		6	11N	11E	80	1 May 1835	Miss
Fisk	Alvarez		6	11N	11E	80	1 May 1835	Miss

Last Name	First Name	Int.	Section No.	Twp.	Ran	Acres	Date	Co.
Fletcher	William	A.	10	16N	4E	40	10 Oct 1907	Gree
Fletcher	William	A.	23	18N	4W	80	21 Oct 1900	Shar
Flinn	William		3	15N	3W	160	2 Feb. 1832	Lawr
Flournoy	William	B.	11	19N	2E	280	16 Aug. 1838	Rand
Flowers	John		5	16N	5W	160	21 Nov. 1822	Shar
Floyd	Nancy		29	20N	2W	160	25 Jun. 1901	Rand
Floyd	William	L.	30	20N	2W	160	15 Dec. 1897	Rand
Fogleman	Elias		33	10N	9E	80	1 Sep. 1856	Miss
Fogleman	George	S.	25	10N	8E	63.11	10 Aug. 1850	Miss
Fogleman	George	S.	28	10N	9E	80	1 Sep. 1856	Miss
Foley	Thomas		26	13N	10E	160	1 Dec. 1849	Miss
Foley	William	M.	30	17N	3W	80	17 Jan. 1902	Lawr
Folks	James	B.	27	13N	2W	40	1 Sep. 1856	Jack
Foller	Robert		24	16N	4W	160	16 Apr. 1821	Shar
Followwill	Francis		13	18N	4W	80	22 Oct 1901	Shar
Followwill	John	W.	12	18N	4W	80	12 Jul. 1900	Shar
Fookes	Henry	M.	26	18N	4W	160	21 Aug 1900	Shar
Foorden	Tamme	J.	29	20N	4W	160	4 Oct. 1900	Shar
Forbus	Richard		4	14N	3E	80	1 May 1860	Crai
Force	John		17	10N	4E	160	27 Nov. 1820	Poin
Ford	Allen	T.	30	20N	3E	160	16 Aug. 1838	Rand
Ford	Allen	T.	36	20N	2E	132.3	5 Sep. 1842	Rand
Ford	Bartlet		26	17N	2W	80	1 Mar. 1856	Lawr
Ford	Bartlet		11	12N	3W	40	1 Sep. 1856	Jack
Ford	Bartlet		14	12N	3W	40	1 Sep. 1856	Jack
Ford	Bartlett		2	12N	3W	40	1 Sep. 1856	Jack
Ford	Drewry	S.	29	20N	3E	40	1 Nov. 1834	Rand
Ford	Drury	S.	18	19N	1E	80	10 Jul. 1844	Rand
Ford	Drury	S.	36	20N	2E	160	16 Aug. 1838	Rand
Ford	Drury	S.	29	20N	3E	80	16 Aug. 1838	Rand
Ford	Drury	S.	29	20N	3E	40	16 Aug. 1838	Rand
Ford	Drury	S.	29	20N	3E	80	16 Aug. 1838	Rand
Ford	Drury	S.	21	19N	1E	80	5 Sep. 1842	Rand
Ford	James	M.	18	19N	1E	160	1 Sep. 1860	Rand
Ford	John		1	17N	5E	39.86	1 Sep. 1856	Gree
Ford	Moultrie	J.	7	10N	4E	128.9	20 Sep. 1889	Poin
Ford	William	T.	17	15N	6W	40	1 May 1860	Shar
Ford	William	T.	4	15N	6W	180.2	30 Oct. 1857	Shar
Ford	William	T.	4	15N	6W	90.37	30 Oct. 1857	Shar
Fore	David	R.	29	17N	3W	80	1 May 1860	Lawr
Fore	James	D.	3	15N	6W	156.3	1 Jul. 1859	Shar
Fore	James	D.	9	15N	6W	120	1 Jul. 1859	Shar
Fore	Martha	S.	13	17N	6W	160	13 Feb. 1899	Shar
Fore	William	H.	4	16N	5W	40	1 May 1860	Shar
Fore	William	H.	35	16N	6W	80	1 Jul. 1859	Shar
Fore	William		7	15N	5W	80	1 Apr. 1857	Shar
Fore	William		7	15N	5W	87.53	1 Apr. 1857	Shar
Forehand	John	A.	28	20N	2W	160	12 Jul. 1900	Rand

Last Name	First Name	Int.	Section No.	Twp.	Ran	Acres	Date	Co.
Forehand	Lewis	L.	33	21N	1W	160	10 Feb. 1897	Rand
Forehand	Rolly	G.	2	20N	2W	83.41	25 Jun. 1901	Rand
Foreman	George		33	18N	5W	40	1 Sep. 1848	Shar
Foreman	James	C.	11	18N	5W	160	7 Mar. 1902	Shar
Foreman	Johanna		25	17N	5W	40	1 Jul. 1859	Shar
Foreman	John	G.	32	18N	5W	40	1 Jul. 1859	Shar
Foreman	John	G.	14	18N	5W	80	10 Dec. 1859	Shar
Foreman	John	J.	31	18N	5W	160	1 Jul. 1859	Shar
Foreman	John	N.	1	17N	6W	80	12 Feb. 1902	Shar
Foreman	Robert	S.	8	10N	4E	160	13 Jul. 1824	Poin
Foreman	William	R.	29	18N	5W	40	1 Sep. 1848	Shar
Forrest	Nathan	A.	36	21N	7E	80	19 Jun. 1895	Clay
Forrest	Washington	F.	23	14N	3E	40	1 Jul. 1859	Crai
Forrest	Watson		25	21N	7E	40	1 Sep. 1857	Clay
Forrest	William	H.	26	14N	3E	40	1 May 1860	Crai
Forrest	William	H.	26	14N	3E	80	1 May 1860	Crai
Forrester	Absalom		32	18N	1W	40	1 Mar. 1855	Rand
Forrester	Elijah		32	18N	1W	40	10 May 1882	Rand
Forrester	Elijah		21	18N	1W	144.5	1 Jul. 1859	Rand
Forrister	Henry		25	10N	4W	160	9 Apr. 1821	Jack
Forsyth	Joseph	B.	3	17N	6W	160	31 Jul. 1903	Shar
Fortenberry	Absalom		7	11N	3W	160	5 Sep. 1842	Jack
Fortenberry	Henry		6	11N	3W	116.7	10 Jul. 1848	Jack
Fortenberry	Henry		7	11N	3W	56.82	10 Jul. 1848	Jack
Fortenberry	Jacob		32	16N	3W	40	5 Sep. 1842	Lawr
Fortenberry	Jacob		32	15N	2W	40	9 Dec. 1850	Lawr
Fortenberry	James		21	11N	3W	40	1 May 1854	Jack
Fortenberry	James		17	16N	3W	40	1 Nov. 1856	Lawr
Fortenberry	John		9	15N	3W	160	16 Jun. 1856	Lawr
Fortenberry	Joseph		17	16N	3W	80	16 Aug. 1838	Lawr
Fortenberry	Oliver	R.	31	16N	3W	36.65	1 Mar. 1855	Lawr
Fortenberry	Oliver	R.	31	16N	3W	36.61	1 Mar. 1855	Lawr
Fortenberry	Oliver	R.	32	16N	3W	40	10 Jul. 1844	Lawr
Fortenberry	Taylor		28	16N	3W	40	30 Oct. 1857	Lawr
Fortenberry	Taylor		28	16N	3W	40	5 Dec. 1850	Lawr
Fortenbury	Taylor		35	17N	2W	40	16 Aug. 1838	Lawr
Fortson	Thomas	H.	17	18N	5E	120	16 Apr. 1892	Gree
Fosbury	Conant		23	21N	4W	160	26 Mar. 1892	Shar
Foster	George		28	13N	1W	160	15 Feb. 1821	Jack
Foster	Joab		10	20N	1E	80	1 Jul. 1859	Rand
Foster	Logan	R.	3	20N	1E	40	16 Aug. 1838	Rand
Foster	Logan	R.	4	20N	1E	43.92	16 Aug. 1838	Rand
Foster	Logan	R.	4	20N	1E	83.82	5 Sep. 1842	Rand
Foster	Logan	R.	3	20N	1E	82.67	1 Oct. 1839	Rand
Foster	Martin		25	17N	3W	160	27 Nov. 1820	Lawr
Foster	Simeon	C.	27	17N	5W	80	30 Oct. 1877	Shar
Foster	Thomas		20	20N	1E	40	8 May 1888	Rand
Foster	Thomas		15	20N	1E	40	10 Jul. 1844	Rand

Last Name	First Name	Int.	Section No.	Twp.	Ran	Acres	Date	Co.
Foster	Thomas		15	20N	1E	40	1 Jul. 1859	Rand
Foster	Thomas		15	20N	1E	120	1 Sep. 1860	Rand
Foster	William	R.	14	17N	4W	80	1 May 1860	Shar
Foster	William		26	9N	1W	160	27 Nov. 1820	Jack
Foutch	William	V.	18	15N	5E	79.2	1 Jul. 1859	Crai
Foutch	William	V.	18	15N	5E	79.4	1 Sep. 1857	Crai
Foutch	William	V.	13	15N	4E	120	6 Nov. 1895	Crai
Fowler	Allen		30	17N	6W	40	1 May 1860	Shar
Fowler	Allen		30	17N	6W	151.4	1 Jul. 1859	Shar
Fowler	Allen		30	17N	6W	80	1 Jul. 1859	Shar
Fowler	Alley	D.	15	18N	6W	80	5 May 1904	Shar
Fowler	James	H.	12	20N	1E	40	27 Jan. 1904	Rand
Fowler	James	M.	32	17N	5E	80	1 May 1860	Gree
Fowler	James	M.	5	15N	5E	194.4	11 May 1895	Crai
Fowler	Joseph		18	16N	4E	80	1 Oct. 1839	Gree
Fowler	Reden		30	18N	3W	320	1 Jul. 1859	Lawr
Fowler	West	J.	4	12N	3W	80	1 May 1854	Jack
Fowler	West	J.	4	12N	3W	80	1 May 1854	Jack
Fowler	William	E.	7	18N	5W	137.7	12 Nov. 1900	Shar
Fowler	William	F.	5	15N	5E	79.48	1 May 1860	Crai
Fowler	William		15	21N	2E	200	1 May 1860	Rand
Fraily	John		19	19N	3W	160	27 Nov. 1820	Shar
Fraley	David	S.	19	20N	1W	59.98	1 Mar. 1855	Rand
Fraley	John	L.	24	11N	3E	40	1 Mar. 1855	Poin
Franklin	Doctor	B.	9	19N	2W	160	20 Sep. 1889	Rand
Franklin	Thomas	E.	12	17N	4E	80	17 Aug. 1895	Gree
Franklin	Thomas		14	20N	1E	160	12 Mar. 1832	Rand
Franklin	William	E.	2	19N	2W	160	18 Nov 1905	Rand
Franks	Henry		34	16N	3E	40	13 Feb. 1905	Gree
Frantz	Adam		18	16N	3W	160	21 Jan. 1836	Lawr
Frazer	Lewis	F.	5	19N	1E	160	1 May 1860	Rand
Frazer	Lewis	F.	8	19N	1E	120	1 May 1860	Rand
Frazer	Lewis	F.	5	19N	1E	40	1 Jul. 1859	Rand
Frazier	John	B.	2	17N	4W	96.59	30 Oct. 1857	Shar
Frederick	George		21	15N	4W	160	22 Mar. 1824	Shar
Freeman	Charles	F.	18	16N	4W	160	16 Jun. 1905	Shar
Freeman	Green	B.	19	17N	4W	40.51	9 Mar. 1896	Shar
Freeman	Harvey	G.	36	19N	6E	40	1 Jul. 1859	Gree
Freeman	Harvey	G.	36	19N	6E	80	1 Jul. 1859	Gree
Freeman	John	O.	19	18N	1W	160	9 Mar. 1896	Rand
Freeman	Lafayett	F.	27	17N	4W	80	18 Sep. 1894	Shar
Freeman	Oscar	R.	30	18N	1W	160.2	5 May 1904	Rand
French	Francis		33	17N	6W	40	1 Jul. 1859	Shar
French	Josiah	B.	13	21N	2E	280	1 May 1860	Rand
French	William		4	16N	6W	49.23	1 Mar. 1855	Shar
French	William		3	16N	6W	49.78	10 Aug. 1848	Shar
Friar	Lucretia		26	16N	4E	80	1 Nov. 1860	Gree
Friar	Stephen	E.	22	18N	4W	80	1 Jul. 1859	Shar

Last Name	First Name	Int.	Section No.	Twp.	Ran	Acres	Date	Co.
Frisbee	Isaac	L.	4	17N	3W	156.5	12 Nov. 1900	Lawr
Frisby	Irvin	P.	5	17N	3W	141.7	21 Dec. 1904	Lawr
Frock	Daniel		30	19N	6E	126	11 Jan. 1892	Gree
Frost	Daniel		14	20N	1W	160	27 Nov. 1820	Rand
Frost	Gabral		19	15N	3W	36.67	1 Mar. 1855	Lawr
Frost	Gabriel		19	15N	3W	37.85	1 Mar. 1855	Lawr
Frost	Gabriel		30	15N	3W	40	10 Jul. 1844	Lawr
Frost	Gabriel		19	15N	3W	40	16 Aug. 1838	Lawr
Frost	Gabriel		30	15N	3W	76.97	16 Aug. 1838	Lawr
Frost	John	R.	1	12N	3W	40	1 Sep. 1856	Jack
Fry	Benjamin	F.	35	20N	2W	40	31 Jul. 1903	Rand
Fry	James	G.	35	20N	2W	80	7 Sep. 1894	Rand
Fry	Leonidas	L.	34	20N	2W	40	18 Mar. 1897	Rand
Fry	Ulyses	S.	35	20N	2W	160	23 Jan. 1901	Rand
Fryer	Joseph		26	18N	4E	80	1 Mar. 1856	Gree
Fryer	Joseph		26	18N	4E	40	1 Mar. 1856	Gree
Fulcher	James		21	12N	3W	40	1 Sep. 1856	Jack
Fuler	John		32	20N	4W	160	18 Dec 1905	Shar
Fuller	Daniel	J.	4	14N	3E	120	2 Jul. 1860	Crai
Fuller	Isham		20	12N	4E	40	30 Oct. 1857	Poin
Fuller	Isham		20	12N	4E	40	30 Oct. 1857	Poin
Fuller	Myrex	M.	32	20N	4W	160	27 Jan. 1904	Shar
Fuller	Nancy	E.	7	13N	4E	120	30 Jul. 1891	Crai
Fulmer	Conrad		18	9N	1W	160	13 Mar. 1827	Jack
Fulton	John		34	10N	5W	160	27 Nov. 1820	Jack
Funk	Louis		14	19N	4W	160	11 Jan. 1892	Shar
Funkhouser	Paul		30	21N	4W	110.4	8 Mar. 1898	Shar
Furbush	Joseph		15	18N	1W	160	28 Dec. 1830	Rand
Furgason	William	D.	13	10N	9E	157.9	15 Jun. 1837	Miss
Furguson	Isaac	S.	11	19N	3W	120	1 Jul. 1859	Shar
Furguson	Samuel		34	16N	4W	160	27 Nov. 1820	Shar
Furguson	William		36	19N	4W	40	10 Jul. 1844	Shar
Furr	Johnson		8	16N	3W	160	27 Nov. 1820	Lawr
Gadberry	James		32	21N	1W	80	1 Sep. 1860	Rand
Gage	Jerry		17	16N	4E	40	1 Mar. 1855	Gree
Gaghan	Sophronia		25	10N	7E	160	18 Sep. 1894	Poin
Gaines	Ira	B.	10	21N	2W	80	1 May 1860	Rand
Gaines	William	E.	4	21N	2W	40	1 May 1860	Rand
Galaspey	Reuben		34	13N	3W	40	16 Jun. 1856	Jack
Galbraith	John	H.	26	19N	2W	80	1 Mar. 1883	Rand
Galbraith	John	H.	26	19N	2W	40	8 May 1888	Rand
Galbraith	Thomas	A.	26	19N	3W	80	1 Jul. 1859	Shar
Galbraith	Thomas	A.	35	19N	3W	80	1 Jul. 1859	Shar
Galbraith	Thomas	A.	35	19N	3W	40	1 Oct. 1860	Shar
Galbrath	William		22	19N	3W	283	1 May 1860	Shar
Gallagher	Patrick		34	13N	3W	40	1 Mar. 1855	Jack
Gallaway	John		2	15N	6W	98.26	16 Jun. 1856	Shar
Galliher	James		30	18N	2W	40	30 Jun. 1885	Lawr

Last Name	First Name	Int.	Section No.	Twp.	Ran	Acres	Date	Co.
Gallion	William	W.	30	21N	8E	40.05	10 Jul. 1861	Clay
Gallion	William	W.	23	21N	7E	40	1 Oct. 1860	Clay
Galloway	William		20	16N	3W	160	24 May 1822	Lawr
Gambill	John	H.	36	16N	3E	40	1 Jul. 1859	Gree
Gamblin	John		29	16N	5W	160	17 Aug. 1826	Shar
Gamel	Anthony	C.	12	21N	1E	40	1 Sep. 1857	Rand
Gamel	Armstrong	C.	12	21N	1E	120	30 Oct. 1857	Rand
Gamell	Anthony	C.	11	21N	1E	80	1 Sep. 1857	Rand
Gammon	Silas		24	15N	1W	160	27 Nov. 1820	Lawr
Gann	Rolley	T.	32	20N	2W	160	10 Oct 1907	Rand
Gant	Calvin		36	18N	5W	80	1 May 1860	Shar
Gant	James	M.	35	14N	3E	40	1 Jul. 1859	Crai
Gant	James	W.	35	14N	3E	40	2 Jul. 1860	Crai
Gant	James	W.	34	14N	3E	40	1 Sep. 1860	Crai
Gardenhire	Jacob		15	16N	1W	40	1 Oct. 1849	Lawr
Gardner	Charles	W.	11	20N	4W	160	13 Feb. 1899	Shar
Gardner	James	H.	15	17N	6W	80	1 May 1860	Shar
Gardner	James	H.	15	17N	6W	40	1 May 1860	Shar
Gardner	James		33	15N	1W	160	27 Nov. 1820	Lawr
Gardner	William		13	17N	6W	80	1 Jul. 1859	Shar
Garland	Andrew	J.	36	20N	2W	80	21 Jul 1900	Rand
Garmon	John	W.	28	13N	1E	40	1 Sep. 1856	Crai
Garner	Enoch	L.	36	18N	4E	160	15 Jul. 1904	Gree
Garner	Franklin	P.	6	17N	5E	170.6	16 Mar. 1896	Gree
Garner	Isaac	C.	24	17N	6W	40	1 Sep. 1846	Shar
Garner	John	C.	17	19N	3W	120	1 Jul. 1859	Shar
Garner	Joseph	A.	23	20N	4W	160	4 Sep. 1895	Shar
Garner	Milton		20	19N	3W	40	12 Mar. 1895	Shar
Garner	Narcysane		6	13N	2W	80	16 Aug. 1838	Jack
Garner	Redman		11	19N	5W	40	21 Nov. 1896	Shar
Garner	Redmon		11	19N	5W	80	10 Dec. 1859	Shar
Garner	Samuel		5	13N	2W	150.2	16 Aug. 1838	Jack
Garner	Samuel		5	13N	2W	80	16 Aug. 1838	Jack
Garner	Samuel		6	13N	2W	168.6	16 Aug. 1838	Jack
Garner	Samuel		6	13N	2W	84.31	16 Aug. 1838	Jack
Garner	Samuel		6	13N	2W	80	16 Aug. 1838	Jack
Garner	Samuel		6	13N	2W	158.8	16 Aug. 1838	Jack
Garner	Sarah		5	13N	2W	80	16 Aug. 1838	Jack
Garner	Thomas	G.	34	20N	4W	160	11 Jan. 1892	Shar
Garnett	John	W.	23	17N	1W	40	1 Oct. 1850	Lawr
Garratt	James		12	17N	3W	160	27 Nov. 1820	Lawr
Garretson	Garret		12	10N	4W	160	31 Aug. 1824	Jack
Garrett	Felix	G.	30	15N	1W	40	1 Sep. 1856	Lawr
Garrett	George	W.	30	11N	9E	80	25 Apr. 1877	Miss
Garrett	Hannah		19	20N	2E	80	22 Oct. 1889	Rand
Garrett	Isaac	L.	22	20N	1E	120	1 Jul. 1859	Rand
Garrett	James	J.	33	13N	2W	40	1 Mar. 1855	Jack
Garrett	James		32	20N	1E	160	16 Jun. 1856	Rand

Last Name	First Name	Int.	Section No.	Twp.	Ran	Acres	Date	Co.
Garrett	James		32	20N	1E	160	1 Jul. 1859	Rand
Garrett	John	W.	23	17N	1W	80	1 Sep. 1856	Lawr
Garrett	John		7	15N	1W	160	27 Nov. 1820	Lawr
Garrett	Joseph	C.	36	14N	3E	80	1 Jul. 1859	Crai
Garrett	Sarah	A.	5	19N	1E	80	1 Jul. 1859	Rand
Garrett	Thomas	E.	28	13N	2W	40	1 Mar. 1856	Jack
Garrett	Thomas	E.	28	13N	2W	40	1 Sep. 1856	Jack
Garrison	Abner		15	21N	2E	40	1 Jul. 1859	Rand
Garrison	Abner		3	20N	1W	159.1	1 Sep. 1857	Rand
Garrison	James	M.	18	15N	6W	40	25 May 1896	Shar
Garrison	William	T.	17	15N	6W	80	25 May 1896	Shar
Garrott	Isaac	L.	30	20N	1E	148.3	16 Jun. 1856	Rand
Gates	Franklin	S.	10	19N	2W	80	23 Jul. 1888	Rand
Gates	George	M.	6	19N	1W	80	18 Oct. 1890	Rand
Gates	George		1	16N	4W	160	30 Apr. 1821	Shar
Gates	John		1	16N	4W	160	30 Apr. 1821	Shar
Gatewood	Mary	E.	36	20N	7E	40	1 Mar. 1883	Clay
Gatlin	Hardy	J.	14	15N	4E	40	1 May 1860	Crai
Gatlin	Levi	H.	23	15N	4E	40	1 May 1860	Crai
Gatlin	Starling		20	19N	4W	157.6	30 Oct. 1857	Shar
Gatten	Aaron	P.	11	19N	5W	80	1 Jul. 1859	Shar
Gault	Charles	W.	10	18N	5W	120	1 May 1860	Shar
Gault	Hugh	F.	9	20N	4W	160	1 Oct. 1860	Shar
Gay	Alfred		11	16N	5W	80	16 Jun. 1856	Shar
Gay	Alfred		11	16N	5W	40	30 Oct. 1857	Shar
Gay	Elijah		20	16N	5W	160	27 Nov. 1820	Shar
Gay	Joseph	A.	31	17N	4W	160	24 Nov 1901	Shar
Gay	Joseph	A.	31	17N	4W	160	24 Dec 1901	Shar
Gay	Thomas	B.	1	16N	5W	90.78	1 May 1860	Shar
Gay	Thomas	B.	1	16N	5W	80	30 Oct. 1857	Shar
Geary	Richard		13	21N	1W	40	28 Aug. 1896	Rand
Gebhart	John		36	21N	4W	160	3 Jul. 1902	Shar
Gee	James	F.	1	18N	4W	40	10 Jun. 1889	Shar
Gee	James	F.	34	19N	4W	40	10 Jun. 1889	Shar
Gee	James	F.	1	18N	4W	80	23 Nov. 1891	Shar
Gee	James	F.	1	18N	4W	40	23 Nov. 1891	Shar
Gee	James	F.	1	18N	4W	40	23 Nov. 1891	Shar
Gee	James	F.	25	19N	4W	47.13	23 Nov. 1891	Shar
Gee	James	H.	26	18N	4W	160	26 Jan. 1889	Shar
Gee	John	S.	22	13N	3W	80	10 Jul. 1844	Jack
Gee	William		12	18N	3W	159.8	30 Oct. 1857	Lawr
Gee	William		12	18N	3W	80	30 Oct. 1857	Lawr
Gentry	Jonathan	R.	28	18N	5E	80	1 May 1860	Gree
George	John		29	16N	5W	160	17 Aug. 1826	Shar
Gerring	George		32	13N	1W	160	28 May 1821	Jack
Gest	John		31	16N	6W	40	1 Oct. 1860	Shar
Gharkey	Henry	C.	13	19N	2E	37.27	1 Sep. 1848	Rand
Ghormley	Jesse	C.	4	16N	4W	80	15 May 1894	Shar

Last Name	First Name	Int.	Section No.	Twp.	Ran	Acres	Date	Co.
Ghormley	Jesse	C.	9	16N	4W	80	7 Mar. 1902	Shar
Gibbens	Andrew	J.	11	17N	3W	160	1 Jul. 1859	Lawr
Gibbens	James	H.	10	17N	3W	80	17 Sep. 1889	Lawr
Gibbens	John	H.	2	17N	3W	120	1 May 1860	Lawr
Gibbens	John	H.	2	17N	3W	40	1 Jul. 1859	Lawr
Gibbens	John		10	17N	3W	40	1 Jul. 1859	Lawr
Gibbins	John	C.	33	18N	5W	40	31 May 1890	Shar
Gibbins	William		1	18N	7W	40	1 Jul. 1859	Shar
Gibbins	William		1	18N	7W	80	30 Oct. 1857	Shar
Gibbins	William		1	18N	7W	120.2	30 Oct. 1857	Shar
Gibbons	Elizabeth		10	17N	3W	80	26 May 1892	Lawr
Gibbs	Brazeal	B.	22	10N	4W	40	30 Oct. 1857	Jack
Gibbs	David	W.	17	21N	3W	80	30 Dec. 1905	Rand
Gibson	Alexander	H.	14	18N	3W	40	1 Jul. 1859	Lawr
Gibson	Alexander	H.	15	18N	3W	40	1 Sep. 1857	Lawr
Gibson	Anderson	H.	22	18N	3W	160	3 Nov. 1891	Lawr
Gibson	Edward	B.	14	15N	4E	40	15 Feb. 1884	Crai
Gibson	Isaac		29	14N	3E	80	1 May 1860	Crai
Gibson	Isaac		30	14N	3E	40	1 May 1860	Crai
Gibson	Isaac		30	14N	3E	45.53	11 May 1895	Crai
Gibson	Isaac		30	14N	3E	40	1 Jul. 1859	Crai
Gibson	Jacob		23	17N	5W	40	1 May 1860	Shar
Gibson	Jacob		11	18N	3W	40	1 Jul. 1859	Lawr
Gibson	James	F.	21	18N	3W	80	1 May 1860	Lawr
Gibson	James	F.	21	18N	3W	40	1 Aug. 1861	Lawr
Gibson	James	W.	29	20N	4W	80	1 May 1860	Shar
Gibson	James	W.	29	17N	3W	40	5 Sep. 1842	Lawr
Gibson	James	W.	27	16N	2W	73.53	1 Sep. 1856	Lawr
Gibson	Nicee	A.	7	18N	2W	40	26 Oct 1904	Lawr
Gibson	Rachel	M.	36	18N	4E	80	13 Mar. 1890	Gree
Gibson	Robert		35	18N	3W	40	1 Jul. 1859	Lawr
Gibson	Robert		35	18N	3W	40	30 Oct. 1857	Lawr
Gibson	Samuel		26	16N	2W	40	1 Sep. 1848	Lawr
Gibson	William	C.	3	18N	4W	40	16 Aug. 1838	Shar
Gibson	William	C.	36	19N	4W	40.84	1 Sep. 1848	Shar
Gibson	William		13	18N	2W	160	30 Oct. 1826	Rand
Giesler	Francis		15	20N	4W	160	21 Dec. 1899	Shar
Giesler	James	C.	5	19N	3W	153	25 Jun. 1901	Shar
Gifford	Jabez	F.	24	19N	6E	160	17 Sep. 1889	Clay
Gifford	Thomas	J.	10	10N	5W	120	1 Oct. 1860	Jack
Gifford	William	C.	18	15N	6W	128.1	1 May 1860	Shar
Gifford	Wilson		28	17N	6W	80	1 Jul. 1859	Shar
Gifford	Wilson		31	17N	6W	40	10 Dec. 1859	Shar
Gilbert	Eleanor		28	10N	5W	160	20 Feb. 1835	Jack
Gilbert	James		10	17N	3W	80	20 Sep. 1889	Lawr
Gilbert	Walter	J.	4	15N	5W	40	15 Dec. 1897	Shar
Gilbreath	Huldah		27	19N	5W	160	8 May 1901	Shar
Gilbreath	John		5	20N	1E	80	1 Jul. 1859	Rand

Last Name	First Name	Int.	Section No.	Twp.	Ran	Acres	Date	Co.
Gill	Henry		3	11N	4E	160	1 Feb. 1821	Poin
Gill	Hiram	A.	17	18N	6W	40	10 May 1882	Shar
Gill	Monroe	S.	7	10N	4E	129.3	27 Mar. 1894	Poin
Gill	Thomas		26	18N	1W	160	27 Nov. 1820	Rand
Gillam	Edmond		28	21N	1W	80	15 May 1876	Rand
Gillaspy	Betsey		28	14N	4E	160	18 Feb. 1822	Crai
Gilleland	Amelia		3	19N	4W	160	7 Sep. 1894	Shar
Gilleland	George	W.	3	19N	4W	40	16 Nov. 1901	Shar
Gillet	Ephraim		5	18N	2W	160	11 May 1825	Rand
Gilliam	Hiram	S.	36	17N	4E	40	14 Apr. 1897	Gree
Gilson	Robert		35	18N	3W	40	1 May 1860	Lawr
Gipson	John	R.	22	21N	1W	160	1 Jul. 1903	Rand
Gipson	Wesley	W.	22	18N	4W	160	30 Dec. 1905	Shar
Gipson	William	H.	35	18N	6W	80	31 Jul. 1903	Shar
Girdley	George		14	13N	8E	160	8 May 1901	Miss
Girdley	Joseph	B.	15	13N	8E	165.8	12 Dec 1901	Miss
Girdley	Joseph	B.	15	13N	8E	165.8	12 Jan 1901	Miss
Girdly	James		14	13N	8E	160	23 Feb 1904	Miss
Girtman	William		10	15N	5W	40	1 Jul. 1859	Shar
Girton	Barzilla		13	20N	1W	320	30 Apr. 1821	Rand
Gist	James		31	18N	6W	79.8	1 Jul. 1859	Shar
Gist	James		31	18N	6W	80	10 Dec. 1859	Shar
Gist	Nancy		2	15N	7W	80	16 Jun. 1856	Shar
Gist	Russel		2	15N	7W	50.56	1 Jul. 1859	Shar
Gist	Russell		2	15N	7W	40	1 Mar. 1855	Shar
Gist	Russell		2	15N	7W	40	1 Jul. 1859	Shar
Givins	John		25	20N	1E	160	11 Feb. 1822	Rand
Glasburn	John		12	20N	2W	160	20 Apr. 1822	Rand
Glasgow	Jesse		11	16N	5E	80	1 May 1860	Gree
Glass	Henry		24	16N	5W	160	27 Nov. 1820	Shar
Glasscock	Henry	W.	10	18N	5E	320	1 May 1860	Gree
Glasscock	Henry	W.	10	18N	5E	40	1 Jul. 1859	Gree
Glasscock	Henry	W.	10	18N	5E	40	25 Aug. 1882	Gree
Glasscock	Robert	L.	5	18N	1E	80	1 Feb. 1875	Rand
Glassgow	Wiley	P.	28	20N	7E	160	20 Nov. 1884	Clay
Glazier	Ebenezer		1	10N	5W	160	4 Apr. 1838	Jack
Glenn	William	V.	6	16N	5E	40	23 Jan. 1901	Gree
Glidden	Isaac		21	13N	4E	320	21 Nov. 1822	Crai
Glidewell	Daniel	T.	28	21N	2W	80	1 May 1860	Rand
Glidewell	Daniel		33	21N	2W	40	1 May 1860	Rand
Glisson	Stephen	H.	21	19N	4W	124.9	9 Jul. 1895	Shar
Gloede	John		22	21N	4W	160	7 Sep. 1894	Shar
Glover	Azariah	M.	35	19N	1W	160	1 May 1860	Rand
Glover	William	H.	34	19N	1W	75.28	11 Oct. 1902	Rand
Glynn	Horatio		31	10N	5W	160	27 Nov. 1820	Jack
Goad	Emanuel		30	17N	2W	40	1 May 1860	Lawr
Goad	Emanuel		19	17N	2W	40	1 Oct. 1860	Lawr
Goad	James		6	10N	5W	80	1 Jul. 1859	Jack

Last Name	First Name	Int.	Section No.	Twp.	Ran	Acres	Date	Co.
Goad	Oliver		3	16N	5W	80	1 May 1860	Shar
Goble	John	L.	30	13N	11E	25.48	1 Dec. 1849	Miss
Goble	John		19	13N	11E	160	1 Nov. 1848	Miss
Godman	William	B.	22	11N	9E	160	1 Nov. 1848	Miss
Godwin	Aggrippa	S.	7	15N	3W	40	1 Mar. 1855	Lawr
Godwin	Aggrippa	S.	30	15N	3W	39.65	1 Mar. 1855	Lawr
Godwin	Aggrippa	S.	8	18N	6W	40	1 Mar. 1855	Shar
Godwin	Agrippa	S.	6	18N	6W	120	1 Jul. 1859	Shar
Godwin	Elijah		30	15N	3W	80	1 Oct. 1839	Lawr
Godwin	William		2	19N	1E	205.4	1 Jul. 1859	Rand
Goff	Jesse	C.	29	17N	4W	40	11 Sep. 1905	Shar
Goff	John		32	12N	10E	40	1 Jul. 1859	Miss
Goff	Joseph	S.	1	18N	5W	81.43	17 Jan. 1902	Shar
Goff	Thomas	W.	8	11N	10E	56.24	1 Sep. 1856	Miss
Goff	Thomas	W.	20	12N	10E	40	1 Sep. 1857	Miss
Goings	Hiram	B.	25	17N	4W	40	1 Jul. 1859	Shar
Goings	James	M.	17	17N	4W	40	25 Jun. 1901	Shar
Goings	Pleasant	L.	10	17N	4W	120	2 Jul. 1860	Shar
Goings	Pleasant	S.	10	17N	4W	120	18 Oct. 1898	Shar
Goings	Pleasant	S.	10	17N	4W	40	18 Oct. 1898	Shar
Goings	William		20	16N	4W	160	16 Jun. 1856	Shar
Goins	Alonzo	J.	28	19N	4W	73.32	1 May 1860	Shar
Golden	Samuel	T.	32	20N	8E	160	1 Sep. 1857	Clay
Goldman	Jacob	D.	17	11N	2W	40	22 Jan. 1890	Jack
Goner	Matthew		13	17N	5W	77.39	10 Dec. 1859	Shar
Goodlander	Charles	W.	34	19N	4W	989	16 Mar. 1885	Shar
Goodlander	Charles	W.	33	20N	4W	418.9	16 Mar. 1885	Shar
Goodlander	Charles	W.	4	18N	4W	40	8 May 1888	Shar
Goodlander	Charles	W.	4	18N	4W	40	8 May 1888	Shar
Goodlander	Charles	W.	15	19N	4W	40	8 May 1888	Shar
Goodlander	Charles	W.	21	19N	4W	96.11	8 May 1888	Shar
Goodlander	Charles	W.	22	19N	4W	40	8 May 1888	Shar
Goodlander	Charles	W.	24	19N	4W	40	8 May 1888	Shar
Goodlander	Charles	W.	34	19N	4W	127.9	8 May 1888	Shar
Goodlander	Charles	W.	34	19N	4W	120	8 May 1888	Shar
Goodlander	Charles	W.	35	19N	4W	80	8 May 1888	Shar
Goodlander	Charles	W.	2	19N	4W	960	13 Nov. 1884	Shar
Goodlander	Charles	W.	3	19N	4W	120	13 Nov. 1884	Shar
Goodlander	Charles	W.	4	19N	4W	320	13 Nov. 1884	Shar
Goodlander	Charles	W.	5	19N	4W	40	13 Nov. 1884	Shar
Goodlander	Charles	W.	9	19N	4W	320	13 Nov. 1884	Shar
Goodlander	Charles	W.	10	19N	4W	160	13 Nov. 1884	Shar
Goodlander	Charles	W.	10	19N	4W	80	13 Nov. 1884	Shar
Goodlander	Charles	W.	34	20N	4W	320	13 Nov. 1884	Shar
Goodman	Hugh	L.	20	10N	7E	160	3 May 1895	Poin
Goodman	James	M.	36	17N	4E	40	1 May 1860	Gree
Goodman	Joseph	R.	35	17N	6W	160	31 Jan. 1903	Shar
Goodmon	Jesse		34	16N	3E	120	1 Sep. 1860	Gree

Last Name	First Name	Int.	Section No.	Twp.	Ran	Acres	Date	Co.
Goodson	Jordan		6	18N	1W	160	27 Nov. 1820	Rand
Goodwin	Agrippa	S.	7	18N	6W	200	30 Oct. 1857	Shar
Goodwin	John		34	17N	2W	80	1 Jul. 1859	Lawr
Goodwin	John		2	16N	2W	57.65	29 Mar. 1905	Lawr
Gordon	Irwin	T.	31	21N	7E	80	27 Apr. 1888	Clay
Gordon	James	J.	30	16N	6W	40	1 Oct. 1860	Shar
Gordon	John	W.	19	20N	7E	36.14	1 Apr. 1861	Clay
Gordon	John	W.	19	20N	7E	115.4	1 Oct. 1860	Clay
Gormon	John	W.	28	13N	1E	40	1 Sep. 1856	Crai
Goss	Franklin		28	16N	4W	40	1 Jul. 1859	Shar
Goss	Franklin		28	16N	4W	280	1 Sep. 1857	Shar
Gouge	James	M.	10	15N	4W	160	27 Nov. 1820	Shar
Gould	Frederick		28	20N	2E	40	11 Jun. 1889	Rand
Gracey	Daniel	R.	12	15N	4E	80	1 Jul. 1859	Crai
Graddy	James	W.	2	16N	6W	40	13 Mar. 1890	Shar
Grady	William	B.	6	17N	5E	120	27 Mar. 1894	Gree
Graham	Augustus	T.	31	16N	5E	40	8 Jun. 1895	Gree
Graham	Augustus	T.	6	15N	5E	40	1 Jul. 1859	Crai
Graham	Elihu	C.	11	16N	5E	120	8 Jun. 1895	Gree
Graham	John	C.	11	16N	5W	80	1 May 1860	Shar
Graham	John	C.	18	16N	5E	70.97	1 Jul. 1859	Gree
Graham	John	C.	18	16N	5E	80	1 Jul. 1859	Gree
Graham	John	C.	18	16N	5E	40	1 Jul. 1859	Gree
Graham	John	J.	13	21N	1E	40	7 Mar. 1902	Rand
Graham	John		18	16N	5E	40.6	1 Mar. 1855	Gree
Graham	Mansel	C.	2	16N	5E	40	1 Jul. 1859	Gree
Graham	Rosilla	J.	18	17N	5W	160	15 Dec. 1879	Shar
Graham	Stephen	J.	33	13N	2W	40	1 Sep. 1856	Jack
Graham	Stephen		18	12N	2W	40	1 Oct. 1850	Jack
Graham	Thomas		13	19N	2W	40	25 Jun. 1901	Rand
Graham	William		26	20N	1W	40	5 Apr. 1890	Rand
Gramling	Reuben		8	16N	4E	120	1 May 1860	Gree
Gramling	Thomas	J.	2	16N	4E	40	23 Jul. 1888	Gree
Granade	Harvey	W.	12	19N	7E	40	10 Jul. 1861	Clay
Granade	Hervey	W.	36	20N	7E	40	10 Jul. 1861	Clay
Grant	Henry		12	20N	1W	160	28 May 1821	Rand
Grant	James	W.	35	14N	3E	80	1 Jul. 1859	Crai
Grant	James		32	18N	3W	160	13 Jun. 1899	Lawr
Graves	Isaac	W.	15	20N	1W	80	1 Jul. 1859	Rand
Graves	Thomas		3	9N	1W	160	16 Jul. 1821	Jack
Graves	Vincent	C.	18	20N	1E	149.7	1 Jul. 1859	Rand
Gray	Ezekiel		26	20N	1W	120	1 May 1860	Rand
Gray	Isaac		20	20N	3E	40	1 Nov. 1834	Rand
Gray	Isaac		18	11N	2W	40	1 Nov. 1835	Jack
Gray	Isaac		18	11N	2W	40	1 Nov. 1835	Jack
Gray	James	D.	34	12N	2W	40	1 Sep. 1856	Jack
Gray	James	L.	20	18N	6E	40	16 Mar. 1885	Gree
Gray	James	M.	36	19N	4W	43.63	15 Feb. 1884	Shar

Last Name	First Name	Int.	Section No.	Twp.	Ran	Acres	Date	Co.
Gray	James	M.	5	18N	3W	40	10 Jun. 1889	Lawr
Gray	James	M.	12	18N	4W	40	10 Jun. 1889	Shar
Gray	James	M.	7	18N	3W	40	23 Nov. 1891	Lawr
Gray	James	M.	9	18N	4W	40	23 Nov. 1891	Shar
Gray	James	M.	5	18N	3W	160	21 Dec. 1899	Lawr
Gray	Jesse		27	20N	3E	40	1 Oct. 1839	Clay
Gray	John	W.	7	12N	3W	57.16	1 Oct. 1839	Jack
Gray	Moses		29	12N	4E	160	27 May 1834	Poin
Gray	Obadiah		4	20N	2W	40	28 Mar. 1864	Rand
Gray	Robert	M.	27	13N	3W	40	1 Mar. 1855	Jack
Gray	Thomas	B.	1	16N	5W	40	16 Jun. 1856	Shar
Gray	Thomas		32	16N	3W	40	1 Mar. 1855	Lawr
Gray	Thomas		32	16N	3W	40	16 Jun. 1856	Lawr
Gray	William	J.	11	18N	3W	200	16 Jun. 1856	Lawr
Grayson	Adam	D.	24	15N	4E	40	1 Jul. 1859	Crai
Grayson	Adam	D.	14	15N	4E	200	9 Jul. 1895	Crai
Grayson	Christopher	C.	1	15N	4E	240	28 Mar. 1861	Crai
Grayson	Christopher	C.	12	15N	4E	80	1 May 1860	Crai
Grayson	Daniel	R.	12	15N	4E	40	15 Oct. 1895	Crai
Grayson	Hugh		34	16N	5E	40	1 Jul. 1859	Gree
Greathouse	William	C.	8	16N	5E	40	3 May 1895	Gree
Green	Benjamin		4	18N	1W	160	1 Feb. 1821	Rand
Green	Benjamin		9	19N	5W	41.64	1 Sep. 1860	Shar
Green	Benjamin		9	19N	5W	166.3	1 Sep. 1860	Shar
Green	Caswell		17	15N	5W	80	16 Jun. 1856	Shar
Green	Caswell		17	15N	2W	40	1 Jul. 1859	Lawr
Green	Ellis	L.	13	19N	4W	120	11 Jun. 1889	Shar
Green	Ellis	L.	35	20N	4W	160	11 Jun. 1889	Shar
Green	Ellis	L.	18	18N	2W	240	25 Aug. 1882	Lawr
Green	Ellis	L.	1	19N	5W	446.6	25 Aug. 1882	Shar
Green	Ellis	L.	2	19N	5W	480	25 Aug. 1882	Shar
Green	Ellis	L.	3	19N	5W	390	25 Aug. 1882	Shar
Green	Finley		18	11N	7E	31.05	27 Apr. 1898	Poin
Green	George	L.	29	21N	4W	160	19 Nov. 1889	Shar
Green	James	H.	22	15N	3E	80	27 Aug. 1898	Crai
Green	James	O.	36	18N	4E	160	17 Jan. 1902	Gree
Green	Jasper	N.	13	17N	5W	160	25 Jun. 1901	Shar
Green	John	W.	18	15N	5W	40	1 May 1860	Shar
Green	John	W.	18	15N	5W	40	1 Sep. 1856	Shar
Green	Thomas		22	13N	1W	160	27 Nov. 1820	Jack
Green	William	G.	36	18N	4E	40	1 May 1861	Gree
Green	William	N.	17	15N	5W	40	16 Jun. 1856	Shar
Green	William		20	14N	1W	160	5 Aug. 1824	Jack
Greene	David	A.	18	19N	3W	160	1 Feb. 1893	Shar
Greene	David	A.	13	19N	4W	178.6	23 Oct. 1894	Shar
Greenhaw	Andrew	J.	27	12N	2W	40	1 Jul. 1850	Jack
Greenleaf	William		24	17N	3W	160	22 Sep. 1838	Lawr
Greenwood	Charlie	B.	3	11N	7E	136.2	12 Nov. 1900	Poin

Last Name	First Name	Int.	Section No.	Twp.	Ran	Acres	Date	Co.
Gregg	Levi		12	20N	1W	160	30 May 1821	Rand
Gregory	Francis	M.	35	10N	3W	40	1 May 1854	Jack
Gregory	George		30	21N	1W	160	31 May 1890	Rand
Gregory	Henry	S.	6	20N	8E	160	17 Sep. 1889	Clay
Gregory	John		10	15N	4W	160	27 Nov. 1820	Shar
Gregory	John		10	15N	4W	160	27 Nov. 1820	Shar
Gregory	William	N.	24	19N	3W	80	20 Nov. 1884	Rand
Gregson	Reuben		5	15N	4E	40	1 Mar. 1855	Crai
Gregson	Reuben		5	15N	4E	40	1 Mar. 1855	Crai
Greiner	Ernst		4	19N	4W	120	17 Mar. 1899	Shar
Grenade	Harvey	W.	2	19N	7E	41.74	2 Apr. 1860	Clay
Grenade	Henry	W.	6	19N	8E	40	1 Jul. 1859	Clay
Gribble	William	C.	31	21N	7E	160	1 Mar. 1892	Clay
Grider	James	C.	10	19N	1W	40	1 May 1861	Rand
Grider	Martin		30	19N	1E	112.4	1 May 1860	Rand
Grider	Martin		30	19N	1E	120	16 Jun. 1856	Rand
Grider	Martin		30	19N	1E	80	1 Jul. 1859	Rand
Grider	Thomas		20	19N	1E	320	1 Jul. 1859	Rand
Griffeth	Anderson		25	17N	2W	80	1 Feb. 1875	Lawr
Griffin	James	M.	18	11N	4E	80	7 Sep. 1894	Poin
Griffin	James		22	16N	4W	160	27 Nov. 1820	Shar
Griffin	John		11	20N	2W	160	13 Jun. 1832	Rand
Griffin	Thomas		7	11N	4E	40	10 Jul. 1848	Poin
Griffith	David	B.	24	17N	2W	40	1 Feb. 1875	Lawr
Griffith	David	B.	25	17N	2W	160	2 Jul. 1860	Lawr
Griffith	Elizabeth		4	19N	2W	163.6	28 Jun. 1899	Rand
Griffith	John	A.	8	19N	2W	40	8 Mar. 1894	Rand
Griffith	John	R.	8	19N	2W	40	10 Apr. 1882	Rand
Griffith	Robert	S.	17	20N	2W	160	26 Mar 1904	Rand
Griffith	Samuel	M.	22	20N	3W	160	15 Dec. 1897	Shar
Griffith	Smith	W.	9	20N	2W	160	15 Jan. 1883	Rand
Griggs	Berry		4	20N	1W	142.2	3 Nov. 1891	Rand
Grimes	Jesse	G.	33	19N	4W	21.68	1 Mar. 1855	Shar
Grimes	Jesse	G.	34	19N	4W	47.7	1 Mar. 1855	Shar
Grimes	Thomas	J.	27	19N	4W	160	18 Sep 1905	Shar
Grindstaff	Charley		10	18N	2W	80	10 Feb. 1897	Lawr
Grinton	Martin		32	11N	4E	160	5 Sep. 1825	Poin
Grissom	Alfred	B.	3	21N	1E	154	30 Oct. 1857	Rand
Grissom	James		12	20N	7E	160	15 Jan. 1883	Clay
Grissom	John	M.	4	21N	1E	160	31 May 1890	Rand
Grissom	Robert		11	14N	4E	160	7 Apr. 1828	Crai
Grissom	Thomas	B.	12	20N	7E	160	15 Jan. 1883	Clay
Grogan	James	E.	11	20N	6E	80	10 Nov 1907	Clay
Grooms	Thomas	R.	34	15N	3E	40	11 Jan. 1895	Crai
Grote	August		20	21N	3W	160	8 Sep 1904	Rand
Grote	August		20	21N	3W	160	8 Oct 1904	Rand
Groves	Albert		28	20N	3W	80	8 May 1901	Shar
Grubb	George	W.	29	21N	3W	80	24 Jul 1901	Rand

Last Name	First Name	Int.	Section No.	Twp.	Ran	Acres	Date	Co.
Grubb	Samuel		18	15N	1W	160	27 Nov. 1820	Lawr
Guerin	Peter	J.	12	15N	3W	160	29 Apr. 1822	Lawr
Guest	William	M.	26	15N	4E	80	18 Oct. 1890	Crai
Guinn	Daniel	O.	34	15N	4E	40	1 Mar. 1856	Crai
Guinn	John		32	13N	1W	160	28 May 1821	Jack
Guliher	Jason	D.	7	19N	4W	160	25 Jun. 1901	Shar
Gullett	Lovery		29	16N	3W	160	23 Mar. 1832	Lawr
Gullick	John		14	21N	1E	40	1 Oct. 1849	Rand
Gullick	William		27	21N	1E	40	16 Aug. 1838	Rand
Gulls	Stark		8	18N	6E	320	1 May 1860	Gree
Gunnell	George		13	11N	3W	160	14 Dec. 1849	Jack
Gunnels	Joseph		14	18N	4E	40	1 Mar. 1856	Gree
Gunter	George		9	15N	5E	40	1 Oct. 1839	Crai
Gunter	William		10	15N	4W	160	9 Apr. 1821	Shar
Guntharp	John	F.	17	19N	2W	80	27 Aug. 1898	Rand
Guntharp	John	F.	5	19N	2W	40	14 Sep. 1906	Rand
Guth	Almeda		31	11N	8E	160	4 Jun. 1894	Miss
Guthrey	Richard	A.	12	12N	3W	40	15 Jun. 1855	Jack
Guthrey	William		34	12N	2W	40	10 Jul. 1848	Jack
Guthrey	William		5	11N	2W	80	16 Aug. 1838	Jack
Guthrie	Thomas	J.	27	17N	2W	40	2 Jul. 1860	Lawr
Guy	Thomas	J.	2	16N	5W	40	1 Oct. 1860	Shar
Gwinn	James		9	12N	4E	160	1 Mar. 1831	Poin
Haag	Henry		35	15N	4E	80	1 May 1860	Crai
Haas	James	F.	35	20N	2W	80	1 Jul. 1859	Rand
Haas	James	G.	35	20N	2W	160	22 Mar. 1906	Rand
Haas	James	T.	35	20N	2W	80	20 Feb. 1882	Rand
Haas	William	D.	31	20N	1W	111.9	15 Oct. 1906	Rand
Hackett	James	B.	6	20N	4W	184.5	8 Jul. 1895	Shar
Hackett	Virgil	G.	29	21N	4W	160	25 Mar. 1902	Shar
Hadaway	Josiah		4	10N	5W	84.59	1 May 1860	Jack
Hadden	John		28	16N	5W	160	24 Dec. 1822	Shar
Hagar	George	I.	6	21N	1W	131.7	23 Jun. 1896	Rand
Hagar	William	C.	1	21N	2W	116.5	21 Jan. 1889	Rand
Hagar	Zimeriah	W.	12	21N	2W	152.9	11 Jan. 1892	Rand
Hagen	Fred		5	19N	4W	80	16 Jun. 1905	Shar
Hager	Elizabeth	J.	20	21N	1W	160	17 Sep. 1889	Rand
Hager	James	A.	1	21N	2W	160	1 Jun. 1896	Rand
Hagerton	Charles		18	11N	2W	40	1 Nov. 1835	Jack
Haggard	John		20	16N	4W	160	1 May 1860	Shar
Haggard	Nathan		34	12N	3W	59.62	1 Oct. 1839	Jack
Haggard	Nathan		35	12N	3W	40	1 Oct. 1839	Jack
Hagwood	Thomas		30	12N	4E	160	27 Nov. 1820	Poin
Hail	John	M.	27	19N	4W	162.2	23 Nov. 1891	Shar
Hail	Mary	J.	36	19N	4W	43.32	19 Mar. 1889	Shar
Hail	Mary		35	21N	1E	40	1 Mar. 1855	Rand
Hail	Thomas	W.	28	19N	4W	80	23 Nov. 1891	Shar
Hailey	John	A.	4	19N	1E	200	2 Jul. 1860	Rand

Last Name	First Name	Int.	Section No.	Twp.	Ran	Acres	Date	Co.
Hair	Raiford		12	15N	5W	41.65	1 May 1860	Shar
Hair	Raiford		12	15N	5W	41.49	16 Jun. 1856	Shar
Hair	Raiford		27	16N	5W	120	1 Jul. 1859	Shar
Halbert	James	M.	32	10N	10E	154.3	1 Aug. 1849	Miss
Halcomb	Caleb	W.	14	17N	6W	80	1 May 1860	Shar
Halcomb	Caleb	W.	13	17N	6W	80	1 Jul. 1859	Shar
Haldeman	Peter		7	16N	3W	134.1	10 Nov. 1830	Lawr
Hale	Louis	V.	20	17N	5E	80	5 May 1904	Gree
Hale	Sebert	C.	5	15N	4E	40	1 Mar. 1855	Crai
Hale	Sibert	C.	4	15N	4E	40	1 Mar. 1855	Crai
Hale	Thomas	J.	34	21N	1E	40	1 Jul. 1859	Rand
Hale	Thomas	J.	34	21N	1E	40	1 Jul. 1859	Rand
Hales	Isaiah	M.	33	19N	3W	79.35	1 Sep. 1860	Shar
Hales	James	L.	30	19N	4W	40	5 Sep. 1895	Shar
Hales	James		32	20N	3W	40	10 Jul. 1844	Shar
Hales	Jesse		5	19N	3W	34.69	1 Jul. 1859	Shar
Hales	Jesse		5	19N	3W	40	1 Jul. 1859	Shar
Haley	Jeremiah	T.	24	10N	3E	120	1 Jul. 1859	Poin
Haley	William	B.	27	21N	1E	160	22 Apr. 1899	Rand
Haley	William	D.	32	21N	1E	40	31 Jul. 1903	Rand
Hall	Abijah		28	10N	5W	160	27 Nov. 1820	Jack
Hall	Ida	L.	23	19N	5W	120	5 May 1904	Shar
Hall	James	B.	4	18N	6W	40	1 Jul. 1859	Shar
Hall	James	B.	4	18N	6W	39.36	1 Sep. 1857	Shar
Hall	James	G.	24	19N	3E	240	16 Aug. 1838	Clay
Hall	James	M.	31	21N	2E	70.61	8 Jun. 1895	Rand
Hall	James	M.	26	21N	1E	40	1 Jul. 1859	Rand
Hall	James	M.	36	21N	1E	120	1 Jul. 1859	Rand
Hall	James	M.	36	21N	1E	80	1 Jul. 1859	Rand
Hall	Jesse	M.	13	19N	3W	42.17	8 May 1888	Rand
Hall	John	J.	31	20N	3W	40	1 Oct. 1860	Shar
Hall	John	R.	1	18N	4W	79.94	18 Jan 1905	Shar
Hall	Joseph	A.	15	20N	2W	160	8 Aug. 1895	Rand
Hall	Joseph	B.	21	14N	1W	160	15 Dec. 1820	Jack
Hall	Joseph		13	10N	3E	40	1 Jul. 1859	Poin
Hall	Martin		26	16N	3W	120	3 Aug. 1882	Lawr
Hall	Orren		11	15N	4W	160	14 May 1832	Shar
Hall	Robert	H.	27	19N	3W	160	26 Jan. 1889	Shar
Hall	Robert	S.	32	19N	4W	40	28 Feb. 1906	Shar
Hall	Robert	W.	24	19N	5W	160	17 Sep. 1889	Shar
Hall	Samuel	S.	33	18N	1W	80	23 Jun. 1836	Rand
Hall	Thomas	P.	22	14N	3E	40	1 May 1860	Crai
Hall	Thomas		3	14N	4E	160	16 Jul. 1821	Crai
Hall	Wesley		1	21N	2E	160	1 May 1860	Rand
Hall	Wesley		1	21N	2E	80	1 Jul. 1859	Rand
Hall	William	F.	3	18N	6W	81.67	1 Jul. 1859	Shar
Hall	William	F.	4	15N	8W	40	1 Sep. 1860	Shar
Hall	William	W.	29	19N	4W	160	9 Mar. 1896	Shar

Last Name	First Name	Int.	Section No.	Twp.	Ran	Acres	Date	Co.
Hall	William		1	21N	3W	51.83	1 Aug. 1861	Rand
Halliburton	George	W.	30	16N	4W	80	8 Aug. 1895	Shar
Halliburton	Samuel		2	15N	7W	160	1 Mar. 1860	Shar
Halliburton	Samuel		26	17N	6W	40	1 May 1860	Shar
Halliburton	Samuel		17	15N	6W	80	1 Jul. 1859	Shar
Halliburton	Samuel		30	17N	5W	40	1 Jul. 1859	Shar
Hallock	James	C.	6	18N	1W	160	30 Apr. 1821	Rand
Hally	Isaac		13	17N	3W	160	21 Mar. 1821	Lawr
Hamblen	Albert	J.	1	13N	3E	80	30 Aug. 1895	Crai
Hamblen	James	R.	28	13N	8E	80	15 May 1894	Miss
Hamblen	John		7	11N	7E	119.9	26 Jul. 1899	Poin
Hamilton	Benjamin	F.	13	16N	6W	240	1 May 1860	Shar
Hamilton	Benjamin	F.	12	16N	6W	40	1 Sep. 1857	Shar
Hamilton	Benjamin	F.	11	16N	6W	40	30 Oct. 1857	Shar
Hamilton	Charles	M.	28	14N	3E	40	1 May 1860	Crai
Hamilton	Charles	M.	28	14N	3E	80	1 Jul. 1859	Crai
Hamilton	David	N.	4	17N	4W	80	1 May 1860	Shar
Hamilton	James	A.	14	16N	6W	40	16 Jun. 1856	Shar
Hamilton	James	A.	14	16N	6W	200	25 Jun. 1872	Shar
Hamilton	James	A.	14	16N	6W	80	25 Jun. 1872	Shar
Hamilton	James	E.	11	16N	6W	80	27 Oct. 1904	Shar
Hamilton	James	M.	28	16N	5W	80	1 Sep. 1857	Shar
Hamilton	John	A.	12	16N	5W	40	1 Sep. 1857	Shar
Hamilton	John		27	14N	3E	80	1 May 1860	Crai
Hamilton	John		28	14N	3E	40	1 May 1860	Crai
Hamilton	William		28	14N	3E	80	31 May 1890	Crai
Hamilton	William		20	18N	4W	240	30 Oct. 1857	Shar
Hamilton	William		21	18N	4W	80	30 Oct. 1857	Shar
Haminer	Cornelia	P.	2	17N	4E	98.59	30 Jun. 1885	Gree
Hamlet	Bolin	G.	12	16N	5W	40	1 Sep. 1857	Shar
Hamlin	Joel		28	15N	4W	160	5 Dec. 1825	Shar
Hamm	William		19	16N	6W	86.77	1 May 1860	Shar
Hammack	William		33	16N	1W	40	1 Sep. 1856	Lawr
Hammack	William		33	16N	1W	40	1 Oct. 1849	Lawr
Hammar	Aquiller		27	19N	5W	160	23 Jan. 1901	Shar
Hammond	Andrew		33	19N	1W	33.75	10 Sep. 1844	Rand
Hammond	John	B.	2	18N	2W	40	16 Aug. 1838	Rand
Hammond	John	B.	10	17N	2W	40	10 Sep. 1844	Lawr
Hamon	Esau		17	21N	3W	160	30 Jan. 1906	Rand
Hampton	Isaiah		18	16N	5E	80	26 Sep. 1877	Gree
Hampton	James	H.	34	19N	6E	160	11 Oct. 1902	Gree
Hampton	Martha		36	11N	8E	160	10 May 1882	Miss
Hampton	William	N.	4	18N	6E	80	18 Jan. 1894	Gree
Hanauer	Louis		8	21N	3E	40.8	23 Jan. 1897	Rand
Hand	Enos	M.	36	21N	1W	160	6 Mar. 1891	Rand
Hand	Phillip	N.	27	21N	1W	80	31 Jan. 1903	Rand
Haney	Charles	H.	36	19N	4W	40	14 Aug. 1899	Shar
Haney	Mack	L.	21	16N	5W	80	14 Jun. 1897	Shar

Last Name	First Name	Int.	Section No.	Twp.	Ran	Acres	Date	Co.
Hankins	Enoch	G.	12	14N	3E	80	1 May 1860	Crai
Hankins	James	A.	25	15N	4E	80	10 Dec. 1859	Crai
Hankins	William	D.	25	19N	4W	160	4 Jun. 1906	Shar
Hanna	John	S.	26	9N	1W	160	3 Jan. 1838	Jack
Hanna	Moses	T.	29	17N	2W	40	18 Oct. 1898	Lawr
Hanover	Lewis		2	20N	1E	79.47	1 Oct. 1849	Rand
Hansen	George	L.	7	20N	4W	160	8 Nov. 1905	Shar
Hansen	Peter		4	17N	6W	160	31 May 1890	Shar
Harbison	Samuel	M.	19	17N	6W	80	1 Jan. 1861	Shar
Harden	Jonathan		9	18N	2W	88.74	10 Jul. 1848	Lawr
Hardiman	D		17	12N	12E	158	1 Feb. 1843	Miss
Hardin	Anderson	W.	22	15N	4W	146.8	1 May 1874	Shar
Hardin	Andrew	J.	21	18N	2W	40	1 Mar. 1855	Lawr
Hardin	Benjamin		8	18N	2W	40	15 Jun. 1855	Lawr
Hardin	Benjamin		2	20N	8E	40	1 Oct. 1860	Clay
Hardin	Benjamin		8	18N	2W	78.14	1 Nov. 1849	Lawr
Hardin	Christopher	C.	22	15N	4W	235	1 Jul. 1859	Shar
Hardin	Gideon	H.	21	15N	4W	178.1	30 Oct. 1857	Shar
Hardin	James	C.	11	19N	3W	40	12 May 1888	Shar
Hardin	James	C.	11	19N	3W	40	12 May 1888	Shar
Hardin	John	E.	24	17N	4W	160	11 Jan. 1892	Shar
Hardin	John	L.	15	15N	4W	40	10 Jul. 1844	Shar
Hardin	John	S.	15	15N	4W	40	1 Mar. 1855	Shar
Hardin	John	S.	15	15N	4W	75.2	30 Oct. 1857	Shar
Hardin	Jonathan		15	18N	2W	10.4	1 Mar. 1855	Lawr
Hardin	Moses	I.	33	19N	5W	80	1 Sep. 1857	Shar
Hardin	Moses	J.	27	18N	5W	120	18 Apr. 1895	Shar
Hardin	Moses	J.	27	18N	5W	80	1 Jul. 1859	Shar
Hardin	Obediah		8	17N	1W	40	17 Sep. 1889	Lawr
Hardin	Sarah		18	10N	5W	146.8	30 Oct. 1857	Jack
Hardin	William	H.	21	18N	2W	40	1 Mar. 1855	Lawr
Hardin	William	H.	21	18N	2W	120	1 May 1874	Lawr
Harding	John		18	12N	11E	160	1 Feb. 1843	Miss
Harding	John		29	12N	11E	80	1 Sep. 1846	Miss
Harding	John		17	12N	11E	7.76	1 Oct. 1844	Miss
Harding	John		28	12N	12E	80	1 Oct. 1844	Miss
Harding	John		28	12N	11E	80	1 Nov. 1848	Miss
Harding	John		12	12N	10E	160	1 Dec. 1849	Miss
Harding	John		28	12N	11E	80	1 Dec. 1849	Miss
Harding	Thomas		1	11N	10E	80	1 Oct. 1844	Miss
Harding	Thomas		12	11N	10E	80	1 Oct. 1844	Miss
Harding	Thomas		12	11N	10E	80	1 Oct. 1844	Miss
Harding	Thomas		11	11N	10E	160	1 Nov. 1848	Miss
Harding	Thomas		14	11N	10E	47.14	1 Nov. 1848	Miss
Harding	Thomas		14	11N	10E	160	1 Nov. 1848	Miss
Harding	Thomas		14	11N	10E	54.55	1 Nov. 1848	Miss
Hardister	Nathan	G.	27	17N	6W	40	15 Feb. 1884	Shar
Hardwick	Moses		11	18N	2W	160	20 Apr. 1831	Rand

Last Name	First Name	Int.	Section No.	Twp.	Ran	Acres	Date	Co.
Hardy	James	W.	30	18N	5E	160	13 Mar. 1890	Gree
Hardy	William		34	21N	8E	120	14 Apr. 1897	Clay
Hared	Josiah		13	17N	5W	40	1 May 1860	Shar
Hargroaves	Francis	M.	30	15N	4E	40	1 May 1860	Crai
Hargroaves	Francis	M.	6	15N	5E	39.71	1 Jul. 1859	Crai
Hargroaves	Francis	M.	6	15N	5E	119.5	1 Jul. 1859	Crai
Hargroaves	Francis	M.	6	15N	5E	119.5	1 Jul. 1859	Crai
Hargroaves	Francis		6	15N	5E	37.31	1 May 1860	Crai
Hargrove	Archibald		36	15N	3E	40	1 Mar. 1856	Crai
Hargrove	James	F.	6	15N	5E	36.43	1 Feb. 1893	Crai
Harman	Philip		24	18N	1W	160	27 Nov. 1820	Rand
Harmon	Alson	J.	17	19N	5W	80	15 May 1883	Shar
Harmon	C	P.	3	19N	3W	76.82	3 Jul. 1890	Shar
Harmon	Chauncey	P.	2	19N	3W	40	12 May 1888	Shar
Harmon	Chauncey	P.	4	19N	3W	40	12 May 1888	Shar
Harmon	Chauncey	P.	34	20N	3W	40	12 May 1888	Shar
Harmon	Jesse		1	10N	5W	160	6 Apr. 1833	Jack
Harmon	Lewis		4	18N	6W	80	1 Jul. 1859	Shar
Harmon	Lewis		4	18N	6W	40	1 Jul. 1859	Shar
Harmon	Lewis		4	18N	6W	80	1 Jul. 1859	Shar
Harmon	Lewis		4	18N	6W	40	1 Sep. 1857	Shar
Harmon	Redick		18	18N	6E	120	1 May 1860	Gree
Harmon	Redick		18	18N	6E	80.37	1 Jul. 1859	Gree
Harmon	T	H.	8	19N	5W	160	24 Dec 1901	Shar
Hamden	George	S.	25	20N	2W	40	15 Jul. 1904	Rand
Harned	Josiah		17	17N	5W	40	1 May 1860	Shar
Harper	Major		9	16N	5W	160	24 Jan. 1826	Shar
Harrel	William		11	15N	6W	80	1 May 1860	Shar
Harrell	William		12	15N	6W	80	1 May 1874	Shar
Harrelson	John		22	15N	3E	40	1 May 1860	Crai
Harrigan	John		1	19N	5W	45	16 Mar. 1885	Shar
Harrigan	John		1	19N	5W	40	23 Nov. 1891	Shar
Harris	Alberry		6	14N	3E	80	28 Mar. 1861	Crai
Harris	Alfred		2	20N	1E	160	27 Feb. 1823	Rand
Harris	Benjamin		25	11N	3E	40	1 May 1854	Poin
Harris	Benjamin		36	11N	3E	80	1 May 1854	Poin
Harris	Benjamin		26	11N	3E	160	1 Sep. 1848	Poin
Harris	Benjamin		25	11N	3E	40	1 Oct. 1849	Poin
Harris	Benjamin		25	11N	3E	40	1 Oct. 1849	Poin
Harris	Calvin	C.	7	13N	6E	321.7	1 Apr. 1857	Crai
Harris	Calvin	H.	6	10N	4E	126.7	7 Jun. 1897	Poin
Harris	Cannon		24	17N	5E	80	1 May 1860	Gree
Harris	Charity	H.	2	20N	7E	80.1	15 Jan. 1883	Clay
Harris	Edward	D.	12	14N	2E	40	1 Mar. 1856	Crai
Harris	Franklin	L.	28	18N	1W	40	1 May 1860	Rand
Harris	George	M.	26	19N	4W	40	18 Jul 1905	Shar
Harris	Isaac	N.	28	18N	4W	80	1 May 1860	Shar
Harris	Isaac	N.	27	18N	4W	160	8 Jun. 1895	Shar

Last Name	First Name	Int.	Section No.	Twp.	Ran	Acres	Date	Co.
Harris	Isaac	N.	28	18N	4W	40	1 Jul. 1859	Shar
Harris	James	A.	1	15N	7W	40	1 Oct. 1849	Shar
Harris	James	N.	20	16N	2W	120	1 May 1860	Lawr
Harris	James	P.	26	16N	3E	120	18 Apr. 1898	Gree
Harris	James	P.	25	16N	3E	80	10 Jul. 1844	Gree
Harris	James	P.	25	16N	3E	40	30 Oct. 1857	Gree
Harris	James	P.	26	16N	3E	40	11 Nov. 1895	Gree
Harris	James		4	12N	4E	160	27 Nov. 1820	Poin
Harris	Japheth		28	13N	4E	160	1 Jul. 1859	Crai
Harris	Jesse	W.	12	16N	3W	320	1 May 1860	Lawr
Harris	John	G.	34	16N	3W	40	8 Apr 1903	Lawr
Harris	John		25	11N	3E	80	1 May 1854	Poin
Harris	John		25	11N	3E	80	1 Sep. 1848	Poin
Harris	John		9	17N	5W	40	30 Oct. 1857	Shar
Harris	John		14	20N	2W	160	27 Nov. 1820	Rand
Harris	Jordan	A.	21	18N	3W	40	1 Oct. 1850	Lawr
Harris	Mary		36	11N	3E	80	1 May 1854	Poin
Harris	Newton	H.	6	19N	8E	165.6	19 Jun. 1895	Clay
Harris	Nicholas		27	16N	3E	40	1 Mar. 1855	Gree
Harris	Nicholas		25	16N	3E	40	1 Mar. 1856	Gree
Harris	Nicholas		25	16N	3E	80	1 Mar. 1856	Gree
Harris	Nicholas		27	16N	3E	80	10 Jul. 1844	Gree
Harris	Nicholas		26	16N	3E	40	16 Aug. 1838	Gree
Harris	Noah		29	20N	3E	40	16 Aug. 1838	Rand
Harris	Noah		29	20N	3E	40	1 Nov. 1835	Rand
Harris	Richard		20	17N	5E	40	1 May 1860	Gree
Harris	Robert		8	11N	7E	141.4	27 Aug. 1898	Poin
Harris	Thomas	J.	28	19N	5W	160	13 Nov. 1895	Shar
Harris	Thomas	L.	4	15N	3E	39.61	1 Mar. 1855	Crai
Harris	Thomas	S.	26	16N	3E	40	1 Mar. 1856	Gree
Harris	Thomas	S.	27	16N	3E	40	1 Mar. 1856	Gree
Harris	Thomas	S.	34	16N	3E	40	1 Mar. 1856	Gree
Harris	Thomas	W.	31	11N	4E	160	23 Apr. 1821	Poin
Harris	Thomas		31	16N	3W	37.09	5 Sep. 1842	Lawr
Harris	Thomas		1	14N	2W	44.71	1 Sep. 1856	Jack
Harris	Thomas		32	10N	4E	160	27 Nov. 1820	Poin
Harris	Thomas		12	17N	3W	160	27 Nov. 1820	Lawr
Harris	William	E.	20	21N	1E	40	25 Feb. 1907	Rand
Harris	William	T.	25	12N	3W	40	1 Oct. 1850	Jack
Harrison	Alexander		5	10N	3W	80	20 Jun. 1873	Jack
Harrison	John		5	20N	1W	80	1 Aug. 1861	Rand
Harrison	Leonard	B.	25	11N	9E	40	1 Nov. 1848	Miss
Harrison	William	B.	12	16N	4W	160	26 Jan. 1822	Shar
Hart	Joseph	H.	4	19N	3W	155.7	31 Jan. 1903	Shar
Hart	Mary		34	9N	1W	160	13 Apr. 1824	Jack
Hart	Moses		27	12N	3W	40	1 Oct. 1839	Jack
Harter	Lawrence		7	16N	3W	160	27 Nov. 1820	Lawr
Harthorne	David		8	15N	4W	160	27 Nov. 1820	Shar

Last Name	First Name	Int.	Section No.	Twp.	Ran	Acres	Date	Co.
Hartman	Henry		18	11N	7E	27.81	19 Apr. 1897	Poin
Hartsell	Daniel	T.	18	17N	4W	78.38	25 Jun. 1901	Shar
Hartwick	William	M.	31	20N	3W	152.4	16 Nov. 1901	Shar
Harvey	Kimber		33	11N	4E	160	10 Feb. 1821	Poin
Harvey	Robert	H.	7	13N	2W	40	1 Sep. 1856	Jack
Harvey	Samuel		15	10N	2W	40	30 Oct. 1857	Jack
Harwell	James	M.	8	11N	2W	40	1 Sep. 1856	Jack
Hasbrouck	John	J.	27	20N	4W	160	22 Jan. 1890	Shar
Hasbrouck	John	J.	27	20N	4W	40	13 Nov. 1884	Shar
Haskill	Francis		17	12N	4E	160	27 Nov. 1820	Poin
Hass	Joshua		2	19N	2W	80	17 Sep. 1889	Rand
Hastinge	J	D.	4	19N	5W	40	23 Nov. 1891	Shar
Hastings	James	W.	6	17N	6W	126	30 Oct. 1857	Shar
Hastings	James	W.	7	17N	6W	82.08	30 Oct. 1857	Shar
Hastings	John	W.	6	17N	6W	40	1 Sep. 1848	Shar
Hastings	Joseph	H.	7	20N	2E	120	10 Dec. 1859	Rand
Hatch	Edwin	R.	20	11N	9E	80	1 Nov. 1848	Miss
Hatcher	Charles		26	21N	2W	210.2	7 Oct. 1835	Rand
Hatcher	Charles		25	21N	2W	38.87	17 Nov. 1842	Rand
Hatcher	Lorenzo	D.	23	21N	2W	120	1 May 1860	Rand
Hatcher	Lorenzo	D.	25	21N	2W	40	1 May 1860	Rand
Hatchier	Lorenzo	D.	25	21N	2W	40	1 May 1860	Rand
Hatchier	Lorenzo	D.	24	21N	2W	120	1 Jul. 1859	Rand
Hatchier	Lorenzo	D.	25	21N	2W	40.88	1 Sep. 1860	Rand
Hathaway	James		30	15N	1W	40	1 Mar. 1856	Lawr
Hathaway	James		30	15N	1W	38.82	1 Sep. 1856	Lawr
Hathaway	James		30	15N	1W	40	1 Sep. 1856	Lawr
Hathaway	Nicholas		17	15N	1W	160	27 Nov. 1820	Lawr
Hathcoat	John	W.	7	18N	2W	121.3	18 Aug. 1890	Lawr
Hathorn	William	S.	26	21N	2E	80	1 May 1860	Rand
Hatley	Abner	J.	10	20N	2E	80	1 Jul. 1859	Rand
Hatley	Albert	H.	5	20N	2E	163.1	1 May 1874	Rand
Hatley	Albert	H.	5	20N	2W	163.1	1 Jul. 1859	Rand
Hatley	Albert	H.	32	21N	2E	40	1 Jul. 1859	Rand
Hatley	Briton		29	21N	2E	40	1 Jul. 1859	Rand
Hatley	Briton		28	21N	2E	40	1 Oct. 1860	Rand
Hatley	John	C.	5	20N	2E	80	10 Dec. 1859	Rand
Hatley	Peter		7	18N	5E	80	17 Mar. 1892	Gree
Hatley	Pleasant	B.	34	21N	2E	160	10 Dec. 1859	Rand
Hatley	Presley	H.	2	20N	2E	206.2	1 May 1860	Rand
Hatley	Redding		6	20N	2E	83.92	1 May 1860	Rand
Hatton	Adam		35	10N	4W	160	8 Feb. 1838	Jack
Haughton	Edmund	W.	15	17N	2W	40	10 Sep. 1844	Lawr
Haughton	Jeffrey	A.	15	17N	2W	80	10 Sep. 1844	Lawr
Haulum	Porter		20	19N	1W	80	8 May 1901	Rand
Hauser	Edward		23	11N	7E	148.3	30 Mar. 1905	Poin
Hauser	J	H.	19	11N	7E	86.83	1 Jun. 1896	Poin
Hawkins	Benjamin	F.	34	20N	1W	160	22 Mar 1901	Rand

Last Name	First Name	Int.	Section No.	Twp.	Ran	Acres	Date	Co.
Hawkins	Benjamin	J.	3	19N	1W	82.27	16 Jun. 1856	Rand
Hawkins	Benjamin	J.	4	19N	1W	80.24	1 Jul. 1859	Rand
Hawkins	Benjamin	J.	4	19N	1W	118.2	1 Oct. 1860	Rand
Hawkins	Charles	M.	24	18N	4W	160	25 Jun. 1901	Shar
Hawkins	Drewry	H.	17	21N	2E	80	1 May 1860	Rand
Hawkins	Drury	H.	17	21N	2E	120	1 May 1860	Rand
Hawkins	Drury	H.	17	21N	2E	40	1 May 1860	Rand
Hawkins	Drury	H.	20	21N	2E	80	10 Dec. 1859	Rand
Hawkins	Isaac	N.	3	19N	1W	42.12	23 Jan. 1901	Rand
Hawkins	James	E.	4	19N	1W	40	6 Apr. 1895	Rand
Hawkins	James	E.	3	19N	1W	40	2 Jul. 1860	Rand
Hawkins	James	E.	10	19N	1W	40	1 Aug. 1861	Rand
Hawkins	James	E.	34	20N	1W	80	14 Sep. 1906	Rand
Hawkins	James	P.	3	21N	2E	80	1 May 1860	Rand
Hawkins	James	T.	2	21N	2E	40	1 May 1860	Rand
Hawkins	Russell		13	19N	2W	40	1 Jul. 1859	Rand
Hawkins	Wiley	G.	17	19N	1W	161.7	27 Aug. 1898	Rand
Hawthorn	Mary		23	16N	5W	160	14 Apr. 1834	Shar
Hay	William	B.	19	10N	10E	159.9	1 Aug. 1844	Miss
Hayes	Mary	A.	32	10N	5W	320	4 Mar. 1828	Jack
Hayes	Walter		31	10N	5W	160	27 Nov. 1820	Jack
Haynes	David	H.	1	15N	5W	85.59	30 Oct. 1857	Shar
Haynes	Jane		5	15N	6W	40	1 Mar. 1855	Shar
Haynes	John	W.	2	15N	5W	40	30 Oct. 1857	Shar
Haynes	John	W.	2	15N	5W	40	30 Oct. 1857	Shar
Haynes	John	W.	3	16N	4W	80	1 Oct. 1860	Shar
Haynes	Joseph	H.	3	16N	4W	51.59	1 Jul. 1859	Shar
Haynes	Joseph	H.	3	16N	4W	58.15	1 Jul. 1859	Shar
Haynes	Thomas		13	11N	3W	80	15 Sep. 1851	Jack
Hays	Benjamin		36	21N	2E	80	1 May 1860	Rand
Hays	Charles	C.	18	19N	1W	72.3	28 Nov. 1906	Rand
Hazel	Cornelius	J.	30	11N	7E	144.7	16 Oct. 1895	Poin
Head	Benjamin	A.	36	19N	5E	160	18 Sep. 1894	Gree
Head	Benjamin		32	15N	1W	160	3 Jan. 1825	Lawr
Head	John		14	15N	3W	160	13 Mar. 1838	Lawr
Headlee	Elisha	B.	23	21N	7E	40	15 Feb. 1884	Clay
Hearn	Joseph	W.	12	12N	10E	160	1 Aug. 1849	Miss
Hearn	Joseph		6	12N	11E	151.1	1 Nov. 1848	Miss
Hearne	James	H.	12	12N	10E	160	1 Aug. 1849	Miss
Hearne	Joseph		20	12N	11E	160	28 Jul. 1838	Miss
Hearrel	William	H.	21	17N	6W	120	23 Apr. 1896	Shar
Heath	Ebenezer		8	15N	4W	160	16 Apr. 1821	Shar
Heath	Jefferson	P.	15	17N	5W	40	8 Dec 1903	Shar
Heath	Jesse	C.	18	18N	1W	40	1 May 1860	Rand
Heath	Jesse		8	18N	1W	80	1 May 1861	Rand
Heath	Jesse		35	18N	3W	160	1 Jul. 1859	Lawr
Heath	John	J.	18	18N	5W	166.9	26 Oct. 1896	Shar
Heaton	Amos		22	19N	1E	40	1 Mar. 1855	Rand

75

Last Name	First Name	Int.	Section No.	Twp.	Ran	Acres	Date	Co.
Heaton	Elijah		20	20N	1W	160	27 Jan. 1828	Rand
Heavel	Philip		11	20N	1W	160	27 Nov. 1820	Rand
Hedrick	Andrew	J.	26	18N	2W	40	23 Jul. 1888	Lawr
Hedrick	Shelton		24	19N	5W	41.22	10 Dec. 1859	Shar
Heffington	Stephen	L.	23	21N	2E	40	1 May 1860	Rand
Helbert	James	M.	33	10N	10E	27.44	1 Dec. 1849	Miss
Helderman	Alfred	W.	28	18N	5E	160	31 May 1890	Gree
Helmes	Seaton		20	17N	3W	160	1 Jul. 1859	Lawr
Helms	James	J.	18	17N	3W	40	12 Nov. 1900	Lawr
Helms	William	G.	19	17N	3W	50.45	18 Oct. 1890	Lawr
Helms	William	J.	26	19N	4W	120.1	10 Apr. 1894	Shar
Helms	Wyatt		17	17N	3W	40	1 Jul. 1859	Lawr
Helms	Wyatt		18	17N	3W	160	1 Jul. 1859	Lawr
Hembry	Obadiah		3	11N	4E	160	27 Nov. 1820	Poin
Hemphill	John	M.	2	11N	7E	96.11	12 Aug 1901	Poin
Hemphill	Samuel		7	19N	2W	160	27 Feb. 1823	Rand
Henby	Elijah		18	13N	1W	40	1 Sep. 1856	Jack
Henby	John	K.	18	13N	1W	40	1 Sep. 1856	Jack
Henderson	Alexander		19	16N	3W	40	5 Sep. 1842	Lawr
Henderson	Anne		19	16N	3W	40	10 Sep. 1844	Lawr
Henderson	Charles	F.	12	18N	4W	40	10 Jun. 1889	Shar
Henderson	Charles	F.	7	19N	3W	40	10 Jun. 1889	Shar
Henderson	James	T.	13	10N	3W	80	19 Jun. 1890	Jack
Henderson	James		33	15N	4W	160	6 Mar. 1822	Shar
Henderson	James		8	16N	3W	160	1 Oct. 1860	Lawr
Henderson	Jeremiah	L.	29	21N	3W	40	1 May 1860	Rand
Henderson	John	F.	19	16N	3W	80	1 May 1874	Lawr
Henderson	John	F.	19	16N	3W	131.5	1 Jul. 1859	Lawr
Henderson	John	L.	14	18N	5W	280	1 Sep. 1860	Shar
Henderson	John		27	10N	5W	160	16 Feb. 1824	Jack
Henderson	John		1	19N	2W	131	15 Oct. 1906	Rand
Henderson	William		19	21N	3W	120	1 May 1860	Rand
Henderson	William		24	16N	4W	80	10 Jul. 1826	Shar
Henderson	William		24	16N	4W	160	19 Aug. 1826	Shar
Henderson	William		24	16N	4W	80	19 Aug. 1826	Shar
Hendon	Thomas	J.	12	19N	4W	148.9	23 Jan. 1901	Shar
Hendrex	James	L.	34	15N	3E	80	3 Jan. 1896	Crai
Hendricks	Abner	A.	28	15N	3E	80	20 Sep. 1875	Crai
Hendricks	Dominic		8	15N	4W	160	16 Apr. 1821	Shar
Hendrix	Abner	A.	28	15N	3E	40	13 Nov. 1884	Crai
Hendrix	Andrew		20	18N	1W	160	16 Jun. 1856	Rand
Hendrix	Isaac	B.	20	18N	1W	80	1 May 1860	Rand
Hendrix	Isaac	B.	20	18N	1W	80	10 Dec. 1859	Rand
Hendrix	James		10	21N	2E	40	1 Mar. 1856	Rand
Hendrix	James		9	21N	2E	40	1 May 1860	Rand
Hendrix	James		10	21N	2E	40	1 Jul. 1859	Rand
Hennessee	James	H.	32	15N	3W	160	12 Jan 1901	Lawr
Henning	Jacob		13	19N	3W	160	9 May 1836	Rand

Last Name	First Name	Int.	Section No.	Twp.	Ran	Acres	Date	Co.
Henning	James	H.	3	11N	7E	61.28	14 Sep. 1906	Poin
Henry	James	W.	24	19N	2W	160	27 Jan. 1904	Rand
Henry	John	H.	20	19N	3W	40	21 Dec. 1899	Shar
Henry	Rueben		29	11N	9E	80	1 Nov. 1848	Miss
Henry	Samuel		12	17N	1W	40	10 May 1882	Lawr
Hensley	Samuel		22	15N	4W	151.3	1 Jul. 1859	Shar
Henson	Alfred	W.	28	19N	4W	54.5	16 Jun. 1856	Shar
Henson	Sherry		34	15N	3E	80	1 May 1860	Crai
Henton	Thomas	H.	9	21N	3E	40	30 Oct. 1857	Clay
Herbert	William	G.	4	16N	4W	55.61	1 Jul. 1859	Shar
Herbert	William	G.	33	17N	4W	96.31	1 Oct. 1860	Shar
Herbert	William	G.	4	16N	4W	80	10 Dec. 1859	Shar
Heridge	John		27	13N	4E	160	18 Jan. 1823	Crai
Herndon	David		8	21N	2E	80	1 Jul. 1859	Rand
Herndon	William	C.	4	15N	3W	40	15 Jun. 1855	Lawr
Herndon	William	C.	4	15N	3W	40	1 Jul. 1859	Lawr
Herndon	William	T.	11	10N	3W	80	20 Nov. 1884	Jack
Herren	Asa	A.	18	16N	5E	71.12	20 Sep. 1889	Gree
Herren	James		8	21N	3E	86.41	1 Jul. 1859	Rand
Herren	Thomas		5	14N	4E	160	16 Jul. 1821	Crai
Herrin	James		9	21N	3E	80	30 Oct. 1857	Clay
Herring	Fielding	W.	6	17N	6W	40	20 Nov. 1884	Shar
Herring	William	R.	29	15N	4W	37.65	23 Jan. 1897	Shar
Herring	William	R.	29	15N	4W	37.79	1 Jul. 1859	Shar
Herring	William	R.	30	15N	4W	40	1 Jul. 1859	Shar
Herron	James	H.	26	15N	4E	160	1 Nov. 1860	Crai
Herst	Charles	M.	3	20N	6E	80	21 Jan. 1889	Clay
Hess	John		28	20N	3E	280	16 Aug. 1838	Rand
Hess	John		28	10N	4W	80	30 Oct. 1857	Jack
Hester	Mary	J.	14	16N	4E	80	4 Oct. 1886	Gree
Hewitt	Napoleon	B.	27	20N	3W	160	8 May 1901	Shar
Hibbard	William	E.	25	20N	1W	40	31 Dec. 1890	Rand
Hibbert	Elijah		24	20N	1E	160	17 Jul. 1838	Rand
Hickerson	James	L.	1	10N	3E	40	12 Jul. 1900	Poin
Hickman	Fielding		14	16N	4W	160	27 Jul. 1822	Shar
Hickox	Carlos	V.	27	18N	1W	160	28 May 1821	Rand
Hicks	Arlissa		14	18N	3W	80	31 Dec. 1904	Lawr
Hicks	John	M.	30	18N	6W	80	1 Feb. 1875	Shar
Hicks	John	M.	19	18N	6W	65	1 May 1860	Shar
Hicks	John		21	16N	3W	160	30 May 1821	Lawr
Hicks	Wesley		24	18N	5E	320	1 Jul. 1859	Gree
Higdon	Joseph		1	19N	5W	40	23 Nov. 1891	Shar
Higdon	Thomas	J.	29	21N	7E	80	19 Oct. 1905	Clay
Higginbottom	A	C.	17	18N	4W	40	25 Aug. 1882	Shar
Higginbottom	Alexander	C.	5	18N	4W	80	16 Mar. 1885	Shar
Higginbottom	Alexander	C.	5	18N	4W	40	13 Nov. 1884	Shar
Higginbottom	James		8	15N	3W	80	16 Jun. 1856	Lawr
Higginbottom	James		6	15N	3W	40	1 Dec. 1896	Lawr

Last Name	First Name	Int.	Section No.	Twp.	Ran	Acres	Date	Co.
Higgins	Newton		20	16N	4E	40	10 Dec. 1859	Gree
Higgins	Thomas	D.	24	20N	2W	160	21 Dec. 1899	Rand
Highsmith	Elias		32	10N	4W	160	1 Feb. 1821	Jack
Hileman	Henry		26	14N	1W	160	27 Nov. 1820	Jack
Hill	Abner		7	16N	3W	160	27 Nov. 1820	Lawr
Hill	Curtis	F.	6	19N	3W	159.6	25 Feb. 1899	Shar
Hill	Daniel	S.	26	17N	2W	40	5 Mar. 1880	Lawr
Hill	Daniel	S.	23	17N	2W	40	1 Oct. 1850	Lawr
Hill	Daniel	S.	26	17N	2W	40	1 Oct. 1850	Lawr
Hill	Eliza		31	20N	3W	160	3 May 1895	Shar
Hill	Elliott		5	10N	10E	147.8	1 Nov. 1848	Miss
Hill	Fred	A.	17	20N	4W	160	14 Apr. 1897	Shar
Hill	George	B.	24	20N	3W	40	1 Mar. 1855	Rand
Hill	George	B.	24	20N	3W	42.65	1 Jul. 1859	Rand
Hill	George	W.	32	20N	1E	240	20 Jun. 1873	Rand
Hill	George	W.	5	19N	1E	112	1 Jul. 1859	Rand
Hill	George		24	15N	3W	160	27 Nov. 1820	Lawr
Hill	Henry		32	10N	10E	160	1 Aug. 1844	Miss
Hill	Isaiah	C.	2	19N	4E	40	1 May 1860	Clay
Hill	Isaiah	C.	2	16N	4E	40	10 Dec. 1859	Gree
Hill	James	C.	3	20N	4W	120	8 Dec. 1896	Shar
Hill	John	J.	6	19N	3W	38.37	10 Dec. 1859	Shar
Hill	John	M.	5	16N	4W	58.48	1 May 1860	Shar
Hill	John	M.	32	17N	4W	80	1 Jul. 1859	Shar
Hill	John	M.	32	17N	4W	40	30 Oct. 1857	Shar
Hill	John	M.	32	17N	4W	40	30 Oct. 1857	Shar
Hill	John	M.	2	17N	4W	40	18 Oct. 1898	Shar
Hill	John		1	18N	1E	256.7	16 Aug. 1838	Rand
Hill	Jonathan		8	10N	5W	160	28 May 1821	Jack
Hill	Jordan		9	11N	3W	40	1 May 1854	Jack
Hill	Polly		24	13N	1W	160	12 Feb. 1823	Jack
Hill	Sarah		1	15N	3W	160	25 Nov. 1828	Lawr
Hill	William	E.	12	18N	5E	80	26 Jan. 1889	Gree
Hillhouse	Aaron	D.	32	17N	3W	239.1	1 Sep. 1860	Lawr
Hillhouse	Polly		5	16N	3W	188.9	12 Dec. 1823	Lawr
Hillhouse	Polly		6	16N	3W	80	12 Dec. 1823	Lawr
Hilliard	Mary		2	15N	3W	160	27 Nov. 1820	Lawr
Himmak	Charles		18	19N	3W	80	1 May 1861	Shar
Hinckley	John		35	16N	3W	160	27 Nov. 1820	Lawr
Hinds	John		8	16N	4W	160	5 Jul. 1838	Shar
Hinds	John		15	18N	2W	164.2	5 Sep. 1842	Lawr
Hinds	John		17	16N	4W	160	5 Sep. 1842	Shar
Hinds	John		14	18N	2W	153.5	1 Sep. 1848	Rand
Hines	Frank	B.	28	18N	3W	40	25 Aug. 1882	Lawr
Hines	Henry		1	19N	3W	82.02	16 Jun. 1856	Rand
Hinkle	Jacob		6	11N	3W	40	1 Nov. 1849	Jack
Hinkle	William	M.	12	21N	2W	40	26 Nov. 1904	Rand
Hinson	Windham		33	13N	1W	160	27 Nov. 1820	Jack

Last Name	First Name	Int.	Section No.	Twp.	Ran	Acres	Date	Co.
Hirschman	John	R.	30	11N	7E	68.32	1 Oct. 1901	Poin
Hite	Harry		12	19N	2E	40	17 Jul 1905	Rand
Hix	Benjamin	F.	9	20N	3E	40	16 Aug. 1838	Rand
Hix	Joseph	H.	7	18N	4W	120	12 Mar. 1906	Shar
Hix	William		9	20N	3E	40	1 Nov. 1834	Rand
Hoard	Leonard		28	18N	1W	160	27 Nov. 1820	Rand
Hodge	Bartholomew		13	17N	2W	160	2 Jul. 1860	Lawr
Hodge	Joseph	B.	20	18N	5W	40	17 Feb. 1897	Shar
Hodge	Joseph	B.	24	18N	6W	40	1 May 1860	Shar
Hodge	Joseph	B.	29	18N	5W	40	6 Jul. 1896	Shar
Hodge	Joseph		25	18N	6W	130.9	1 Sep. 1860	Shar
Hodge	Richard	S.	12	21N	2W	80	1 Oct. 1860	Rand
Hodges	Cornelius	C.	30	17N	3W	82.66	5 Nov 1905	Lawr
Hodges	George	I.	29	16N	6W	40	1 Sep. 1848	Shar
Hodges	George	J.	32	16N	6W	120	16 Jun. 1856	Shar
Hodges	George	J.	18	16N	6W	85.64	1 Jul. 1859	Shar
Hodges	George	J.	29	16N	6W	40	1 Jul. 1859	Shar
Hoelscher	Frank	H.	26	19N	1W	40	11 Oct. 1902	Rand
Hoffman	James	L.	32	18N	2W	80	12 Aug. 1896	Lawr
Hoffman	John		10	18N	3W	160	1 Aug. 1831	Lawr
Hogan	Calvin		10	14N	3E	40	1 Aug. 1861	Crai
Hogan	John	A.	6	19N	5W	102	12 Jul. 1900	Shar
Hogan	Martin	M.	8	20N	1E	40	16 Aug. 1838	Rand
Hogan	Martin	M.	17	20N	1E	80	5 Oct. 1870	Rand
Hogan	Thomas	H.	1	20N	1W	40	1 Nov. 1904	Rand
Hogan	Walter	G.	8	20N	1E	40	16 Aug. 1838	Rand
Hoggard	John		17	16N	4W	40	1 May 1860	Shar
Hoggard	John		17	16N	4W	40	1 Jul. 1859	Shar
Hoggard	John		17	16N	4W	80	1 Sep. 1857	Shar
Holcomb	John	J.	12	17N	5W	80	30 Oct. 1857	Shar
Holcomb	John	J.	36	17N	6W	160	18 Oct 1905	Shar
Holcomb	Mary		33	15N	3W	320	16 Sep. 1837	Lawr
Holcomb	Thomas		31	18N	4W	79.73	1 May 1860	Shar
Holcombe	James	D.	18	16N	5E	40	15 Feb. 1895	Gree
Holden	Jonathan		1	16N	4W	160	9 Apr. 1821	Shar
Holder	Bennet		32	18N	3W	320	1 Sep. 1857	Lawr
Holder	Bletch	H.	3	18N	3W	80	5 May 1904	Lawr
Holder	Henry	J.	15	18N	3W	40	16 Mar. 1885	Lawr
Holder	Henry	J.	28	18N	3W	320	1 Jul. 1859	Lawr
Holder	James		29	18N	3W	320	1 Jul. 1859	Lawr
Holder	Joseph	F.	22	18N	3W	40	16 Nov. 1901	Lawr
Holder	Joshua	A.	31	20N	2W	120	27 Sep. 1892	Rand
Holder	Joshua		29	18N	3W	80	1 Oct. 1860	Lawr
Holder	Redsaw		23	18N	3W	320	1 May 1860	Lawr
Holder	Thomas		27	18N	3W	320	1 Sep. 1857	Lawr
Holder	William	B.	31	20N	2W	160	12 Nov. 1900	Rand
Holder	William	T.	8	18N	3W	160	2 Jun. 1897	Lawr
Holder	William		5	18N	3W	65.49	9 Jul 1895	Lawr

Last Name	First Name	Int.	Section No.	Twp.	Ran	Acres	Date	Co.
Holderby	Thomas		27	19N	1W	86.47	17 Nov. 1842	Rand
Holifield	Bascom	B.	30	20N	7E	40	8 May 1888	Clay
Holifield	Thomas	M.	30	20N	7E	40	2 Apr. 1860	Clay
Holifield	Thomas	M.	2	19N	7E	40	1 Oct. 1860	Clay
Holis	Wiley	B.	17	20N	8E	120	1 Sep. 1856	Clay
Holland	Benjamin		25	21N	1E	120	1 May 1860	Rand
Holland	Benjamin		24	21N	1E	160	10 Dec. 1859	Rand
Holland	Henry	H.	2	21N	2W	160	16 Nov. 1901	Rand
Holland	James	M.	23	12N	3W	40	1 Sep. 1856	Jack
Holland	James		25	17N	4W	160	31 Jul. 1903	Shar
Holland	Reuben		13	15N	7W	123.7	16 Jun. 1856	Shar
Holland	William		13	15N	7W	40	1 Jul. 1850	Shar
Holliburton	Samuel		1	15N	7W	40	1 Mar. 1855	Shar
Holliburton	Samuel		1	15N	7W	40	1 Mar. 1855	Shar
Hollida	Abraham		24	18N	2W	160	30 Jul. 1821	Rand
Holliday	Frances	M.	26	10N	7E	80	9 Jun. 1894	Poin
Hollingshead	David		28	14N	2W	80	1 Sep. 1846	Jack
Hollingshead	David		29	14N	2W	40	1 Oct. 1850	Jack
Hollingshead	Robert		15	14N	2W	40	1 Sep. 1856	Jack
Hollingshead	Samuel		29	14N	2W	40	1 Sep. 1856	Jack
Hollis	Eliza		6	20N	8E	40	30 Jul. 1891	Clay
Hollon	William		14	12N	3W	40	1 Oct. 1850	Jack
Holloway	Almidia	A.	20	17N	1W	40	10 Apr. 1882	Lawr
Holloway	Edward	B.	22	16N	1W	40	1 Jul. 1850	Lawr
Holloway	Edward	B.	21	16N	1W	39.8	1 Oct. 1849	Lawr
Holloway	Edward	B.	21	16N	1W	39.7	1 Oct. 1849	Lawr
Holloway	Nancy	J.	29	18N	6W	160	27 Oct. 1904	Shar
Holloway	Stephen	P.	9	16N	4W	240	23 Sep. 1879	Shar
Holloway	Stephen	P.	10	16N	4W	80	23 Sep. 1879	Shar
Hollowell	Elizabeth		28	19N	1W	80	14 Apr. 1897	Rand
Holm	Dora		34	21N	4W	160	8 Jan 1903	Shar
Holman	John	B.	28	16N	5E	40	8 May 1888	Gree
Holmes	Jesse		12	10N	5W	160	18 Apr. 1822	Jack
Holmes	Joseph		25	15N	1W	160	27 Nov. 1820	Lawr
Holmes	William		9	18N	1W	160	8 Dec. 1829	Rand
Holobaugh	David		30	18N	2W	40	1 Oct. 1860	Lawr
Holobaugh	David		30	18N	2W	80	18 Oct. 1898	Lawr
Holobaugh	Susan		4	17N	2W	40	6 Mar. 1891	Lawr
Holoby	John		5	14N	4E	160	20 Dec. 1824	Crai
Holstad	James	W.	3	18N	3W	40	15 Feb. 1884	Lawr
Holstad	James		33	18N	3W	320	1 Jul. 1859	Lawr
Holstead	Jordean	C.	5	17N	3W	40	1 May 1860	Lawr
Holt	Alfred	M.	27	17N	3W	160	15 Jun. 1855	Lawr
Holt	Christopher		30	18N	5W	42.97	1 May 1860	Shar
Holt	Christopher		25	18N	6W	120	16 Jun. 1856	Shar
Holt	Christopher		31	18N	5W	40.02	1 Jul. 1859	Shar
Holt	Christopher		36	18N	6W	80	1 Jul. 1859	Shar
Holt	David	B.	27	14N	3E	120	1 Jan. 1861	Crai

Last Name	First Name	Int.	Section No.	Twp.	Ran	Acres	Date	Co.
Holt	David	B.	26	14N	3E	80	1 May 1860	Crai
Holt	Edward		20	16N	1W	6	1 Sep. 1856	Lawr
Holt	Edward		24	16N	2W	80	1 Sep. 1856	Lawr
Holt	Edward		21	16N	1W	40	5 Dec. 1850	Lawr
Holt	Edward		28	16N	1W	40	5 Dec. 1850	Lawr
Holt	Emma	E.	4	18N	3W	160	20 Sep. 1889	Lawr
Holt	Enoch		24	18N	6W	284.4	1 Jul. 1859	Shar
Holt	Francis	M.	13	21N	1W	160	20 Sep. 1889	Rand
Holt	Gideon		14	16N	3W	160	29 Mar. 1824	Lawr
Holt	Henry	S.	9	16N	4E	40	10 Jul. 1844	Gree
Holt	James	C.	17	18N	5W	80	16 Nov. 1901	Shar
Holt	John	L.	24	21N	1W	120	1 Feb. 1893	Rand
Holt	John		13	21N	1W	40	1 May 1854	Rand
Holt	Mary	E.	3	17N	5W	77.91	22 Dec 1901	Shar
Holt	Nancy	G.	12	21N	1W	80	27 Jun. 1887	Rand
Holt	Thomas	P.	29	21N	1W	80	1 Jul. 1903	Rand
Holt	William	L.	12	21N	1W	80	10 Apr. 1882	Rand
Holt	William	L.	12	21N	1W	40	15 May 1883	Rand
Holt	William	L.	12	21N	1W	40	25 Aug. 1882	Rand
Holt	William	R.	34	17N	3W	40	1 May 1860	Lawr
Holt	William		4	17N	3W	80	1 Mar. 1855	Lawr
Holt	William		34	17N	3W	40	1 Mar. 1855	Lawr
Holt	William		19	21N	1E	40	1 May 1854	Rand
Holt	William		19	21N	1E	80	1 May 1860	Rand
Homel	Mary		27	18N	1W	160	28 May 1821	Rand
Honey	Jasper	N.	28	18N	3W	40	21 Mar 1900	Lawr
Honey	Shelby	S.	14	17N	6W	160	30 Aug. 1899	Shar
Honey	Thomas	C.	24	16N	4E	80	3 May 1895	Gree
Honeycutt	Allen	D.	18	21N	1E	80	31 Jul. 1903	Rand
Hood	William		6	14N	3E	40	1 Mar. 1856	Crai
Hood	William		6	14N	3E	40	1 Mar. 1856	Crai
Hood	William		6	14N	3E	43.15	1 Mar. 1856	Crai
Hooker	John	A.	7	17N	5W	120	21 Jan 1900	Shar
Hooker	John	C.	7	17N	5W	80	21 Jun 1900	Shar
Hooks	Hugh		21	16N	3W	160	28 May 1821	Lawr
Hooper	George	W.	14	17N	3W	160	30 Jun. 1882	Lawr
Hooper	George	W.	14	17N	3W	120	1 Jul. 1859	Lawr
Hooper	James	A.	27	15N	4E	160	1 Apr. 1857	Crai
Hooper	John		21	11N	4E	160	27 Nov. 1820	Poin
Hooper	Joseph		33	10N	4W	160	9 Jan. 1823	Jack
Hooper	Obidiah		11	15N	4E	40	1 Mar. 1855	Crai
Hooten	Isaac	B.	36	15N	1W	160	28 May 1821	Lawr
Hooton	Riley		4	15N	3W	80	1 Jul. 1859	Lawr
Hoover	Jacob		34	15N	3W	160	27 Nov. 1820	Lawr
Hopkins	Elisha	L.	8	13N	4E	40	1 Sep. 1857	Crai
Hopkins	Samuel	A.	34	16N	4E	40	25 Nov. 1879	Gree
Hopkins	William	J.	35	14N	3E	120	1 Jul. 1859	Crai
Hopkins	William	J.	35	14N	3E	80	1 Oct. 1860	Crai

Last Name	First Name	Int.	Section No.	Twp.	Ran	Acres	Date	Co.
Hopkins	William		1	16N	4W	160	9 Apr. 1821	Shar
Horn	Burrel		30	16N	3W	78.1	2 Jul. 1860	Lawr
Horn	Josiah	M.	6	15N	5W	40	1 May 1860	Shar
Horn	Josiah	M.	6	15N	5W	91.53	1 Jul. 1859	Shar
Horn	Josiah	M.	6	15N	5W	160	1 Jul. 1859	Shar
Hornback	Michael		13	18N	3W	80	30 Oct. 1857	Lawr
Hornback	Michael		13	18N	3W	40	30 Oct. 1857	Lawr
Horrigan	J	E.	6	19N	4W	44.28	15 Feb. 1884	Shar
Horsley	James	W.	8	18N	5W	160	12 Mar. 1906	Shar
Horsley	James	W.	23	19N	5W	160	12 Nov. 1900	Shar
Horsman	Edmond	L.	26	19N	2W	120	12 Mar. 1894	Rand
Horsman	Edmond	L.	35	19N	2W	40	9 Mar. 1896	Rand
Horsman	Newton	J.	35	20N	2W	120	5 May 1904	Rand
Horton	George	B.	22	18N	6W	80	5 May 1904	Shar
Horton	Nancy	C.	25	17N	6W	40	15 Dec. 1897	Shar
Hoskins	Spill	C.	8	17N	6E	40	28 Mar. 1861	Gree
Hotchkiss	Eli	C.	27	17N	6W	40	1 May 1860	Shar
Hotchkiss	Eli	C.	27	17N	6W	40	1 May 1860	Shar
Hotly	Albert	H.	5	20N	2E	82.46	1 Sep. 1860	Rand
Hough	Lewis		17	15N	4W	160	14 May 1835	Shar
Houghton	Jeffery	A.	17	16N	1W	22.26	1 Sep. 1856	Lawr
Houghton	Jeffrey	A.	15	17N	2W	80	10 Jul. 1848	Lawr
Houghton	Jeffrey	A.	15	17N	2W	80	10 Sep. 1844	Lawr
Houghton	Jeffrey	A.	17	16N	1W	2	1 Sep. 1848	Lawr
Houghton	Jeffrey	A.	17	16N	1W	17.88	1 Nov. 1849	Lawr
Houghton	Jeffrey	A.	20	16N	1W	46	1 Nov. 1849	Lawr
Houp	James	A.	32	19N	2W	80	1 Jun. 1861	Rand
Houpt	Henry		4	18N	3W	30.69	5 Sep. 1842	Lawr
House	Henry		6	17N	6W	80	30 Oct. 1857	Shar
House	Henry		6	17N	6W	80	30 Oct. 1857	Shar
Houseman	George	W.	2	20N	7E	42.52	30 Apr. 1890	Clay
Housholder	Jacob		28	11N	4E	160	27 Sep. 1821	Poin
Housman	Thomas	D.	2	20N	2E	200	1 May 1860	Rand
Housman	Thomas	D.	2	20N	2E	40	1 Sep. 1860	Rand
Houston	Harrison	H.	26	20N	2W	80	1 Jul. 1903	Rand
Houston	James	C.	3	12N	3W	150.4	28 Mar. 1861	Jack
Houston	James		9	18N	1E	40	16 Aug. 1838	Rand
Houston	James		27	19N	1W	43.24	16 Aug. 1838	Rand
Houston	James		28	19N	1W	80	1 Sep. 1857	Rand
Houston	James		27	19N	1W	141.4	1 Oct. 1860	Rand
Houston	James		27	19N	1W	74.33	17 Nov. 1842	Rand
Houston	Jehu		22	19N	1W	57.64	5 Sep. 1842	Rand
Houston	Jehu		13	19N	2W	40	1 Oct. 1839	Rand
Houston	John		20	14N	3E	40	1 May 1860	Crai
Houston	John		20	14N	3E	40	1 May 1860	Crai
Houston	John		20	14N	3E	40	1 Jul. 1859	Crai
Houston	John		20	14N	3E	120	1 Jul. 1859	Crai
Houston	Robert	R.	22	14N	3E	40	20 Apr. 1888	Crai

Last Name	First Name	Int.	Section No.	Twp.	Ran	Acres	Date	Co.
Houston	Robert	R.	22	14N	3E	40	8 May 1888	Crai
Houston	William	B.	17	12N	4E	40	1 Jul. 1859	Poin
Houston	William	R.	21	16N	5E	40	1 Mar. 1855	Gree
Houston	William	R.	34	16N	4E	80	1 May 1860	Gree
Houston	William		20	16N	4E	40	1 Mar. 1855	Gree
Houston	William		29	15N	4E	120	1 Mar. 1855	Crai
Hover	John	B.	8	14N	4E	160	4 Oct. 1831	Crai
Hovis	Cillar		15	21N	1W	80	21 Sep. 1905	Rand
Hovis	Eli		9	21N	1W	40	21 May 1889	Rand
Hovis	Eli		15	21N	1W	80	20 Oct. 1882	Rand
Howard	Daniel		24	17N	2W	80	30 Jun. 1882	Lawr
Howard	Edward	W.	1	15N	4W	160	14 Dec. 1830	Shar
Howard	Henry		23	10N	5W	160	27 Nov. 1820	Jack
Howard	James		9	18N	4W	120	1 Sep. 1860	Shar
Howard	John		30	14N	4E	160	6 Nov. 1821	Crai
Howard	John		7	17N	2W	80	6 Nov. 1895	Lawr
Howard	Jonathan		4	16N	5E	40	10 Dec. 1859	Gree
Howard	Joseph		7	17N	2W	154.5	1 Jul. 1859	Lawr
Howard	Joseph		7	17N	2W	152.5	18 Sep. 1872	Lawr
Howard	Mary	F.	7	21N	1E	80	14 Jun. 1897	Rand
Howard	Mimican	H.	30	12N	11E	160	28 Jul. 1838	Miss
Howard	Mimican	H.	31	12N	11E	160	21 Aug. 1837	Miss
Howard	Mimican	H.	31	12N	11E	160	21 Aug. 1837	Miss
Howard	Mimircan	H.	32	12N	11E	80	15 Jun. 1837	Miss
Howard	Rhoda	B.	24	17N	2W	80	10 Apr. 1876	Lawr
Howard	Stephen		34	10N	4E	320	18 Jan. 1832	Poin
Howard	William	A.	28	19N	6E	160	17 Jan. 1902	Gree
Howard	William	G.	29	17N	2W	40	1 Mar. 1855	Lawr
Howard	William	G.	28	17N	2W	80	1 Mar. 1860	Lawr
Howard	William	G.	29	17N	2W	80	1 May 1854	Lawr
Howe	John		2	20N	1E	160	27 Feb. 1823	Rand
Howe	Samuel		5	15N	1W	320	17 Aug. 1821	Lawr
Howel	Andrew		4	16N	5E	77.73	15 Jun. 1855	Gree
Howel	Daniel		10	16N	5E	80	1 Jul. 1859	Gree
Howel	Rufus		1	16N	5E	120	1 May 1860	Gree
Howel	Wesley		29	14N	3E	80	1 May 1860	Crai
Howel	William	H.	34	14N	3E	80	1 May 1860	Crai
Howel	William	H.	34	14N	3E	40	1 May 1860	Crai
Howell	Andrew		32	17N	5E	80	28 Mar. 1861	Gree
Howell	Andrew		28	16N	3W	40	10 Jul. 1844	Lawr
Howell	Augustin		21	14N	3E	120	1 Jul. 1859	Crai
Howell	Augustine		21	14N	3E	40	15 Jun. 1855	Crai
Howell	John	F.	8	17N	6W	160	26 Nov. 1904	Shar
Howell	John		5	15N	4W	160	4 Mar. 1822	Shar
Howell	Rufus		1	16N	5E	80	1 Oct. 1860	Gree
Howell	William	H.	30	14N	3E	40	1 Mar. 1856	Crai
Howell	William	H.	22	14N	3E	40	1 May 1860	Crai
Howell	William		21	14N	3E	40	28 Mar. 1861	Crai

Last Name	First Name	Int.	Section No.	Twp.	Ran	Acres	Date	Co.
Howell	William		20	14N	3E	80	1 May 1860	Crai
Howton	Joshua	C.	20	18N	6E	80	21 Jan. 1889	Gree
Hubble	Asa		28	19N	4W	84.02	23 Jul. 1880	Shar
Hubble	William		28	19N	1E	160	28 Mar. 1861	Rand
Hubble	Wilson		20	17N	6W	40	1 Nov. 1835	Shar
Huber	Nancy		20	18N	1E	136.4	10 Apr. 1876	Rand
Hubert	Ida		11	10N	3W	160	23 Jan. 1901	Jack
Hubert	Orlando	J.	17	10N	3W	80	3 Jul. 1897	Jack
Huckabay	Berryman		5	21N	2W	41.57	1 May 1860	Rand
Huckabay	Berryman		5	21N	2W	80	2 Jul. 1860	Rand
Huckabee	William	J.	2	17N	5W	80	25 Jun. 1901	Shar
Huddleston	John	G.	33	17N	6W	40	1 May 1860	Shar
Huddleston	Loue		18	11N	7E	142.8	29 Sep 1901	Poin
Huddleston	Thomas	Y.	35	17N	6W	80	1 Jul. 1859	Shar
Huddleston	Thomas	Y.	35	17N	6W	80	1 Sep. 1857	Shar
Huddlestone	Andrew	J.	33	17N	6W	120	10 Dec. 1859	Shar
Hudson	Evan		20	17N	3W	120	20 Dec. 1861	Lawr
Hudson	Evin		19	17N	3W	80	20 May 1876	Lawr
Hudson	Fanny		22	16N	5W	160	31 May 1825	Shar
Hudson	Jefferson		30	17N	5W	120	1 Jul. 1859	Shar
Hudson	Jefferson		30	17N	5W	40	1 Jul. 1859	Shar
Hudson	Jefferson		30	17N	5W	80	1 Sep. 1857	Shar
Hudson	Jefferson		30	17N	5W	80	18 Mar. 1905	Shar
Hudson	John	B.	35	17N	1W	120	1 Feb. 1875	Lawr
Hudson	John	R.	35	17N	1W	40	1 Sep. 1856	Lawr
Hudson	Joseph		4	21N	1W	40	20 Dec. 1861	Rand
Hudson	Joseph		4	21N	1W	40	20 Dec. 1861	Rand
Hudson	Madison		26	17N	6W	40	1 Mar. 1855	Shar
Hudson	Madison		26	17N	6W	40	1 Mar. 1855	Shar
Hudson	Mary		24	15N	2W	41.49	1 Sep. 1856	Lawr
Hudson	Pleasant		18	16N	3W	117.5	5 Sep. 1842	Lawr
Hudson	Thomas	J.	29	10N	7E	80	10 May 1898	Poin
Hudson	William	J.	25	17N	6W	200	16 Jun. 1856	Shar
Hudson	William	J.	17	16N	3W	40	10 Jul. 1844	Lawr
Hudspeth	George	S.	28	19N	4W	62.36	5 Sep. 1842	Shar
Hudspeth	Joseph	F.	33	19N	4W	160	1 Sep. 1857	Shar
Hudspeth	Solomon		36	19N	4W	77.32	10 Jul. 1844	Shar
Huett	Mathew		27	20N	3W	80	14 Aug 1906	Shar
Huey	Peter		36	10N	3E	80	1 Sep. 1857	Poin
Huff	Jonathan		28	13N	4E	160	12 Mar. 1822	Crai
Huffman	David	L.	2	16N	3W	80	4 Jun. 1894	Lawr
Huffstedler	Jacob		9	18N	1W	89.48	1 Jul. 1859	Rand
Huffstetler	Isaac		36	18N	5E	40	1 Mar. 1855	Gree
Huffstetler	William	M.	36	18N	5E	80	1 Jul. 1859	Gree
Huffstetler	William		36	18N	5E	40	1 Mar. 1855	Gree
Huffstetter	Isaac		13	18N	4E	40	1 Mar. 1856	Gree
Huffstetter	John		26	18N	5E	80	1 May 1860	Gree
Hufstedler	Eli		32	19N	1W	120	1 Jul. 1859	Rand

Last Name	First Name	Int.	Section No.	Twp.	Ran	Acres	Date	Co.
Hufstedler	Jacob	S.	32	19N	1W	80	18 Sep. 1891	Rand
Hufstedler	John		21	19N	1W	80	1 Jul. 1859	Rand
Hufstedler	John		28	19N	1W	80	1 Aug. 1861	Rand
Hufstedler	John		28	19N	1W	80	30 Oct. 1857	Rand
Hufstedler	Willis		27	19N	1W	120	1 May 1860	Rand
Hufstedler	Willis		34	19N	1W	40	1 May 1860	Rand
Hufstedler	Willis		34	19N	1W	40	1 Jul. 1859	Rand
Huggans	William		28	16N	5E	80	1 May 1860	Gree
Huggans	William		28	16N	5E	40	1 May 1860	Gree
Hughes	Christopher	C.	21	21N	1E	40	10 May 1882	Rand
Hughes	George	D.	28	21N	8E	80	14 Sep 1906	Clay
Hughes	Hugh		30	17N	1W	90.48	16 Apr. 1890	Lawr
Hughes	James	C.	8	19N	2W	160	12 Jul. 1900	Rand
Hughes	James		31	19N	3W	40	1 Oct. 1839	Shar
Hughes	John		8	12N	4E	160	3 Apr. 1823	Poin
Hughes	Malissa	A.	22	15N	4E	40	1 Jul. 1859	Crai
Hughes	Milton	F.	14	19N	4W	160	19 Jan. 1898	Shar
Hughes	Thomas		35	12N	3W	80	1 Oct. 1839	Jack
Hughes	Thomas		36	12N	3W	80	1 Oct. 1839	Jack
Hughs	Ivy	S.	35	14N	3E	40	1 Jan. 1861	Crai
Hughs	Ivy	S.	36	14N	3E	80	1 May 1860	Crai
Hughs	Ivy	S.	1	13N	3E	42.48	1 Aug. 1861	Crai
Hughs	William	B.	10	21N	1W	80	21 Jan. 1889	Rand
Huit	Randolph		35	21N	4W	40	1 May 1860	Shar
Hulett	William	H.	14	17N	5W	80	14 Apr. 1897	Shar
Hull	Elizabeth		26	20N	1E	160	24 May 1836	Rand
Hulsey	Alfred		11	15N	6W	120	1 May 1874	Shar
Hulsey	Alfred		2	15N	6W	40	16 Jun. 1856	Shar
Hulsey	Alfred		11	15N	6W	40	1 Jul. 1859	Shar
Humble	George		22	14N	4E	160	27 Nov. 1820	Crai
Humphreys	George		8	19N	3W	40	1 Oct. 1839	Shar
Humphreys	Robert	H.	6	10N	5W	199.8	1 Jun. 1859	Jack
Humphreys	Thomas		4	19N	5W	90.17	1 Jul. 1859	Shar
Hungerford	Burch	H.	20	19N	3W	80	3 Jul. 1890	Shar
Hungerford	Rice		35	20N	3W	120	8 May 1888	Rand
Hungerford	Rice		3	19N	3W	80	8 May 1888	Shar
Hungerford	Rice		4	19N	3W	40	8 May 1888	Shar
Hungerford	Rice		10	19N	3W	80	8 May 1888	Shar
Hungerford	Rice		33	20N	3W	160	12 May 1888	Shar
Hungerford	Rice		34	20N	3W	40	8 May 1888	Shar
Hungerford	Rice		34	20N	3W	80	12 May 1888	Shar
Hungerford	Rice		34	20N	3W	80	12 May 1888	Shar
Hungerford	Rice		33	20N	3W	40	10 Jun. 1889	Shar
Hungerford	Rice		34	20N	3W	80	10 Jun. 1889	Shar
Hungerford	Rice		34	20N	3W	80	11 Jun. 1889	Shar
Hungerford	Rice		34	20N	3W	40	11 Jun. 1889	Shar
Hungerford	Rice		34	20N	3W	40	11 Jun. 1889	Shar
Hunsaker	Mary	M.	8	19N	2W	40	16 Mar. 1885	Rand

Last Name	First Name	Int.	Section No.	Twp.	Ran	Acres	Date	Co.
Hunt	Abraham		3	15N	4W	160	14 Aug. 1821	Shar
Hunt	Bazil		28	17N	3W	160	1 Feb. 1821	Lawr
Hunt	Dixon	H.	23	11N	3W	80	10 Apr. 1876	Jack
Hunt	Edwin	T.	29	19N	5W	80	16 Mar. 1885	Shar
Hunt	John		4	10N	5W	40	28 Mar. 1861	Jack
Hunt	John		4	10N	5W	40	1 Jul. 1859	Jack
Hunt	Lewis	R.	26	15N	4E	120	1 May 1860	Crai
Hunter	Joseph		12	12N	3W	40	16 Jun. 1856	Jack
Hunter	Joseph		11	12N	3W	40	1 Sep. 1856	Jack
Hunter	Joseph		14	12N	3W	40	1 Sep. 1856	Jack
Hunter	Joseph		14	12N	3W	40	10 Oct. 1850	Jack
Hunter	Nancy	J.	10	18N	3W	80	18 Aug. 1890	Lawr
Hunter	Robert		20	10N	5W	160	8 May 1826	Jack
Hunter	Thomas		9	9N	1W	160	24 Mar. 1824	Jack
Hunter	Washington	R.	36	19N	1E	30.61	25 Aug. 1882	Rand
Hunter	William	H.	13	21N	2W	80	22 Jun 1901	Rand
Huntsucker	Abraham		36	20N	2E	40	16 Aug. 1838	Rand
Hurd	John	W.	5	16N	4W	59.45	1 May 1860	Shar
Hurd	John	W.	5	16N	4W	40	1 May 1860	Shar
Hurd	John	W.	5	16N	4W	40	1 May 1860	Shar
Hurd	John	W.	19	16N	4W	80	1 May 1860	Shar
Hurn	Mathew		11	19N	1W	80	6 Apr. 1895	Rand
Hurn	Mathew		36	20N	1W	160	1 May 1861	Rand
Hurn	Matthew		10	19N	1W	40	1 Jul. 1859	Rand
Hurn	Peter		31	20N	1E	120	1 May 1860	Rand
Hurn	Randal		6	19N	1E	190.6	1 May 1860	Rand
Hurn	Randal		1	19N	1W	40	1 Jul. 1859	Rand
Hurn	Samuel	P.	26	20N	1W	80	31 Jul. 1903	Rand
Hurn	Simon	P.	31	20N	1E	135.8	2 Jul. 1860	Rand
Hurst	Charles	M.	3	20N	6E	80	2 Jun. 1897	Clay
Hurst	Isaiah		34	19N	1W	40	8 May 1901	Rand
Hurst	William		31	18N	4W	135.4	30 Mar. 1905	Shar
Hussey	Elbridge	M.	7	13N	2W	40	16 Jun. 1856	Jack
Huston	John		13	18N	2W	160	4 Dec. 1826	Rand
Huston	Pleasant		18	16N	3W	80	12 Dec. 1823	Lawr
Hutchason	Mary	F.	13	11N	3W	40	16 Apr. 1890	Jack
Hutchens	Wiley		17	16N	4E	40	1 Oct. 1839	Gree
Hutcherson	John		15	17N	5W	40	1 Jul. 1859	Shar
Hutcheson	George	W.	7	20N	3W	33.22	1 May 1860	Shar
Hutcheson	John		10	17N	5W	40	30 Oct. 1857	Shar
Hutcheson	William	H.	32	19N	5W	40	1 May 1860	Shar
Hutchins	Jane		10	16N	3W	160	27 Nov. 1820	Lawr
Hutchins	Joel		17	20N	1E	160	27 Nov. 1821	Rand
Hutchins	Wiley		8	16N	4E	40	10 Jul. 1844	Gree
Hutchins	William		8	16N	4E	40	1 Mar. 1856	Gree
Hutchins	William		7	16N	4E	40	1 Sep. 1856	Gree
Hutchinson	James	L.	10	18N	1W	40	1 Jul. 1859	Rand
Hutchinson	John		32	18N	1W	40	1 Mar. 1856	Rand

Last Name	First Name	Int.	Section No.	Twp.	Ran	Acres	Date	Co.
Hutchinson	John		9	18N	1W	76.02	1 Jul. 1850	Rand
Hutchinson	John		9	13N	11E	160	10 Aug. 1850	Miss
Hutchison	Alexander		28	14N	4E	160	24 Oct. 1827	Crai
Hutchison	Newton	V.	28	17N	5W	160	25 Jun. 1901	Shar
Hutchison	William	L.	29	16N	4W	200	16 Jun. 1856	Shar
Hutchison	William	S.	29	16N	4W	40	1 Jul. 1859	Shar
Hutson	Joshua		18	17N	3W	160	1 May 1860	Lawr
Hutson	Pleasant		18	16N	3W	80	12 Dec. 1823	Lawr
Hutson	Pleasant		13	16N	4W	80	12 Dec. 1823	Shar
Hutton	Mantie	J.	24	13N	8E	159.8	1 Mar. 1904	Miss
Hyatt	Hubert	B.	10	18N	5W	80	15 Oct. 1906	Shar
Hyde	Francis	P.	6	16N	5E	151.1	31 May 1890	Gree
Hyde	Greenberry	W.	12	16N	4E	40	4 May 1885	Gree
Hyde	Isaiah		12	16N	4E	280	1 Oct. 1860	Gree
Hyde	James	F.	8	17N	5E	160	21 Dec. 1899	Gree
Hyde	James	M.	12	16N	4E	160	1 Oct. 1860	Gree
Hyde	Joshua		9	14N	4E	160	12 Feb. 1834	Crai
Hyde	Thomas	I.	12	16N	4E	80	11 Jun. 1889	Gree
Hydrick	John	P.	35	10N	3E	160	1 Sep. 1856	Poin
Hydrick	William		36	10N	3E	120	1 Jul. 1859	Poin
Hynson	Henry	R.	10	18N	2E	120	16 Aug. 1838	Rand
Imboden	Andrew	H.	8	16N	1W	40	1 Oct. 1850	Lawr
Imboden	Andrew	H.	8	16N	1W	44.87	1 Oct. 1850	Lawr
Imboden	Andrew	H.	17	16N	1W	40	1 Oct. 1850	Lawr
Imboden	Andrew	H.	17	16N	1W	40	1 Oct. 1850	Lawr
Imboden	Andrew	H.	18	16N	1W	53.49	1 Oct. 1850	Lawr
Imboden	Andrew	H.	18	16N	1W	50.98	1 Oct. 1850	Lawr
Imboden	Benjamin		14	18N	2W	51.3	10 Sep. 1844	Rand
Imboden	Benjamin		23	18N	2W	51.25	10 Sep. 1844	Lawr
Imboden	John	H.	14	18N	2W	239.2	1 Oct. 1860	Rand
Ing	Alfred		7	17N	6W	41	30 Oct. 1857	Shar
Ing	Alfred		7	17N	6W	40	1 Oct. 1860	Shar
Ing	Joseph		7	17N	6W	40	1 May 1860	Shar
Inglehart	Rezin		24	10N	5W	160	10 Apr. 1822	Jack
Ingram	Benjamin		33	10N	5W	160	27 Feb. 1821	Jack
Ingram	George	H.	32	21N	1E	40	10 Feb. 1881	Rand
Ingram	James	P.	21	21N	2E	240	18 Jan. 1896	Rand
Ingram	James	P.	1	21N	1E	37.71	1 Mar. 1855	Rand
Ingram	James	P.	2	21N	1E	40	1 Mar. 1855	Rand
Ingram	James	P.	11	21N	1E	40	1 Mar. 1855	Rand
Ingram	James	P.	21	21N	2E	40	1 Jul. 1859	Rand
Ingram	James	P.	28	21N	2E	80	16 Aug. 1838	Rand
Ingram	James	P.	11	21N	1E	40	30 Oct. 1857	Rand
Ingram	Joseph	W.	27	21N	2E	80	1 May 1860	Rand
Ingram	Joseph	W.	27	21N	2E	40	1 May 1860	Rand
Ingram	Joseph	W.	8	20N	3E	40	25 Aug. 1882	Rand
Ingram	Joseph	W.	27	21N	2E	200	10 Dec. 1859	Rand
Ingram	Martha	J.	36	21N	7E	160	15 Jan. 1883	Clay

Last Name	First Name	Int.	Section No.	Twp.	Ran	Acres	Date	Co.
Ingram	Solomon		24	17N	4E	40	10 Dec. 1859	Gree
Ingrum	Creed	A.	26	17N	5E	120	1 Jul. 1859	Gree
Ingrum	Creed	A.	26	17N	5E	40	1 Oct. 1860	Gree
Ingrum	Margaret	S.	24	17N	5E	40	1 Jul. 1859	Gree
Ingrum	Margaret	S.	24	17N	5E	120	1 Jul. 1859	Gree
Ingrum	Margaret	S.	24	17N	5E	80	1 Jul. 1859	Gree
Inman	James	W.	32	16N	4E	120	19 Jun. 1895	Gree
Inman	Mordecai		31	20N	1W	116.3	8 Mar. 1898	Rand
Inman	William	R.	20	16N	4E	80	1 Jul. 1859	Gree
Inman	William	R.	20	16N	4E	80	1 Jul. 1859	Gree
Inmon	James	W.	27	17N	4E	40	1 Mar. 1855	Gree
Inmon	James	W.	32	16N	4E	120	1 Jul. 1859	Gree
Irby	Alfred	H.	14	19N	1W	40	1 May 1861	Rand
Irby	Alfred	N.	11	19N	1W	80	1 May 1860	Rand
Irby	Wiley	G.	5	20N	7E	160	31 Dec. 1890	Clay
Irvie	Thomas	R.	28	19N	5W	160	17 Sep. 1889	Shar
Irvin	James		11	15N	4W	160	1 Feb. 1821	Shar
Irvin	Willie	A.	19	21N	8E	45.06	16 Nov. 1901	Clay
Irwin	Henry		23	15N	4E	40	1 May 1860	Crai
Irwin	Henry		24	15N	4E	80	1 May 1860	Crai
Irwin	Henry		23	15N	4E	120	1 Aug. 1861	Crai
Irwin	Jeremiah		23	15N	4E	40	1 May 1860	Crai
Irwin	Jeremiah		25	15N	4E	120	1 May 1860	Crai
Irwin	Thomas	M.	19	21N	8E	45.07	12 Nov. 1900	Clay
Isaacs	Elijah		14	20N	2W	160	23 Jul. 1821	Rand
Isaacs	James		15	21N	1E	80	1 May 1860	Rand
Isaacs	James		2	21N	1E	80	10 Jul. 1848	Rand
Isaacs	Samuel		14	20N	2W	160	23 Jul. 1821	Rand
Isbell	Alfred		5	16N	1W	1.34	10 Sep. 1844	Lawr
Isbell	Alfred		5	16N	1W	4.23	10 Sep. 1844	Lawr
Isbell	Henderson		23	17N	1W	40	1 Oct. 1850	Lawr
Isbell	Henderson		27	17N	1W	39.8	1 Oct. 1850	Lawr
Isbell	Henderson		28	17N	1W	40	1 Oct. 1850	Lawr
Isbell	Henderson		33	17N	1W	40	1 Oct. 1850	Lawr
Isbell	Henderson		34	17N	1W	40	1 Oct. 1850	Lawr
Isbell	Henderson		5	16N	1W	98.68	1 Nov. 1849	Lawr
Isbell	William	D.	30	20N	1E	40	10 Jul. 1844	Rand
Isbil	Henry		30	20N	1E	80	10 Jul. 1844	Rand
Ishmael	Benjamin	R.	21	15N	4E	120	1 May 1860	Crai
Ishmael	Caswell	C.	21	15N	4E	40	1 Mar. 1855	Crai
Ishmael	Henry	C.	22	15N	4E	40	1 Mar. 1855	Crai
Ishmael	Henry	C.	15	15N	4E	160	1 Apr. 1857	Crai
Ishmael	James	P.	10	15N	4E	40	1 May 1860	Crai
Ishmael	Shadrick	S.	15	15N	4E	40	1 Mar. 1855	Crai
Ishnael	James	P.	10	15N	4E	120	22 Jun. 1895	Crai
Isom	Nancy		22	15N	3E	120	20 Jun. 1894	Crai
Isom	Robert	A.	34	16N	3E	40	18 Sep. 1891	Gree
Ivey	George	C.	30	21N	4W	134.4	12 Nov. 1900	Shar

Last Name	First Name	Int.	Section No.	Twp.	Ran	Acres	Date	Co.
Ivey	Thomas		29	21N	4W	40	10 Sep 1907	Shar
Ivy	John	A.	19	15N	4W	160	17 Aug. 1821	Shar
Jack	James	R.	34	21N	2W	80	23 Apr. 1892	Rand
Jackson	Alexander	M.	7	20N	4W	51.55	4 Oct. 1900	Shar
Jackson	Andrew		27	12N	3W	40	1 Oct. 1850	Jack
Jackson	Andrew		7	21N	2E	160	7 Mar. 1902	Rand
Jackson	Benjamin	F.	17	15N	5W	40	16 Jun. 1856	Shar
Jackson	Benjamin	F.	28	13N	8E	160	10 Sep. 1883	Miss
Jackson	Charles	W.	11	18N	5W	80	18 Apr 1905	Shar
Jackson	Daniel	M.	25	12N	3W	40	10 Jul. 1844	Jack
Jackson	Doctor	E.	8	19N	4W	40	8 Dec. 1896	Shar
Jackson	Ebenezer		25	15N	1W	160	27 Nov. 1820	Lawr
Jackson	James	D.	32	21N	1W	40	25 May 1889	Rand
Jackson	John	C.	28	13N	8E	80	7 Mar. 1902	Miss
Jackson	Manly	M.	8	20N	1W	120	20 Jul. 1881	Rand
Jackson	Marquis	B.	26	17N	5W	40	1 Mar. 1855	Shar
Jackson	Mary	A.	27	17N	5W	80	1 May 1860	Shar
Jackson	Mary	A.	26	17N	5W	40	16 Jun. 1856	Shar
Jackson	Mary	A.	26	17N	5W	80	1 Sep. 1857	Shar
Jackson	Mary	A.	27	17N	5W	40	30 Oct. 1857	Shar
Jackson	Matthew	A.	9	16N	5W	80	1 Jul. 1859	Shar
Jackson	Robert	M.	7	19N	4W	39.19	10 Jun. 1889	Shar
Jackson	Robert	M.	7	19N	4W	40	10 Jun. 1889	Shar
Jackson	Robert	M.	12	19N	5W	40	10 Jun. 1889	Shar
Jackson	Sabra		6	18N	6W	147.7	1 Jul. 1859	Shar
Jackson	Samuel		23	21N	2E	120	1 May 1860	Rand
Jackson	Wesley		14	15N	5W	160	1 Jul. 1859	Shar
Jackson	William	C.	6	18N	6W	155.4	30 Oct. 1857	Shar
Jackson	William	E.	2	19N	7E	42.47	2 Apr. 1860	Clay
Jackson	William	E.	2	19N	7E	42.8	1 Jul. 1859	Clay
Jackson	William	E.	34	20N	7E	80	1 Jul. 1859	Clay
Jackson	Zachariah	T.	3	11N	7E	130.8	12 Jul. 1900	Poin
Jacobs	Abel		2	14N	1W	160	27 Nov. 1820	Jack
James	Andrew	J.	25	10N	8E	80	1 Nov. 1848	Miss
James	Calvin		8	17N	1W	80	2 Apr. 1874	Lawr
James	Daniel		13	21N	4W	80	18 Oct. 1890	Rand
James	Dolly		6	15N	4W	160	7 May 1821	Shar
James	Elijah		30	21N	3W	40	1 May 1860	Rand
James	Elijah		31	15N	4W	115.8	1 May 1861	Shar
James	Elijah		32	15N	4W	125.5	1 Jul. 1859	Shar
James	Elijah		23	20N	3W	160	18 Jan 1905	Rand
James	Isaac	F.	32	21N	3W	160	8 May 1901	Rand
James	Isaac		18	21N	3W	86.04	30 Jun. 1882	Rand
James	Isaac		19	21N	3W	40	1 Sep. 1860	Rand
James	Isaac		11	21N	4W	120	18 Oct. 1890	Rand
James	James		7	19N	2W	40	10 Jul. 1844	Rand
James	John		12	11N	3W	80	28 Sep. 1840	Jack
James	John		12	11N	3W	80	28 Sep. 1840	Jack

Last Name	First Name	Int.	Section No.	Twp.	Ran	Acres	Date	Co.
James	John		18	19N	2W	40	5 Sep. 1842	Rand
James	Lucinda		18	21N	3W	80	31 May 1890	Rand
James	Prior	C.	10	20N	4W	40	1 May 1861	Shar
James	Richard		4	16N	4W	80	1 Jul. 1859	Shar
James	Samantha	J.	28	21N	3W	160	4 Dec. 1901	Rand
James	Thomas		5	16N	4W	80	1 Mar. 1860	Shar
James	Thomas		5	16N	4W	40	1 May 1860	Shar
James	Wesley		20	20N	2W	160	16 Jun. 1905	Rand
James	William	B.	18	19N	2W	43.5	1 Mar. 1856	Rand
James	William	M.	5	20N	2W	80	13 Mar. 1890	Rand
Janes	George		7	19N	2W	88.21	12 Dec. 1823	Rand
Janes	James		7	19N	2W	40	1 Mar. 1855	Rand
Janes	James		18	19N	2W	40	1 Mar. 1856	Rand
Janes	John	F.	32	19N	3W	40	1 May 1860	Shar
Janes	John		18	19N	2W	80	1 Jul. 1859	Rand
Janes	John		5	18N	2W	80	12 Dec. 1823	Rand
Janes	John		29	19N	2W	80	12 Dec. 1823	Rand
Janes	Joseph		18	19N	2W	80	12 Dec. 1823	Rand
Janes	Joseph		18	19N	2W	80	12 Dec. 1823	Rand
Janes	Massae	H.	4	18N	3W	66.86	19 Aug. 1826	Lawr
Janes	Samuel		32	19N	2W	40	1 Nov. 1835	Rand
Janes	William		33	19N	3W	33.91	12 Dec. 1823	Shar
Jarred	Jonathan		31	19N	1W	80	11 May 1895	Rand
Jarrell	John	I.	22	18N	5E	160	15 Jan. 1883	Gree
Jarrell	William		34	16N	3W	160	18 Jan. 1823	Lawr
Jarrett	Hannah		10	20N	1E	120	1 May 1860	Rand
Jarrett	Henry	C.	10	20N	1E	80	1 May 1860	Rand
Jarrett	Henry	C.	10	20N	1E	80	1 Jul. 1859	Rand
Jarrett	James		22	21N	1W	160	5 May 1904	Rand
Jarrett	William	R.	7	16N	5W	160	13 Mar. 1890	Shar
Jarrett	William		4	20N	1E	80	16 Jul. 1835	Rand
Jarrett	William		3	20N	1E	40	16 Aug. 1838	Rand
Jaynes	Alfred		35	19N	3W	40	30 Nov. 1878	Shar
Jeffers	Joseph		2	20N	3W	85.74	1 Jul. 1859	Rand
Jeffers	Leroy		31	19N	3W	39.24	10 Jul. 1844	Shar
Jeffery	James		25	16N	4W	40	5 Sep. 1842	Shar
Jeffrey	Daniel	M.	32	16N	2W	40	1 Oct. 1850	Lawr
Jeffrey	Jesse		18	16N	3W	80	10 Nov. 1830	Lawr
Jeffrey	Jesse		28	16N	3W	80	12 Dec. 1823	Lawr
Jeffrey	Jessee		28	16N	3W	80	12 Dec. 1823	Lawr
Jeffries	Daniel		4	18N	3W	35.25	20 Jul. 1825	Lawr
Jeffries	James		29	19N	3W	160	30 Sep. 1833	Shar
Jenkins	Aaron		13	19N	3W	85.68	1 May 1860	Rand
Jenkins	Amos		29	11N	4E	160	23 Apr. 1821	Poin
Jenkins	James		27	13N	1W	160	18 Mar. 1824	Jack
Jenkins	Willeford		29	15N	1W	160	27 Nov. 1820	Lawr
Jennings	William		2	15N	4W	160	20 Jan. 1822	Shar
Jernigan	Martin		5	19N	1E	80	1 Jul. 1859	Rand

Last Name	First Name	Int.	Section No.	Twp.	Ran	Acres	Date	Co.
Jernigan	William	J.	26	16N	4E	160	28 Mar. 1861	Gree
Jewell	Benjamin	H.	5	13N	4E	160	27 Nov. 1820	Crai
Jinkins	James	P.	22	18N	3W	160	22 Apr. 1899	Lawr
Jliff	James		32	16N	3W	160	31 Aug. 1821	Lawr
Job	Margaret		17	15N	4W	160	25 Sep. 1837	Shar
John	James	M.	24	18N	5W	160	23 Jan. 1901	Shar
Johns	Evan	S.	13	17N	5W	80	1 Jul. 1859	Shar
Johns	Evan	S.	19	17N	4W	238	1 Sep. 1856	Shar
Johns	Jacob		31	14N	4E	160	28 Jul. 1828	Crai
Johns	John		4	16N	5W	40	1 May 1860	Shar
Johns	John		4	16N	5W	160.2	1 Sep. 1857	Shar
Johnson	Almarine		33	20N	3W	120	1 Aug. 1861	Shar
Johnson	Amy	M.	7	21N	2W	155.9	1 Jul. 1903	Rand
Johnson	Andrew		23	11N	1W	40	1 Sep. 1856	Jack
Johnson	Benjamin		9	16N	3W	160	22 Oct. 1821	Lawr
Johnson	Calvin		26	17N	4W	80	16 Jun. 1856	Shar
Johnson	Calvin		33	18N	4W	40	1 Jul. 1859	Shar
Johnson	Cane		18	16N	6W	48.49	1 May 1860	Shar
Johnson	Catharine		22	19N	1W	40	1 May 1860	Rand
Johnson	Cato		8	16N	6W	80	26 Jul. 1897	Shar
Johnson	Cave		6	16N	6W	80	28 Mar. 1861	Shar
Johnson	Cave		7	16N	6W	80	1 May 1860	Shar
Johnson	Charlotte		8	18N	1W	80	21 Dec. 1899	Rand
Johnson	Columbus	F.	22	20N	2W	80	5 Feb 1905	Rand
Johnson	Daniel	D.	2	10N	5W	160	1 May 1860	Jack
Johnson	Daniel		33	18N	5W	40	10 Sep. 1844	Shar
Johnson	David		2	9N	2W	40	1 Sep. 1856	Jack
Johnson	David		31	9N	2W	40	1 Sep. 1856	Jack
Johnson	David		31	9N	2W	40	1 Sep. 1856	Jack
Johnson	David		1	14N	4E	160	27 Nov. 1820	Crai
Johnson	Ebenezer		24	19N	1W	160	27 Nov. 1820	Rand
Johnson	Edward		26	17N	4W	40	30 Oct. 1857	Shar
Johnson	Edward		33	17N	4W	80	10 Dec. 1859	Shar
Johnson	Eliza	J.	28	18N	4W	40	1 Jul. 1859	Shar
Johnson	Frances	P.	13	17N	5W	160	25 Jun. 1901	Shar
Johnson	George	W.	32	17N	5W	80	10 Dec. 1859	Shar
Johnson	Henry	H.	11	21N	2E	120	6 Apr. 1895	Rand
Johnson	Henry	H.	12	21N	2E	200	1 May 1860	Rand
Johnson	Houston		14	12N	1W	40	1 Sep. 1856	Jack
Johnson	Ira		26	16N	6W	120	30 Oct. 1857	Shar
Johnson	Iri		27	16N	6W	120	11 May 1895	Shar
Johnson	Isaac		8	17N	1W	40	1 May 1860	Lawr
Johnson	Isaac		8	17N	1W	80	1 Sep. 1860	Lawr
Johnson	James	M.	10	10N	5W	120	1 May 1860	Jack
Johnson	James		9	10N	5W	160	30 Apr. 1821	Jack
Johnson	James		26	21N	8E	40	2 Apr. 1860	Clay
Johnson	James		11	19N	3W	40	1 May 1860	Shar
Johnson	James		33	13N	1W	160	27 Nov. 1820	Jack

Last Name	First Name	Int.	Section No.	Twp.	Ran	Acres	Date	Co.
Johnson	William		13	13N	1W	160	27 Nov. 1820	Jack
Johnson	William		8	21N	1W	160	12 Jul. 1900	Rand
Johnston	Andrew		23	11N	1W	40	16 Jun. 1856	Jack
Johnston	Andrew		23	11N	1W	40	30 Oct. 1857	Jack
Johnston	Gregory	H.	19	20N	2E	80	1 May 1860	Rand
Johnston	Gregory		19	20N	2E	45.54	22 Jun. 1895	Rand
Johnston	Gregory		19	20N	2E	133.3	1 Sep. 1856	Rand
Johnston	James	F.	12	20N	1E	80	1 Feb. 1875	Rand
Johnston	James	F.	18	20N	2E	169.9	1 Jul. 1859	Rand
Johnston	James	F.	13	20N	1E	40	1 Oct. 1860	Rand
Johnston	James	H.	4	11N	7E	89.06	16 Mar. 1896	Poin
Johnston	James		3	10N	1W	87.86	10 Jul. 1848	Jack
Johnston	John		27	11N	2W	40	1 Sep. 1856	Jack
Johnston	Larkin	F.	14	21N	1W	80	1 Mar. 1855	Rand
Johnston	Larkin	F.	22	21N	1E	40	1 May 1860	Rand
Johnston	Larkin	F.	23	21N	1E	120	1 May 1860	Rand
Johnston	Larkin	F.	23	21N	1E	160	1 Jul. 1859	Rand
Johnston	Lewis	B.	21	21N	1E	40	1 Mar. 1855	Rand
Johnston	Lewis	B.	22	21N	1E	160	1 May 1860	Rand
Johnston	Lewis	B.	21	21N	1E	160	25 Jun. 1872	Rand
Johnston	Samuel		33	16N	5E	40	1 Jul. 1859	Gree
Johnston	Thomas		21	17N	3W	160	27 Nov. 1820	Lawr
Johnston	William	P.	27	21N	2E	40	1 May 1860	Rand
Johnston	William	P.	28	21N	2E	40	1 Jul. 1859	Rand
Johnston	William	P.	28	21N	2E	160	1 Jul. 1859	Rand
Johnston	William	P.	27	21N	2E	40	2 Jul. 1860	Rand
Joice	Henry		33	12N	4E	160	27 Nov. 1820	Poin
Jones	Andrew	J.	6	20N	8E	40	18 Jan. 1894	Clay
Jones	Andrew	J.	33	10N	3W	80	7 Sep. 1894	Jack
Jones	Andrew	J.	29	21N	4W	160	8 Oct. 1892	Shar
Jones	Archibald		24	16N	3E	40	1 Mar. 1855	Gree
Jones	Archibald		19	16N	4E	64.74	1 Mar. 1855	Gree
Jones	Archibald		28	15N	4E	160	1 Apr. 1857	Crai
Jones	Augustus		33	19N	1E	130.2	16 Aug. 1838	Rand
Jones	Benjamin		26	20N	1E	160	24 May 1836	Rand
Jones	Benjamin		19	20N	1W	80	20 Jul. 1825	Rand
Jones	Benjamin		27	12N	4E	160	16 Jul. 1832	Poin
Jones	Benjamin		19	20N	1W	40	16 Aug. 1838	Rand
Jones	Benjamin		19	20N	1W	41.71	16 Aug. 1838	Rand
Jones	Benjamin		19	20N	1W	71.02	5 Sep. 1842	Rand
Jones	Burrel		9	15N	6W	120	1 Jul. 1859	Shar
Jones	Burrel		9	15N	6W	40	1 Jul. 1859	Shar
Jones	Burrel		17	15N	6W	40	18 Mar. 1905	Shar
Jones	Claibourne	G.	14	18N	5E	200	1 Jul. 1859	Gree
Jones	Claibourne	G.	14	18N	5E	80	1 Oct. 1860	Gree
Jones	Delila		34	18N	5W	40	10 Sep. 1844	Shar
Jones	Ece		9	10N	3W	47.7	26 Jul 1905	Jack
Jones	Edwin		13	11N	10E	160	10 Apr. 1837	Miss

Last Name	First Name	Int.	Section No.	Twp.	Ran	Acres	Date	Co.
Johnson	Jesse	H.	10	20N	4W	160	13 Oct. 1898	Shar
Johnson	Joab	A.	33	16N	5W	80	1 Jul. 1859	Shar
Johnson	John	A.	8	21N	2E	80	3 Aug. 1882	Rand
Johnson	John	A.	6	16N	6W	174.8	30 Oct. 1857	Shar
Johnson	John	C.	10	15N	3E	40	12 May 1888	Crai
Johnson	John	C.	5	15N	5W	80	16 Jun. 1856	Shar
Johnson	John	G.	5	15N	5W	51.67	1 Mar. 1855	Shar
Johnson	John	G.	5	15N	5W	93.58	1 May 1860	Shar
Johnson	John	H.	5	20N	1E	46.19	1 May 1860	Rand
Johnson	John	H.	1	15N	5W	82.47	1 Jul. 1859	Shar
Johnson	John	H.	33	21N	1E	80	13 Nov. 1884	Rand
Johnson	John	K.	12	19N	2E	80	10 May 1882	Rand
Johnson	John	L.	2	19N	6E	112.4	17 Sep. 1889	Clay
Johnson	John	L.	36	20N	2E	11.86	1 Oct. 1839	Rand
Johnson	John	W.	31	21N	1E	159.6	1 May 1861	Rand
Johnson	John		29	20N	1W	160	1 Feb. 1821	Rand
Johnson	John		17	13N	11E	160	1 Aug. 1849	Miss
Johnson	Joseph	W.	28	21N	1W	80	4 Jun. 1906	Rand
Johnson	Joseph		4	10N	4E	320	16 Apr. 1821	Poin
Johnson	Josiah		21	19N	2W	80	21 Jan. 1889	Rand
Johnson	Lewis	C.	23	16N	6W	40	1 May 1860	Shar
Johnson	Lewis		29	9N	2W	80	10 Jul. 1844	Jack
Johnson	Luther	G.	10	15N	3E	160	18 Jan. 1894	Crai
Johnson	Melissa	C.	30	21N	2W	160	14 Jul 1906	Rand
Johnson	Nels	O.	11	19N	4W	160	23 Jan. 1901	Shar
Johnson	Peyton	R.	34	16N	5E	40	1 Mar. 1855	Gree
Johnson	Robert	A.	11	21N	2W	80	8 Oct. 1892	Rand
Johnson	Seaborn		32	21N	1E	40	1 Sep. 1860	Rand
Johnson	Seburn	E.	1	20N	1W	162.4	18 Oct. 1890	Rand
Johnson	Thomas	C.	7	16N	6W	40	1 Mar. 1855	Shar
Johnson	Thomas	C.	5	16N	6W	40	1 Jul. 1859	Shar
Johnson	Thomas	C.	7	16N	6W	40	1 Jul. 1859	Shar
Johnson	Thomas		11	18N	3W	40	1 Mar. 1855	Lawr
Johnson	Thomas		22	18N	2W	40	1 Mar. 1856	Lawr
Johnson	Thomas		26	18N	2W	40	1 May 1854	Lawr
Johnson	Thomas		27	18N	2W	120	1 May 1860	Lawr
Johnson	Thomas		27	18N	2W	80	1 Oct. 1860	Lawr
Johnson	William	C.	9	17N	4W	120	1 Sep. 1856	Shar
Johnson	William	R.	12	19N	6E	40	1 May 1860	Clay
Johnson	William	R.	6	19N	7E	85.41	1 Jul. 1859	Clay
Johnson	William	S.	4	15N	5W	58.74	24 Dec 1901	Shar
Johnson	William	T.	9	21N	2E	160	1 May 1860	Rand
Johnson	William	T.	8	21N	2E	80	1 Jul. 1859	Rand
Johnson	William		20	10N	5W	160	16 Apr. 1821	Jack
Johnson	William		28	17N	5W	40	1 May 1860	Shar
Johnson	William		32	20N	7E	80	10 Jul. 1861	Clay
Johnson	William		31	9N	1W	160	27 Nov. 1820	Jack
Johnson	William		13	13N	1W	160	27 Nov. 1820	Jack

Last Name	First Name	Int.	Section No.	Twp.	Ran	Acres	Date	Co.
Jones	Elbert		28	18N	5W	40	1 Mar. 1855	Shar
Jones	Elbert		3	17N	5W	40	1 Mar. 1856	Shar
Jones	Elbert		9	17N	5W	40	1 Mar. 1856	Shar
Jones	Elbert		4	17N	5W	40	1 Jul. 1850	Shar
Jones	Elbert		9	17N	5W	40	1 Jul. 1859	Shar
Jones	Elbert		33	18N	5W	120	1 Jul. 1859	Shar
Jones	Elbert		33	18N	5W	80	1 Jul. 1859	Shar
Jones	Elbert		34	18N	5W	120	1 Jul. 1859	Shar
Jones	Elbert		35	18N	5W	160	1 Jul. 1859	Shar
Jones	Elbert		34	18N	5W	40	1 Sep. 1846	Shar
Jones	Elbert		4	17N	5W	40	1 Oct. 1850	Shar
Jones	Elbert		9	17N	5W	40	5 Dec. 1850	Shar
Jones	Eli		34	21N	2W	160	8 Mar. 1898	Rand
Jones	Eli		14	19N	1E	80	1 May 1860	Rand
Jones	Eli		3	20N	1W	40	1 Jul. 1859	Rand
Jones	Eli		10	20N	1W	120	1 Sep. 1857	Rand
Jones	Elijah		15	15N	4E	120	1 May 1860	Crai
Jones	Elisha		4	20N	1W	80	1 Sep. 1857	Rand
Jones	George	M.	12	16N	4W	80	1 Jul. 1903	Shar
Jones	Green	N.	29	17N	3W	80	1 Jul. 1859	Lawr
Jones	Green	R.	25	18N	3W	40	1 May 1860	Lawr
Jones	Isaiah		2	20N	1W	120	1 Sep. 1857	Rand
Jones	Isham		9	20N	1W	80	3 Nov. 1876	Rand
Jones	James	M.	33	16N	5E	40	1 May 1860	Gree
Jones	James	M.	33	16N	5E	80	1 May 1860	Gree
Jones	James	M.	10	16N	2W	40	1 May 1860	Lawr
Jones	James	M.	25	19N	5W	209.1	1 May 1860	Shar
Jones	James	M.	33	16N	5E	80	1 Jul. 1859	Gree
Jones	James	P.	7	18N	4W	40	10 Feb. 1881	Shar
Jones	James	P.	2	18N	4W	80	7 Feb. 1893	Shar
Jones	James	P.	24	10N	3E	120	15 May 1877	Poin
Jones	James	P.	10	15N	4E	40	1 Jul. 1859	Crai
Jones	James	P.	2	15N	4E	120	10 Dec. 1859	Crai
Jones	James	P.	2	18N	4W	80	22 Dec. 1893	Shar
Jones	James	W.	25	20N	3W	162.8	12 Aug. 1896	Rand
Jones	James	W.	29	14N	2W	40	1 Sep. 1856	Jack
Jones	James		12	15N	5W	83.5	16 Jun. 1856	Shar
Jones	James		7	19N	2W	130.9	8 Jun. 1895	Rand
Jones	James		12	15N	5W	85.45	2 Jul. 1860	Shar
Jones	Jasper	N.	26	17N	4W	120	1 Jul. 1859	Shar
Jones	Jesse		15	20N	1W	80	1 Sep. 1857	Rand
Jones	John	F.	32	19N	3W	57.59	1 Jul. 1859	Shar
Jones	John	I.	35	21N	1W	120	22 Apr. 1899	Rand
Jones	John	L.	8	15N	6W	80	1 Sep. 1860	Shar
Jones	John	L.	17	15N	6W	40	10 Dec. 1859	Shar
Jones	John	R.	5	20N	1W	80	30 Jun. 1882	Rand
Jones	John		20	19N	7E	80	1 Jul. 1859	Clay
Jones	John		32	19N	3W	36.61	1 Jul. 1859	Shar

Last Name	First Name	Int.	Section No.	Twp.	Ran	Acres	Date	Co.
Jones	John		20	19N	7E	40	1 Sep. 1856	Clay
Jones	Jonah		28	20N	2W	160	30 Aug. 1899	Rand
Jones	Joshua		9	20N	1W	40	1 May 1860	Rand
Jones	Joshua		9	20N	1W	40	1 Jul. 1859	Rand
Jones	Lewis		12	21N	2W	40	1 Oct. 1860	Rand
Jones	Mathew		28	20N	2W	160	18 Feb 1905	Rand
Jones	Mirabeau	B.	6	21N	2E	40	28 Feb. 1906	Rand
Jones	Perl	A.	23	10N	7E	40	31 Jan. 1903	Poin
Jones	Robert	C.	5	15N	5E	38.68	1 Mar. 1855	Crai
Jones	Robert	C.	3	15N	5E	40	1 May 1860	Crai
Jones	Robert	C.	4	15N	5E	160	1 Jul. 1859	Crai
Jones	Robert	E.	31	11N	8E	80	17 Jan. 1902	Miss
Jones	Robert		2	15N	3W	160	27 Nov. 1820	Lawr
Jones	Rowland		35	16N	3W	160	4 Jun. 1836	Lawr
Jones	Thomas	B.	28	16N	5W	80	22 Apr. 1899	Shar
Jones	Thomas		32	19N	2E	45.32	1 Mar. 1855	Rand
Jones	Thomas		14	20N	2E	80	1 Jul. 1859	Rand
Jones	Wiley	C.	28	18N	5W	40	1 Jul. 1859	Shar
Jones	Wiley	C.	29	18N	5W	40	1 Jul. 1859	Shar
Jones	Wiley	C.	28	18N	1W	120	9 Jul. 1895	Rand
Jones	Wiley	C.	29	18N	5W	40	18 Mar. 1905	Shar
Jones	Wiley	C.	21	18N	6W	40	27 Mar. 1905	Shar
Jones	William	B.	18	19N	2W	44.14	1 Jul. 1859	Rand
Jones	William	F.	36	21N	1W	80	30 Dec. 1902	Rand
Jones	William	T.	9	15N	6W	40	1 Sep. 1860	Shar
Jones	William		32	19N	2W	38.12	1 Mar. 1855	Rand
Jones	William		10	20N	1W	80	1 May 1860	Rand
Jones	William		10	20N	1W	40	10 Sep. 1844	Rand
Jones	William		10	20N	1W	40	1 Oct. 1860	Rand
Jones	William		3	9N	10E	12.1	22 Nov. 1849	Miss
Jordan	William	M.	14	19N	5W	160	16 Nov. 1901	Shar
Jordon	Russel		36	16N	6W	40	1 Jul. 1859	Shar
Joyce	Harry	D.	1	19N	5W	44.98	7 Mar. 1902	Shar
Joyce	Thomas	B.	7	14N	4E	160	18 Aug. 1823	Crai
Judd	Obediah	B.	29	21N	2W	80	1 Jul. 1903	Rand
Judkins	Joseph	B.	35	17N	3W	80	1 May 1860	Lawr
Judkins	Joseph	B.	35	17N	3W	80	1 Jul. 1859	Lawr
Judkins	Sarah	D.	35	17N	3W	40	1 May 1860	Lawr
Judkins	William	H.	26	17N	3W	40	1 Mar. 1855	Lawr
Judkins	William	H.	36	17N	3W	40	1 Mar. 1855	Lawr
Julian	James	W.	15	21N	2E	120	1 May 1860	Rand
Jurey	Adam		13	16N	5W	160	20 Apr. 1822	Shar
Justice	John	D.	4	21N	2W	40	1 Nov. 1835	Rand
Justice	John	D.	9	21N	2W	40	1 Nov. 1835	Rand
Justus	Charles	H.	11	17N	4W	40	19 May 1903	Shar
Justus	Ira	N.	25	17N	3W	40	1 Mar. 1855	Lawr
Justus	Ira	N.	11	17N	3W	80	1 Jul. 1859	Lawr
Justus	John	M.	12	17N	3W	40	1 Mar. 1855	Lawr

Last Name	First Name	Int.	Section No.	Twp.	Ran	Acres	Date	Co.
Justus	John	M.	14	17N	3W	40	1 Mar. 1855	Lawr
Justus	Stephen		15	18N	3W	80	16 Jun. 1856	Lawr
Justus	Thomas	Y.	26	17N	3W	80	1 Nov. 1904	Lawr
Justus	William	H.	11	17N	3W	80	16 Jun. 1856	Lawr
Justus	William	H.	11	17N	3W	120	1 Jul. 1859	Lawr
Kaminer	Cornelia	P.	2	17N	4E	40.08	14 Jul. 1903	Gree
Karr	Robert		31	18N	1E	40	1 Oct. 1839	Rand
Karr	Samuel		35	16N	3W	160	10 Jun. 1836	Lawr
Keel	Elizabeth		26	21N	1W	160	12 Dec. 1823	Rand
Keen	George	W.	24	11N	7E	80	10 Apr 1907	Poin
Keen	John		36	11N	8E	160	7 Sep. 1894	Miss
Keeney	David		18	15N	1W	320	20 Apr. 1825	Lawr
Keeney	James	R.	10	11N	4E	160	27 Nov. 1820	Poin
Keer	James	P.	36	18N	4W	80	1 Jul. 1859	Shar
Keer	Nancy		22	17N	3W	120	1 Jul. 1859	Lawr
Kees	Wade	H.	10	21N	1W	40	21 May 1889	Rand
Kegley	Daniel		11	20N	6E	80	13 Mar. 1890	Clay
Kegley	Daniel		11	20N	6E	80	20 Nov. 1884	Clay
Keil	Elizabeth		26	21N	1W	160	20 Jul. 1825	Rand
Keith	John	S.	26	21N	1E	120	6 Apr. 1895	Rand
Keith	John	S.	12	21N	1E	40	1 Sep. 1857	Rand
Keith	Sullivan		14	15N	4W	160	24 May 1836	Shar
Kell	Josiah		20	18N	2W	80	31 Dec. 1890	Lawr
Kell	Levi	W.	34	18N	2W	160	18 Aug. 1890	Lawr
Keller	Amaziah		34	14N	3E	80	1 May 1860	Crai
Keller	Amaziah		35	14N	3E	40	1 Jul. 1859	Crai
Keller	Jacob		3	14N	4E	160	30 Dec. 1833	Crai
Keller	Uriah		35	14N	3E	80	1 Jul. 1859	Crai
Keller	William		32	19N	3W	22.64	10 Jan. 1824	Shar
Kellett	Bryant		5	19N	3W	160	1 Jul. 1859	Shar
Kellett	Christopher	C.	8	21N	3W	160	26 Nov. 1904	Rand
Kellett	John		20	20N	3W	80	1 Jul. 1859	Shar
Kellett	John		20	20N	3W	80	1 Jul. 1859	Shar
Kellett	John		29	20N	3W	40	1 Oct. 1860	Shar
Kellett	Joseph	W.	30	19N	3W	40	18 Oct. 1890	Shar
Kellett	Joseph	W.	30	19N	3W	40	23 Jan. 1901	Shar
Kellett	Joseph		30	19N	3W	40	16 Jun. 1856	Shar
Kellett	Joseph		30	19N	3W	80	1 Jul. 1859	Shar
Kellett	Josiah		29	20N	3W	120	1 Jul. 1859	Shar
Kelley	Amazia		34	14N	3E	40	1 May 1860	Crai
Kelley	John	W.	2	17N	2W	79.53	10 May 1882	Lawr
Kellison	Absalom		35	21N	2W	120	20 Sep. 1870	Rand
Kellogg	Ralph	R.	28	16N	4W	160	1 Jul. 1859	Shar
Kellums	Thomas		30	13N	11E	101.5	1 Nov. 1848	Miss
Kelly	John	W.	2	17N	2W	42.43	1 Jun. 1882	Lawr
Kelly	Marvel	J.	2	17N	2W	160.4	10 Apr. 1894	Lawr
Kelly	Richard		12	16N	5W	160	27 Nov. 1820	Shar
Kelly	Thomas		24	17N	3W	160	16 Apr. 1821	Lawr

Last Name	First Name	Int.	Section No.	Twp.	Ran	Acres	Date	Co.
Keltner	Daniel		1	14N	4E	160	27 Nov. 1820	Crai
Kelton	Thomas	W.	15	11N	2W	40	2 Jul. 1860	Jack
Kennady	James	J.	17	15N	6W	40	2 Jul. 1860	Shar
Kennady	James		21	16N	3W	160	7 May 1821	Lawr
Kennard	George	W.	10	18N	6E	320	1 Jul. 1859	Gree
Kennedy	Cantrell	B.	12	18N	6E	80	1 May 1860	Gree
Kennedy	Cantrell	B.	12	18N	6E	120	1 Jul. 1859	Gree
Kennedy	Cautrel	B.	12	18N	6E	120	1 Jul. 1859	Gree
Kennedy	Henry	H.	33	21N	3W	80	1 Jul. 1859	Rand
Kennedy	James	J.	30	16N	6W	160	30 Oct. 1857	Shar
Kennedy	Jesse	W.	30	16N	6W	164	16 Jun. 1856	Shar
Kennedy	Jesse	W.	9	15N	6W	80	1 Jul. 1859	Shar
Kennedy	Jesse		17	15N	6W	40	2 Aug. 1895	Shar
Kennedy	John	S.	8	15N	6W	40	16 Jun. 1856	Shar
Kennemur	Obadiah		6	17N	5E	120	1 Jul. 1859	Gree
Kennemur	Obediah		6	17N	5E	142.3	1 May 1860	Gree
Kennemure	Jackson		6	17N	5E	40	20 Nov. 1884	Gree
Kenner	Samuel	G.	8	21N	1W	160	8 May 1901	Rand
Kent	Francis	J.	34	16N	6W	40	3 Aug. 1882	Shar
Kent	Starling	J.	26	10N	5W	160	10 Jul. 1838	Jack
Kent	Thomas	T.	34	17N	5W	160	7 Sep. 1894	Shar
Kent	Wiley	M.	24	16N	6W	40	21 Sep 1900	Shar
Kenton	Samuel	R.	5	10N	3W	48.92	10 Sep. 1844	Jack
Kerbough	John		24	15N	1W	160	27 Nov. 1820	Lawr
Kerr	Benjamin	C.	26	21N	1E	40	1 May 1860	Rand
Kerr	Benjamin	C.	26	21N	1E	40	10 Dec. 1859	Rand
Kerr	Hugh		11	21N	1E	40	1 Oct. 1849	Rand
Kerr	Hugh		11	21N	1E	40	1 Oct. 1849	Rand
Kerr	Hugh		14	21N	1E	40	1 Nov. 1849	Rand
Kerr	James	P.	1	17N	4W	80	1 May 1860	Shar
Kerr	James	P.	1	17N	4W	41.13	1 May 1860	Shar
Kerr	James	P.	1	17N	4W	34.9	1 Jul. 1859	Shar
Kerr	Joseph	W.	24	21N	1E	80	1 Nov. 1849	Rand
Kerr	Robert	P.	31	11N	8E	160	12 Jul. 1900	Miss
Kerr	William	E.	11	21N	1E	40	1 Nov. 1849	Rand
Kerrick	Rachel		27	21N	2W	40	1 Oct. 1850	Rand
Kesler	Barbara		34	9N	1W	160	13 Apr. 1824	Jack
Kester	Isaac		20	19N	4W	47.65	1 Nov. 1834	Shar
Kester	Isaac		18	19N	4W	44.53	1 Nov. 1835	Shar
Ketchum	Joel	B.	18	20N	4W	160	17 Jan. 1902	Shar
Ketchum	Sabin	T.	17	20N	4W	160	25 Jun. 1901	Shar
Ketchum	Sabin	T.	17	20N	4W	160	25 Jun. 1901	Shar
Ketler	Joseph		20	14N	4E	160	27 Nov. 1820	Crai
Kettle	Josiah		33	16N	6W	320	1 Jul. 1859	Shar
Key	Martin	G.	12	18N	1W	240	1 May 1860	Rand
Key	Martin	G.	12	18N	1W	80	1 May 1860	Rand
Key	William	W.	10	18N	1W	40	15 Aug. 1876	Rand
Key	William	W.	22	18N	1W	80	1 Sep. 1860	Rand

Last Name	First Name	Int.	Section No.	Twp.	Ran	Acres	Date	Co.
Keys	Elizabeth		18	21N	1E	160	26 Jan. 1889	Rand
Kibler	Marion	H.	9	19N	1E	320	1 Sep. 1860	Rand
Kidd	Abraham		25	18N	1W	160	31 May 1825	Rand
Kidd	Arnold		35	9N	1W	160	28 May 1821	Jack
Kidd	James	J.	28	21N	1E	80	18 Oct 1905	Rand
Kidd	Phillip	W.	28	21N	1E	80	13 Mar. 1890	Rand
Kidd	Phillip	W.	28	21N	1E	80	15 Dec. 1892	Rand
Kidwell	James		13	21N	4W	80	1 May 1860	Rand
Kieser	John		1	12N	10E	321.1	1 Aug. 1849	Miss
Kilburn	Jackson		20	17N	5E	80	10 Dec. 1859	Gree
Killough	David	B.	31	18N	2W	161	1 Jan. 1861	Lawr
Killum	Isaac		8	9N	1W	160	17 Aug. 1826	Jack
Kimbrough	Marmaduke		20	13N	4E	160	16 Jan. 1826	Crai
Kincaid	James	P.	27	19N	1W	40	1 May 1860	Rand
Kincaid	James	P.	27	19N	1W	80	1 May 1861	Rand
Kincaid	William	H.	20	16N	2W	120	1 May 1860	Lawr
Kincaid	William	H.	20	16N	2W	40	1 May 1861	Lawr
Kinceloe	James	S.	18	18N	6W	152	1 May 1860	Shar
Kincheloe	James	S.	18	18N	6W	40	1 May 1860	Shar
Kincheloe	Thomas	C.	17	18N	6W	40	10 Jul. 1844	Shar
Kincheloe	Thomas	C.	17	18N	6W	80	10 Jul. 1844	Shar
Kincheloe	Thomas	C.	17	18N	6W	40	10 Jul. 1844	Shar
Kincheloe	William	B.	8	18N	6W	40	1 Jul. 1859	Shar
Kinchloe	Thomas	C.	20	18N	6W	40	1 Sep. 1848	Shar
Kinchloe	Thomas	C.	20	18N	6W	40	1 Sep. 1848	Shar
King	Alfred		22	19N	1E	120	16 Jun. 1856	Rand
King	Allen		10	19N	6E	160	15 Feb. 1884	Clay
King	Charles	M.	25	21N	3W	134.9	30 Mar. 1905	Rand
King	David	C.	7	17N	3W	160	27 Nov. 1820	Lawr
King	David	R.	14	17N	5W	120	1 May 1860	Shar
King	Dilmus	N.	23	21N	1W	160	13 Mar. 1890	Rand
King	Harmus		4	17N	5W	40	1 Jul. 1859	Shar
King	Harmus		4	17N	5W	116.6	1 Jul. 1859	Shar
King	Harmus		10	17N	5W	120	2 Aug. 1895	Shar
King	Henry		5	17N	1W	5.6	1 Mar. 1856	Lawr
King	Henry		20	19N	2W	40	16 Jun. 1856	Rand
King	Hugh		17	10N	5W	160	16 Apr. 1821	Jack
King	Isaac		31	18N	1W	40	5 Sep. 1842	Rand
King	Isaac		10	17N	5W	40	1 Oct. 1839	Shar
King	James	M.	27	18N	6W	80	1 May 1860	Shar
King	Jesse		30	21N	2W	40	10 Dec. 1859	Rand
King	John	C.	3	17N	6W	160	1 Jul. 1859	Shar
King	John	M.	10	21N	1W	120	17 Sep. 1889	Rand
King	John	M.	25	21N	3W	167.3	26 Nov. 1904	Rand
King	John		10	17N	5W	40	1 Mar. 1856	Shar
King	John		10	17N	5W	40	1 May 1854	Shar
King	John		25	18N	6W	40	14 Jun. 1897	Shar
King	John		25	18N	6W	84.06	1 Jul. 1859	Shar

Last Name	First Name	Int.	Section No.	Twp.	Ran	Acres	Date	Co.
King	John		30	18N	5W	80	1 Jul. 1859	Shar
King	John		8	18N	2W	40	16 Aug. 1838	Lawr
King	John		4	17N	5W	40	16 Aug. 1838	Shar
King	John		30	18N	5W	43.56	1 Sep. 1857	Shar
King	Joseph	J.	2	21N	1W	160	30 Aug. 1899	Rand
King	Joseph		22	17N	2W	120	1 May 1860	Lawr
King	Joseph		22	17N	2W	40	1 May 1860	Lawr
King	Mary		14	16N	4E	80	2 Feb. 1882	Gree
King	Moses	N.	24	21N	3W	140.8	1 Mar. 1904	Rand
King	Philip		6	16N	4E	40	1 Sep. 1856	Gree
King	Samuel	V.	29	15N	3W	160	24 May 1830	Lawr
King	Sarah		17	19N	2W	40	1 Mar. 1855	Rand
King	Thomas	D.	26	19N	1W	80	13 Nov. 1895	Rand
King	William	C.	33	21N	2W	40	19 Jun. 1895	Rand
King	William	H.	30	21N	2W	131.3	19 Sep. 1906	Rand
King	William		4	17N	5W	40	1 Oct. 1839	Shar
Kingsland	Josiah		29	14N	1W	160	27 Nov. 1820	Jack
Kinian	Henson		21	16N	1W	40	1 Mar. 1856	Lawr
Kinian	Henson		21	16N	1W	40	10 Jul. 1848	Lawr
Kinian	Henson		21	16N	1W	38.82	1 Sep. 1848	Lawr
Kinian	Henson		21	16N	1W	38.45	1 Sep. 1848	Lawr
Kinian	Henson		21	16N	1W	9.29	1 Sep. 1848	Lawr
Kinman	Riley		32	12N	3W	40	1 Jul. 1850	Jack
Kirby	Nancy		10	20N	2E	120	30 Oct. 1857	Rand
Kirk	William	R.	1	15N	7W	45.81	1 Mar. 1855	Shar
Kirk	William	W.	34	20N	1W	80	13 Feb. 1899	Rand
Kirkman	Alfred	M.	9	15N	5W	80	30 Oct. 1857	Shar
Kirkpatrick	Hiram	C.	4	21N	2W	40	16 Mar. 1885	Rand
Kirkpatrick	Hiram	T.	15	21N	2W	120.7	15 Dec. 1897	Rand
Kirkpatrick	James	W.	28	17N	3W	40	1 May 1860	Lawr
Kirkpatrick	James	W.	21	17N	3W	40	2 Jul. 1860	Lawr
Kirkpatrick	John	N.	10	21N	2W	40	1 May 1860	Rand
Kirkpatrick	John	N.	15	21N	2W	80	1 May 1860	Rand
Kirks	William	R.	1	15N	7W	123.3	30 Oct. 1857	Shar
Kirst	Herman		32	19N	5W	80	7 Mar. 1902	Shar
Kiser	John		11	12N	10E	160	1 Dec. 1849	Miss
Kissinger	William		21	18N	6W	120	21 Dec. 1904	Shar
Kistner	Gregor		1	19N	1W	160	1 May 1861	Rand
Kitchens	James	H.	28	15N	4E	40	1 May 1860	Crai
Kitchens	Zimri	C.	18	15N	5E	40	1 Sep. 1857	Crai
Kittle	Gamaliel		26	19N	5W	80	14 Jul 1906	Shar
Kizer	John	R.	34	21N	2W	120	28 Feb. 1906	Rand
Kloerig	John	G.	23	21N	4W	160	26 Sep. 1902	Shar
Knapp	Anson	O.	19	21N	4W	160	26 Jul. 1897	Shar
Knatts	Joseph		2	19N	1E	125.6	2 Jul. 1860	Rand
Knight	James		18	14N	4E	160	30 Apr. 1821	Crai
Knight	Prince		20	17N	5E	80	5 May 1904	Gree
Knighten	Ammon		4	20N	4W	40	10 Dec. 1859	Shar

Last Name	First Name	Int.	Section No.	Twp.	Ran	Acres	Date	Co.
Knighten	Isaac		22	17N	4W	40	1 Nov. 1834	Shar
Knighten	William	T.	25	17N	4W	40	1 Jul. 1859	Shar
Knighten	William	T.	25	17N	4W	120	1 Sep. 1856	Shar
Knighten	William	Y.	29	17N	4W	40	30 Oct. 1857	Shar
Knopp	Joseph	F.	2	17N	4E	159.1	7 Sep. 1899	Gree
Knott	Benedict	J.	30	11N	10E	92.27	15 Jan. 1858	Miss
Knott	Benedict	J.	33	10N	10E	311.5	1 Aug. 1849	Miss
Knotts	Burton		36	20N	1E	40	5 Feb. 1896	Rand
Knotts	Burton		36	20N	1E	80	1 May 1860	Rand
Knotts	James	R.	4	19N	1E	216.6	5 Jan. 1887	Rand
Knotts	James	R.	4	19N	1E	216.6	1 Jul. 1859	Rand
Knotts	James		31	20N	3E	84.47	23 Jun. 1836	Rand
Knotts	James		31	20N	3E	40	23 Jun. 1836	Rand
Knotts	James		35	20N	1E	80	15 Jun. 1855	Rand
Knotts	James		35	20N	1E	80	16 Aug. 1838	Rand
Knotts	James		33	20N	3E	40	1 Nov. 1834	Rand
Knotts	Joseph		2	19N	1E	120	1 Jul. 1859	Rand
Knowles	Blandaman		31	18N	3W	244.6	10 Dec. 1859	Lawr
Knox	John	H.	32	11N	9E	40	22 Apr. 1899	Miss
Knox	William	H.	19	14N	1W	160	7 May 1821	Jack
Knoyer	George		32	13N	4E	160	26 Sep. 1825	Crai
Kobb	Daniel		27	11N	4E	160	17 Jan. 1823	Poin
Koch	James	A.	29	16N	4W	200	19 Apr. 1897	Shar
Koster	Godfrey		6	21N	1E	73.01	1 Nov. 1904	Rand
Kritzer	John		17	10N	5W	160	9 Apr. 1821	Jack
Kropff	Frederick	C.	32	19N	2W	80	9 Nov. 1840	Rand
Kummer	Louis		2	18N	5E	80	17 Dec. 1901	Gree
Kunkel	Henry		3	17N	6W	157.4	8 Dec. 1896	Shar
Kutrow	Richard		15	19N	5W	160	27 Aug. 1898	Shar
Kuykendall	John	L.	12	18N	5E	40	1 Mar. 1860	Gree
Kuykendall	John	L.	12	18N	5E	280	1 Jul. 1859	Gree
Kuykendall	John	L.	12	18N	5E	40	1 Jul. 1859	Gree
Kuykendall	Matthew		26	17N	2E	40	1 Sep. 1856	Lawr
Kylor	John		25	16N	3W	160	12 Jan. 1824	Lawr
Labass	John		19	15N	3W	37.67	1 Mar. 1856	Lawr
Labass	John		31	15N	3W	157	30 Oct. 1857	Lawr
Lacewell	Calvin		22	19N	4W	80	31 Dec. 1890	Shar
Lacewell	Daniel		26	19N	4W	160	31 May 1890	Shar
Lacewell	Daniel		29	17N	4W	40	30 Oct. 1857	Shar
Lacewell	Filmore		25	18N	4W	160	22 Jun 1901	Shar
Lacewell	Harvey		24	19N	4W	160	3 May 1895	Shar
Lacewell	James		22	19N	4W	160	7 Jun. 1897	Shar
Lacewell	Wiley		26	19N	4W	43.62	8 May 1888	Shar
Lacey	Claiborne		19	20N	1E	160	16 Aug. 1824	Rand
Lacy	George	W.	36	20N	1W	40	1 May 1860	Rand
Lacy	Jacob	D.	10	20N	1W	160	1 Oct. 1870	Rand
Lacy	John	D.	7	20N	1E	80	1 May 1860	Rand
Lacy	Thomas		4	9N	1W	160	30 Apr. 1821	Jack

Last Name	First Name	Int.	Section No.	Twp.	Ran	Acres	Date	Co.
Lacy	William	R.	21	20N	1E	40	18 Jun 1905	Rand
Ladd	Henry	A.	18	20N	3W	153.1	23 Jan. 1901	Shar
Ladd	Joseph	H.	29	10N	3W	96.34	22 Jul 1901	Jack
Ladd	Nathaniel		18	10N	4E	160	3 Aug. 1829	Poin
Ladd	Noah		29	20N	3W	80	1 Jul. 1903	Shar
Ladd	William	B.	7	20N	3W	80	14 Sep. 1906	Shar
Ladyman	Henry		36	20N	7E	40	1 Jul. 1859	Clay
Ladymon	William	H.	3	19N	2W	127.8	5 May 1905	Rand
Laferty	James	W.	31	17N	5W	40	30 Oct. 1857	Shar
Lafety	Anthony		30	17N	5W	40	1 Feb. 1875	Shar
Lafety	Anthony		31	17N	5W	40	1 Oct. 1850	Shar
Lafety	James	H.	30	17N	5W	120	30 Sep. 1873	Shar
Lafferty	Samuel	A.	31	17N	5W	172.7	16 Jun. 1856	Shar
Lafferty	Wesley	R.	28	10N	4W	40	15 Jun. 1855	Jack
Lafforty	Anthony		31	17N	5W	40	1 Nov. 1856	Shar
Lafforty	Anthony		32	17N	5W	40	1 Nov. 1856	Shar
Lail	George		30	20N	1W	93.16	1 Oct. 1839	Rand
Lain	Jane		11	15N	4E	40	1 Mar. 1856	Crai
Lain	Jane		11	15N	4E	40	1 Mar. 1856	Crai
Lain	John	W.	24	21N	1E	160	2 Jul. 1860	Rand
Lain	Thomas	A.	4	15N	3E	40	1 Mar. 1855	Crai
Lain	Thomas	A.	15	15N	4E	40	1 May 1860	Crai
Lain	Thomas	A.	4	15N	3E	40	1 Oct. 1850	Crai
Lain	Willis	C.	32	15N	4E	80	10 Jul. 1844	Crai
Laine	Thomas	A.	15	15N	4E	120	22 Jun. 1895	Crai
Laird	James	M.	17	21N	2E	80	29 Feb. 1896	Rand
Laird	James	M.	17	21N	2E	40	1 May 1860	Rand
Laird	Sarah	E.	34	18N	2W	80	16 Mar. 1885	Lawr
Lale	Henry		34	20N	1W	40	1 Jul. 1859	Rand
Lalmonds	Joseph		31	16N	4W	160	15 Nov. 1836	Shar
Laman	Christopher	C.	1	15N	6W	80	21 Jul 1900	Shar
Lamb	Arthur		23	11N	10E	80	1 Dec. 1849	Miss
Lamb	Daniel	G.	19	16N	3E	40	1 Sep. 1856	Gree
Lamb	Francis	M.	35	20N	2W	160	23 Jan. 1901	Rand
Lamb	James		19	16N	4E	40	1 Mar. 1855	Gree
Lamb	James		30	16N	4E	145.1	1 Mar. 1856	Gree
Lamb	John	W.	4	20N	2E	41.96	19 Jun. 1895	Rand
Lamb	John		29	16N	4E	40	1 Mar. 1855	Gree
Lamb	John		30	16N	4E	120	1 Mar. 1856	Gree
Lamb	John		30	16N	4E	40	1 Mar. 1856	Gree
Lamb	John		30	16N	4E	160	1 May 1860	Gree
Lamb	Martin		27	17N	3W	40	1 May 1860	Lawr
Lamb	Nehemiah		4	15N	6W	240	1 Jul. 1859	Shar
Lamb	Thomas	B.	24	19N	6E	40	5 Jun. 1889	Clay
Lamb	Thomas		17	16N	4E	80	1 Mar. 1855	Gree
Lamb	Thomas		18	16N	4E	40	1 Mar. 1855	Gree
Lamb	Thomas		22	16N	4E	80	1 Mar. 1855	Gree
Lamb	Thomas		33	16N	4E	40	1 Mar. 1855	Gree

Last Name	First Name	Int.	Section No.	Twp.	Ran	Acres	Date	Co.
Lamb	Thomas		18	16N	4E	80	1 Mar. 1856	Gree
Lamb	Thomas		4	15N	3E	79.57	1 Mar. 1856	Crai
Lamb	Thomas		20	15N	3E	40	1 Mar. 1856	Crai
Lamb	Thomas		29	15N	3E	40	1 Mar. 1856	Crai
Lamb	Thomas		4	16N	4E	80	10 Jul. 1844	Gree
Lamb	Thomas		4	16N	4E	78.02	10 Jul. 1844	Gree
Lamb	Thomas		20	15N	3E	40	1 Sep. 1856	Crai
Lamb	Thomas		29	15N	3E	40	1 Sep. 1856	Crai
Lamb	William		21	15N	3E	80	10 Jul. 1844	Crai
Lamb	William		18	12N	11E	160	21 Aug. 1837	Miss
Lamb	William		24	14N	3E	40	16 Aug. 1838	Crai
Lamb	William		26	16N	3E	40	1 Oct. 1839	Gree
Lamb	William		26	16N	3E	80	1 Oct. 1839	Gree
Lamberson	George	W.	11	13N	3E	80	20 Mar. 1876	Crai
Lambert	James	A.	10	16N	5E	40	8 May 1888	Gree
Lambert	Samuel		31	10N	4W	160	4 Apr. 1838	Jack
Lamberton	Jonathan	W.	13	10N	4W	109.4	27 Mar. 1856	Jack
Lamberton	Jonathan	W.	17	10N	3W	99.45	1 Jul. 1859	Jack
Lamberton	Jonathan	W.	7	10N	3W	80	1 Sep. 1856	Jack
Lamkins	Allen	W.	10	11N	2W	40	1 Sep. 1856	Jack
Lampman	James	H.	10	18N	4W	80	26 Nov. 1904	Shar
Landers	Kenley	M.	36	19N	3W	40	23 Nov. 1891	Lawr
Landers	Moses		4	15N	4E	40	1 Mar. 1855	Crai
Landrum	William		33	12N	4E	160	27 Nov. 1820	Poin
Lane	Bird		14	16N	6W	80	1 May 1860	Shar
Lane	Bird		14	16N	6W	120	24 Jun. 1878	Shar
Lane	Irvin	M.	5	21N	2W	130.8	30 Jun. 1892	Rand
Lane	Jane		11	15N	4E	40	1 Sep. 1860	Crai
Lane	Thomas	J.	14	15N	4E	80	1 Sep. 1860	Crai
Lane	William	B.	13	20N	1E	120	1 Jul. 1859	Rand
Lane	William	B.	13	20N	1E	120	1 Jul. 1859	Rand
Lane	William	N.	31	17N	2W	40	1 Mar. 1855	Lawr
Lane	William	N.	31	17N	2W	36.3	1 Mar. 1855	Lawr
Lane	William	N.	36	17N	3W	40	18 Mar. 1897	Lawr
Lane	William	N.	36	17N	3W	120	1 Jul. 1859	Lawr
Lane	William	N.	36	17N	3W	120	13 Nov. 1884	Lawr
Lane	William	T.	14	15N	4E	40	8 May 1888	Crai
Lang	James		6	18N	1W	160	27 Nov. 1820	Rand
Langford	James	T.	24	18N	5E	40	1 Sep. 1860	Gree
Langford	James	T.	24	18N	5E	80	1 Sep. 1860	Gree
Langford	Parks		6	17N	6W	102.5	1 Nov. 1856	Shar
Langford	Robert		18	18N	6E	80	1 May 1860	Gree
Langford	Robert		18	18N	6E	120	1 Nov. 1860	Gree
Langley	Sarah	A.	14	21N	1W	80	18 Oct. 1890	Rand
Lanier	Charles		34	15N	3W	160	27 Nov. 1820	Lawr
Lanier	Isaac		6	11N	11E	160	10 Apr. 1837	Miss
Lanier	Isaac		6	11N	11E	160	10 Apr. 1837	Miss
Lanier	James		23	17N	3W	160	1 Feb. 1821	Lawr

Last Name	First Name	Int.	Section No.	Twp.	Ran	Acres	Date	Co.
Lanier	Samuel	B.	21	11N	10E	80	1 Nov. 1848	Miss
Lanier	Samuel	B.	22	11N	10E	80	1 Nov. 1848	Miss
Lankford	Parks		6	17N	6W	40	1 May 1860	Shar
Lankins	Allen	W.	11	11N	2W	40	16 Jun. 1856	Jack
Lansford	Robert	B.	14	17N	2W	80	28 Mar. 1861	Lawr
Lard	Nancy		33	18N	2W	80	1 May 1860	Lawr
Larkin	Thomas	J.	24	10N	8E	160	1 Nov. 1848	Miss
Larkins	Poitvent		14	20N	2E	40	1 May 1860	Rand
Lasater	James	E.	36	20N	4W	160	8 Oct. 1892	Shar
Laseter	Edward	C.	25	17N	6W	80	1 Jul. 1859	Shar
Laseter	Edward	C.	25	17N	6W	40	1 Sep. 1856	Shar
Laseter	Jonathan		1	18N	4W	40	1 Sep. 1857	Shar
Laseter	William	R.	15	18N	6W	80	1 Sep. 1857	Shar
Lasley	James	D.	2	16N	4W	80	7 Mar. 1902	Shar
Laster	George	W.	7	20N	3W	40	1 Oct. 1860	Shar
Laughton	James		18	15N	4W	160	27 Nov. 1820	Shar
Lavender	William	F.	26	18N	5E	80	1 Jul. 1859	Gree
Lawhon	Louis	W.	34	20N	1W	120	5 Aug 1905	Rand
Lawhon	Louis	W.	34	20N	1W	120	5 Sep 1905	Rand
Lawrence	John	N.	28	17N	4E	40	1 Sep. 1856	Gree
Lawrence	John	N.	28	17N	4E	40	1 Oct. 1850	Gree
Lawrence	Joseph	M.	22	18N	3W	80	20 Jun. 1894	Lawr
Lawrence	Joseph	M.	22	18N	3W	40	21 Feb 1900	Lawr
Laws	Spencer		20	21N	8E	80	1 Jul. 1859	Clay
Laws	Wiley	D.	6	20N	2E	80	1 May 1860	Rand
Laws	Wiley	D.	6	20N	2E	87.76	1 Jul. 1859	Rand
Laws	Wiley	D.	7	20N	2E	88.99	10 Dec. 1859	Rand
Lawse	David	R.	28	21N	8E	40	10 Jul. 1861	Clay
Lawse	John	C.	20	21N	8E	40	2 Apr. 1860	Clay
Lawson	Andrew	W.	34	18N	2W	40	23 Jan. 1901	Lawr
Lawson	Emory	C.	24	17N	2W	80	30 Sep. 1873	Lawr
Lawson	Henry	M.	36	17N	2W	40	20 Oct. 1882	Lawr
Lawson	James	C.	24	17N	2W	160	1 Jul. 1859	Lawr
Lawson	John	V.	14	17N	2W	40	26 Jan. 1889	Lawr
Lawson	Morgan		24	14N	3E	40	1 May 1860	Crai
Lawson	Morgan		26	14N	3E	40	1 May 1860	Crai
Lawson	Sargeant		21	14N	3E	40	1 May 1860	Crai
Lawson	Sargeant		22	14N	3E	80	1 May 1860	Crai
Lawson	Sargeant		27	14N	3E	40	1 Jul. 1859	Crai
Lawson	Sion		2	10N	3E	23.2	5 Apr. 1890	Poin
Lawson	Thomas		27	17N	2W	40	1 Mar. 1855	Lawr
Lawson	Thomas		36	17N	2W	40	1 Mar. 1856	Lawr
Lawson	Thomas		36	17N	2W	40	1 Jul. 1859	Lawr
Lawson	Thomas		35	17N	2W	160	2 Jul. 1860	Lawr
Lawson	Thomas		24	17N	2W	40	1 Oct. 1860	Lawr
Lawson	William	R.	14	17N	2W	80	26 Jan. 1889	Lawr
Lawson	William		26	14N	3E	80	1 Jul. 1859	Crai
Lax	Mary	H.	14	18N	5E	40	15 Jan. 1883	Gree

Last Name	First Name	Int.	Section No.	Twp.	Ran	Acres	Date	Co.
Layl	John	M.	6	19N	1W	119.4	18 Jan 1905	Rand
Layl	John	M.	6	19N	1W	119.4	18 Feb 1905	Rand
Leach	John	W.	25	15N	4E	80	1 May 1860	Crai
Leach	Thomas		12	18N	2W	160	13 Jun. 1823	Rand
Leathers	James	A.	28	14N	3E	120	1 May 1861	Crai
Lecompte	Joseph		12	15N	4W	160	18 Dec. 1835	Shar
Ledbetter	Albert	C.	4	11N	7E	122.4	16 Jun. 1905	Poin
Ledbetter	Jarrett		23	13N	8E	40	4 Jun. 1906	Miss
Ledford	James		17	17N	4W	200	16 Jun. 1856	Shar
Ledford	James		17	17N	4W	40	1 Jul. 1859	Shar
Ledford	James		18	17N	4W	80	1 Jul. 1859	Shar
Ledford	William		29	17N	5W	40	1 Jul. 1859	Shar
Lee	Barton	G.	34	14N	3E	40	1 May 1860	Crai
Lee	Charles	S.	11	11N	7E	160	12 Oct 1901	Poin
Lee	Francis	M.	7	18N	3W	160	13 Feb. 1899	Lawr
Lee	James		18	15N	4W	160	18 Feb. 1822	Shar
Lee	Martha	T.	20	18N	1E	40	20 Nov. 1884	Rand
Lee	Robert		6	11N	4E	160	24 Mar. 1821	Poin
Lee	William	D.	2	20N	8E	155.5	30 Jun. 1882	Clay
Leek	George	W.	29	16N	6W	80	1 Jul. 1859	Shar
Leek	George	W.	29	16N	6W	40	1 Jul. 1859	Shar
Lefaivre	Joseph	A.	19	11N	7E	160	28 Nov. 1894	Poin
Leffler	Herman		17	21N	4W	160	10 Nov 1907	Shar
Lehman	John	M.	23	21N	1E	40	20 Feb. 1894	Rand
Leib	Daniel		33	20N	3E	40	16 Aug. 1838	Rand
Leib	Daniel		33	20N	3E	40	16 Aug. 1838	Rand
Leister	John		28	15N	4W	160	13 Dec. 1825	Shar
Lemmons	John	M.	4	15N	5W	40	1 Jul. 1859	Shar
Lemmons	Michael		36	16N	3W	40	1 May 1860	Lawr
Lemmons	Michael		36	16N	3W	40	1 Aug. 1861	Lawr
Lemon	Doctor	F.	9	20N	2E	320	1 May 1860	Rand
Lenderman	John	W.	12	16N	4E	80	1 Nov. 1860	Gree
Leonard	David	T.	30	18N	4W	160	31 Jul. 1903	Shar
Leroy	James		20	16N	5W	160	27 Nov. 1820	Shar
Lester	Albert	J.	22	21N	4W	160	31 May 1890	Shar
Lester	John		25	16N	3E	80	1 Oct. 1839	Gree
Lester	Manson	B.	17	17N	2W	80	1 Mar. 1855	Lawr
Lester	P	K.	19	14N	4E	40	15 Aug. 1898	Crai
Lester	Philip	K.	34	17N	4E	80	1 Jul. 1859	Gree
Lester	William	R.	17	21N	4W	80	20 Sep. 1889	Shar
Lester	William	R.	21	21N	4W	160	20 Sep. 1889	Shar
Lethgo	James		28	16N	4W	80	1 Sep. 1857	Shar
Leverton	Bailey	R.	4	18N	5W	160	1 May 1860	Shar
Leverton	Bailey	R.	20	18N	5W	160	1 Jul. 1859	Shar
Lewall	Monroe	W.	34	15N	4W	40	2 Jul. 1860	Shar
Lewallen	Aaron		36	10N	4W	160	27 Nov. 1820	Jack
Lewallen	Monrow	W.	34	15N	4W	149.8	1 Nov. 1856	Shar
Lewallen	Mourow		34	15N	4W	40	2 Jul. 1860	Shar

Last Name	First Name	Int.	Section No.	Twp.	Ran	Acres	Date	Co.
Lewis	Charles	W.	14	21N	2E	80	1 May 1860	Rand
Lewis	Christian		29	12N	1W	40	1 Sep. 1856	Jack
Lewis	Francis	M.	13	19N	4W	80	14 Aug. 1899	Shar
Lewis	George	F.	25	19N	5W	160	8 Feb 1902	Shar
Lewis	George		31	21N	2W	67.1	4 Jun. 1906	Rand
Lewis	Isaiah		12	21N	2E	40	1 Oct. 1839	Rand
Lewis	Jacob		19	17N	6W	40	1 May 1860	Shar
Lewis	James	N.	27	20N	1W	80	7 Sep. 1894	Rand
Lewis	Joab		19	17N	6W	40	8 Jun. 1895	Shar
Lewis	Joab		19	17N	6W	34.47	1 Oct. 1860	Shar
Lewis	Joseph		18	20N	2E	160	1 Jul. 1859	Rand
Lewis	Joseph		18	20N	2E	130	1 Jul. 1859	Rand
Lewis	Lucinda		36	16N	4E	160	18 Mar. 1897	Gree
Lewis	Lucinda		31	16N	5E	36.12	1 Sep. 1860	Gree
Lewis	Paul		19	17N	6W	80	16 Jun. 1856	Shar
Lewis	Richardson	H.	10	15N	6W	40	1 Mar. 1855	Shar
Lewis	William	M.	30	17N	6W	120	1 May 1860	Shar
Lewis	William	M.	28	20N	1E	80	16 Jun. 1856	Rand
Lewis	William	M.	19	17N	6W	34.62	2 Jul. 1860	Shar
Lewis	William		24	15N	4W	160	27 Nov. 1820	Shar
Lewsaw	Nicholas		26	16N	3W	40	1 Jul. 1859	Lawr
Leyirle	James	W.	26	20N	7E	80	25 Jun. 1901	Clay
Liddell	William		14	21N	8E	80	10 Mar. 1875	Clay
Lindley	William		12	18N	4E	80	1 Oct. 1850	Gree
Lindly	John		26	18N	5E	160	10 Jul. 1844	Gree
Lindly	William		12	18N	4E	40	1 Mar. 1856	Gree
Lindsay	John	A.	30	17N	1W	160	1 Apr. 1862	Lawr
Lindsay	John	A.	8	16N	1W	1.62	1 Oct. 1850	Lawr
Lindsay	John	A.	20	16N	1W	34.88	1 Oct. 1850	Lawr
Lindsay	John	A.	28	17N	1W	40	1 Oct. 1850	Lawr
Lindsay	John	A.	29	17N	1W	40	1 Oct. 1850	Lawr
Lindsay	John	A.	30	17N	1W	40	1 Oct. 1850	Lawr
Lindsay	John	A.	30	17N	1W	40	1 Oct. 1850	Lawr
Lindsey	Caleb		15	21N	2W	160	28 Mar. 1861	Rand
Lindsey	Caleb		15	21N	2W	80	1 May 1860	Rand
Lindsey	Caleb		28	20N	1E	160	12 Dec. 1823	Rand
Lindsey	John	A.	15	16N	1W	40	1 Sep. 1856	Lawr
Line	Jasper	N.	36	16N	6W	120	12 Mar. 1895	Shar
Line	Jasper	N.	36	16N	6W	40	1 May 1860	Shar
Line	Jasper	N.	36	16N	6W	81.78	1 Sep. 1857	Shar
Linebaugh	Elijah		19	18N	1W	160	8 Jul. 1895	Rand
Lingo	John		30	16N	2W	40	1 May 1860	Lawr
Lingo	John		30	16N	2W	79.72	1 Aug. 1861	Lawr
Lingo	John		30	16N	2W	53.93	1 Aug. 1861	Lawr
Lingo	William		35	16N	2W	59.07	1 Sep. 1856	Lawr
Link	George		28	12N	1W	40	1 Sep. 1856	Jack
Linton	George		9	14N	1W	160	28 Jul. 1826	Jack
Lippmann	Allen	B.	19	10N	3W	40	10 Oct. 1902	Jack

Last Name	First Name	Int.	Section No.	Twp.	Ran	Acres	Date	Co.
Liscomb	Robert		14	18N	4W	160	7 Sep. 1899	Shar
Little	David		7	18N	1W	160	9 Jul. 1821	Rand
Little	John	C.	34	16N	4E	80	8 Mar. 1898	Gree
Littlefield	Edward	B.	32	11N	11E	132.3	10 Apr. 1837	Miss
Littlefield	Edward	B.	32	11N	11E	156.5	15 Jun. 1837	Miss
Littlefield	Edward	B.	32	11N	11E	80	15 Jun. 1837	Miss
Littlefield	Edward	B.	32	11N	11E	40	15 Jun. 1837	Miss
Littlefield	Edward	B.	33	11N	11E	80	15 Jun. 1837	Miss
Littlefield	Edward	B.	33	11N	11E	120	1 Dec. 1842	Miss
Littleton	Edmund	I.	2	12N	10E	160	1 Dec. 1849	Miss
Littleton	Solomon	W.	1	12N	10E	163.1	1 Dec. 1849	Miss
Lloyd	Elijah	F.	33	10N	9E	37.67	1 Nov. 1834	Miss
Lloyd	George	W.	22	16N	5E	160	31 Dec. 1890	Gree
Lloyd	James	C.	22	17N	4W	40	1 Oct. 1839	Shar
Lloyd	John	M.	22	17N	4W	40	1 Aug. 1861	Shar
Lloyd	Jonathan		30	20N	2E	331.2	10 Dec. 1859	Rand
Lloyd	Levi		12	19N	2E	80	16 Aug. 1838	Rand
Lloyd	Levi		33	20N	3E	200	16 Aug. 1838	Rand
Lock	Hilary		13	17N	5W	157.7	26 Nov. 1904	Shar
Lockhart	Lorella	M.	12	21N	4W	160	26 Nov. 1904	Rand
Lockwood	Phineas		35	16N	4W	160	23 Jul. 1823	Shar
Loftis	Leander		4	14N	3E	160	1 Jul. 1859	Crai
Loftis	Leander		4	14N	3E	40	1 Jul. 1859	Crai
Loftis	Leander		4	14N	3E	40	1 Aug. 1861	Crai
Loftis	Levi	W.	11	14N	3E	80	1 May 1860	Crai
Loftis	Levi	W.	25	14N	3E	80	1 May 1860	Crai
Loftis	Morris		25	14N	3E	80	1 May 1860	Crai
Logan	Alexander	H.	21	12N	3W	40	16 Jun. 1856	Jack
Logan	Charles		8	16N	1W	47.19	29 May 1848	Lawr
Logan	John		8	14N	3E	40	1 May 1860	Crai
Logan	John		18	14N	3E	80	1 Jul. 1859	Crai
Lolling	Didrich	J.	24	21N	4W	160	27 Jul. 1904	Rand
Lomastice	James	M.	14	19N	2W	160	8 Sep. 1893	Rand
Lomax	James		29	19N	1W	80	1 May 1860	Rand
Lomax	William	J.	22	19N	1W	40	23 Jan. 1901	Rand
Lomax	William		17	19N	2W	80	17 Mar. 1899	Rand
Lomax	William		17	19N	2W	80	5 Jun. 1889	Rand
Lomax	William		15	20N	4W	80	1 Oct. 1860	Shar
Long	Albert		26	17N	6W	40	1 Nov. 1834	Shar
Long	Albert		26	17N	6W	40	1 Nov. 1834	Shar
Long	George		17	18N	6W	80	10 Jul. 1844	Shar
Long	Hardy	M.	20	17N	6W	40	1 Nov. 1834	Shar
Long	Hardy	M.	20	17N	6W	40	1 Nov. 1835	Shar
Long	Hartwell		1	10N	4W	160	16 Apr. 1821	Jack
Long	James	B.	30	21N	1E	80	18 Oct. 1890	Rand
Long	Joe		1	20N	4W	160	25 Feb. 1907	Shar
Long	John		23	18N	3W	80	1 May 1860	Lawr
Long	John		23	18N	3W	40	1 May 1860	Lawr

Last Name	First Name	Int.	Section No.	Twp.	Ran	Acres	Date	Co.
Long	John		10	11N	4E	160	21 Nov. 1822	Poin
Long	Reubin		4	14N	1W	160	27 Dec. 1825	Jack
Longbottom	Elijah		22	20N	4W	120	10 Dec. 1859	Shar
Longbottom	Lucky		12	20N	4W	40	1 Oct. 1860	Shar
Lonun	John	J.	34	17N	6W	40	1 May 1860	Shar
Lonun	Judy		34	17N	6W	40	30 Oct. 1857	Shar
Loomis	John		13	16N	3W	160	27 Nov. 1820	Lawr
Looney	Absalom		6	21N	3E	290.5	1 Mar. 1855	Rand
Looney	Absalom		6	21N	3E	113.6	16 Jun. 1856	Rand
Looney	Absalom		5	21N	3E	17.48	1 Jul. 1859	Clay
Looney	Absalom		9	21N	2W	40	30 Oct. 1857	Rand
Looney	Absalom		12	20N	2W	40	30 Oct. 1857	Rand
Looney	Andrew	J.	4	21N	1W	40	8 May 1901	Rand
Looney	Artemesia		2	21N	3W	105.7	22 Mar 1901	Rand
Looney	Epps		24	20N	2W	79.36	1 Jul. 1859	Rand
Looney	Epps		13	20N	2W	40	9 Dec. 1850	Rand
Looney	Epps		8	21N	1W	80	5 May 1904	Rand
Looney	James	I.	18	20N	2W	38.87	31 Dec. 1890	Rand
Looney	Johnathan		8	20N	1W	120	1 Jul. 1859	Rand
Looney	Tipton	T.	9	21N	1W	80	10 Feb. 1897	Rand
Looney	William	C.	9	21N	2W	80	20 Sep. 1889	Rand
Looney	William	C.	10	21N	2W	40	23 Nov. 1891	Rand
Looney	William	S.	24	20N	3W	85.72	1 May 1860	Rand
Looney	William	S.	13	20N	3W	129.2	1 Jul. 1859	Rand
Looney	William	S.	13	20N	3W	42.51	1 Jul. 1859	Rand
Looney	William		13	20N	3W	40	1 Mar. 1855	Rand
Looney	William		7	20N	1W	83.52	10 Jul. 1844	Rand
Looney	William		19	20N	1W	44.57	10 Jul. 1844	Rand
Looney	William		18	20N	1W	71.92	16 Aug. 1838	Rand
Looney	William		19	20N	1W	67.98	16 Aug. 1838	Rand
Looney	William		13	20N	2W	40	5 Sep. 1842	Rand
Looney	William		18	20N	1W	139.7	5 Sep. 1842	Rand
Looney	William		20	20N	1W	60.82	5 Sep. 1842	Rand
Looney	William		7	20N	1W	67.24	30 Oct. 1857	Rand
Looney	William		7	20N	1W	156.6	12 Dec. 1823	Rand
Looney	William		7	20N	1W	40.25	12 Dec. 1823	Rand
Looney	William		18	20N	1W	145.5	12 Dec. 1823	Rand
Lord	Fredrick		33	18N	2W	40	1 Jul. 1859	Lawr
Lott	Jesse		17	17N	5W	160	1 Jul. 1859	Shar
Lott	Jesse		20	17N	5W	120	1 Jul. 1859	Shar
Lott	Jesse		17	17N	5W	40	10 Dec 1907	Shar
Lott	John		18	17N	5W	120	1 Jul. 1859	Shar
Lott	John		18	17N	5W	40	1 Jul. 1859	Shar
Lott	John		18	17N	5W	142.2	30 Oct. 1857	Shar
Lott	Robert		17	17N	5W	40	10 Jul. 1844	Shar
Lott	Robert		17	17N	5W	80	1 Sep. 1857	Shar
Lott	Roberts		0	17N	5W	40	1 Jul. 1859	Shar
Loud	David		18	9N	1W	160	27 Nov. 1820	Jack

Last Name	First Name	Int.	Section No.	Twp.	Ran	Acres	Date	Co.
Loudenslager	Jacob		21	20N	1W	160	27 Nov. 1820	Rand
Loughborough	Preston	S.	1	10N	3E	80	28 Jul. 1838	Poin
Loughborough	Preston	S.	1	10N	3E	205.7	28 Jul. 1838	Poin
Loughborough	Preston	S.	1	10N	3E	80	28 Jul. 1838	Poin
Loughborough	Preston	S.	13	10N	3E	160	28 Jul. 1838	Poin
Loughborough	Preston	S.	13	10N	3E	160	28 Jul. 1838	Poin
Lougherry	James	R.	4	20N	1W	146.7	7 Mar. 1902	Rand
Love	James	W.	33	15N	3E	40	1 Mar. 1856	Crai
Love	William		11	14N	4E	160	30 Apr. 1821	Crai
Lovelady	Henry		25	18N	4E	40	1 Mar. 1855	Gree
Lovelady	Henry		25	18N	4E	40	1 Mar. 1856	Gree
Lovelady	Henry		25	18N	4E	40	1 Mar. 1856	Gree
Lovelady	Henry		30	18N	5E	39.42	6 Jul. 1896	Gree
Lovelady	John		25	18N	4E	40	1 May 1874	Gree
Lovelady	Joseph		30	18N	5E	119.6	1 Oct. 1860	Gree
Lowder	William	H.	27	21N	3W	160	8 Mar. 1898	Rand
Lowe	David	W.	31	18N	1W	94.39	10 Jul. 1844	Rand
Lowe	David	W.	26	18N	2W	80	1 Nov. 1835	Lawr
Lowery	Samuel		18	17N	1W	40	13 Mar. 1890	Lawr
Lowry	Archibald		33	10N	4E	320	7 May 1821	Poin
Lowry	James	C.	8	16N	4W	40	1 May 1860	Shar
Lowry	James	C.	8	16N	4W	40	1 Jul. 1859	Shar
Lowry	James	C.	8	16N	4W	80	30 Oct. 1857	Shar
Lowsion	Morgan		27	14N	3E	40	1 Aug. 1861	Crai
Loyd	Henry	F.	22	19N	5W	160	31 May 1890	Shar
Loyd	James	L.	22	19N	5W	80	22 May 1901	Shar
Loyd	John		6	21N	2E	80	26 Jan. 1889	Rand
Loyd	John		8	21N	2E	80	1 May 1860	Rand
Loyd	Robert	B.	18	17N	4W	160	31 Dec. 1904	Shar
Loyd	Samuel	W.	23	19N	5W	160	26 Nov. 1904	Shar
Loyd	Samuel	W.	23	19N	5W	160	26 Nov. 1904	Shar
Loyd	Thomas		17	13N	2W	40	1 Oct. 1850	Jack
Loyd	Thomas		18	13N	2W	40	1 Oct. 1850	Jack
Lucas	John		3	15N	3W	160	8 Dec. 1831	Lawr
Lucas	Martin		5	10N	10E	72.95	1 Aug. 1849	Miss
Luce	John		22	17N	6W	80	16 Jun. 1856	Shar
Luce	John		27	17N	6W	40	1 Jul. 1859	Shar
Luce	William		11	16N	6W	40	1 Sep. 1857	Shar
Ludlow	Stephen		36	15N	4W	160	26 May 1889	Shar
Lumpkin	William	L.	32	18N	5E	160	1 May 1860	Gree
Lumpkin	William	L.	32	18N	5E	160	1 Jul. 1859	Gree
Lunsford	Mathew	M.	2	19N	6E	80.88	20 Nov. 1884	Clay
Lusk	Samuel	L.	2	16N	5W	160	5 May 1904	Shar
Luter	Mary		7	20N	2E	80	31 May 1890	Rand
Lutral	America		12	19N	2E	40	28 Mar. 1861	Rand
Luttrell	James		6	19N	3E	39.3	1 Nov. 1835	Rand
Luttrell	James		33	20N	3E	40	1 Nov. 1835	Rand
Luttrell	John	A.	12	19N	2E	40	16 Aug. 1838	Rand

Last Name	First Name	Int.	Section No.	Twp.	Ran	Acres	Date	Co.
Luttrell	John	A.	6	19N	3E	39.9	16 Aug. 1838	Rand
Luttrell	John		5	19N	3E	40	16 Aug. 1838	Rand
Lyan	Richard		28	12N	4E	320	13 Mar. 1823	Poin
Lynch	Aden		1	13N	3E	46.58	1 May 1861	Crai
Lynch	Dudley		19	13N	11E	160	1 Nov. 1848	Miss
Lynch	Eliza	J.	17	13N	11E	84.15	30 Dec. 1905	Miss
Lynch	George		10	19N	7E	40	1 Jul. 1859	Clay
Lynch	Jesse		15	19N	1W	40	1 Jul. 1859	Rand
Lynch	Jesse		15	19N	1W	40	1 Sep. 1857	Rand
Lynch	John	W.	7	21N	3W	120	3 Jul. 1902	Rand
Lynch	Lewis	A.	1	13N	3E	129.2	16 Mar. 1885	Crai
Lynch	Richard	W.	17	15N	6W	120	10 Apr. 1882	Shar
Lynn	Henry	C.	31	14N	2W	38.88	31 Jul. 1903	Jack
Lynxwiler	Alonzo	C.	15	21N	1E	120	31 Dec. 1890	Rand
Lynxwiler	George		32	10N	5W	80	1 May 1860	Jack
Lyon	Aaron	W.	35	12N	3W	80	10 Jul. 1844	Jack
Lyon	Aaron	W.	28	12N	3W	49.15	16 Aug. 1838	Jack
Lyon	Aaron	W.	31	12N	3W	167.1	16 Aug. 1838	Jack
Lyon	Aaron	W.	27	12N	3W	61.35	5 Sep. 1842	Jack
Lyons	Annie		2	18N	3W	28.44	15 May 1883	Lawr
Macgill	Thomas	G.	33	21N	4W	320	2 Jul. 1860	Shar
Macgill	William	A.	21	21N	4W	80	27 Mar. 1905	Shar
Macgowen	Owen		24	20N	1E	160	7 May 1821	Rand
Mack	Lemuel	D.	34	18N	5E	200	1 Jul. 1859	Gree
Mack	Lemuel	D.	34	18N	5E	40	1 Jul. 1859	Gree
Mack	Lemuel	D.	25	19N	5E	80	1 Sep. 1856	Gree
Mack	Robert	C.	34	18N	1W	37.57	4 Feb. 1897	Rand
Mackey	Elias		25	14N	3E	40	1 Oct. 1839	Crai
Mackey	Sarah		26	14N	3E	80	1 Mar. 1855	Crai
Maddux	Mary		33	15N	4W	160	6 Mar. 1822	Shar
Madem	Robert		22	10N	5W	160	27 Nov. 1820	Jack
Madison	James	R.	29	17N	4W	80	30 Jul. 1891	Shar
Magness	Christopher		28	15N	3E	200	1 May 1860	Crai
Magness	Loss		3	10N	3W	80	20 Jun. 1873	Jack
Magness	Morgan		29	15N	3W	160	10 Jul. 1848	Lawr
Magness	Zachariah	C.	24	17N	5E	80	1 May 1860	Gree
Magruder	Alpha		26	20N	3W	160	12 Nov. 1900	Rand
Maguire	Robinson		13	16N	3W	160	27 Nov. 1820	Lawr
Mahaffey	John	E.	11	20N	3W	160	5 May 1904	Rand
Mahan	William		34	10N	5W	160	27 Nov. 1820	Jack
Mainord	John		25	20N	1W	120	1 May 1860	Rand
Mallory	Hamlin		32	12N	4E	160	27 Nov. 1820	Poin
Malone	James		19	17N	6W	120	1 May 1860	Shar
Malone	James		33	17N	6W	120	1 Jul. 1859	Shar
Malone	Nathaniel		10	18N	6W	40	11 May 1895	Shar
Malone	Nathaniel		10	18N	6W	120	1 Sep. 1857	Shar
Maloney	Samuel		21	16N	5E	40	1 May 1860	Gree
Maloon	Joseph		18	20N	1W	160	15 Mar. 1837	Rand

Last Name	First Name	Int.	Section No.	Twp.	Ran	Acres	Date	Co.
Manksfield	James		28	16N	5W	160	24 Dec. 1822	Shar
Manly	William		14	15N	4W	160	24 May 1836	Shar
Mann	Levi		13	16N	5W	160	20 Feb. 1821	Shar
Mann	Marshall		22	16N	4W	160	27 Nov. 1820	Shar
Mann	William	H.	11	17N	5W	160	17 Jan. 1902	Shar
Manning	Charles	H.	19	19N	1E	200	1 May 1860	Rand
Manning	William		26	10N	7E	40	5 Oct. 1897	Poin
Mansker	Elizabeth		33	21N	2E	40	1 May 1854	Rand
Mansker	Elizabeth		4	20N	2E	158.6	16 Jun. 1856	Rand
Mansker	John		32	21N	2E	80	1 May 1854	Rand
Mansker	John		33	21N	2E	160	16 Jun. 1856	Rand
Mansker	John		33	21N	2E	160	1 Jul. 1859	Rand
Mansker	Matthew	C.	32	20N	2E	80	1 May 1854	Rand
Mansker	Matthew	C.	33	21N	2E	40	1 May 1860	Rand
Mansker	Matthew	C.	33	21N	2E	160	10 Dec. 1859	Rand
Mansker	William	H.	14	12N	3W	40	1 Sep. 1856	Jack
Mansker	William	H.	26	17N	2E	40	1 Sep. 1856	Lawr
Mansker	William	J.	32	21N	2E	40	1 May 1860	Rand
Mansker	William	J.	34	21N	2E	160	10 Dec. 1859	Rand
Manskier	George		23	21N	1E	40	1 Oct. 1839	Rand
Marchart	Joseph		19	20N	4W	160	4 Oct. 1900	Shar
Marchbanks	Isaac	M.	15	14N	2W	40	1 Sep. 1856	Jack
Marchbanks	William	C.	9	18N	3W	160	10 Dec. 1885	Lawr
Marco	John		13	15N	3W	160	6 Jul. 1825	Lawr
Marcum	Daniel		32	17N	3W	80	10 Jul. 1859	Lawr
Marcum	Daniel		32	17N	3W	40	1 Jul. 1859	Lawr
Marcum	Reuben	C.	6	17N	3W	151.9	1 May 1860	Lawr
Marcum	Reuben	W.	23	17N	4W	40	1 May 1860	Shar
Mardis	John	P.	1	10N	3E	40	10 Jul. 1861	Poin
Mardis	John	P.	18	10N	4E	120	10 Jul. 1861	Poin
Mariott	William	S.	3	20N	3W	160	18 Jul 1905	Rand
Marlett	David	J.	15	21N	1E	80	19 May 1903	Rand
Marlin	Joseph		1	18N	4W	120	8 May 1888	Shar
Marlin	Joseph		12	18N	4W	120	8 May 1888	Shar
Marlin	Joseph		35	19N	4W	35.75	8 May 1888	Shar
Marlin	Joseph		35	19N	4W	106.9	8 May 1888	Shar
Marr	John	M.	27	19N	1E	119.7	5 Sep. 1842	Rand
Marr	John		26	19N	1E	79.66	16 Aug. 1838	Rand
Marr	Thomas	O.	20	20N	3E	64.69	10 Jul. 1844	Rand
Marr	Thomas	O.	3	18N	1E	98.48	16 Aug. 1838	Rand
Marr	Thomas	O.	24	19N	1E	80	16 Aug. 1838	Rand
Marr	Thomas	O.	27	19N	1E	120	16 Aug. 1838	Rand
Marr	Thomas	O.	28	19N	1E	80	16 Aug. 1838	Rand
Marr	Thomas	O.	28	19N	1E	120	16 Aug. 1838	Rand
Marr	Thomas	O.	34	19N	1E	0.16	16 Aug. 1838	Rand
Marr	Thomas	O.	35	19N	1E	160	16 Aug. 1838	Rand
Marr	Thomas	O.	33	19N	1E	60.14	5 Sep. 1842	Rand

Last Name	First Name	Int.	Section No.	Twp.	Ran	Acres	Date	Co.
Marr	Thomas	O.	32	19N	2E	149.7	5 Sep. 1842	Rand
Marr	Thomas	O.	31	19N	2E	40	1 Oct. 1839	Rand
Marr	Thomas		25	9N	1W	160	2 Jan. 1828	Jack
Marr	William	J.	20	20N	3E	40	10 Jul. 1844	Rand
Marriott	Matilda		24	20N	3W	127.3	30 Jun. 1882	Rand
Marrs	James		1	15N	4W	80.4	11 Mar. 1842	Shar
Marrs	James		6	15N	3W	85.27	20 Jul. 1825	Lawr
Marsh	Daniel		32	15N	3W	160	27 Nov. 1820	Lawr
Marsh	Harvey	D.	28	19N	5W	160	16 Jun. 1905	Shar
Marsh	Noadiah		10	11N	3W	131.1	19 Jan. 1841	Jack
Marsh	Noadiah		11	11N	3W	119	19 Jan. 1841	Jack
Marsh	Noadiah		33	12N	3W	85.4	19 Jan. 1841	Jack
Marsh	Noadiah		34	12N	3W	155.8	19 Jan. 1841	Jack
Marsh	Noadiah		34	12N	3W	44.77	19 Jan. 1841	Jack
Marsh	Noadiah		2	11N	3W	155.9	27 Feb. 1841	Jack
Marsh	Noadiah		35	12N	3W	116	20 Apr. 1838	Jack
Marsh	Noadiah		3	11N	3W	40	1 Sep. 1856	Jack
Marsh	Noadiah		23	12N	3W	40	1 Sep. 1856	Jack
Marsh	Noadiah		27	12N	3W	10.2	1 Oct. 1839	Jack
Marsh	Noadiah		34	12N	3W	53.9	1 Oct. 1839	Jack
Marsh	Noadiah		34	12N	3W	56.54	1 Oct. 1839	Jack
Marsh	Noadiah		34	12N	3W	103	1 Oct. 1839	Jack
Marsh	Noadiah		35	12N	3W	9.36	1 Oct. 1839	Jack
Marsh	Noadiah		35	12N	3W	40	1 Oct. 1839	Jack
Marsh	Nodiah		35	12N	3W	80	20 Apr. 1838	Jack
Marsh	Obadiah	T.	19	18N	6W	160	31 May 1890	Shar
Marsh	Thomas		7	15N	1W	160	17 Jul. 1833	Lawr
Marshall	Thomas	B.	28	19N	3E	40	1 Sep. 1848	Gree
Marshall	Thomas		17	19N	2W	40	1 Mar. 1855	Rand
Marshall	William	B.	6	18N	2W	55.72	16 Jun. 1856	Lawr
Marshall	William	B.	6	18N	2W	46.29	1 Jul. 1859	Lawr
Marshall	William	B.	7	18N	2W	116.2	1 Oct. 1860	Lawr
Marshall	William	C.	4	11N	7E	80	11 Oct. 1902	Poin
Marshall	William		27	19N	3E	80	16 Aug. 1838	Clay
Martin	Beverly		24	17N	4E	40	1 May 1860	Gree
Martin	Beverly		24	17N	4E	40	1 Sep. 1860	Gree
Martin	Cade	B.	5	18N	6W	77.94	18 Oct. 1890	Shar
Martin	Daniel		34	14N	3E	40	16 Aug. 1838	Crai
Martin	Daniel		35	14N	3E	40	10 Dec. 1838	Crai
Martin	Edmon	F.	29	18N	5W	40	9 Jul. 1896	Shar
Martin	Edmund		4	18N	6W	80	1 Jul. 1859	Shar
Martin	Edmund		5	18N	6W	76.59	30 Oct. 1857	Shar
Martin	Franklin	A.	6	15N	6W	52.05	1 Mar. 1855	Shar
Martin	Franklin	A.	6	15N	6W	163.9	16 Jun. 1856	Shar
Martin	Franklin	A.	6	15N	6W	80	1 Jul. 1859	Shar
Martin	Franklin	A.	1	15N	7W	89.17	1 Jul. 1859	Shar
Martin	George	R.	23	16N	6W	80	25 Feb. 1899	Shar
Martin	James	E.	5	20N	2W	160	8 Dec. 1903	Rand

Last Name	First Name	Int.	Section No.	Twp.	Ran	Acres	Date	Co.
Martin	James	L.	5	16N	5W	40	8 Dec. 1896	Shar
Martin	James		13	16N	4W	320	1 Feb. 1821	Shar
Martin	James		9	20N	1E	40	1 Mar. 1855	Rand
Martin	James		5	19N	3E	40	1 May 1854	Rand
Martin	James		5	19N	3E	40	1 May 1854	Rand
Martin	James		5	19N	3E	40	1 May 1854	Rand
Martin	James		32	21N	1E	40	10 Jul. 1844	Rand
Martin	James		21	20N	1E	280	1 Jul. 1859	Rand
Martin	James		9	15N	6W	80	1 Jul. 1859	Shar
Martin	James		10	15N	6W	120	1 Jul. 1859	Shar
Martin	James		14	20N	1E	80	16 Aug. 1838	Rand
Martin	James		14	20N	1E	80	16 Aug. 1838	Rand
Martin	James		14	20N	1E	40	16 Aug. 1838	Rand
Martin	James		2	15N	6W	40	1 Sep. 1857	Shar
Martin	John	F.	27	21N	1E	80	1 May 1860	Rand
Martin	John		2	15N	7W	40	10 Jul. 1844	Shar
Martin	John		11	15N	7W	80	10 Jul. 1844	Shar
Martin	John		11	15N	7W	80	10 Jul. 1844	Shar
Martin	John		12	15N	7W	160	10 Jul. 1844	Shar
Martin	John		12	15N	7W	80	1 Jul. 1859	Shar
Martin	John		26	21N	1W	40	1 Oct. 1839	Rand
Martin	Lucinda	C.	7	16N	4W	160	16 Apr. 1892	Shar
Martin	Peter		7	15N	6W	40	21 Dec. 1899	Shar
Martin	Richard		15	17N	4E	40	10 Sep. 1844	Gree
Martin	Robert		2	15N	6W	40	16 Jun. 1856	Shar
Martin	Robert		10	15N	6W	280	16 Jun. 1856	Shar
Martin	Robert		10	15N	6W	40	1 Jul. 1859	Shar
Martin	Robert		32	21N	1W	40	15 Nov. 1875	Rand
Martin	Rufus	W.	11	18N	2W	80	18 Oct. 1898	Rand
Martin	Samuel		8	10N	4E	160	6 Aug. 1822	Poin
Martin	Thomas	C.	30	17N	6W	32.2	15 Feb. 1895	Shar
Martin	Thomas		24	17N	3W	160	16 Apr. 1821	Lawr
Martin	Thomas		8	15N	4W	80	28 Dec. 1843	Shar
Martin	William	H.	27	19N	5W	160	1 Jun. 1896	Shar
Martin	William		13	17N	4E	40	1 Oct. 1850	Gree
Martin	William		9	20N	2W	160	26 Feb 1904	Rand
Marvin	James	C.	20	18N	1W	80	1 May 1860	Rand
Marvin	James	C.	2	20N	1W	41.02	30 Jun. 1906	Rand
Mask	Pleasant	H.	2	19N	5W	40	1 May 1860	Shar
Mason	Joseph	A.	36	17N	4E	80	28 Oct. 1897	Gree
Mason	Mansel	C.	5	10N	3W	77.21	5 Apr. 1890	Jack
Mason	William	D.	13	10N	5W	80	10 May 1882	Jack
Mason	William	M.	14	19N	7E	40	1 Jul. 1859	Clay
Massengill	John	N.	7	20N	7E	80	22 Dec 1901	Clay
Massengill	Thomas		22	17N	4E	40	1 Jul. 1859	Gree
Massey	John		20	16N	5W	160	18 Feb. 1832	Shar
Massey	Laura	A.	14	19N	1W	80	14 Apr 1906	Rand
Massey	William	E.	24	18N	3W	80	1 May 1860	Lawr

Last Name	First Name	Int.	Section No.	Twp.	Ran	Acres	Date	Co.
Massey	William	E.	24	18N	3W	40	27 Mar. 1905	Lawr
Massey	William	S.	4	16N	5W	80	25 Feb. 1899	Shar
Massey	William		10	17N	3W	80	15 Oct. 1906	Lawr
Massingill	Hiram		27	18N	5E	80	10 Jul. 1844	Gree
Masters	Henry	F.	6	16N	6W	40	28 Mar. 1861	Shar
Masters	Jesse		6	16N	6W	46.22	1 Mar. 1856	Shar
Masters	Jesse		6	16N	6W	58	10 Jul. 1848	Shar
Masters	Jesse		7	16N	6W	52.85	1 Jul. 1859	Shar
Mateingly	Asa		9	16N	6W	120	1 May 1860	Shar
Matheny	Sims		9	10N	2W	40	1 Sep. 1856	Jack
Matheny	William	A.	5	20N	7E	80	10 May 1882	Clay
Matheny	William	G.	33	16N	6W	80	16 Jun. 1856	Shar
Matheny	William	G.	34	16N	6W	40	1 Sep. 1860	Shar
Matheny	William	G.	28	16N	6W	120	30 Oct. 1857	Shar
Mathews	Ethel	D.	13	15N	5W	85.24	1 Jul. 1859	Shar
Mathews	William	C.	22	14N	3E	200	1 May 1860	Crai
Mathis	David	B.	12	18N	6W	40	1 Jul. 1859	Shar
Mathis	David	B.	12	18N	6W	120	1 Jul. 1859	Shar
Matingly	Asa		9	16N	6W	80	1 May 1860	Shar
Matlock	John	H.	11	15N	6W	80	1 Jul. 1859	Shar
Matlock	John	H.	22	16N	6W	80	1 Aug. 1861	Shar
Matthews	Benjamin	F.	18	16N	1W	36.53	10 Jun. 1889	Lawr
Matthews	Benjamin	F.	2	16N	2W	40	1 Jul. 1859	Lawr
Matthews	Benjamin	F.	2	16N	2W	40	1 Jul. 1859	Lawr
Matthews	David		12	15N	5W	83.79	16 Jun. 1856	Shar
Matthews	David		12	15N	5W	40	10 Jul. 1844	Shar
Matthews	Etheldred	D.	13	15N	5W	41.73	1 Jul. 1859	Shar
Matthews	Ethelred	D.	13	15N	5W	84.77	16 Jun. 1856	Shar
Matthews	George		35	18N	4W	240	10 Dec. 1859	Shar
Matthews	John	L.	27	17N	2W	40	1 Mar. 1855	Lawr
Matthews	John	L.	27	17N	2W	40	1 Mar. 1855	Lawr
Matthews	John	L.	23	17N	2W	40	1 Mar. 1856	Lawr
Matthews	John	W.	22	17N	2W	40	3 May 1895	Lawr
Matthews	John		30	15N	4E	80	1 Jul. 1859	Crai
Matthews	William	J.	22	17N	2W	40	1 Mar. 1855	Lawr
Matthews	William	J.	27	17N	2W	40	1 Mar. 1855	Lawr
Matthews	William	J.	27	17N	2W	40	1 Mar. 1855	Lawr
Matthews	William	J.	22	17N	2W	40	1 Mar. 1856	Lawr
Matthews	William	J.	22	17N	2W	40	1 Sep. 1856	Lawr
Mattingly	Asa		8	16N	6W	120	1 May 1861	Shar
Mattix	Edward		8	19N	1W	74.13	10 Jan. 1824	Rand
Mattix	Edward		8	19N	1W	80	19 Aug. 1826	Rand
Mattocks	Joseph		13	20N	2W	160	27 Nov. 1820	Rand
Mattox	Collin		23	16N	5W	320	27 Nov. 1820	Shar
Mattox	Loammi	A.	10	18N	4W	160	26 Jan. 1889	Shar
Mauldin	John	W.	14	16N	1W	160	10 Apr. 1837	Lawr
Mausker	Fanny		4	20N	2E	120	1 Jul. 1859	Rand
Maxey	Martin	L.	15	13N	8E	165.8	28 Feb. 1906	Miss

Last Name	First Name	Int.	Section No.	Twp.	Ran	Acres	Date	Co.
Maxey	Martin	L.	15	13N	8E	165.8	28 Feb. 1906	Miss
Maxey	Martin		15	13N	8E	165.8	28 Feb. 1906	Miss
Maxwell	John	B.	34	20N	4W	120	6 Nov. 1895	Shar
Maxwell	Joshua		18	14N	4E	160	7 May 1821	Crai
May	David		18	10N	2W	160	1 May 1860	Jack
May	David		12	10N	3W	40	1 Sep. 1856	Jack
May	David		24	10N	3W	41.9	30 Oct. 1857	Jack
May	John		35	16N	5W	80	1 May 1860	Shar
May	John		35	16N	5W	120	1 Sep. 1860	Shar
May	William	C.	34	11N	1W	80	10 Jul. 1848	Jack
May	William	C.	35	11N	1W	40	10 Jul. 1848	Jack
May	William	C.	35	11N	1W	40	10 Jul. 1848	Jack
Maynard	Thomas	E.	7	11N	7E	80	26 Jul. 1899	Poin
Mayo	Henry		30	21N	8E	89.85	24 Jun. 1878	Clay
Mayo	Nathan		3	11N	4E	160	27 Nov. 1820	Poin
Mays	Asa		31	18N	6W	120	1 May 1860	Shar
Mcabee	Harrison	D.	22	19N	5W	160	23 Jan. 1901	Shar
Mcalhaney	Allen	B.	26	10N	4W	160	25 Jul. 1828	Jack
Mcarthur	Charles		24	19N	3E	160	16 Aug. 1838	Clay
Mcarthur	Charles		2	18N	2E	160	16 Aug. 1838	Rand
Mcateer	James		20	10N	4E	160	3 Mar. 1820	Poin
McCaa	Thomas	J.	19	17N	5W	80	25 Jun. 1901	Shar
McCabe	Edward	H.	33	21N	3E	143.4	10 Jul. 1844	Rand
McCaleb	James	H.	3	16N	6W	40	1 May 1860	Shar
McCaleb	James	H.	3	16N	6W	200	30 Sep. 1873	Shar
McCall	Jefferson		2	10N	2W	50.04	20 Dec. 1861	Jack
McCall	John	S.	1	10N	2W	40	30 Oct. 1857	Jack
McCall	John		10	18N	8E	80	1 Jun. 1880	Clay
McCall	Josiah		1	10N	2W	49.17	15 Jun. 1855	Jack
McCall	Nicholas	R.	23	14N	3E	160	1 May 1860	Crai
McCall	William	M.	35	11N	2W	80	20 Dec. 1861	Jack
McCall	William		33	17N	1E	80	1 Jul. 1859	Lawr
McCallister	Francis		12	10N	3E	160	10 Oct. 1839	Poin
McCann	Patrick	H.	21	19N	3W	40	26 Sep. 1902	Shar
McCarrell	Nathaniel		4	16N	3W	80	10 Nov. 1830	Lawr
McCarrell	Nathaniel		4	16N	3W	160	12 Dec. 1823	Lawr
McCarroll	David	P.	36	21N	2E	320	1 May 1860	Rand
McCarroll	George	W.	13	17N	3W	80	1 Jul. 1859	Lawr
McCarroll	George	W.	22	17N	3W	80	1 Jul. 1859	Lawr
McCarroll	George	W.	14	18N	4W	120	1 Sep. 1860	Shar
McCarroll	James		13	17N	3W	80	1 Mar. 1855	Lawr
McCarroll	James		13	17N	3W	40	1 Mar. 1855	Lawr
McCarroll	Nathaniel		14	18N	2W	146.2	17 Nov. 1842	Rand
McCarroll	Thomas		27	17N	3W	80	1 Jul. 1859	Lawr
McCarroll	Thomas		5	16N	3W	40	16 Aug. 1838	Lawr
McCarroll	Thomas		4	16N	3W	49.92	5 Sep. 1842	Lawr
McCarter	Thomas	B.	32	12N	4E	320	17 Mar. 1823	Poin
McCartney	John		24	10N	2W	40	1 Sep. 1856	Jack

Last Name	First Name	Int.	Section No.	Twp.	Ran	Acres	Date	Co.
McCarty	Daniel		17	10N	5W	160	27 Nov. 1820	Jack
McChandles	Hugh		28	10N	4E	160	24 Jun. 1833	Poin
McClain	Amos		13	19N	1W	80	1 Jul. 1859	Rand
McClain	Amos		13	19N	1W	80	1 Jul. 1859	Rand
McClain	Amos		13	19N	1W	160	1 Jul. 1859	Rand
McClain	John		33	19N	1W	80	1 Jul. 1859	Rand
McClain	Margaret	E.	9	19N	1W	40	1 May 1860	Rand
McClain	Stephen	B.	9	19N	1W	40	1 Jul. 1859	Rand
McClane	Samuel		20	19N	1E	40	2 Jul. 1860	Rand
McCleard	William		26	18N	1W	160	27 Nov. 1820	Rand
McClease	Charles		11	16N	4W	160	30 Mar. 1826	Shar
McClellan	Hugh		25	14N	1W	160	14 May 1821	Jack
McCleskey	Robert	G.	22	18N	6E	160	1 Jul. 1859	Gree
McCleskey	William		27	13N	3W	40	1 Sep. 1856	Jack
McClintick	Henry	C.	36	20N	3E	80	20 Sep. 1889	Clay
McClintock	John		26	15N	3W	160	21 Jun. 1836	Lawr
McClintock	Louisa	F.	7	21N	2E	136.9	18 Oct. 1890	Rand
McClung	John		9	20N	4W	80	1 Aug. 1861	Shar
McClure	Parthena		32	17N	2W	80	28 Sep. 1893	Lawr
McClure	Rumina	E.	8	19N	2W	40	10 Apr. 1882	Rand
McCollough	Moses		7	20N	3W	153.8	10 Feb. 1897	Shar
McCombs	David		21	14N	1W	160	27 Nov. 1820	Jack
McConnell	Joseph	N.	30	21N	2E	148	1 May 1860	Rand
McConnell	Joseph	N.	31	21N	2E	160	1 May 1860	Rand
McCord	Joseph	M.	10	18N	6W	80	1 Jul. 1859	Shar
McCord	Joseph	M.	11	18N	6W	40	1 Jul. 1859	Shar
McCown	Sarah		1	15N	4W	160	28 Dec. 1830	Shar
McCoy	Elizabeth		22	20N	1W	160	1 Jul. 1859	Rand
McCoy	Jacob		33	16N	5W	160	21 Nov. 1825	Shar
McCoy	James	A.	33	16N	6W	40	1 Jul. 1859	Shar
McCoy	Jesse		10	19N	1W	40	1 Jul. 1859	Rand
McCoy	John		24	19N	1W	80	20 Jun. 1873	Rand
McCoy	Joseph		34	20N	1W	120	1 Jul. 1859	Rand
McCoy	Stephen	C.	26	20N	1W	40	1 May 1860	Rand
McCoy	William	W.	32	19N	1E	40	12 Dec. 1870	Rand
McCracken	Charles	R.	10	15N	4E	40	1 May 1860	Crai
McCracken	Elender	L.	13	15N	4E	40	1 Jul. 1859	Crai
McCracken	George	A.	12	15N	4E	40	1 May 1860	Crai
McCracken	Hugh		25	14N	6E	20.49	30 Oct. 1857	Crai
McCracken	Thomas		29	15N	4E	40	1 Mar. 1855	Crai
McCracken	Thomas		29	15N	4E	120	1 Jul. 1859	Crai
McCracken	Thomas		32	15N	4E	80	16 Dec. 1895	Crai
McCracken	William		12	15N	4E	160	1 May 1860	Crai
McCracken	William		22	15N	4E	40	1 Oct. 1850	Crai
McCrackin	Peter	A.	32	16N	4W	80	4 Jun. 1906	Shar
McCrackin	Thomas		29	15N	4W	40	1 Mar. 1856	Shar
McCrackin	William		22	15N	4E	40	1 Jul. 1859	Crai
McCreary	John		13	20N	1W	160	23 Jul. 1821	Rand

Last Name	First Name	Int.	Section No.	Twp.	Ran	Acres	Date	Co.
McCrocklin	George	A.	2	18N	1W	160	1 Mar. 1821	Rand
McCullar	William	H.	20	15N	4E	80	1 May 1860	Crai
McCulloh	John		9	15N	6W	40	1 Mar. 1855	Shar
McCully	Sarah		4	14N	4E	160	23 Apr. 1821	Crai
Mcdaniel	Abram		12	13N	3E	47.26	1 Jul. 1859	Crai
Mcdaniel	Abrum	B.	7	13N	4E	77.61	30 Oct. 1857	Crai
Mcdaniel	Abrun	B.	7	13N	4E	149.4	1 Sep. 1857	Crai
Mcdaniel	Charles		34	14N	3E	80	10 Dec. 1859	Crai
Mcdaniel	Daniel		6	14N	3E	40	1 Nov. 1860	Crai
Mcdaniel	George	W.	17	10N	7E	40	24 Nov. 1899	Poin
Mcdaniel	James	D.	28	16N	5E	80	1 May 1860	Gree
Mcdaniel	James	D.	28	16N	5E	80	15 May 1880	Gree
Mcdaniel	James	N.	5	13N	12E	70.57	1 Nov. 1848	Miss
Mcdaniel	James		28	20N	1E	80	20 Jan. 1892	Rand
Mcdaniel	James		27	16N	5E	40	1 Jul. 1859	Gree
Mcdaniel	James		28	16N	5E	40	1 Jul. 1859	Gree
Mcdaniel	James		29	20N	1E	120	1 Jul. 1859	Rand
Mcdaniel	James		32	20N	1E	160	1 Jul. 1859	Rand
Mcdaniel	James		28	16N	5E	40	1 Oct. 1860	Gree
Mcdaniel	James		4	13N	12E	33.64	1 Nov. 1848	Miss
Mcdaniel	Jasper		15	16N	5E	40	1 Apr. 1861	Gree
Mcdaniel	Jasper		20	16N	5E	40	1 Jul. 1859	Gree
Mcdaniel	John	B.	18	13N	4E	64.73	20 Sep. 1889	Crai
Mcdaniel	John	P.	11	13N	3E	160	15 Jan. 1883	Crai
Mcdaniel	John		20	16N	5E	40	1 Mar. 1855	Gree
Mcdaniel	John		20	16N	5E	40	1 May 1860	Gree
Mcdaniel	John		20	16N	5E	40	16 Jun. 1856	Gree
Mcdaniel	John		20	16N	5E	40	1 Jul. 1859	Gree
Mcdaniel	John		29	16N	5E	40	1 Jul. 1859	Gree
Mcdaniel	John		20	16N	5E	40	14 Aug. 1899	Gree
Mcdaniel	John		29	16N	5E	80	1 Sep. 1860	Gree
Mcdaniel	Joseph		30	16N	5E	80	21 Apr. 1887	Gree
Mcdaniel	Solomon		1	13N	3E	40	1 Jul. 1859	Crai
Mcdaniel	Solomon		34	13N	4E	40	1 Sep. 1856	Crai
Mcdaniel	William	F.	2	13N	3E	160	31 May 1890	Crai
Mcdaniel	William		33	14N	3E	80	1 Sep. 1860	Crai
Mcdermit	Linna	E.	22	19N	6E	160	3 Jan. 1896	Clay
Mcdirmit	William		31	10N	3W	80	17 Apr. 1899	Jack
Mcdonald	Alvin		6	9N	2W	903.4	1 Sep. 1856	Jack
Mcdonald	Edward		32	20N	1E	40	5 Sep. 1842	Rand
Mcdonald	Edward		33	20N	1E	40	5 Sep. 1842	Rand
Mcdonald	Hugh		28	14N	1W	160	7 May 1821	Jack
Mcdonald	Hugh		14	16N	4W	160	6 Aug. 1822	Shar
Mcdonald	James	R.	30	17N	5E	144.7	12 Mar. 1894	Gree
Mcdonald	James		5	20N	1E	96.83	16 Aug. 1838	Rand
Mcdonald	John		28	10N	5W	160	9 Jul. 1821	Jack
Mcdonald	Philo		12	18N	1W	40	1 May 1860	Rand
Mcdonald	Philo		12	18N	1W	80	1 May 1861	Rand

Last Name	First Name	Int.	Section No.	Twp.	Ran	Acres	Date	Co.
Mcdonald	Philo		8	18N	1E	120	1 Aug. 1861	Rand
Mcdonald	Robert	H.	8	9N	2W	40	1 Sep. 1856	Jack
Mcdonald	Robert	H.	1	11N	3W	168	1 Oct. 1849	Jack
Mcdonnell	William	H.	29	13N	8E	80	24 Mar 1901	Miss
Mcdougal	Moses		4	10N	5W	40	1 May 1860	Jack
Mcdougal	Moses		4	10N	5W	40	1 May 1860	Jack
Mcdugal	Thomas	G.	27	17N	4W	40	1 Aug. 1861	Shar
Mcdugal	Thomas		22	17N	4W	40	30 Oct. 1857	Shar
Mcdugel	Thomas	G.	27	17N	4W	40	1 Aug. 1861	Shar
Mcelfresh	Sarah		15	18N	4W	160	11 Jan. 1895	Shar
Mcelhaney	David		14	10N	5W	160	6 Mar. 1822	Jack
Mcelhany	James		8	11N	4E	160	10 Feb. 1835	Poin
Mcelkin	Thomas		27	17N	3W	40	10 Jul. 1844	Lawr
Mcelmurry	John	W.	10	20N	1W	40	8 Mar. 1898	Rand
Mcelrath	David		24	14N	3E	80	1 Jul. 1859	Crai
Mcelrath	Enos	L.	6	21N	1W	145.1	31 Jul. 1903	Rand
Mcelrath	George	W.	22	21N	1E	160	4 Aug. 1896	Rand
Mcelrath	William	J.	5	21N	1W	156	30 Jul. 1891	Rand
Mcelroy	Alexander		12	18N	6E	40	10 Jul. 1844	Gree
Mcentire	James	N.	9	18N	3W	80	4 Jun. 1906	Lawr
Mcentire	Joshua		3	18N	3W	80	4 Jun. 1906	Lawr
Mcfall	John	A.	4	17N	5E	78.34	15 Oct. 1906	Gree
Mcfarland	James		14	17N	5W	40	16 Aug. 1838	Shar
Mcfarland	Maria		10	17N	5W	40	1 May 1860	Shar
Mcfarlin	Harvey		3	17N	5W	120	30 Oct. 1857	Shar
Mcfarlin	Harvey		10	17N	5W	80	30 Oct. 1857	Shar
Mcfaun	Demetrius	H.	26	21N	4W	40	23 Nov. 1891	Shar
Mcfedden	James		20	21N	3E	61.44	1 Nov. 1834	Rand
Mcferren	Oliver		19	11N	4E	160	9 Feb. 1829	Poin
Mcgavock	Jacob		28	10N	10E	110.5	31 Jan. 1837	Miss
Mcgavock	Jacob		7	10N	9E	80	24 Jun. 1834	Miss
Mcgee	Joseph	C.	7	15N	4W	40	1 Mar. 1855	Shar
Mcgee	Joseph	C.	7	15N	4W	40	10 Jul. 1844	Shar
Mcgee	Joseph	C.	6	15N	4W	156.4	1 Jul. 1859	Shar
Mcgee	William	F.	1	15N	5W	42.84	20 May 1875	Shar
Mcgerry	Barnabus		4	14N	4E	160	27 Nov. 1820	Crai
Mcgerry	John		33	18N	1W	160	10 Jun. 1821	Rand
Mcghehey	George	W.	20	17N	1W	80	30 Jun. 1882	Lawr
Mcghehey	George		18	17N	1W	80	1 Jul. 1859	Lawr
Mcghehey	Robert	B.	24	17N	2W	40	23 Jan. 1901	Lawr
Mcgill	Sampson		17	9N	1W	160	30 Jul. 1821	Jack
Mcginnis	Finis	F.	30	20N	4W	120	1 May 1860	Shar
Mcginnis	Robert		8	13N	11E	160	1 Aug. 1849	Miss
Mcglasson	John	W.	20	15N	4E	80	7 Jul. 1891	Crai
Mcgowan	Andrew		26	15N	3E	40	15 Jun. 1855	Crai
Mcgowan	Henry		8	14N	3E	160	1 Jul. 1859	Crai
Mcgowan	Henry		2	13N	3E	40	30 Oct. 1857	Crai
Mcgowen	Henry		2	13N	3E	40	1 Mar. 1855	Crai

Last Name	First Name	Int.	Section No.	Twp.	Ran	Acres	Date	Co.
Mcgown	David	M.	28	14N	3E	40	1 May 1860	Crai
Mcgown	David	M.	29	14N	3E	120	1 May 1860	Crai
Mcgown	David	M.	2	13N	3E	40	1 Jul. 1859	Crai
Mcgown	Henry		8	14N	3E	40	1 Jul. 1859	Crai
Mcgown	Henry		8	14N	3E	40	1 Jul. 1859	Crai
Mcgraw	Nathan		15	17N	3W	160	29 Apr. 1822	Lawr
Mcguire	William	L.	32	12N	3W	51.01	10 Jul. 1844	Jack
Mcguire	William	L.	33	12N	3W	72.51	10 Jul. 1844	Jack
Mchan	Thomas		28	13N	1W	160	15 Feb. 1821	Jack
Mcholstead	Wilson	A.	9	17N	3W	280	17 Aug. 1895	Lawr
Mchughs	Nancy		1	19N	3W	40	5 Sep. 1842	Rand
Mcilroy	Alexander		17	21N	8E	40	2 Apr. 1860	Clay
Mcilroy	Alexander		31	20N	1W	73.79	10 Jul. 1848	Rand
Mcilroy	Andrew		27	20N	1W	40	1 Jul. 1859	Rand
Mcilroy	Andrew		28	20N	1W	80	1 Sep. 1857	Rand
Mcilroy	Daniel		23	21N	2W	80	1 Jul. 1859	Rand
Mcilroy	Daniel		27	21N	2W	140.9	2 Jul. 1860	Rand
Mcilroy	Hammet		36	20N	2W	40	1 Mar. 1855	Rand
Mcilroy	Hammet		32	20N	1W	19.69	10 Jul. 1848	Rand
Mcilroy	Hammet		25	20N	2W	40	1 Jul. 1859	Rand
Mcilroy	Hammet		30	20N	1W	120	1 Jul. 1859	Rand
Mcilroy	Hammet		30	20N	1W	114.7	1 Jul. 1859	Rand
Mcilroy	Hammet		25	20N	2W	40	16 Aug. 1838	Rand
Mcilroy	Hammet		32	20N	1W	66.06	16 Aug. 1838	Rand
Mcilroy	John		32	20N	1W	95.16	1 Mar. 1860	Rand
Mcilroy	John		30	20N	1W	86.04	10 Jul. 1848	Rand
Mcilroy	Ruffin	V.	36	19N	2W	120	31 Dec. 1890	Rand
Mcilroy	Samuel	D.	25	20N	2W	40	1 Mar. 1856	Rand
Mcilroy	Samuel	D.	35	20N	2W	40	16 Jun. 1856	Rand
Mcilroy	Samuel	D.	25	20N	2W	40	1 Jul. 1859	Rand
Mcilroy	Samuel	D.	35	20N	2W	120	1 Jul. 1859	Rand
Mcilroy	Samuel	D.	35	20N	2W	40	30 Oct. 1857	Rand
Mcilroy	Thomas	J.	31	21N	1W	40	15 Feb. 1884	Rand
Mcilroy	William		30	20N	1W	79.32	1 Jul. 1859	Rand
Mcilroy	William		30	20N	1W	52.36	1 Sep. 1857	Rand
Mcilvoy	Daniel		35	20N	2W	40	16 Aug. 1838	Rand
Mcilvoy	Daniel		36	20N	2W	40	16 Aug. 1838	Rand
Mcilvoy	Hammet		36	20N	2W	40	1 Jul. 1859	Rand
Mcilvoy	Hammet		31	20N	1W	38.75	16 Aug. 1838	Rand
Mcilvoy	John		36	20N	2W	40	16 Aug. 1838	Rand
Mcintire	Thomas		26	18N	3W	160	15 Mar. 1821	Lawr
Mcintosh	James	A.	23	21N	4W	160	17 Mar. 1892	Shar
Mcinturff	Jacob		28	19N	6E	40	19 May 1903	Gree
Mcka	Alexander	M.	8	10N	2W	40	1 Jul. 1859	Jack
Mckamey	James	L.	20	20N	4W	80	1 May 1860	Shar
Mckamey	James	L.	28	18N	2W	80	2 Jul. 1860	Lawr
Mckamey	Robert		15	20N	4W	200	1 May 1860	Shar
Mckamey	William		27	18N	2W	120	2 Jul. 1860	Lawr

Last Name	First Name	Int.	Section No.	Twp.	Ran	Acres	Date	Co.
Mckamey	William		22	18N	2W	40	13 Nov. 1884	Lawr
Mckamey	Robert		1	18N	4W	39.98	1 Oct. 1860	Shar
Mckay	George		1	18N	1W	160	13 Nov. 1821	Rand
Mckay	James		30	14N	4E	160	6 Nov. 1821	Crai
Mckeel	Lewis	C.	12	19N	6E	80	24 Jun 1901	Clay
Mckellar	George		25	10N	7E	160	31 Jan. 1903	Poin
Mckennon	William		13	14N	1W	160	16 May 1835	Jack
Mckenny	George	H.	34	21N	8E	80	23 Jan. 1901	Clay
Mckenzie	William	P.	1	18N	4W	39.96	10 Jun. 1889	Shar
Mckever	William		5	10N	4E	160	3 Jan. 1825	Poin
Mckinley	John		13	20N	1E	160	6 Aug. 1823	Rand
Mckinley	William		30	17N	4W	80	1 May 1860	Shar
Mckinley	William		19	17N	4W	120	16 Jun. 1856	Shar
Mckinney	Davis		10	17N	4W	80	16 Nov. 1901	Shar
Mckinney	James		34	18N	4W	190.6	11 May 1895	Shar
Mckinney	James		34	18N	4W	80	1 Oct. 1860	Shar
Mckinney	John	C.	12	17N	4W	80	19 Apr. 1897	Shar
Mckinney	John		29	16N	3W	320	27 Nov. 1820	Lawr
Mckinney	William		28	14N	4E	160	18 Feb. 1822	Crai
Mckinney	William		9	17N	4W	40	1 May 1860	Shar
Mcknight	Charles	D.	35	17N	4W	80	19 Oct. 1905	Shar
Mcknight	David		2	16N	4W	40	1 May 1860	Shar
Mcknight	David		2	16N	4W	40	1 Jul. 1859	Shar
Mcknight	George	W.	36	17N	4W	40	1 May 1860	Shar
Mcknight	George	W.	31	17N	3W	117.1	1 Jul. 1859	Lawr
Mcknight	John		27	16N	3W	40	5 Sep. 1842	Lawr
Mcknight	Thomas		21	18N	2W	80	12 Dec. 1823	Lawr
Mcknight	William		15	17N	3W	80	1 May 1860	Lawr
Mcknight	William		36	17N	4W	80	1 May 1860	Shar
Mcknight	William		36	17N	4W	120	20 Jun. 1873	Shar
Mcknight	William		7	16N	3W	128.1	20 Jul. 1825	Lawr
Mcknight	William		36	17N	4W	40	10 Jul. 1844	Shar
Mcknight	William		2	16N	4W	183.3	2 Jul. 1860	Shar
Mcknight	William		15	17N	3W	40	1 Sep. 1860	Lawr
Mclain	Elizabeth		10	19N	1W	40	10 Jul. 1844	Rand
Mclain	James		12	15N	5W	84.77	16 Jun. 1856	Shar
Mclain	James		7	15N	4W	84.59	10 Jul. 1844	Shar
Mclain	James		12	15N	5W	42.15	1 Jul. 1859	Shar
Mclain	James		7	15N	4W	40	1 Oct. 1839	Shar
Mclain	John		11	19N	1W	200	1 Jul. 1859	Rand
Mclain	Samuel		8	18N	1E	141.3	2 Jul. 1860	Rand
Mclain	Stephen	B.	10	19N	1W	80	16 Jun. 1856	Rand
Mclain	William		10	19N	1W	80	1 Nov. 1834	Rand
Mclain	William		21	20N	1W	80	1 Nov. 1834	Rand
Mclane	Nathan		23	20N	1E	160	21 Jul. 1823	Rand
Mclane	Samuel		20	19N	1E	40	1 Jul. 1859	Rand
Mclaughlin	David		17	10N	4E	160	14 Dec. 1822	Poin
Mclaughlin	George	W.	26	18N	2W	80	31 May 1800	Lawr

Last Name	First Name	Int.	Section No.	Twp.	Ran	Acres	Date	Co.
Mclaughlin	James	P.	28	18N	1W	80	16 Mar. 1885	Rand
Mclaughlin	James	P.	28	18N	1W	40	8 May 1888	Rand
Mclaughlin	Levi		23	20N	1E	160	24 Dec. 1823	Rand
Mclean	John		1	15N	3W	160	20 Aug. 1838	Lawr
Mclemore	Mary	J.	20	16N	5E	40	14 Apr. 1897	Gree
Mcleod	Walter	R.	35	16N	5W	120	14 Sep. 1906	Shar
Mcmanners	Anderson		26	11N	3W	80	15 Sep. 1851	Jack
Mcmichael	David		20	15N	3W	160	27 Nov. 1820	Lawr
Mcmillan	Malcolm		20	17N	6W	80	1 Nov. 1835	Shar
Mcmillen	William		7	10N	3W	54.93	1 Mar. 1860	Jack
Mcmillin	William	P.	4	16N	4E	160	1 May 1860	Gree
Mcmillin	William	P.	4	16N	4E	78.44	1 Jul. 1859	Gree
Mcmullin	Aaron		11	19N	2W	80	12 Mar. 1906	Rand
Mcmullin	Daniel	B.	14	19N	2W	40	23 Jul. 1888	Rand
Mcmullin	Daniel	B.	13	19N	2W	40	8 Aug. 1895	Rand
Mcmullin	Daniel		13	19N	2W	80	1 Sep. 1860	Rand
Mcmurtrey	Elias		36	21N	1E	40	1 Mar. 1855	Rand
Mcmurtrey	Elias		7	20N	2E	160	1 Jul. 1859	Rand
Mcmurtry	Elias		5	20N	2E	80	1 Jul. 1859	Rand
Mcmurtry	Elias		6	20N	2E	80	1 Jul. 1859	Rand
Mcnabb	Eli		35	18N	1W	160	27 Nov. 1820	Rand
Mcnabb	Gideon		8	21N	1E	160	18 Oct. 1890	Rand
Mcnabb	Mahlon		30	20N	1E	120	1 Jul. 1859	Rand
Mcnabb	Mahlon		29	20N	1E	120	1 Sep. 1860	Rand
Mcnabb	Mahlon		14	21N	1W	40	17 Sep. 1889	Rand
Mcnabb	Malin		30	20N	1E	40	1 Jul. 1859	Rand
Mcnalt	William	W.	8	21N	2E	40	1 May 1860	Rand
Mcnamarra	Peter		3	10N	4E	160	27 Nov. 1820	Poin
Mcnatt	William	W.	5	21N	2E	120	1 May 1860	Rand
Mcneil	Charles		23	20N	1W	160	20 Dec. 1825	Rand
Mcneill	Hardy		4	18N	1W	80	1 Jul. 1859	Rand
Mcneill	William		19	12N	11E	480	8 Sep. 1837	Miss
Mcneill	William		30	12N	11E	80	8 Sep. 1837	Miss
Mcneill	William		32	12N	11E	80	1 Oct. 1839	Miss
Mcneill	William		32	12N	11E	80	1 Oct. 1839	Miss
Mcneill	William		33	12N	11E	160	1 Oct. 1839	Miss
Mcniel	James		8	19N	7E	80	1 Jul. 1859	Clay
Mcnutt	John		21	16N	2W	40	1 Sep. 1856	Lawr
Mcphehey	George	W.	18	17N	1W	120	1 May 1860	Lawr
Mcpherson	James		25	18N	3W	160	26 Mar. 1836	Lawr
Mcpike	George	W.	10	16N	4W	120	20 Jul. 1888	Shar
Mcqueen	John		19	11N	4E	160	1 Feb. 1821	Poin
Mcquiston	John	C.	26	19N	4W	159.4	22 Sep 1901	Shar
Mcreynolds	Herbert	A.	26	19N	6E	80	16 Jun. 1905	Gree
Mcreynolds	John		18	11N	4E	160	27 Nov. 1820	Poin
Mcshain	William		21	17N	3W	160	27 Nov. 1820	Lawr
Mcwilliam	Neal		26	16N	4E	120	1 Nov. 1860	Gree
Mcwilliams	Malinda		8	20N	1W	40	5 Sep. 1842	Rand

Last Name	First Name	Int.	Section No.	Twp.	Ran	Acres	Date	Co.
Mcwilliams	Robert		8	20N	1W	80	12 Dec. 1823	Rand
Mcwilliams	Robert		18	20N	1W	80.24	12 Dec. 1823	Rand
Mead	Walter		24	20N	1E	160	26 Feb. 1838	Rand
Meade	Richard		15	19N	5W	160	4 Jun. 1906	Shar
Meador	Richard	P.	36	19N	3W	40	1 Jul. 1859	Lawr
Meador	Richard	P.	31	19N	2W	88.24	10 Dec. 1859	Rand
Meador	Richard		31	19N	2W	40	1 Jul. 1859	Rand
Mealer	John		36	18N	5E	80	1 Jul. 1859	Gree
Means	James	P.	31	12N	2W	88.18	5 Sep. 1842	Jack
Means	William	B.	31	12N	2W	320	1 Nov. 1834	Jack
Meares	John	G.	32	11N	9E	80	15 Jan. 1858	Miss
Mears	John	G.	31	11N	9E	154.2	1 Nov. 1848	Miss
Medlock	Carol	M.	4	16N	5W	137.2	22 Apr. 1899	Shar
Medlock	James		5	16N	6W	80	1 Mar. 1855	Shar
Medlock	James		5	16N	6W	40	16 Jun. 1856	Shar
Medlock	James		5	16N	6W	40	16 Jun. 1856	Shar
Medlock	James		4	16N	6W	200	30 Oct. 1857	Shar
Medlock	John	A.	4	16N	6W	240	1 May 1860	Shar
Medlock	John	V.	35	17N	5W	145.8	5 Oct. 1897	Shar
Medlock	John		5	16N	6W	40	30 Oct. 1857	Shar
Medlock	Thomas		9	16N	6W	80	1 May 1860	Shar
Meeder	Edward	S.	3	15N	4W	160	14 Aug. 1821	Shar
Meek	Addison	W.	6	21N	4W	164.2	31 Jul. 1896	Shar
Meek	Milly		27	16N	6W	120	1 Jul. 1859	Shar
Meeker	Christopher	S.	18	16N	6W	160	16 Sep. 1904	Shar
Meeker	Grove	S.	30	16N	6W	200	16 Jun. 1856	Shar
Meeker	Grove		30	16N	6W	203.3	1 Sep. 1857	Shar
Meeker	John		15	11N	4E	320	16 May 1821	Poin
Meeks	Charles		9	15N	3W	120	16 Jun. 1856	Lawr
Meeks	John		20	11N	2W	40	16 Aug. 1838	Jack
Meeks	Morgan		8	15N	3W	40	1 Jul. 1859	Lawr
Meeks	William	B.	10	15N	6W	40	29 Jun. 1896	Shar
Meeks	William	B.	10	15N	6W	40	1 Jul. 1859	Shar
Meeks	William	B.	15	15N	6W	120	1 Sep. 1857	Shar
Meeks	William	G.	27	16N	6W	40	30 Oct. 1857	Shar
Meeks	William	H.	15	15N	6W	120	1 May 1874	Shar
Meeks	William	H.	15	15N	6W	80	1 Jul. 1859	Shar
Meeks	William	H.	15	15N	6W	80	1 Jul. 1859	Shar
Meharg	Benjamin	E.	18	19N	7E	76.99	10 May 1882	Clay
Meharg	Benjamin	E.	18	19N	7E	76.99	10 May 1882	Clay
Meiser	John		2	20N	4W	145.9	26 Apr 1904	Shar
Mellen	James		9	10N	4E	160	9 Jul. 1821	Poin
Mellon	Thomas	J.	24	16N	3E	40	1 Jul. 1859	Gree
Mellon	Thomas	J.	18	16N	4E	64.4	1 Jul. 1859	Gree
Melton	David		7	21N	3E	80	2 Jul. 1860	Rand
Melton	John	M.	19	21N	3E	80	10 Dec. 1859	Rand
Melton	John		33	14N	2W	160	10 Jul. 1848	Jack
Melton	William	T.	27	21N	7E	160	17 Sep. 1889	Clay

Last Name	First Name	Int.	Section No.	Twp.	Ran	Acres	Date	Co.
Melzer	George	J.	26	21N	4W	40	30 Dec. 1899	Shar
Meredith	James	B.	22	17N	5E	80	1 May 1860	Gree
Meredith	James	B.	22	17N	5E	160	1 Jul. 1859	Gree
Merideth	Samuel	B.	20	18N	6E	160	10 Jul. 1844	Gree
Merrill	Amos		10	16N	5W	160	21 May 1821	Shar
Merritt	Orsemus	S.	32	15N	3W	40	1 May 1860	Lawr
Merrythew	Jeremiah		5	13N	1E	160	19 Aug. 1822	Crai
Metcalf	Addison	H.	11	16N	6W	80	5 May 1904	Shar
Metcalf	Andrew	K.	11	16N	6W	160	1 Oct. 1860	Shar
Metcalf	William	W.	13	16N	6W	320	1 May 1860	Shar
Meyen	Julius		30	21N	3W	130.4	27 Jul. 1904	Rand
Meyer	Charles	G.	35	21N	4W	160	14 Apr. 1897	Shar
Mickelberry	Robert	Y.	28	12N	11E	80	15 Aug. 1837	Miss
Mickelberry	Robert	Y.	33	12N	11E	80	21 Aug. 1837	Miss
Mickelberry	Robert	Y.	17	11N	10E	65.1	1 Nov. 1848	Miss
Mickleberry	Robert	Y.	33	12N	11E	80	10 Apr. 1837	Miss
Miles	David		17	10N	5W	160	27 Nov. 1820	Jack
Miles	Jesse		7	14N	4E	160	21 Jul. 1826	Crai
Miller	Daniel	J.	22	18N	5E	40	15 Sep. 1892	Gree
Miller	David		20	14N	4E	160	27 Nov. 1820	Crai
Miller	George	L.	30	21N	3E	140	1 May 1860	Rand
Miller	George	W.	18	17N	5E	303.8	1 May 1860	Gree
Miller	George		15	18N	3W	80	31 May 1890	Lawr
Miller	Granville		12	15N	6W	80	16 Jun. 1856	Shar
Miller	Granville		13	15N	6W	80	30 Sep. 1873	Shar
Miller	Granville		11	15N	6W	120	30 Oct. 1857	Shar
Miller	Henry		31	14N	2W	80	10 Jul. 1848	Jack
Miller	Horatia	S.	23	17N	3W	40	1 Oct. 1839	Lawr
Miller	Horatia	S.	23	17N	3W	40	1 Oct. 1839	Lawr
Miller	Horatio	S.	22	17N	3W	40	1 May 1860	Lawr
Miller	Horatio	S.	22	17N	3W	80	1 Jul. 1859	Lawr
Miller	Jacob		26	21N	2E	80	1 May 1860	Rand
Miller	James	G.	7	20N	7E	79.36	1 Jul. 1903	Clay
Miller	John	S.	21	21N	2W	80	1 May 1860	Rand
Miller	John	S.	21	21N	2W	80	10 Dec. 1859	Rand
Miller	John		24	18N	2W	40	15 May 1883	Rand
Miller	John		20	11N	4E	160	31 Dec. 1821	Poin
Miller	Joseph		10	18N	4W	120	1 Sep. 1860	Shar
Miller	Joseph		23	17N	3W	80	30 Oct. 1857	Lawr
Miller	Joseph		10	18N	4W	80	1 Oct. 1860	Shar
Miller	Levi	L.	10	17N	6W	160	30 Aug. 1899	Shar
Miller	Mitchell		14	21N	2W	160	16 Oct. 1895	Rand
Miller	Thomas	M.	26	17N	3W	40	1 May 1860	Lawr
Miller	William	B.	18	11N	7E	154.1	12 Aug. 1896	Poin
Miller	William	F.	9	19N	2W	160	4 Nov. 1893	Rand
Milligan	James	R.	5	13N	8E	160	7 Mar. 1902	Miss
Milligan	John		6	15N	3W	40	1 Mar. 1855	Lawr
Milligan	John		31	16N	3W	37.09	1 Mar. 1855	Lawr

Last Name	First Name	Int.	Section No.	Twp.	Ran	Acres	Date	Co.
Milligan	John		1	15N	4W	80	19 Apr. 1841	Shar
Milligan	John		1	15N	4W	80	1 May 1860	Shar
Milligan	Lucilius	S.	3	13N	8E	165.2	25 Jun. 1901	Miss
Million	Robert	F.	34	19N	1W	80	11 Oct. 1902	Rand
Milliron	John	S.	21	21N	1W	160	10 Aug 1907	Rand
Milliron	John	S.	21	21N	1W	160	10 Sep 1907	Rand
Millit	Samuel		1	20N	1E	160	9 May 1837	Rand
Mills	James		33	19N	1W	38.66	1 Mar. 1855	Rand
Mills	James		33	19N	1W	40	20 Dec. 1861	Rand
Milner	J	B.	14	19N	3W	80	20 Apr. 1888	Shar
Milner	James	B.	6	18N	2W	53.47	10 Jun. 1889	Lawr
Milton	David		7	21N	3E	179.4	1 May 1860	Rand
Milton	James	A.	34	18N	1E	80	8 Aug. 1895	Rand
Mims	William		22	15N	3E	40	1 May 1861	Crai
Miner	Joshua		13	15N	4W	160	1 Feb. 1821	Shar
Minihan	John		15	16N	4W	160	22 Mar. 1826	Shar
Miniken	George	M.	2	17N	4E	40.1	1 May 1860	Gree
Minogue	William		21	17N	5W	160	1 May 1860	Shar
Minogue	William		15	17N	5W	80	26 Nov. 1895	Shar
Minogue	William		15	17N	5W	40	10 Dec. 1859	Shar
Misener	Cornelius		14	14N	4E	160	12 Mar. 1822	Crai
Mitchel	Samuel		34	21N	1E	80	16 Aug. 1838	Rand
Mitchell	Daniel		10	17N	4E	80	18 Oct. 1890	Gree
Mitchell	Elvira		22	18N	5E	80	19 May 1903	Gree
Mitchell	Isaiah		20	17N	5E	40	5 Oct. 1897	Gree
Mitchell	James		20	19N	4W	52.96	1 Mar. 1855	Shar
Mitchell	John	C.	26	18N	5E	40	1 Mar. 1855	Gree
Mitchell	John	C.	21	18N	1W	40	30 Oct. 1857	Rand
Mitchell	John	M.	27	18N	5E	40	1 Mar. 1855	Gree
Mitchell	John	M.	33	18N	5E	40	1 Mar. 1855	Gree
Mitchell	John	M.	32	18N	5E	80	10 Jul. 1844	Gree
Mitchell	John	M.	26	18N	5E	40	1 Sep. 1848	Gree
Mitchell	John	M.	7	19N	8E	163	1 Sep. 1856	Clay
Mitchell	John	R.	28	18N	1W	40	24 Jul. 1888	Rand
Mitchell	John		36	16N	3W	160	6 Dec. 1822	Lawr
Mitchell	Joshua	N.	10	17N	4E	40	1 Mar. 1856	Gree
Mitchell	Milton	H.	36	16N	2W	40	1 Oct. 1850	Lawr
Mitchell	Robert	L.	31	16N	1W	40	10 Sep. 1844	Lawr
Mitchell	Robert	L.	31	16N	1W	40	1 Sep. 1848	Lawr
Mitchell	Robert	L.	32	16N	1W	40	1 Sep. 1856	Lawr
Mitchell	Robert	L.	32	16N	1W	40	1 Oct. 1849	Lawr
Mitchell	Robert	L.	31	16N	1W	40	1 Oct. 1850	Lawr
Mitchell	Thomas		4	20N	2E	80	1 May 1860	Rand
Mitchell	William	C.	4	20N	2E	40	20 May 1897	Rand
Mitchell	William	P.	2	16N	2W	150.3	30 Jun. 1882	Lawr
Mitchell	William		26	20N	1W	120	1 Sep. 1857	Rand
Mitchell	William		18	11N	2W	80	1 Nov. 1834	Jack
Mitchell	William		18	11N	2W	40	1 Nov. 1835	Jack

Last Name	First Name	Int.	Section No.	Twp.	Ran	Acres	Date	Co.
Mix	Margaret	J.	8	17N	3W	120	23 Jan. 1901	Lawr
Mizell	Mandlebert	M.	10	16N	5W	80	1 Sep. 1857	Shar
Mizell	Mandlebert	M.	10	16N	5W	80	30 Oct. 1857	Shar
Mobley	Allen	R.	18	18N	6E	81.38	13 Mar. 1890	Gree
Mobley	Calvin		25	16N	5W	80	1 Aug. 1861	Shar
Mobley	Jack	W.	2	15N	5W	80	1 May 1860	Shar
Mobley	Jack	W.	2	15N	5W	40	16 Jun. 1856	Shar
Mobley	Jack	W.	2	15N	5W	40	1 Jul. 1859	Shar
Mobley	John	R.	22	16N	5W	80	1 May 1860	Shar
Mock	D	L.	18	21N	1E	40	15 May 1883	Rand
Mock	Emily	C.	31	21N	1E	148.6	13 Mar. 1890	Rand
Mock	Francis	M.	28	21N	1E	120	1 May 1860	Rand
Mock	Francis	M.	29	21N	1E	40	15 May 1883	Rand
Mock	Francis	M.	29	21N	1E	80	17 Jun. 1887	Rand
Mock	Francis	M.	6	20N	1E	100.2	1 Jul. 1859	Rand
Mock	Francis	M.	28	21N	1E	40	1 Jul. 1859	Rand
Mock	Griffith	C.	10	21N	1W	40	30 Jan. 1879	Rand
Mock	Griffith	C.	24	21N	1W	40	1 May 1854	Rand
Mock	Griffith	C.	28	21N	1E	40	1 Jul. 1859	Rand
Mock	Griffith	C.	33	21N	1E	40	16 Aug. 1838	Rand
Mock	Griffith	C.	19	21N	1E	40	5 Dec. 1850	Rand
Mock	Griffith	C.	23	21N	1W	40	5 Dec. 1850	Rand
Mock	Isham	C.	33	21N	1E	40	14 Jun. 1897	Rand
Mock	Isham	J.	30	21N	1E	80	2 Jul. 1860	Rand
Mock	Mary	C.	10	20N	1W	80	1 Oct. 1860	Rand
Mock	Matthias	E.	29	21N	1E	40	1 May 1854	Rand
Mock	Matthias		19	21N	1E	80	8 Dec. 1840	Rand
Mock	Robert	B.	33	21N	1E	80	1 May 1854	Rand
Mock	Robert	B.	24	21N	1W	40	16 Aug. 1838	Rand
Mock	Robert	B.	33	21N	1E	40	1 Nov. 1856	Rand
Mock	Thomas	D.	24	21N	1W	40	8 May 1888	Rand
Mock	Thomas	D.	24	21N	1W	160	31 May 1890	Rand
Mock	Thomas	J.	29	21N	1E	80	1 Nov. 1834	Rand
Mock	Thomas	J.	28	21N	1E	40	1 Nov. 1849	Rand
Mock	Thomas	J.	33	21N	1E	40	1 Nov. 1849	Rand
Mock	Tivis	L.	30	21N	1E	120	7 Jun. 1897	Rand
Moffitt	Nathan		12	17N	3W	160	1 Jul. 1859	Lawr
Moffitt	Robert		1	17N	3W	296.7	1 Oct. 1860	Lawr
Momock	John		27	20N	3E	40	1 Nov. 1835	Clay
Moneyhan	John		5	10N	5W	160	27 Nov. 1820	Jack
Montgomery	James	M.	3	15N	5W	40	1 May 1860	Shar
Montgomery	James	M.	3	15N	5W	160	1 Sep. 1857	Shar
Montgomery	John		8	14N	3E	80	1 May 1860	Crai
Montgomery	Robert	M.	8	17N	3W	160	1 Jul. 1859	Lawr
Montgomery	Robert		22	16N	5W	40	1 Jan. 1861	Shar
Montgomery	William	S.	8	14N	3E	80	1 May 1860	Crai
Moody	Henry		30	16N	3W	160	18 Mar. 1836	Lawr
Moody	John	A.	29	17N	6W	80	1 Jul. 1859	Shar

Last Name	First Name	Int.	Section No.	Twp.	Ran	Acres	Date	Co.
Moody	John	A.	32	17N	6W	80	20 Jul. 1870	Shar
Moody	John	W.	3	15N	4W	34.23	1 Jul. 1859	Shar
Moody	John	W.	4	15N	4W	94.87	1 Sep. 1857	Shar
Moody	Noah		24	20N	4W	80	1 May 1860	Shar
Moody	Thomas	L.	5	20N	2W	175.9	1 Feb. 1875	Rand
Moody	Thomas		32	17N	6W	40	10 Sep. 1844	Shar
Moody	Thomas		32	17N	6W	40	10 Sep. 1844	Shar
Moon	Frederick		14	19N	2W	240	5 Mar. 1880	Rand
Moon	George	B.	3	17N	4E	52.6	1 May 1860	Gree
Moon	Joseph		21	10N	5W	160	27 Nov. 1820	Jack
Moore	Allen		20	17N	2W	80	1 Mar. 1855	Lawr
Moore	Allen		20	17N	2W	40	1 Mar. 1856	Lawr
Moore	Allen		21	17N	2W	40	1 Mar. 1856	Lawr
Moore	Allen		29	17N	2W	40	1 Mar. 1856	Lawr
Moore	Amos		31	12N	4E	160	11 Apr. 1825	Poin
Moore	Andrew		17	21N	1W	40	10 Aug 1907	Rand
Moore	Carney		31	18N	6W	40	1 May 1860	Shar
Moore	Charles	R.	12	17N	2W	80	1 Jul. 1859	Lawr
Moore	Charles	W.	28	18N	1W	36.72	1 Jul. 1859	Rand
Moore	Clinton	L.	36	18N	3W	265.5	2 Jul. 1860	Lawr
Moore	Dan	C.	3	21N	2E	120	29 Feb. 1896	Rand
Moore	Daniel		2	16N	6W	40	1 Mar. 1855	Shar
Moore	Don	C.	3	21N	2E	160	1 May 1874	Rand
Moore	Don	C.	3	21N	2E	80	1 Oct. 1849	Rand
Moore	Drury	W.	30	17N	2W	40	1 Mar. 1855	Lawr
Moore	Drury	W.	30	17N	2W	40	1 Mar. 1855	Lawr
Moore	Drury	W.	30	17N	2W	40	1 Mar. 1855	Lawr
Moore	Drury	W.	29	17N	2W	80	16 Jun. 1856	Lawr
Moore	Drury	W.	30	17N	2W	40	1 Jul. 1859	Lawr
Moore	Edwin		23	18N	6W	80	1 May 1860	Shar
Moore	Edwin		26	18N	6W	40	1 May 1860	Shar
Moore	Edwin		26	18N	6W	40	1 Aug. 1861	Shar
Moore	Elizabeth		30	20N	3E	38.37	16 Aug. 1838	Rand
Moore	Frederick		13	19N	2W	40	13 Mar. 1890	Rand
Moore	Frederick		12	19N	2W	40	1 Jul. 1859	Rand
Moore	Frederick		18	19N	1W	40	1 Jul. 1859	Rand
Moore	George	B.	3	17N	4E	52.6	26 Jun. 1905	Gree
Moore	George	W.	12	18N	7W	40	1 May 1860	Shar
Moore	George	W.	4	18N	6W	40	1 Jul. 1859	Shar
Moore	Jacob		32	17N	2W	80	1 Jul. 1859	Lawr
Moore	James	A.	11	15N	4E	80	1 Apr. 1857	Crai
Moore	James	A.	18	15N	5E	40	1 Sep. 1857	Crai
Moore	James	H.	1	18N	7W	80	1 May 1860	Shar
Moore	James	R.	15	19N	2W	80	17 Jan. 1902	Rand
Moore	James	Y.	32	17N	2W	40	1 Jul. 1859	Lawr
Moore	Jesse		10	19N	4W	160	17 Jan. 1902	Shar
Moore	Jesse		10	19N	4W	160	17 Jan. 1902	Shar
Moore	John	C.	27	17N	4E	40	1 Oct. 1850	Gree

Last Name	First Name	Int.	Section No.	Twp.	Ran	Acres	Date	Co.
Moore	John	G.	36	18N	3W	160	1 Jul. 1859	Lawr
Moore	John	W.	18	15N	5E	40	1 Sep. 1857	Crai
Moore	John		28	18N	1W	80	31 May 1890	Rand
Moore	John		8	21N	1E	160	26 May 1892	Rand
Moore	John		4	11N	4E	160	27 Nov. 1820	Poin
Moore	Leonard	C.	11	21N	2E	40	1 May 1860	Rand
Moore	Leonard	C.	10	21N	2E	40	1 Jul. 1859	Rand
Moore	Leonard	C.	10	21N	2E	120	20 Dec. 1861	Rand
Moore	Levi		7	18N	5W	160	15 Oct. 1906	Shar
Moore	Mary	A.	24	17N	2W	40	8 Feb. 1892	Lawr
Moore	Matthew		35	19N	1E	320	15 Nov. 1830	Rand
Moore	Miles	W.	24	21N	2W	80	1 May 1860	Rand
Moore	Miles	W.	25	21N	2W	40	1 Oct. 1860	Rand
Moore	Miles	W.	25	21N	2W	40	6 Nov. 1895	Rand
Moore	Randell		21	10N	5W	160	27 Nov. 1820	Jack
Moore	Ransom		35	17N	4W	40	1 May 1860	Shar
Moore	Robert	I.	32	19N	3W	40.13	1 Jul. 1859	Shar
Moore	Robert	J.	5	18N	3W	120.8	1 Sep. 1857	Lawr
Moore	Robert	M.	25	18N	2W	37.47	1 Mar. 1855	Lawr
Moore	Robert	W.	23	18N	2W	40	1 Jul. 1859	Lawr
Moore	Samuel	P.	10	21N	2E	80	1 May 1874	Rand
Moore	Samuel		4	13N	4E	160	1 Jan. 1836	Crai
Moore	Sterling	H.	21	17N	2W	40	1 Mar. 1856	Lawr
Moore	Sterling	H.	28	17N	2W	40	1 May 1860	Lawr
Moore	Volentine	G.	24	17N	6W	80	1 Jul. 1859	Shar
Moore	William	E.	30	17N	2W	40	1 Mar. 1855	Lawr
Moore	William	E.	31	17N	2W	40	1 Mar. 1855	Lawr
Moore	William	E.	20	17N	2W	160	1 Jul. 1859	Lawr
Moore	William	H.	2	16N	6W	40	1 Mar. 1855	Shar
Moore	William	P.	6	17N	3W	150.7	1 May 1860	Lawr
Moore	Zachariah	G.	28	18N	2W	160	16 Jun. 1856	Lawr
Moore	Zacheriah	G.	10	17N	2W	40	10 Sep. 1844	Lawr
Moore	Zacheriah	G.	10	17N	2W	40	10 Sep. 1844	Lawr
Mooring	James	F.	32	11N	8E	160	16 Oct. 1895	Miss
Moranta	John		29	13N	4E	160	27 Nov. 1820	Crai
Mordecai	Mordecai	J.	25	9N	1W	160	3 Jun. 1824	Jack
Morehead	Charles	S.	21	10N	9E	320	21 Aug. 1837	Miss
Morehead	Charles	S.	22	10N	9E	260.5	21 Aug. 1837	Miss
Morehead	Charles	S.	22	10N	9E	159.8	21 Aug. 1837	Miss
Morehead	Charles	S.	28	10N	9E	160	21 Aug. 1837	Miss
Morehead	Charles		27	10N	9E	230.5	21 Aug. 1837	Miss
Moreland	John		25	15N	4W	160	22 Jan. 1822	Shar
Morgan	Amos	A.	21	17N	5W	40	1 Jul. 1859	Shar
Morgan	Amos	A.	21	17N	5W	120	1 Sep. 1857	Shar
Morgan	Daniel	H.	14	21N	3W	120	4 Nov. 1893	Rand
Morgan	Daniel	W.	2	16N	6W	80	1 Jul. 1859	Shar
Morgan	Harris		22	17N	5W	80	1 Jul. 1859	Shar
Morgan	Harriss		22	17N	5W	40	16 Jun. 1856	Shar

Last Name	First Name	Int.	Section No.	Twp.	Ran	Acres	Date	Co.
Morgan	Henderson	W.	7	18N	4W	80	1 Sep. 1860	Shar
Morgan	Henderson	W.	7	18N	4W	40	21 Oct. 1895	Shar
Morgan	Hugh		36	19N	5W	40	1 May 1860	Shar
Morgan	Hugh		31	19N	4W	84.04	1 Jul. 1859	Shar
Morgan	Hugh		36	19N	5W	120	1 Jul. 1859	Shar
Morgan	Isaac		5	13N	4E	160	27 Nov. 1820	Crai
Morgan	James		2	18N	4W	95.19	1 Feb. 1875	Shar
Morgan	James		4	18N	4W	40	1 Mar. 1855	Shar
Morgan	James		1	18N	4W	80	1 Sep. 1860	Shar
Morgan	Jesse	B.	14	21N	1W	40	1 Sep. 1860	Rand
Morgan	Jesse	B.	14	21N	1W	40	1 Sep. 1860	Rand
Morgan	John		2	18N	4W	120	1 Sep. 1860	Shar
Morgan	Sarah		4	17N	5W	40	1 Oct. 1850	Shar
Morgan	William	D.	35	21N	1E	40	1 Oct. 1839	Rand
Morgan	William	H.	2	16N	6W	49.12	27 Jul. 1896	Shar
Morgan	William	M.	4	18N	4W	80	1 Jul. 1859	Shar
Morgan	William	M.	4	18N	4W	240	1 Sep. 1860	Shar
Morgan	Winfield	S.	33	20N	4W	80	22 Jan. 1890	Shar
Morgan	Winfield	S.	23	18N	3W	40	2 Feb. 1889	Lawr
Morgan	Winfield	S.	35	19N	4W	40	16 Mar. 1885	Shar
Morgan	Winfield	S.	35	19N	4W	40	16 Mar. 1885	Shar
Morgan	Winfield	S.	24	18N	3W	40	8 May 1888	Lawr
Morgan	Winfield	S.	24	18N	3W	40	8 May 1888	Lawr
Morgan	Winfield	S.	24	19N	4W	40	8 May 1888	Shar
Morgan	Winfield	S.	2	19N	5W	46.03	8 May 1888	Shar
Morgan	Winfield	S.	11	19N	4W	160	10 Jun. 1889	Shar
Morgan	Winfield	S.	24	18N	3W	40	6 Aug. 1888	Lawr
Morgan	Winfield	S.	7	18N	3W	40	23 Nov. 1891	Lawr
Morgan	Winfield	S.	18	18N	3W	40	23 Nov. 1891	Lawr
Mories	William	C.	19	21N	1E	42.67	1 Nov. 1856	Rand
Moris	William	W.	35	14N	3E	40	1 Aug. 1861	Crai
Morris	Anderson		12	20N	1W	160	27 Nov. 1820	Rand
Morris	Benjamin		31	14N	4E	160	28 Jan. 1822	Crai
Morris	Byram	S.	14	17N	2W	120	20 Jun. 1873	Lawr
Morris	David		19	20N	3W	160	30 Jul. 1891	Shar
Morris	Eli		25	21N	1W	80	31 May 1890	Rand
Morris	George	W.	36	12N	3W	80	10 Sep. 1844	Jack
Morris	Hurriah		6	20N	1E	81.48	2 Jul. 1860	Rand
Morris	Isaac		14	17N	2W	40	1 Mar. 1855	Lawr
Morris	Isaac		14	17N	2W	40	1 Oct. 1850	Lawr
Morris	James	A.	14	15N	6W	80	30 Jun. 1882	Shar
Morris	James		34	16N	5E	40	1 May 1860	Gree
Morris	James		34	16N	5E	80	1 Jul. 1859	Gree
Morris	James		32	21N	1E	40	1 Oct. 1839	Rand
Morris	John	D.	34	16N	5E	40	20 Mar. 1877	Gree
Morris	John	T.	36	20N	4W	160	30 Jul. 1891	Shar
Morris	John		23	18N	1W	160	31 Aug. 1821	Rand
Morris	Madison	A.	31	18N	1W	46.39	1 Oct. 1850	Rand

Last Name	First Name	Int.	Section No.	Twp.	Ran	Acres	Date	Co.
Morris	Marston	H.	27	17N	2W	40	1 Mar. 1855	Lawr
Morris	Marston	H.	27	17N	2W	40	15 Jun. 1855	Lawr
Morris	Martin	H.	27	17N	2W	40	1 Aug. 1861	Lawr
Morris	Moses	C.	23	17N	2W	40	1 Mar. 1855	Lawr
Morris	Moses	C.	27	18N	2W	120	1 May 1860	Lawr
Morris	Moses	C.	23	17N	2W	40	2 Jul. 1860	Lawr
Morris	Robert	L.	11	21N	2W	80	18 Oct. 1890	Rand
Morris	Thirsey		13	17N	2W	40	1 Mar. 1855	Lawr
Morris	Tilden		30	20N	3W	138.7	14 Oct 1906	Shar
Morris	William	C.	32	21N	1E	120	2 Jul. 1860	Rand
Morris	William	C.	32	21N	1E	120	16 Dec. 1895	Rand
Morris	William	H.	20	11N	3W	160	1 Apr. 1857	Jack
Morris	William	H.	2	11N	3W	80	1 Nov. 1849	Jack
Morris	William	H.	2	11N	3W	48.15	1 Nov. 1849	Jack
Morris	William	H.	2	11N	3W	108.4	1 Nov. 1849	Jack
Morris	Zadock		2	14N	4E	160	27 Nov. 1820	Crai
Morrison	Stubblefield		12	18N	2W	80	1 May 1860	Rand
Morrison	Thomas	D.	33	14N	4E	160	27 Nov. 1820	Crai
Morriss	William	P.	28	10N	5W	160	23 Feb. 1835	Jack
Morrow	James	A.	7	20N	7E	40	23 Sep. 1879	Clay
Morrow	James	A.	7	20N	7E	71.28	10 Sep. 1883	Clay
Morrow	James	A.	7	20N	7E	40	20 Sep. 1889	Clay
Morrow	William	F.	2	16N	4E	80	22 Jan. 1890	Gree
Morrow	William	F.	2	16N	4E	80	1 May 1860	Gree
Morrow	William	F.	2	16N	4E	153.7	4 Aug. 1896	Gree
Morse	Isabella		28	17N	6W	40	10 Sep. 1844	Shar
Morton	Benjamin		23	18N	3W	80	1 May 1860	Lawr
Morton	Charles	A.	7	19N	4W	80	27 Aug. 1898	Shar
Morton	David		30	19N	5W	130	13 Jul. 1905	Shar
Morton	James	A.	20	19N	3W	40	25 Jun. 1901	Shar
Morton	Joseph	S.	19	19N	3W	68.75	20 Feb. 1894	Shar
Morton	William		32	13N	4E	160	10 Oct. 1825	Crai
Moseley	Ephraim		28	21N	2W	120	18 Oct. 1898	Rand
Mosen	Margaret		6	16N	6W	90.8	1 Jul. 1859	Shar
Mosen	Samuel		31	17N	6W	40	1 Jul. 1859	Shar
Moser	Eli		28	17N	6W	40	1 Mar. 1855	Shar
Moser	Eli		33	17N	6W	40	1 Mar. 1855	Shar
Moser	Eli		28	17N	6W	40	10 Jul. 1844	Shar
Moser	Eli		33	17N	6W	40	10 Jul. 1844	Shar
Moser	Eli		20	17N	6W	320	1 Jul. 1859	Shar
Moser	Francis	R.	31	17N	6W	120	30 Oct. 1857	Shar
Moser	Jacob		11	16N	5W	160	30 Apr. 1822	Shar
Moser	Nathan		28	15N	4E	40	15 Jun. 1855	Crai
Moser	Nathan		1	14N	3E	80	1 Jul. 1859	Crai
Moser	Peter		32	17N	6W	40	10 Jul. 1844	Shar
Moser	Samuel		31	17N	6W	40	1 Sep. 1857	Shar
Mosholder	Peter		36	20N	1E	160	7 May 1821	Rand
Mosier	Jonathan		13	15N	3W	160	5 Jul. 1825	Lawr

Last Name	First Name	Int.	Section No.	Twp.	Ran	Acres	Date	Co.
Moss	Joseph	W.	4	12N	4E	52.16	1 Mar. 1855	Poin
Mounts	Darcus		15	15N	4E	80	1 Oct. 1850	Crai
Mounts	Edward	R.	26	15N	4E	80	1 May 1860	Crai
Mounts	James		18	15N	5E	80	1 Jul. 1859	Crai
Mounts	James		18	15N	5E	40	1 Jul. 1859	Crai
Muir	Robert		14	17N	6W	40	1 Oct. 1860	Shar
Muir	Robert		15	17N	6W	240	1 Oct. 1860	Shar
Mulhallen	Daniel		17	10N	4E	160	27 Nov. 1820	Poin
Mulkey	Walter	O.	23	13N	10E	80	23 Apr 1904	Miss
Mullen	Alexander		18	10N	5W	160	1 Feb. 1821	Jack
Mullen	Hugh		35	9N	1W	160	28 May 1821	Jack
Mullen	Isaiah	W.	30	16N	3W	40	28 Feb. 1894	Lawr
Mullen	John		12	17N	4W	80	1 May 1860	Shar
Mullen	Thomas		31	16N	3W	104	1 Jul. 1859	Lawr
Mullica	Jesse		12	16N	5W	160	27 Nov. 1820	Shar
Mullins	Eudora		12	18N	6W	80	27 Aug. 1898	Shar
Mullins	Jasper	M.	30	19N	5W	160	3 Aug. 1882	Shar
Munger	George	D.	9	18N	5W	160	25 Jun. 1901	Shar
Munger	William	G.	7	20N	4W	160	30 Dec. 1901	Shar
Munsel	Curtis		33	16N	3W	160	19 Jun. 1837	Lawr
Munsell	Samuel		9	12N	4E	320	14 May 1821	Poin
Munz	Emanuel		11	21N	4W	160	8 May 1903	Rand
Munz	Emanuel		11	21N	4W	160	8 Jun 1903	Rand
Munz	Julius		11	21N	4W	160	28 Feb. 1906	Rand
Murdock	Martha	A.	5	21N	2E	87.33	24 Jun. 1903	Rand
Murphy	Charles	J.	7	21N	4W	160	21 Dec. 1899	Shar
Murphy	Elizabeth		19	21N	1E	43.4	8 May 1901	Rand
Murphy	George		12	16N	4W	160	27 Nov. 1820	Shar
Murphy	James		10	10N	2W	160	16 Jun. 1856	Jack
Murphy	John	W.	1	20N	4W	108	16 Mar. 1896	Shar
Murphy	Lewis	D.	4	19N	5W	47.52	22 Jan. 1890	Shar
Murphy	Mary	A.	30	12N	2W	80	16 Aug. 1838	Jack
Murphy	Mary	A.	15	19N	5W	160	5 Feb 1905	Shar
Murphy	Oscar		21	18N	5W	120	14 Apr 1906	Shar
Murphy	Uriah	J.	35	21N	4W	160	13 Mar. 1890	Shar
Murphy	W	G.	32	19N	4W	40	8 May 1888	Shar
Murphy	William	G.	25	21N	1E	40	1 Mar. 1855	Rand
Murphy	William	G.	25	21N	1E	80	1 Mar. 1855	Rand
Murphy	William	G.	32	19N	4W	40	8 May 1888	Shar
Murphy	William	G.	32	19N	4W	40	8 May 1888	Shar
Murphy	William	G.	36	21N	1E	320	30 Oct. 1857	Rand
Murphy	William	L.	14	17N	4W	160	1 May 1860	Shar
Murray	Guy	S.	34	18N	5E	40	1 Mar. 1856	Gree
Murray	Guy	S.	2	17N	5E	134.4	1 Jul. 1859	Gree
Murray	Isaac		21	20N	3E	80	23 Jun. 1836	Rand
Murray	Isaac		20	20N	3E	40	1 Nov. 1834	Rand
Murray	Isom	H.	29	21N	2W	40	15 Dec. 1897	Rand
Murray	John	F.	29	21N	2W	120	8 Dec. 1896	Rand

Last Name	First Name	Int.	Section No.	Twp.	Ran	Acres	Date	Co.
Murray	John		15	20N	1E	40	16 Aug. 1838	Rand
Murray	Joseph		24	15N	3W	160	27 Nov. 1820	Lawr
Murray	Patrick	J.	30	11N	7E	11.61	30 Apr. 1890	Poin
Murray	Philip		11	12N	10E	160	1 Aug. 1849	Miss
Murry	John	C.	33	21N	2W	40	1 May 1860	Rand
Musgrave	Alui		9	15N	4W	160	2 Aug. 1824	Shar
Myers	George	H.	1	18N	4W	40	8 May 1888	Shar
Myers	George	H.	2	18N	4W	40	8 May 1888	Shar
Myers	George	H.	12	18N	4W	40	8 May 1888	Shar
Myers	Henry	B.	13	17N	4W	160	26 Mar 1904	Shar
Myers	John	W.	7	19N	3W	160	8 Mar. 1898	Shar
Myers	Neick		31	20N	4W	163.7	7 Mar. 1902	Shar
Myers	Thomas		33	19N	5W	200	1 Oct. 1860	Shar
Mysenger	John		10	12N	4E	160	27 Nov. 1820	Poin
Nall	James	C.	4	17N	5E	80	1 Jul. 1859	Gree
Nall	James	C.	10	17N	5E	40	1 Jul. 1859	Gree
Nance	Clement		11	18N	5W	320	1 May 1860	Shar
Nancy	Green	W.	33	19N	1W	40	1 Mar. 1855	Rand
Napear	Jesse	W.	1	17N	3W	160	16 Apr. 1821	Lawr
Narris	James	H.	28	17N	5W	40	26 Jan 1904	Shar
Nash	Bartlett		32	16N	5W	160	28 May 1821	Shar
Nation	Sarah		31	19N	1W	79.62	18 Apr. 1895	Rand
Nations	Sarah		31	19N	1W	120	28 Mar. 1861	Rand
Neal	Aron		28	18N	2W	40	8 May 1901	Lawr
Neal	John	O.	13	15N	3W	160	27 Nov. 1820	Lawr
Neal	Mary		28	18N	2W	80	8 Feb 1903	Lawr
Needham	Glenn		8	20N	4W	80	14 Sep. 1906	Shar
Needham	Jesse		28	15N	4E	40	1 Mar. 1855	Crai
Neel	Meex		1	19N	2E	160	16 Aug. 1838	Rand
Neeley	Martin	W.	18	20N	8E	40	20 Sep. 1889	Clay
Neeley	Thomas	G.	12	19N	7E	40	17 Sep. 1889	Clay
Neely	Jane	J.	6	18N	6W	157.7	1 Sep. 1857	Shar
Neely	Joseph	E.	15	17N	5W	80	27 Jul. 1904	Shar
Neely	William	G.	22	17N	5W	80	26 Oct. 1903	Shar
Neff	Chauncey		3	18N	5W	120	27 Jul. 1904	Shar
Neighbors	Lewis	F.	12	21N	1W	160	18 Apr 1905	Rand
Neighly	Andrew		27	13N	1W	160	1 Feb. 1821	Jack
Nellums	Thomas		25	13N	10E	160	1 Dec. 1849	Miss
Nelson	Andrew	J.	14	18N	5W	160	27 Aug. 1898	Shar
Nelson	Jarred		7	11N	11E	104.3	25 Aug. 1828	Miss
Nelson	Jarred		18	11N	11E	9.45	25 Aug. 1828	Miss
Nelson	John	G.	11	16N	5E	40	1 Oct. 1860	Gree
Nelson	Moses	M.	29	18N	6W	160	21 Oct 1900	Shar
Nelson	Peter		20	11N	4E	160	12 Sep. 1837	Poin
Nelson	Thomas		30	15N	4E	40	1 May 1860	Crai
Nelson	Thomas		31	15N	4E	40	10 Dec. 1859	Crai
Nettle	William		24	21N	2W	80	5 May 1904	Rand
Nettles	Perry		9	21N	1W	80	20 Oct. 1882	Rand

Last Name	First Name	Int.	Section No.	Twp.	Ran	Acres	Date	Co.
Nettleton	George	H.	5	18N	2W	440	25 Aug. 1882	Rand
Nettleton	George	H.	29	19N	2W	1240	25 Aug. 1882	Rand
Nettleton	George		29	19N	2W	1160	26 May 1892	Rand
Newbern	Thomas		14	16N	4W	160	15 Feb. 1830	Shar
Newbern	William		15	10N	5W	160	27 Nov. 1820	Jack
Newberry	John		32	16N	4E	120	1 Jul. 1859	Gree
Newcomb	Anderson	G.	22	13N	3W	40	16 Aug. 1838	Jack
Newcomb	Carter	P.	14	12N	3W	40	1 Sep. 1856	Jack
Newcome	Anderson	G.	22	13N	3W	80	16 Aug. 1838	Jack
Newcome	Anderson	G.	22	13N	3W	80	16 Aug. 1838	Jack
Newland	James		9	19N	1E	40	1 Oct. 1839	Rand
Newsom	Obadiah	S.	14	16N	4W	40	1 Oct. 1860	Shar
Newsom	Henry		8	16N	5E	40	1 May 1860	Gree
Newsom	Henry		24	16N	4E	120	2 Jul. 1860	Gree
Newsom	Henry		8	16N	5E	40	10 Dec. 1859	Gree
Newsom	James		6	10N	4E	123.5	1 Feb. 1858	Poin
Newsom	Obadiah	S.	15	16N	5E	40	1 May 1860	Gree
Newsom	Starling		23	16N	4E	80	1 Mar. 1855	Gree
Newsom	Starling		30	16N	5E	35.77	1 Sep. 1860	Gree
Newsom	Sterling		30	16N	5E	40	1 May 1860	Gree
Newsom	Theophilus	H.	14	16N	4E	120	1 Nov. 1860	Gree
Newson	Emsley		23	21N	4W	160	14 Sep. 1906	Shar
Newson	Obadiah	S.	14	16N	4E	120	28 Mar. 1861	Gree
Newton	Milton	J.	12	11N	7E	148.3	21 Nov 1900	Poin
Niccum	Henry	T.	17	21N	1E	160	31 Dec. 1904	Rand
Nice	Rebecca		33	19N	3W	37.38	1 Jul. 1859	Shar
Nichols	George	W.	7	11N	7E	170.2	11 Jan. 1895	Poin
Nichols	John		1	16N	5E	40	1 May 1860	Gree
Nichols	John		4	17N	5E	40	1 May 1860	Gree
Nichols	Sarah	L.	3	16N	5W	71.63	5 May 1904	Shar
Nicholson	Jackson		8	18N	5W	160	9 Mar. 1896	Shar
Nicholson	Jackson		8	18N	5W	80	1 May 1860	Shar
Nicholson	James	M.	19	18N	5W	46.77	1 Aug. 1861	Shar
Nicholson	James		18	18N	5W	40	1 May 1861	Shar
Nicholson	Mercer		18	18N	5W	40	1 May 1860	Shar
Nicholson	Mercer		18	18N	5W	48	1 Jul. 1859	Shar
Nicholson	Mercer		36	18N	6W	81.34	1 Jul. 1859	Shar
Nicholson	Mercer		14	17N	6W	120	10 Dec. 1859	Shar
Nicholson	Thomas	J.	5	18N	5W	169.6	1 May 1860	Shar
Nicholson	William	H.	31	19N	4W	162.9	25 Jun. 1901	Shar
Nickson	Theophilus		10	15N	5W	80	1 Jul. 1859	Shar
Niell	James	J.	36	14N	3E	160	30 Jun. 1906	Crai
Niell	Seth	A.	32	15N	3E	40	20 Oct. 1882	Crai
Nihiser	George		15	15N	4W	160	27 Nov. 1820	Shar
Nimlock	John		2	15N	3W	160	27 Nov. 1820	Lawr
Nipps	Charles	E.	22	21N	1W	160	5 May 1883	Rand
Nixon	William		13	15N	4W	160	14 May 1821	Shar
Noble	Curtis		30	10N	10E	90.2	1 Aug. 1844	Miss

Last Name	First Name	Int.	Section No.	Twp.	Ran	Acres	Date	Co.
Nunally	James	K.	10	16N	2W	40	20 Nov. 1884	Lawr
Nunally	James	K.	20	16N	2W	160	22 May 1901	Lawr
Nunally	James	K.	20	16N	2W	160	22 Jun 1901	Lawr
Nunn	Addison	H.	19	16N	6W	320	1 Jul. 1859	Shar
Nunn	Adison	H.	20	16N	6W	80	1 Sep. 1848	Shar
Nunn	Adison	H.	20	16N	6W	80	1 Sep. 1848	Shar
Nunn	Green	P.	10	18N	6W	40	30 Oct. 1857	Shar
Nunnaly	John		20	16N	2W	40	1 Oct. 1860	Lawr
Oaks	Alfred		8	15N	3W	40	1 Mar. 1855	Lawr
Oaks	Alfred		8	15N	5W	40	1 Mar. 1855	Shar
Oaks	Alfred		25	17N	2W	40	1 Mar. 1856	Lawr
Oaks	Alfred		3	15N	4W	40	1 May 1854	Shar
Oaks	Alfred		1	18N	3W	200	1 Jul. 1859	Lawr
Oaks	Alfred		1	18N	3W	200	1 Jul. 1859	Lawr
Oaks	Samuel		8	18N	1W	40	10 Apr 1907	Rand
Obrien	Richard	L.	12	19N	7E	160	27 Sep. 1892	Clay
Oclain	Nicholas		9	18N	2W	160	27 Nov. 1820	Lawr
Odell	John	P.	32	16N	4E	40	1 Feb. 1893	Gree
Oden	Absolem		12	15N	4W	160	1 Feb. 1821	Shar
Odom	Bithel	B.	18	18N	1W	40	1 May 1861	Rand
Odom	Bithel	B.	18	18N	1W	40	8 May 1888	Rand
Odom	Bithel	B.	20	18N	1W	80	30 Oct. 1857	Rand
Odom	Bithel	B.	18	18N	1W	80	18 Oct. 1890	Rand
Odom	John	O.	6	21N	2E	32.54	30 Apr. 1890	Rand
Odom	John		18	18N	1W	80	26 Sep. 1902	Rand
Ogdon	Jacob		15	16N	3W	40	5 Sep. 1842	Lawr
Ogdon	Jacob		15	16N	3W	40	5 Sep. 1842	Lawr
Ogier	James	W.	11	15N	4E	40	28 Mar. 1861	Crai
Ogilsby	William		29	10N	4E	160	27 Nov. 1820	Poin
Ogwinn	Margaret		34	15N	4E	40	1 May 1860	Crai
Oldes	Lewis		3	19N	3W	160	31 May 1890	Shar
Oldes	Louis		3	19N	3W	80	13 Nov. 1884	Shar
Oliver	Archibald		5	13N	2W	73.94	5 Dec. 1850	Jack
Oliver	W	L.	6	19N	2W	160	25 Aug. 1882	Rand
Oliver	W	T.	6	19N	2W	160.3	15 Feb. 1884	Rand
Omans	William		5	14N	4E	160	20 Dec. 1824	Crai
Oneal	John		1	21N	3E	48.87	25 Jun. 1872	Clay
Oneal	Marion		7	16N	4W	160	1 Jul. 1903	Shar
Oneal	William	V.	3	21N	2W	126.9	1 Mar. 1855	Rand
Oneal	William		2	21N	2W	51.13	1 May 1860	Rand
Ordley	John		23	10N	4W	160	27 Nov. 1820	Jack
Organ	Ewing	W.	35	20N	1W	129.8	1 May 1860	Rand
Organ	Ewing	W.	36	20N	1W	167.5	1 May 1860	Rand
Orr	David		7	15N	3W	40	16 Aug. 1838	Lawr
Osberne	James	H.	3	17N	5W	120	1 Sep. 1857	Shar
Osborn	Elizabeth		21	17N	5W	80	18 Jan. 1896	Shar
Osborn	George		30	17N	6W	110.8	16 Jun. 1856	Shar
Osborn	John		15	16N	3W	160	12 Jan. 1824	Lawr

Last Name	First Name	Int.	Section No.	Twp.	Ran	Acres	Date	Co.
Noblin	Samuel	J.	34	19N	1W	80	1 May 1860	Rand
Noblin	Samuel	J.	33	19N	1W	105.6	1 Jul. 1859	Rand
Noblin	Samuel	J.	34	19N	1W	40	1 Aug. 1861	Rand
Noe	John	K.	6	20N	2E	80	1 Jul. 1859	Rand
Noe	John	M.	31	21N	2E	160	26 Mar 1906	Rand
Noel	Henry	L.	3	20N	6E	79.15	30 Dec. 1902	Clay
Noland	James		23	9N	1W	160	7 May 1821	Jack
Norman	Benjamin	J.	12	19N	6E	80	4 May 1885	Clay
Norman	George	W.	32	20N	2E	40	10 May 1882	Rand
Norman	Isaac		32	16N	5W	80	16 Jun. 1856	Shar
Norman	Isaac		32	16N	5W	120	1 Jul. 1859	Shar
Norman	John	W.	32	16N	5W	40	23 May 1898	Shar
Norman	John		31	10N	3W	62.64	15 Aug. 1896	Jack
Norman	Martin		17	13N	11E	160	1 Aug. 1849	Miss
Norman	Richard		12	16N	5W	40	1 May 1860	Shar
Norman	Robert		31	10N	3W	145.8	13 Mar. 1893	Jack
Norris	James		30	17N	4W	40	9 Mar. 1896	Shar
Norris	John		20	17N	4W	40	10 Jul. 1844	Shar
Norris	John		17	17N	4W	40	1 Oct. 1839	Shar
Norris	John		33	17N	4W	40	16 Jun. 1905	Shar
Norris	Montray		29	17N	4W	80	19 May 1903	Shar
Norris	Nicholas		29	17N	4W	160	1 May 1860	Shar
Norris	Nicholas		20	17N	4W	40	23 Jun. 1836	Shar
Norris	Nicholas		20	17N	4W	80	16 Aug. 1838	Shar
Norris	Nicholas		20	17N	4W	40	30 Oct. 1857	Shar
Norris	Nicholas		21	17N	4W	80	30 Oct. 1857	Shar
Norris	Nicholas		21	17N	4W	80	7 Oct. 1896	Shar
Norris	Nicholas		20	17N	4W	40	18 Oct. 1898	Shar
Norris	Nicholas		20	17N	4W	40	18 Oct. 1898	Shar
Norris	Nicholas		20	17N	4W	40	1 Nov. 1835	Shar
Norris	Thomas	J.	36	17N	5W	80	21 Sep. 1905	Shar
Norris	Thomas		30	17N	4W	80	13 Feb. 1896	Shar
Norris	William		17	17N	4W	40	18 Oct. 1898	Shar
Norseworthy	Urilla		6	17N	5E	127.6	11 Jan. 1892	Gree
Norsworthy	James	K.	32	18N	5E	200	1 May 1860	Gree
Norsworthy	John		22	18N	5E	80	1 Jul. 1859	Gree
North	August	C.	23	19N	4W	160	30 Dec. 1905	Shar
Norton	Jesse	T.	13	18N	5W	160	21 Dec. 1899	Shar
Norton	John	C.	32	16N	5E	120	16 Apr. 1890	Gree
Norton	John	E.	13	18N	5W	156.8	4 Jun. 1906	Shar
Norton	John	F.	18	18N	4W	149.3	1 Jul. 1903	Shar
Norton	William	M.	30	16N	5E	120	13 Mar. 1890	Gree
Norwood	Reuben	U.	23	12N	3W	80	1 Jul. 1850	Jack
Notgrass	Pete	H.	24	11N	9E	40	26 Dec 1906	Miss
Noth	Heneretes		35	19N	4W	160	18 Oct. 1890	Shar
Nowlin	William	S.	30	17N	1W	44.92	30 Mar. 1905	Lawr
Nuckles	Ides	A.	32	21N	4W	160	23 Jan. 1901	Shar
Nuckles	Rebecca	C.	32	21N	4W	160	23 Jan. 1901	Shar

Last Name	First Name	Int.	Section No.	Twp.	Ran	Acres	Date	Co.
Osborn	Jonah		1	10N	5W	160	11 May 1837	Jack
Osborn	Perry	C.	12	14N	2E	40	1 Mar. 1856	Crai
Osborn	Perry	C.	13	14N	2E	40	1 Jul. 1859	Crai
Osborn	Perry	C.	6	14N	3E	40	1 Sep. 1860	Crai
Osborn	Perry	C.	30	14N	3E	80	1 Oct. 1860	Crai
Osborne	James	H.	3	17N	5W	40	1 Jul. 1859	Shar
Osborne	James		28	13N	1W	160	5 Jan. 1824	Jack
Osborne	Samuel	N.	2	17N	5W	80	25 Jun. 1901	Shar
Osborne	Samuel	N.	2	17N	5W	80	25 Jun. 1901	Shar
Othia	John		27	15N	3W	160	27 Nov. 1827	Lawr
Overbey	Alexander	R.	18	20N	2E	40	25 May 1889	Rand
Overstreet	Berry	C.	36	17N	3W	40	1 Mar. 1855	Lawr
Overstreet	Berry	C.	6	16N	2W	90.42	1 Apr. 1857	Lawr
Owen	Felix		30	10N	5W	40	1 May 1860	Jack
Owen	Felix		30	10N	5W	106.1	1 Jul. 1859	Jack
Owen	Jacob	D.	12	20N	3W	80	8 Oct 1902	Rand
Owen	James	H.	22	17N	4E	40	14 Apr. 1897	Gree
Owen	John	S.	32	18N	5E	40	26 Jan. 1889	Gree
Owen	Willis	M.	22	17N	4E	40	29 Feb. 1896	Gree
Owens	Elizabeth	J.	28	18N	5E	40	18 Oct. 1890	Gree
Owens	Only		3	21N	2E	107.7	1 May 1860	Rand
Owens	Robert		5	10N	9E	81.14	27 May 1834	Miss
Owens	Rolland		15	20N	4W	80	4 Jun. 1906	Shar
Oxford	Anthony		35	10N	5W	320	2 May 1821	Jack
Oyler	Gideon	E.	26	18N	6W	80	14 Apr. 1897	Shar
Oyler	Gideon	E.	26	18N	6W	40	20 Nov. 1884	Shar
Oyler	John	H.	23	18N	6W	160	5 May 1904	Shar
Oyler	John		32	18N	5W	240	16 Jun. 1856	Shar
Oyler	John		32	18N	5W	80	1 Jul. 1859	Shar
Ozments	Levin		5	12N	4E	160	27 Nov. 1820	Poin
Pace	Andrew	J.	32	16N	3W	80	1 Jul. 1859	Lawr
Pace	James	K.	4	17N	1W	40.84	17 Sep. 1889	Lawr
Pace	Jonathan		33	10N	5W	160	27 Nov. 1820	Jack
Pack	Thomas	J.	4	19N	3W	152.7	8 Nov 1903	Shar
Paden	John		31	18N	5W	40	1 May 1860	Shar
Paden	John		32	18N	5W	200	24 May 1871	Shar
Paden	John		31	18N	5W	40	1 Oct. 1860	Shar
Paden	Robert		15	18N	6W	40	1 May 1860	Shar
Paer	Littleberry		8	16N	1W	58.84	1 Oct. 1850	Lawr
Pafford	James		18	21N	3E	240	1 May 1860	Rand
Pafford	James		18	21N	3E	40	1 May 1860	Rand
Pafford	James		18	21N	3E	40	1 May 1860	Rand
Page	Henry	E.	26	11N	7E	160	17 Mar. 1899	Poin
Page	John		14	16N	5W	160	24 Feb. 1837	Shar
Page	William	D.	8	18N	5W	160	1 May 1861	Shar
Palmer	Barney	L.	7	21N	1E	169.6	31 May 1890	Rand
Palmer	James		35	16N	4W	160	3 Mar. 1821	Shar
Palmer	Jesse		24	11N	9E	40	1 Dec. 1849	Miss

Last Name	First Name	Int.	Section No.	Twp.	Ran	Acres	Date	Co.
Palmer	John	J.	7	11N	2W	149.2	23 Jun. 1836	Jack
Palmer	Martha	A.	8	21N	2W	120	30 Jun. 1892	Rand
Palmer	Wiley	R.	5	19N	3E	40	16 Aug. 1838	Rand
Palmer	Wiley	R.	8	19N	3E	40	16 Aug. 1838	Rand
Palston	John	N.	36	15N	4W	160	27 Apr. 1888	Shar
Pane	Alford		36	21N	1W	120	8 Dec. 1896	Rand
Pankey	Albert		22	16N	4E	120	28 Mar. 1861	Gree
Pankey	Wilson	N.	27	13N	3W	40	1 Sep. 1856	Jack
Paris	William		8	20N	1E	160	7 May 1821	Rand
Parish	Annie	L.	7	11N	2W	120	30 Jun. 1892	Jack
Parish	Charles		12	21N	1E	80	1 May 1860	Rand
Parish	Charles		12	21N	1E	40	1 May 1860	Rand
Parish	Cordy		34	21N	2E	120	1 May 1860	Rand
Parish	Garland		6	15N	6W	206.8	16 Jun. 1856	Shar
Parish	Philip	P.	1	15N	7W	44.53	1 Mar. 1856	Shar
Parish	Philip	P.	31	16N	6W	46.15	1 Mar. 1856	Shar
Parish	Philip	P.	31	16N	6W	40	28 Mar. 1861	Shar
Parish	Philip	P.	31	16N	6W	102	1 May 1860	Shar
Parish	Philip	P.	31	16N	6W	40	30 Oct. 1857	Shar
Parish	William	B.	29	21N	2E	320	1 May 1860	Rand
Park	George		20	15N	4W	160	18 Oct. 1823	Shar
Park	Jacob	W.	28	20N	4W	160	11 Jan. 1892	Shar
Park	John		11	15N	6W	40	1 May 1860	Shar
Park	John		11	15N	6W	40	1 May 1861	Shar
Parker	Aaron		26	16N	4W	160	15 Dec. 1831	Shar
Parker	Charles	G.	22	21N	1E	120	1 May 1860	Rand
Parker	Charles	G.	24	21N	1E	40	9 Jul. 1895	Rand
Parker	Christopher	C.	4	13N	12E	67.19	1 Nov. 1848	Miss
Parker	Philip		34	17N	2W	160	10 Dec. 1859	Lawr
Parker	Samuel		13	15N	4E	80	1 Jul. 1859	Crai
Parker	Thomas	D.	7	21N	2E	80	14 Sep. 1906	Rand
Parker	William	G.	10	21N	1E	120	1 May 1860	Rand
Parker	William		10	9N	1W	160	17 Dec. 1827	Jack
Parks	John		11	15N	6W	80	16 Jun. 1856	Shar
Parks	John		14	20N	7E	80	26 Jul. 1897	Clay
Parmer	Joshua		14	21N	1W	40	1 May 1860	Rand
Parmer	Joshua		22	21N	1E	80	1 Jul. 1859	Rand
Parrish	Andrew	H.	1	20N	6E	83.5	8 Aug. 1895	Clay
Parrish	Cordie	B.	18	21N	2E	80	23 Jul. 1888	Rand
Parrish	Spencer	N.	9	20N	7E	40	1 Apr. 1861	Clay
Parrot	Lee	T.	12	19N	3W	160	8 Mar. 1898	Rand
Parsley	Levi		36	16N	5W	120	22 Feb 1901	Shar
Parsley	Monroe		36	17N	5W	85.07	21 Sep. 1905	Shar
Parsley	Nicholas		25	16N	5W	80	1 Sep. 1856	Shar
Parson	Barnett		19	15N	2W	80	1 Sep. 1856	Lawr
Parsons	Joseph		1	20N	6E	80	15 Jan. 1883	Clay
Parsons	Patrick		34	13N	2W	40	1 Mar. 1855	Jack
Parsons	Patrick		34	13N	2W	40	1 Sep. 1856	Jack

Last Name	First Name	Int.	Section No.	Twp.	Ran	Acres	Date	Co.
Parsons	Rufus	M.	12	19N	6E	40	24 Oct 1901	Clay
Passaro	William		31	10N	4E	160	7 May 1821	Poin
Patch	Joshua		25	15N	4W	160	7 May 1821	Shar
Pate	Jeremiah		17	13N	4E	160	2 Aug. 1824	Crai
Pate	Samuel		23	11N	7E	141.8	12 Dec 1901	Poin
Pate	Thomas		17	13N	4E	160	2 Aug. 1824	Crai
Pate	William	F.	8	17N	5E	80	26 Jul. 1899	Gree
Patrick	Peter		6	10N	5W	80	1 Oct. 1860	Jack
Patte	Joseph		25	20N	1E	160	27 Nov. 1820	Rand
Patten	Edward		5	13N	12E	52.52	1 Sep. 1856	Miss
Patten	Patrick		29	11N	4E	160	27 Nov. 1820	Poin
Patterson	Bennet		29	18N	3W	320	1 Sep. 1857	Lawr
Patterson	Christopher	C.	20	19N	1W	160	21 Dec. 1904	Rand
Patterson	James	H.	7	11N	4E	40.11	1 Sep. 1848	Poin
Patterson	James	H.	33	17N	4E	40	10 Oct. 1850	Gree
Patterson	James	H.	6	21N	2E	82.13	17 Jan. 1902	Rand
Patterson	James		29	17N	1W	80	10 Apr. 1837	Lawr
Patterson	John		13	18N	1W	160	7 May 1821	Rand
Patterson	Samuel	B.	6	19N	4W	165.2	24 Jun. 1896	Shar
Patterson	Thomas		8	13N	11E	160	1 Aug. 1849	Miss
Patterson	William		24	14N	1W	160	8 Feb. 1830	Jack
Patterson	William		25	13N	2W	320	27 Apr. 1852	Jack
Patton	Byron	E.	10	16N	2W	80	17 Sep. 1889	Lawr
Patton	Hugh		17	11N	4E	160	27 Nov. 1820	Poin
Patton	Israel		7	17N	6W	80	1 May 1860	Shar
Patton	Israel		9	17N	5W	80	1 Jul. 1859	Shar
Patton	Israel		9	17N	5W	40	1 Jul. 1859	Shar
Patton	Robert	W.	9	21N	1E	120	11 Oct. 1902	Rand
Patton	Thomas	A.	28	15N	3E	80	1 May 1860	Crai
Patton	Thomas	A.	28	15N	3E	40	1 May 1860	Crai
Patton	Thomas	A.	28	15N	3E	40	1 May 1861	Crai
Payne	B	B.	32	20N	8E	40	1 Jul. 1859	Clay
Payne	Bozwell	B.	30	20N	8E	159.9	1 Jul. 1859	Clay
Payne	Francis	M.	10	16N	5E	80	1 May 1860	Gree
Payne	Francis	M.	10	16N	5E	80	1 Jul. 1859	Gree
Payne	Francis	M.	11	16N	5E	40	1 Jul. 1859	Gree
Payne	Francis	M.	10	16N	5E	40	1 Oct. 1860	Gree
Payne	Giles	H.	17	21N	8E	40	1 Jul. 1859	Clay
Payne	John		32	16N	5E	40	7 Jun. 1897	Gree
Payne	Stephen	A.	33	21N	2W	40	10 Feb. 1897	Rand
Peacock	Ephraim	D.	32	15N	4W	160	30 Jul. 1891	Shar
Peacock	Josiah	S.	3	12N	3W	40	1 Mar. 1856	Jack
Peacock	Josiah	S.	14	12N	3W	40	1 Sep. 1856	Jack
Peacock	Josiah		3	12N	3W	80	1 Sep. 1856	Jack
Pearce	Elizabeth		30	16N	3W	160	18 Mar. 1836	Lawr
Pearce	John		29	14N	3E	40	1 Mar. 1856	Crai
Pearce	John		4	21N	2E	40	1 May 1874	Rand
Pearce	John		24	14N	2E	40	1 Sep. 1856	Crai

Last Name	First Name	Int.	Section No.	Twp.	Ran	Acres	Date	Co.
Pearce	John		4	21N	2E	40	10 Dec. 1859	Rand
Pearce	William	H.	11	21N	2E	80	1 May 1860	Rand
Pearce	William	H.	11	21N	2E	40	10 Dec. 1859	Rand
Pearee	William	H.	15	21N	2E	80	1 May 1860	Rand
Pearson	George	W.	21	17N	6W	40	1 May 1860	Shar
Pearson	George		15	14N	1W	160	27 Nov. 1820	Jack
Peck	Erastus		11	15N	4W	160	1 Feb. 1821	Shar
Peebles	Nancy	A.	15	17N	4W	40	1 Jul. 1859	Shar
Peebles	Thomas	B.	15	17N	4W	40	22 Jan. 1890	Shar
Peebles	Thomas	B.	22	17N	4W	80	22 Jan. 1890	Shar
Peebles	Wyatt	M.	30	16N	5E	40	10 Apr. 1882	Gree
Peebles	Wyatt	M.	31	16N	5E	120	1 Jul. 1859	Gree
Peed	Nicholas		23	16N	4W	80	1 Sep. 1840	Shar
Peed	Nicholas		15	16N	4W	40	5 Sep. 1842	Shar
Peed	Nicholas		15	16N	4W	80	5 Sep. 1842	Shar
Peed	Sarah		14	16N	4W	80	16 Jun. 1856	Shar
Peed	Sarah		23	16N	4W	80	1 Jul. 1859	Shar
Peeling	Edward		36	16N	4W	160	17 Aug. 1826	Shar
Pellars	Andrew	J.	18	16N	6W	160	1 Sep. 1860	Shar
Pemberton	Alfred		26	20N	2W	120	28 Mar. 1861	Rand
Pembrook	David		1	14N	4E	160	27 Nov. 1820	Crai
Pence	William	H.	3	16N	6W	40	1 Jun. 1882	Shar
Pendergrass	John	W.	1	18N	7W	80	26 Oct. 1903	Shar
Penix	James	M.	14	15N	3E	80	1 May 1860	Crai
Penix	James	M.	14	15N	3E	40	1 May 1861	Crai
Penix	William	R.	30	15N	4E	40	1 May 1860	Crai
Penix	William	R.	31	15N	4E	40	1 May 1860	Crai
Penix	William	R.	26	15N	3E	160	10 Dec. 1859	Crai
Pennington	George	W.	2	21N	1E	28.52	15 Jul. 1904	Rand
Penter	Samuel		7	18N	2E	240.8	16 Aug. 1818	Rand
Penton	Jefferson		29	16N	5E	40	1 Jul. 1859	Gree
Peoples	Wyatt	M.	31	16N	5E	80	1 Aug. 1861	Gree
Pepoon	Theodore	W.	21	19N	4W	88.06	12 Feb. 1902	Shar
Pepper	Stonewall	J.	24	11N	7E	125.8	23 Jan. 1901	Poin
Perehouse	Wiley		33	17N	4E	40	1 Mar. 1856	Gree
Perkey	Rufus	J.	6	16N	5W	40	1 Jul. 1859	Shar
Perkey	Solomon		6	16N	5W	40	1 Mar. 1855	Shar
Perkey	Solomon		5	16N	5W	40	16 Jun. 1856	Shar
Perkey	Solomon		8	16N	5W	80	1 Sep. 1857	Shar
Perkey	William	M.	5	16N	5W	54.85	10 Dec. 1859	Shar
Perkins	Aaron		5	19N	1W	40	10 Jul. 1844	Rand
Perkins	Benjamin		30	15N	3W	40	1 Mar. 1855	Lawr
Perkins	Benjamin		9	15N	3W	40	16 Aug. 1838	Lawr
Perkins	Benjamin		30	15N	3W	40	5 Sep. 1842	Lawr
Perkins	Hiram	W.	24	19N	5W	161.5	13 Oct. 1898	Shar
Perkins	John	V.	6	16N	2W	120	1 May 1860	Lawr
Perkins	John	V.	26	17N	3W	80	25 Jun. 1872	Lawr
Perkins	John	V.	26	17N	3W	160	1 Jul. 1859	Lawr

Last Name	First Name	Int.	Section No.	Twp.	Ran	Acres	Date	Co.
Perkins	John		30	15N	3W	40	16 Aug. 1838	Lawr
Pero	George		24	16N	5W	160	11 Jun. 1821	Shar
Perrin	Joab		4	18N	1W	80.59	1 Jul. 1859	Rand
Perrin	Laura		8	18N	1W	40	28 Mar. 1906	Rand
Perry	Hazard		10	20N	4W	40	16 Mar. 1885	Shar
Perry	Hazard		15	20N	4W	80	16 Mar. 1885	Shar
Perry	Hazard		15	20N	4W	40	16 Mar. 1885	Shar
Perry	Hazard		27	20N	4W	40	16 Mar. 1885	Shar
Perry	Hazard		15	20N	4W	40	8 May 1888	Shar
Perry	Margaret		23	16N	3W	160	1 Mar. 1821	Lawr
Perry	Mary	M.	7	18N	3W	159.1	2 Apr. 1897	Lawr
Perry	Micajah		32	18N	1W	160	27 Nov. 1820	Rand
Perryhouse	Jacob		22	18N	2W	160	23 Jan. 1827	Lawr
Perryhouse	Jacob		22	18N	2W	80	23 Jan. 1827	Lawr
Person	Thomas		32	16N	4W	160	1 Jul. 1859	Shar
Person	Thomas		33	16N	4W	80	1 Sep. 1857	Shar
Pesnell	Thornton	N.	10	16N	2W	40	1 Aug. 1861	Lawr
Peters	James	S.	26	19N	1W	160	1 May 1874	Rand
Peters	Michael		8	20N	3E	80	10 Jul. 1844	Rand
Peters	Michael		8	20N	3E	128.6	10 Jul. 1844	Rand
Peters	Michael		9	20N	3E	39.77	10 Jul. 1844	Rand
Peters	William	C.	28	20N	4W	160	11 Jan. 1892	Shar
Peters	William	H.	31	20N	4W	160	17 Jan. 1902	Shar
Pettis	William	S.	26	16N	5W	320	24 Dec. 1835	Shar
Pettyjohn	Joseph	F.	36	18N	3W	303.3	1 Jul. 1859	Lawr
Pevehouse	William		6	16N	4E	40	1 Sep. 1856	Gree
Pevyhouse	Jacob		22	18N	2W	80	27 May 1840	Lawr
Phelps	Zack		24	17N	1W	40	25 Aug. 1882	Lawr
Philbrick	Benjamin		31	12N	4E	160	11 Apr. 1825	Poin
Philips	Alfred	F.	18	17N	2W	36.15	1 Mar. 1855	Lawr
Philips	Alfred	F.	18	17N	2W	40.45	1 Jul. 1859	Lawr
Philips	Alfred	F.	7	17N	2W	80	20 Sep. 1875	Lawr
Philips	Alfred	F.	13	17N	3W	80	20 Sep. 1875	Lawr
Phillips	Alfred	F.	18	17N	2W	40.45	1 Mar. 1855	Lawr
Phillips	Alfred	F.	13	17N	3W	40	1 Mar. 1855	Lawr
Phillips	Alfred	F.	13	17N	3W	40	1 Mar. 1855	Lawr
Phillips	Alfred	J.	18	17N	2W	36.8	1 Mar. 1856	Lawr
Phillips	Alfred		3	17N	4W	80	1 Jul. 1859	Shar
Phillips	Alfred		10	17N	4W	80	1 Jul. 1859	Shar
Phillips	Clarence	W.	28	11N	8E	160	24 Nov. 1903	Miss
Phillips	Dudley	A.	5	21N	4W	105.2	27 Jul. 1904	Shar
Phillips	George	W.	17	20N	3W	160	10 Dec. 1859	Shar
Phillips	Harrison	A.	30	13N	11E	154.3	1 Nov. 1848	Miss
Phillips	Jacob	P.	17	20N	7E	80	15 Jan. 1883	Clay
Phillips	James	H.	19	10N	3W	88.84	13 Oct. 1898	Jack
Phillips	James	H.	19	10N	3W	97.72	19 Oct. 1905	Jack
Phillips	James	M.	1	20N	6E	165.2	8 Aug. 1895	Clay
Phillips	James	P.	6	17N	2W	160	19 Jun. 1895	Lawr

Last Name	First Name	Int.	Section No.	Twp.	Ran	Acres	Date	Co.
Phillips	Jerome	A.	4	21N	3W	90.74	26 Jul 1904	Rand
Phillips	Jesse	A.	17	18N	6W	40	25 Aug. 1882	Shar
Phillips	Joab		29	19N	4W	80	8 Mar. 1898	Shar
Phillips	John	W.	10	16N	2W	80	2 Apr. 1874	Lawr
Phillips	John	W.	1	20N	6E	80	10 Feb 1907	Clay
Phillips	Joseph	A.	12	21N	1W	160	27 Jan. 1904	Rand
Phillips	Martha	S.	28	18N	3W	40	21 Dec. 1904	Lawr
Phillips	Virlinsha	G.	28	17N	5E	80	27 Sep. 1892	Gree
Phillips	William	D.	4	17N	2W	52.05	1 May 1860	Lawr
Phillips	William		8	17N	2W	40	2 Apr. 1874	Lawr
Phillips	William		8	17N	2W	240	1 Aug. 1861	Lawr
Phillips	William		8	17N	2W	80	30 Sep. 1873	Lawr
Phillips	William		20	20N	3W	80	10 Dec. 1859	Shar
Phillips	Willis		29	17N	3W	262	1 Mar. 1860	Lawr
Phillips	Willis		29	17N	3W	40	1 Oct. 1839	Lawr
Phillips	Willis		32	17N	3W	40	1 Oct. 1839	Lawr
Phillips	Willis		32	17N	3W	80	1 Oct. 1839	Lawr
Phinney	James	H.	8	11N	4E	160	2 Feb. 1835	Poin
Phinney	Stephen		7	10N	3W	57.57	1 Jul. 1850	Jack
Pickens	Elbert	L.	7	15N	4W	40	1 Jul. 1859	Shar
Pickens	Elbert	L.	36	16N	6W	120	1 Sep. 1857	Shar
Pickens	James	L.	6	10N	5W	281.9	1 Jul. 1859	Jack
Pickens	James	O.	24	16N	6W	80	1 May 1860	Shar
Pickett	Aron	W.	30	18N	1W	80	16 Jun. 1905	Rand
Pickett	James	E.	15	19N	2W	80	10 Apr. 1876	Rand
Pickett	James	E.	8	19N	2W	40	1 May 1860	Rand
Pickett	Joel	W.	28	18N	2W	40	25 Feb. 1907	Lawr
Pickett	Joel	W.	28	18N	2W	40	14 Sep. 1906	Lawr
Pickett	John		23	16N	4W	160	15 Sep. 1821	Shar
Pickett	Mary	B.	5	17N	3W	80	27 Jul. 1904	Lawr
Pickett	William	H.	13	10N	3W	40	16 Mar. 1885	Jack
Pickett	William	H.	25	10N	3W	151.3	15 Jun. 1855	Jack
Pickett	William	H.	13	10N	3W	40	30 Oct. 1857	Jack
Pierce	Albert		32	14N	3E	40	1 Jul. 1859	Crai
Pierce	Albert		33	14N	3E	80	1 Jul. 1859	Crai
Pierce	John	M.	13	19N	5W	123	27 Jul. 1904	Shar
Pierce	John		32	14N	3E	40	1 Jul. 1859	Crai
Pierce	John		32	18N	1W	160	27 Nov. 1820	Rand
Pierce	Josiah		10	18N	2W	80	12 Dec. 1823	Lawr
Pierce	Pearl		24	19N	5W	123.9	8 May 1901	Shar
Pierce	Richard	A.	2	18N	5W	123.9	7 Sep. 1899	Shar
Pierce	Robert	F.	23	19N	5W	40	23 Jan. 1901	Shar
Pierce	Thomas	J.	4	21N	2E	49.2	7 Sep. 1894	Rand
Pierceall	James	M.	8	17N	3W	120	1 May 1860	Lawr
Piersall	John		15	14N	4E	160	25 Feb. 1830	Crai
Piggodd	Solomon		11	20N	2W	160	13 Jun. 1832	Rand
Pillow	Levi		2	16N	4E	40	1 May 1860	Gree
Pillow	Levi		2	16N	4E	40	1 Jul. 1859	Gree

Last Name	First Name	Int.	Section No.	Twp.	Ran	Acres	Date	Co.
Pilsh	Antone		21	14N	1W	160	15 Dec. 1820	Jack
Pinkston	Gilford		5	20N	2W	80	20 Sep. 1889	Rand
Pinkston	Pheneus		32	15N	4W	160	30 Jul. 1891	Shar
Pinnell	Clabourn		7	16N	4E	40	10 Jul. 1848	Gree
Pinnell	Clabourn		18	16N	4E	80	10 Jul. 1848	Gree
Pinnell	Clabourn		8	16N	4E	40	1 Nov. 1856	Gree
Pinnelly	Peter		8	16N	4E	40	1 Oct. 1839	Gree
Pirtle	James	M.	24	15N	4W	160	1 Jul. 1859	Shar
Pistole	Charles		32	12N	2W	40	5 Sep. 1842	Jack
Pistole	Mary		36	15N	2W	40	16 Jun. 1856	Lawr
Pitcock	William		7	13N	4E	160	22 Jul. 1835	Crai
Pitman	Erasmus	D.	9	21N	3E	80	16 Aug. 1838	Clay
Pitman	Erasmus	D.	31	21N	3E	40	16 Aug. 1838	Rand
Pitman	Erasmus	D.	1	21N	2E	27.42	1 Sep. 1856	Rand
Pitman	Erasmus	D.	4	21N	3E	80	1 Oct. 1839	Clay
Pitman	Erasmus	D.	9	21N	3E	80	1 Oct. 1839	Clay
Pitman	Erasmus	D.	5	21N	3E	75.89	30 Oct. 1857	Clay
Pitman	Erasmus	D.	6	21N	3E	2	30 Oct. 1857	Rand
Pitman	Erasmus	D.	32	21N	3E	155.2	17 Nov. 1842	Rand
Pitman	Erasmus		5	21N	3E	32.77	1 Mar. 1855	Clay
Pitman	Erastus	D.	4	21N	3E	80	16 Aug. 1838	Clay
Pitman	John		13	20N	1W	160	23 Jul. 1821	Rand
Pitman	Mahala		7	21N	3E	40	1 May 1854	Rand
Pitman	Peyton	R.	6	21N	3E	76.48	23 Jun. 1836	Rand
Pitman	Peyton	R.	9	21N	3E	80	10 Jul. 1844	Clay
Pittman	Cullen	H.	8	21N	3E	80	10 Sep. 1844	Rand
Pittman	Peyton	R.	9	20N	1E	80	12 Dec. 1823	Rand
Pittman	Samuel	M.	36	11N	8E	160	10 May 1882	Miss
Place	Moses		35	20N	1E	160	27 Nov. 1820	Rand
Plansett	Miles		3	13N	1E	40	1 Sep. 1856	Crai
Plansett	Miles		3	13N	1E	40	1 Sep. 1856	Crai
Plant	Christopher	H.	13	12N	3W	40	1 Sep. 1856	Jack
Plassock	Robert	L.	32	19N	1E	40	1 May 1860	Rand
Platt	Culpepper		34	21N	1E	40	1 May 1860	Rand
Pleasant	James	J.	1	11N	10E	320.4	10 Apr. 1837	Miss
Pleasant	James	J.	12	11N	10E	80	10 Apr. 1837	Miss
Pleasant	James	J.	12	11N	10E	160	10 Apr. 1837	Miss
Plott	Culpeper		27	21N	1E	40	10 Jul. 1844	Rand
Plott	Culpepper		2	20N	1E	40.23	1 May 1854	Rand
Plott	Culpepper		3	20N	1E	123.4	1 Jul. 1859	Rand
Plott	Culpepper		35	21N	1E	40	1 Jul. 1859	Rand
Plott	Culpepper		3	20N	1E	40	16 Aug. 1838	Rand
Plott	Daniel		19	20N	2E	80	16 Aug. 1838	Rand
Plott	Daniel		3	20N	1E	40	5 Sep. 1842	Rand
Plott	Daniel		34	21N	1E	80	5 Sep. 1842	Rand
Plott	Daniel		34	21N	1E	40	5 Sep. 1842	Rand
Plott	Daniel		3	20N	1E	80	12 Dec. 1823	Rand
Plott	Philip	A.	19	20N	2E	160	1 Sep. 1860	Rand

Last Name	First Name	Int.	Section No.	Twp.	Ran	Acres	Date	Co.
Plumer	Moses		4	10N	5W	160	7 May 1821	Jack
Poe	Terry		20	15N	3W	160	27 Nov. 1820	Lawr
Poer	David	H.	18	16N	1W	44.4	1 Mar. 1855	Lawr
Poer	Littleberry		8	16N	1W	65.59	1 Oct. 1850	Lawr
Poer	Littleberry		28	16N	1W	40	1 Oct. 1850	Lawr
Poer	Littleberry		29	17N	1W	11.89	1 Oct. 1850	Lawr
Poindexter	Archibald		23	20N	1E	160	24 Dec. 1823	Rand
Poindexter	Dandridge		6	19N	1E	55.99	5 Sep. 1842	Rand
Poindexter	Dandridge		12	19N	1E	40	1 Nov. 1849	Rand
Poindexter	Prudence		6	19N	1E	158	30 Oct. 1857	Rand
Poindexter	Thomas		31	20N	1E	80	1 May 1874	Rand
Poindexter	Thomas		31	20N	1E	139.7	6 Jul. 1896	Rand
Poindexter	William	E.	22	20N	1W	40	1 Jul. 1859	Rand
Poindexter	William	E.	22	20N	1W	80	1 Dec. 1876	Rand
Poland	Cyrus	B.	36	15N	3E	40	7 Mar. 1902	Crai
Pollan	William		11	13N	3E	80	25 May 1889	Crai
Pollard	William	H.	25	21N	7E	80	16 Mar. 1885	Clay
Pollard	William	J.	19	21N	8E	40.13	21 Sep 1900	Clay
Pollock	Benjamin	K.	17	15N	4W	160	25 Nov. 1823	Shar
Polly	Robert		1	10N	3E	200.5	10 Oct. 1839	Poin
Pomeroy	James	M.	5	19N	2W	40	10 Apr. 1882	Rand
Pomroy	Abigail		6	15N	1W	160	27 Nov. 1820	Lawr
Pool	Alexander	W.	34	11N	3W	70.91	1 Mar. 1856	Jack
Pool	Alexander	W.	27	12N	3W	40	1 Sep. 1856	Jack
Pool	George	W.	18	15N	6W	40	1 Mar. 1856	Shar
Pool	James	W.	5	18N	5E	40	1 Oct. 1850	Gree
Pool	Mary	C.	27	12N	3W	40	1 Oct. 1850	Jack
Pool	Moses	L.	26	20N	7E	160	4 Oct. 1886	Clay
Pool	William		32	10N	4W	160	1 Feb. 1821	Jack
Poole	Daniel		24	19N	1W	160	27 Nov. 1820	Rand
Poole	James	W.	19	17N	6E	45.8	1 Sep. 1856	Gree
Poole	William	P.	29	18N	6E	40	1 Sep. 1856	Gree
Pope	Charles		32	11N	4E	160	11 Feb. 1825	Poin
Pope	Joel		26	21N	2E	40	1 May 1860	Rand
Pope	Joel		35	21N	2E	160	1 May 1860	Rand
Pope	Nathan		34	21N	2E	80	1 May 1860	Rand
Pope	Rhoda		5	15N	3W	40	1 Mar. 1855	Lawr
Popham	Elisha		21	17N	3W	160	1 Feb. 1821	Lawr
Poplin	John		2	19N	6E	80	20 Mar. 1877	Clay
Porter	John	B.	34	19N	5W	160	25 Jan. 1896	Shar
Porter	Joseph		32	19N	1E	40	16 Aug. 1838	Rand
Porter	Mary	A.	3	18N	5W	160	12 Jul. 1900	Shar
Porter	Thomas	J.	4	18N	5W	164.5	7 Mar. 1902	Shar
Porter	William	H.	15	19N	5W	160	27 Jul. 1904	Shar
Porterfield	William	R.	17	15N	6W	80	1 Jul. 1859	Shar
Portz	Valentine		7	21N	4W	164.8	13 Oct. 1898	Shar
Posey	Morgan		30	18N	1W	160	27 Nov. 1820	Rand
Poteet	George	W.	36	20N	3W	40	21 Dec. 1899	Rand

Last Name	First Name	Int.	Section No.	Twp.	Ran	Acres	Date	Co.
Pottenburgh	Catherine		33	16N	5W	160	1 Nov. 1825	Shar
Potter	Henry		5	13N	4E	80	1 Aug. 1861	Crai
Potter	Isaac	P.	32	12N	3W	160	15 Jul. 1858	Jack
Potter	James		27	15N	4E	40	15 Jun. 1855	Crai
Powell	David	F.	15	20N	1W	80	18 Jan. 1894	Rand
Powell	Eugene	H.	7	19N	3W	125.9	28 Jun. 1905	Shar
Powell	George	D.	17	16N	5W	120	1 May 1860	Shar
Powell	George	D.	17	16N	5W	160	12 Aug. 1896	Shar
Powell	John	G.	9	20N	1W	80	22 Apr. 1899	Rand
Powell	John	L.	17	16N	5W	40	27 Jan. 1904	Shar
Powell	Mary		32	9N	1W	160	3 Mar. 1825	Jack
Powell	Thomas	J.	6	19N	3W	148.8	21 Mar. 1898	Shar
Powell	William	D.	17	16N	5W	40	1 Oct. 1860	Shar
Powell	William	M.	6	19N	3W	160	15 Dec. 1897	Shar
Powers	John		5	15N	4W	160	27 Nov. 1820	Shar
Powers	Stephen		14	20N	1W	160	27 Nov. 1820	Rand
Poyner	Robert	S.	1	21N	1E	40	25 Jan. 1894	Rand
Pratt	Claudia	E.	30	19N	1W	77.77	10 Jan 1907	Rand
Pratt	James		5	20N	2W	40	1 Oct. 1860	Rand
Pratt	Jesse	R.	19	21N	1E	40	10 Apr. 1882	Rand
Pratt	Jesse	R.	19	21N	1E	40	15 Aug. 1898	Rand
Pratt	Perry	L.	12	11N	7E	160	23 Jan. 1901	Poin
Prentice	Alvin	C.	30	17N	3W	40	23 Jan. 1901	Lawr
Prentice	Isaac		6	16N	4W	80	1 Jul. 1859	Shar
Prentice	Peter		19	16N	5W	160	27 Nov. 1820	Shar
Presley	Charles	D.	17	11N	4E	80	19 May 1903	Poin
Presley	Elijah	J.	6	20N	1W	80	21 Oct. 1895	Rand
Pressley	Thomas		8	20N	1W	80	28 Mar. 1861	Rand
Prevett	Absalom	J.	12	19N	2W	160	30 Dec. 1899	Rand
Prevett	Jesse		11	19N	2W	80	18 Aug. 1890	Rand
Prevett	Jesse		14	19N	2W	80	8 Dec. 1896	Rand
Prevett	William		1	15N	5W	44.31	1 Jul. 1859	Shar
Prewitt	John	F.	18	20N	3W	120	25 Jan. 1894	Shar
Prewitt	Josiah	S.	25	20N	3W	160	13 Mar. 1890	Rand
Price	Benjamin	F.	21	21N	4W	80	15 May 1894	Shar
Price	Culpepper		13	17N	4W	80	1 May 1860	Shar
Price	Culpepper		18	17N	3W	106.3	24 Jun. 1878	Lawr
Price	Dorastes		27	16N	5W	160	15 Feb. 1831	Shar
Price	George	W.	27	21N	1E	120	1 May 1860	Rand
Price	George	W.	15	21N	2E	80	1 May 1860	Rand
Price	George	W.	31	21N	1E	120	18 Oct. 1898	Rand
Price	George	W.	15	21N	2E	80	10 Dec. 1859	Rand
Price	James	E.	29	21N	4W	80	19 Oct. 1905	Shar
Price	James	N.	27	20N	3W	160	28 Jun. 1905	Shar
Price	John	G.	7	20N	7E	71.28	21 Jul 1900	Clay
Price	John	W.	29	21N	1E	40	27 Aug. 1898	Rand
Price	Joseph	D.	19	20N	2W	161	3 Jan. 1896	Rand
Price	Lunday	C.	24	17N	4W	80	10 Dec. 1859	Shar

Last Name	First Name	Int.	Section No.	Twp.	Ran	Acres	Date	Co.
Price	Malissa	M.	9	18N	4W	40	16 Jun. 1905	Shar
Price	Nancy	J.	19	21N	3W	80	4 Jun. 1906	Rand
Price	Nile	A.	22	16N	3W	120	22 Jan. 1890	Lawr
Price	Richard		32	12N	11E	320	5 Feb. 1846	Miss
Price	Samuel		21	10N	5W	160	15 Nov. 1836	Jack
Price	Valentine		3	16N	3W	40	16 Jun. 1856	Lawr
Price	Valentine		3	16N	3W	80	1 Jul. 1859	Lawr
Price	William	L.	18	20N	1W	75.88	10 Jul. 1848	Rand
Prickman	John	P.	23	20N	3W	80	1 May 1860	Rand
Priest	Jonathan		23	18N	1W	160	18 Feb. 1822	Rand
Pringle	Jonathan		10	21N	2E	80	1 Jul. 1859	Rand
Pringle	Pleasant	A.	35	21N	1E	120	1 Jul. 1859	Rand
Pringle	Reuben	G.	35	21N	1E	40	1 May 1854	Rand
Pritchard	John	P.	18	18N	4W	160	2 Jul. 1860	Shar
Probst	Louis		21	14N	4E	160	1 Feb. 1821	Crai
Proctor	Richard		22	18N	1W	160	13 Mar. 1821	Rand
Proctor	William		32	12N	4E	160	27 Nov. 1820	Poin
Proffitt	Elizabeth		30	20N	2E	120	1 May 1860	Rand
Proffitt	Francis		10	20N	2E	40	1 May 1860	Rand
Profit	Andrew	I.	12	20N	1E	120	1 May 1860	Rand
Profit	Andrew	J.	12	20N	1E	120	1 Sep. 1860	Rand
Proine	William	H.	12	21N	8E	40	1 Jul. 1859	Clay
Province	William	H.	12	21N	8E	40	1 Jul. 1859	Clay
Province	William	H.	14	21N	8E	80	1 Jul. 1859	Clay
Pruet	Charles	D.	11	16N	5E	40	4 Jan. 1896	Gree
Pruet	Charles	D.	2	16N	5W	240	1 Jul. 1859	Shar
Pruet	Robert	W.	2	16N	5E	40	17 Jun. 1887	Gree
Pruet	Robert	W.	2	16N	5W	79.22	1 Jul. 1859	Shar
Pruett	Abner		8	20N	3W	40	20 Jan. 1892	Shar
Pruett	Columbus	L.	1	16N	5E	40	1 May 1860	Gree
Pruett	Robert	W.	1	16N	5E	39.7	1 May 1860	Gree
Pruit	David		32	11N	4E	160	11 Feb. 1825	Poin
Pruit	Martha	J.	1	16N	5E	79.63	1 May 1860	Gree
Pruit	William	T.	9	20N	3W	80	14 Sep. 1906	Rand
Pruit	William	T.	9	20N	3W	80	14 Sep. 1906	Rand
Puckett	Daniel		5	15N	4W	142.8	1 Aug. 1861	Shar
Puckett	Jesse		2	15N	4W	160	22 Jan. 1822	Shar
Puckett	John	W.	4	14N	3E	40	1 Jul. 1859	Crai
Puckett	John	W.	4	14N	3E	80	10 Dec. 1859	Crai
Puehouse	William		4	16N	4E	39.83	1 Mar. 1855	Gree
Pugh	John	C.	24	12N	3W	163.3	1 Apr. 1857	Jack
Purcel	John		26	19N	6E	120	1 Jul. 1859	Gree
Purcell	William	P.	24	17N	5E	160	23 Sep. 1879	Gree
Purcell	William	P.	26	17N	5E	160	20 Dec. 1861	Gree
Purdom	Frances	E.	18	19N	7E	120	26 May 1892	Clay
Purhouse	William		10	16N	4E	40	1 Mar. 1855	Gree
Purssell	William	O.	19	9N	2W	38.75	1 Sep. 1856	Jack
Purtle	George	W.	1	15N	3W	165.2	16 Jun. 1856	Lawr

Last Name	First Name	Int.	Section No.	Twp.	Ran	Acres	Date	Co.
Purtle	George	W.	4	16N	3W	51.85	1 Oct. 1839	Lawr
Purvis	James	M.	9	21N	1E	120	1 Jul. 1903	Rand
Puryear	Alanson	T.	3	13N	3E	324.3	1 Apr. 1857	Crai
Puryear	Alanson	T.	12	13N	3E	320	1 Apr. 1857	Crai
Puryear	Alanson	T.	10	15N	4E	160	1 Apr. 1857	Crai
Puryear	Alanson	T.	34	15N	4E	80	1 Apr. 1857	Crai
Puryear	Alanson	T.	36	15N	4E	320	1 Apr. 1857	Crai
Puryear	Alexander		33	19N	1W	109.7	2 Jul. 1860	Rand
Puryear	John	B.	2	15N	4E	82.3	1 Jul. 1859	Crai
Puryear	William		9	15N	5E	158.1	1 Apr. 1857	Crai
Pyburn	Benjamin		29	20N	3E	40	16 Aug. 1838	Rand
Pyburn	Benjamin		29	20N	3E	40	1 Nov. 1834	Rand
Pyburn	William		21	20N	3E	40	16 Aug. 1838	Rand
Pyland	Cullom		33	16N	3W	200	1 Jul. 1859	Lawr
Qualls	Joseph	B.	18	17N	6W	80	18 Jul 1905	Shar
Quarles	Ely		4	13N	1E	40	1 Sep. 1856	Crai
Quarles	Moses		33	21N	2W	80	1 May 1860	Rand
Quarles	Moses		29	21N	2W	40	1 Oct. 1860	Rand
Quarles	Moses		29	21N	2W	40	18 Oct. 1898	Rand
Quarles	Moses		28	21N	2W	80	10 Dec. 1859	Rand
Quarles	Stephen	M.	14	12N	1W	40	1 Sep. 1856	Jack
Rachels	John	L.	4	17N	6W	80	1 May 1860	Shar
Rader	John	H.	28	20N	3W	160	7 Sep. 1894	Shar
Raglin	John	L.	5	19N	1W	62.84	1 Mar. 1855	Rand
Ragsdale	Benjamin	F.	22	18N	3W	40	28 Mar. 1861	Lawr
Ragsdale	Benjamin	F.	22	18N	3W	40	1 Jul. 1859	Lawr
Ragsdale	Benjamin	F.	22	18N	3W	80	1 Sep. 1857	Lawr
Ragsdale	Calvin		23	18N	3W	40	1 Sep. 1856	Lawr
Ragsdale	James	B.	19	17N	6E	40.75	15 Jun. 1855	Gree
Ragsdale	Lancaster		31	11N	2W	149.1	1 Jul. 1859	Jack
Ragsdale	William	H.	8	10N	2W	120	16 Jun. 1856	Jack
Rainer	Marshall		27	13N	3W	40	1 Sep. 1857	Jack
Rainer	William	C.	11	21N	2W	80	28 Mar. 1861	Rand
Rainey	James		31	16N	3W	160	21 Jun. 1838	Lawr
Rains	Robert		15	10N	4W	160	27 Nov. 1820	Jack
Rainwater	Annie		7	21N	1E	40	31 Oct. 1906	Rand
Rainwater	Collin	L.	27	15N	4W	116.1	1 Jul. 1859	Shar
Rainwater	Hugh		35	17N	2W	160	30 Sep. 1873	Lawr
Rainwater	John	W.	26	15N	4W	80	1 Jul. 1859	Shar
Rainwater	John	W.	27	15N	4W	231.5	1 Jul. 1859	Shar
Rainwaters	Robert	P.	7	21N	1E	80	18 Oct. 1890	Rand
Ramer	George	W.	32	19N	6E	160	31 Dec. 1890	Gree
Ramer	John	W.	28	19N	6E	160	17 Sep. 1889	Gree
Ramsey	Catharine		30	15N	3W	80	1 Jul. 1859	Lawr
Ramsey	Richard		36	10N	3E	80	7 Sep. 1894	Poin
Ramsey	Silas	G.	11	19N	3W	480	13 Nov. 1884	Shar
Ramsey	Silas	G.	21	19N	3W	240	13 Nov. 1884	Shar
Ranby	Henry		24	18N	1W	160	25 Oct. 1824	Rand

Last Name	First Name	Int.	Section No.	Twp.	Ran	Acres	Date	Co.
Rand	James		34	17N	3W	160	19 Feb. 1824	Lawr
Rand	William		25	14N	1W	160	14 May 1821	Jack
Randall	Samuel		7	19N	2W	160	25 Feb. 1823	Rand
Randolph	Justin	S.	10	19N	3W	160	8 Sep. 1893	Shar
Randy	George	W.	2	15N	6W	98.27	30 Oct. 1857	Shar
Raney	Andrew	I.	10	16N	3W	160	1 Jul. 1859	Lawr
Raney	Andrew	J.	9	16N	3W	40	5 Sep. 1842	Lawr
Raney	Andrew	J.	9	16N	3W	80	5 Sep. 1842	Lawr
Raney	Andrew	J.	4	16N	3W	80	1 Sep. 1848	Lawr
Raney	Daniel	E.	10	10N	5W	160	27 Nov. 1820	Jack
Raney	Elisha		6	16N	1W	40	1 Oct. 1850	Lawr
Raney	Elisha		17	16N	1W	63.69	1 Oct. 1850	Lawr
Raney	James		4	16N	3W	80	10 Jul. 1848	Lawr
Raney	James		4	16N	3W	80	10 Jul. 1848	Lawr
Raney	John		2	15N	3W	39.29	10 Jul. 1844	Lawr
Raney	Morgan		15	16N	3W	40	1 Oct. 1850	Lawr
Raney	Radford	E.	4	15N	3W	86.11	1 Jul. 1859	Lawr
Raney	Radford	E.	34	16N	3W	160	1 Jul. 1859	Lawr
Raney	Samuel		9	16N	3W	40	16 Aug. 1838	Lawr
Raney	Samuel		9	16N	3W	80	10 Sep. 1827	Lawr
Raney	Samuel		9	16N	3W	40	5 Sep. 1842	Lawr
Raney	William		36	17N	2W	40	1 Mar. 1855	Lawr
Raney	William		14	15N	7W	40	1 Mar. 1855	Shar
Raney	William		6	16N	1W	53.96	29 May 1848	Lawr
Raney	William		14	15N	7W	40	16 Jun. 1856	Shar
Raney	William		5	16N	1W	14.17	1 Sep. 1846	Lawr
Raney	William		6	16N	1W	40	1 Sep. 1846	Lawr
Raney	William		11	17N	2W	40	1 Sep. 1848	Lawr
Raney	William		21	17N	1W	56.21	1 Oct. 1850	Lawr
Raney	William		21	17N	1W	47	1 Oct. 1850	Lawr
Raney	William		28	17N	1W	80	1 Oct. 1850	Lawr
Raney	William		29	17N	1W	83.85	1 Oct. 1850	Lawr
Raney	William		29	17N	1W	40.91	1 Oct. 1850	Lawr
Raney	William		29	17N	1W	51.2	1 Oct. 1850	Lawr
Raney	William		13	15N	7W	40	30 Oct. 1857	Shar
Raney	William		14	15N	7W	80	30 Oct. 1857	Shar
Ransom	Erastus		32	10N	4E	160	7 May 1821	Poin
Ransom	Robert	L.	11	14N	3E	80	1 May 1860	Crai
Ransone	Augustus		12	13N	3E	40	1 Jul. 1859	Crai
Ransone	Augustus		12	13N	3E	40	1 Jul. 1859	Crai
Rany	Andrew	J.	9	16N	3W	40	1 May 1861	Lawr
Rapert	Daniel	M.	20	21N	2E	120	1 May 1874	Rand
Rapert	Daniel	M.	20	21N	2E	120	23 Aug. 1888	Rand
Rapert	James	J.	11	21N	1E	80	1 May 1860	Rand
Rapert	Jasper	N.	19	21N	2E	40	28 Aug. 1896	Rand
Rapert	Lorenzo	D.	30	21N	2E	40	1 May 1860	Rand
Rapert	Lorenzo	D.	19	21N	2E	120	1 May 1874	Rand
Rapert	Lorenzo	D.	13	21N	1E	40	7 Mar. 1902	Rand

Last Name	First Name	Int.	Section No.	Twp.	Ran	Acres	Date	Co.
Rasden	Levi	S.	4	18N	4W	80	12 Nov. 1906	Shar
Rash	Leroy	S.	3	17N	4W	40	28 Mar. 1861	Shar
Rash	Leroy	S.	4	17N	4W	80	1 May 1860	Shar
Ratliff	Elijah		20	19N	3W	120	23 Jul. 1888	Shar
Ratliff	William	B.	29	19N	4W	40	10 Feb. 1881	Shar
Ratliff	William	B.	6	18N	4W	40.51	10 Apr. 1882	Shar
Ratliff	William	B.	5	18N	4W	41.98	10 Jun. 1889	Shar
Ratliff	William	B.	6	18N	4W	43.68	25 Aug. 1882	Shar
Ratliff	William	B.	28	19N	4W	40	13 Nov. 1884	Shar
Ratliff	William	E.	31	19N	4W	82.3	23 Jun. 1896	Shar
Ratliff	William	H.	17	19N	3W	40	12 Feb 1901	Shar
Ratliff	Zacheus		21	17N	3W	80	1 Jul. 1859	Lawr
Ratliff	Zacheus		29	17N	3W	40	1 Jul. 1859	Lawr
Rawley	John	D.	28	11N	3W	40	1 Oct. 1850	Jack
Rawlings	Armstead	M.	17	15N	5W	40	1 Jul. 1859	Shar
Rawlings	John		26	14N	1W	160	27 Nov. 1820	Jack
Rawsey	Silas	G.	4	19N	5W	80	23 Nov. 1891	Shar
Ray	David		20	15N	4E	120	1 May 1860	Crai
Ray	Samuel		29	15N	3E	80	1 Mar. 1855	Crai
Ray	Samuel		32	15N	3E	40	1 Mar. 1855	Crai
Ray	Samuel		23	16N	3E	40	1 Mar. 1856	Gree
Ray	Samuel		7	16N	4E	40	1 Mar. 1856	Gree
Ray	Samuel		6	14N	3E	90.03	1 Mar. 1856	Crai
Ray	Samuel		20	15N	3E	40	1 Mar. 1856	Crai
Ray	Samuel		36	16N	3E	40	1 Sep. 1856	Gree
Ray	Samuel		24	15N	3E	40	1 Sep. 1856	Crai
Ray	Thomas	S.	36	14N	3E	80	1 Aug. 1861	Crai
Ray	Thomas	S.	36	14N	3E	40	1 Aug. 1861	Crai
Rayburn	John	L.	9	21N	2W	40	1 Mar. 1855	Rand
Rayder	William	B.	8	18N	4W	160	26 Apr 1905	Shar
Rayder	William	B.	8	18N	4W	160	26 May 1905	Shar
Razer	George	E.	31	10N	3W	80	19 Oct. 1905	Jack
Razor	Maria		13	10N	5W	160	28 Nov. 1894	Jack
Rea	Gatewood	D.	26	17N	5E	40	10 Jul. 1844	Gree
Rea	Moses		7	16N	4E	40	1 Mar. 1856	Gree
Rea	Moses		7	16N	4E	40	16 Jun. 1856	Gree
Rea	Obediah		21	16N	4E	40	1 Oct. 1839	Gree
Read	Benjamin	G.	9	18N	1W	160	8 Dec. 1829	Rand
Read	Cornelius		20	10N	5W	160	8 May 1826	Jack
Ready	John		36	10N	5W	160	8 Dec. 1823	Jack
Reals	Eliza	C.	21	16N	5W	280	1 May 1860	Shar
Reaves	Elijah	T.	15	15N	6W	80	1 Jul. 1859	Shar
Reddick	George		29	14N	4E	160	28 Dec. 1830	Crai
Redding	John		9	16N	3W	160	22 Oct. 1821	Lawr
Redding	Philip	Y.	18	21N	4W	160	3 Jan. 1896	Shar
Redman	Elijah		21	15N	3W	160	27 Nov. 1820	Lawr
Redwine	Travis		26	21N	2E	240	1 Aug. 1861	Rand
Reece	Alfred		15	10N	2W	40	16 Jun. 1856	Jack

Last Name	First Name	Int.	Section No.	Twp.	Ran	Acres	Date	Co.
Reece	Robert		9	10N	2W	40	16 Jun. 1856	Jack
Reed	Joseph		7	15N	4W	160	27 Nov. 1820	Shar
Reed	Nicholas		22	16N	5W	40	10 Jul. 1848	Shar
Reed	Robert		24	16N	5W	160	27 Nov. 1820	Shar
Reed	Samuel		25	12N	3W	40	1 Oct. 1850	Jack
Reed	Thomas		15	19N	1W	80	28 Mar. 1861	Rand
Reed	Thomas		22	19N	1W	80	1 May 1860	Rand
Reed	Thomas		22	19N	1W	40	1 Aug. 1861	Rand
Reed	William	R.	32	17N	5W	80	26 Jan. 1889	Shar
Reed	William	R.	29	17N	5W	40	8 May 1888	Shar
Reed	William	T.	28	17N	5W	160	19 Jan. 1898	Shar
Reed	William		30	21N	2W	80	1 Sep. 1860	Rand
Reeder	Daniel		18	21N	3E	143.4	1 May 1860	Rand
Reeder	Daniel		26	21N	2E	160	1 May 1860	Rand
Rees	Isaac	T.	5	18N	1W	40	1 Jul. 1859	Rand
Rees	Isaac	T.	5	18N	1W	40	30 Oct. 1857	Rand
Reeves	James	W.	36	21N	1E	40	1 Oct. 1850	Rand
Reid	Samuel		35	11N	3W	160	1 Apr. 1857	Jack
Reid	Samuel		8	12N	2W	40	1 Sep. 1856	Jack
Reid	Samuel		25	12N	2W	40	1 Sep. 1856	Jack
Reidenbaugh	Thomas	B.	10	19N	4W	160	25 Mar. 1902	Shar
Reinhardt	Augustus	P.	7	17N	6W	80	1 Jul. 1859	Shar
Reinhardt	Augustus	P.	18	17N	6W	80	1 Jul. 1859	Shar
Reinhardt	Marcus	W.	35	19N	1E	320	16 Aug. 1838	Rand
Rendleman	Thomas		4	15N	5E	74.66	1 Sep. 1857	Crai
Renfro	William	E.	2	20N	7E	40	2 Apr. 1860	Clay
Renfroe	James	M.	26	16N	3E	40	1 May 1860	Gree
Renfroe	James	M.	26	16N	3E	40	8 May 1896	Gree
Renfroe	Samuel	P.	10	15N	3E	120	1 May 1860	Crai
Renick	Augustus	W.	34	15N	3E	120	1 May 1860	Crai
Renick	Robert	R.	32	15N	3E	120	1 May 1860	Crai
Revill	Eldridge	S.	31	11N	2W	80	16 Aug. 1838	Jack
Revill	Robert	M.	4	19N	1W	80	20 Jul. 1825	Rand
Revill	Robert	M.	4	19N	1W	40	1 Nov. 1835	Rand
Reynolds	Abner		25	15N	4W	160	7 May 1821	Shar
Reynolds	Calvin		22	11N	4E	160	16 Feb. 1824	Poin
Reynolds	James	B.	34	20N	2W	160	17 Apr. 1899	Rand
Reynolds	James	I.	5	20N	2W	93.59	21 Sep. 1905	Rand
Reynolds	Jesse		32	20N	3E	80	16 Aug. 1838	Rand
Reynolds	John	B.	23	19N	3W	80	31 Dec. 1890	Shar
Reynolds	John	T.	12	18N	5W	160	25 Jun. 1901	Shar
Reynolds	Josiah	C.	36	16N	5W	80	1 Sep. 1857	Shar
Reynolds	Louis	D.	26	19N	3W	40	23 Nov. 1891	Shar
Reynolds	William	H.	34	15N	4W	80	1 Jul. 1859	Shar
Rhea	John		14	18N	2W	34.89	1 Mar. 1855	Rand
Rhea	John		23	18N	2W	54.64	1 Oct. 1849	Lawr
Rhea	Moses		18	16N	4E	80.09	1 Mar. 1856	Gree
Rhea	Thomas		33	16N	4E	40	1 Mar. 1856	Gree

Last Name	First Name	Int.	Section No.	Twp.	Ran	Acres	Date	Co.
Rhea	Thomas		33	16N	4E	40	16 Jun. 1856	Gree
Rhea	William		9	14N	4E	160	27 Sep. 1823	Crai
Rhew	James	P.	18	10N	5W	152.9	1 Oct. 1860	Jack
Rhoads	James	B.	31	21N	1W	80	15 Oct. 1875	Rand
Rhodes	Isaac		13	18N	1W	160	2 Jan. 1822	Rand
Rhodes	Jonah		3	12N	4E	160	5 Oct. 1833	Poin
Rhodes	Joseph	W.	29	11N	10E	36.72	5 Jun. 1889	Miss
Rial	Ollin		22	16N	5W	40	1 Jul. 1859	Shar
Rice	Albert	G.	28	16N	3W	80	15 Sep. 1851	Lawr
Rice	Albert	G.	28	16N	3W	40	1 Oct. 1849	Lawr
Rice	Andrew	J.	14	17N	2W	80	15 Feb. 1884	Lawr
Rice	Bauldin		10	16N	3W	160	27 Nov. 1820	Lawr
Rice	Enoch	H.	3	18N	6W	40	5 Apr. 1890	Shar
Rice	Ezekiel		35	21N	2W	80	1 May 1860	Rand
Rice	Ezekiel		35	21N	2W	40	2 Jul. 1860	Rand
Rice	Fielding		23	20N	2W	80	3 Aug. 1882	Rand
Rice	George	H.	4	18N	6W	40	16 Mar 1906	Shar
Rice	John	M.	9	21N	1E	120	1 Oct. 1860	Rand
Rice	John	M.	1	20N	1E	160	10 Dec. 1859	Rand
Rice	John		31	21N	1W	40	10 Jul. 1844	Rand
Rice	John		31	21N	1W	80	16 Aug. 1838	Rand
Rice	John		12	20N	2W	40	5 Sep. 1842	Rand
Rice	Periman	C.	19	21N	1W	153	23 Feb. 1897	Rand
Rice	Reuben		1	20N	2W	93.81	23 Jun. 1836	Rand
Rice	Reuben		36	21N	2W	6.21	10 Jul. 1844	Rand
Rice	Reuben		36	21N	2W	131.4	10 Jul. 1844	Rand
Rice	Reuben		7	20N	1W	81.21	16 Aug. 1838	Rand
Rice	Reuben		1	20N	2W	144.4	12 Dec. 1823	Rand
Rice	Reuben		6	20N	1W	137.6	12 Dec. 1823	Rand
Rice	Rueben		31	21N	1W	40	10 Jul. 1844	Rand
Rice	Samuel	T.	4	21N	1W	40	1 May 1874	Rand
Rice	Samuel	T.	9	21N	1W	40	16 Aug. 1838	Rand
Rice	Thomas	B.	6	20N	1W	56	10 Jul. 1848	Rand
Rice	Thomas	B.	5	20N	1W	151.9	1 Jul. 1903	Rand
Rice	Thomas		27	16N	5W	320	1 May 1826	Shar
Rice	William	L.	11	21N	1W	40	1 Mar. 1855	Rand
Rice	William	L.	11	21N	1W	40	16 Aug. 1838	Rand
Rice	William	L.	17	20N	1W	41.48	1 Nov. 1834	Rand
Rich	Allison		23	21N	1W	80	29 May 1901	Rand
Richards	Green		26	18N	1E	160	27 Nov. 1820	Rand
Richards	Hayward		5	20N	4W	120	8 May 1901	Shar
Richards	Richard		28	16N	3W	160	29 Jan. 1822	Lawr
Richards	Simon		5	9N	10E	48.64	1 Dec. 1849	Miss
Richards	Thomas	M.	10	15N	3E	160	28 Feb. 1894	Crai
Richardson	Aaron		26	13N	10E	160	1 Sep. 1856	Miss
Richardson	Ashlin		9	19N	1W	40	1 May 1860	Rand
Richardson	Drew		23	17N	3W	40	1 Oct. 1839	Lawr
Richardson	Drewry		27	17N	3W	40	1 Jul. 1859	Lawr

Last Name	First Name	Int.	Section No.	Twp.	Ran	Acres	Date	Co.
Richardson	Edward		36	17N	4W	40	1 Oct. 1839	Shar
Richardson	Horatio	T.	26	17N	3W	40	26 Jul. 1897	Lawr
Richardson	James	B.	13	21N	1E	120	1 Oct. 1860	Rand
Richardson	John	E.	22	20N	4W	160	6 Jun. 1890	Shar
Richardson	John		32	20N	4W	160	1 Mar. 1892	Shar
Richardson	John		19	15N	1W	160	17 Apr. 1823	Lawr
Richardson	John		36	15N	2W	40	1 Sep. 1856	Lawr
Richardson	Jonah	V.	5	15N	6W	49.95	30 Oct. 1857	Shar
Richardson	Josiah	V.	31	16N	6W	40	1 Mar. 1855	Shar
Richardson	Lambert		30	15N	1W	40	1 Mar. 1856	Lawr
Richardson	Lambert		15	17N	3W	40	16 Aug. 1838	Lawr
Richardson	Lambert		30	15N	1W	40	1 Oct. 1850	Lawr
Richardson	Nancy	A.	20	20N	4W	160	26 Nov. 1904	Shar
Richardson	William		17	15N	4W	160	20 Nov. 1823	Shar
Richert	Gustav		15	21N	4W	160	22 Oct. 1903	Shar
Richey	David	L.	36	17N	2W	80	2 Jul. 1860	Lawr
Richey	David	L.	36	17N	2W	80	20 Dec. 1861	Lawr
Richey	Gideon	B.	33	17N	2W	160	20 Jun. 1885	Lawr
Richey	Hamilton	W.	4	16N	2W	122	1 May 1860	Lawr
Richey	Hamilton	W.	34	17N	2W	160	2 Jul. 1860	Lawr
Richey	John	W.	12	19N	7E	80	20 Feb. 1894	Clay
Richie	Calvin	D.	11	19N	5W	40	23 Nov. 1891	Shar
Richie	James	R.	12	16N	6W	80	10 Apr. 1882	Shar
Richie	John	T.	2	16N	6W	40	14 Sep. 1906	Shar
Richie	Oscar	A.	31	17N	5W	40	20 Feb. 1901	Shar
Richman	John	P.	11	20N	3W	40	1 May 1860	Rand
Richols	James		27	14N	3E	40	1 Sep. 1856	Crai
Richols	James		27	14N	3E	40	1 Sep. 1856	Crai
Rickels	James		32	14N	3E	40	1 Jul. 1859	Crai
Ricker	John		10	10N	4E	160	25 Feb. 1823	Poin
Rickets	Betsy		31	10N	4W	160	18 Mar. 1837	Jack
Ricketts	Francis		35	20N	1E	160	27 Nov. 1820	Rand
Rickey	David	L.	10	16N	2W	40	1 May 1861	Lawr
Rickles	Irene		32	14N	3E	40	10 Apr. 1882	Crai
Rickman	Abraham		20	19N	2W	80	10 Nov. 1830	Rand
Rickman	James		10	20N	3W	80	28 Apr. 1896	Rand
Riddle	Meredith	M.	22	19N	2W	80	5 Apr. 1890	Rand
Ridge	Samuel	W.	2	20N	1W	81.76	30 Jun. 1906	Rand
Riely	James		13	16N	3W	160	11 Dec. 1824	Lawr
Rife	Abraham		21	10N	4E	160	19 Jun. 1837	Poin
Riggs	Cyrus		15	12N	10E	80	1 Dec. 1849	Miss
Riggs	John		10	12N	10E	160	1 Aug. 1849	Miss
Riggs	Logan	T.	35	19N	1W	80	28 Mar. 1906	Rand
Riggs	Nelson		11	12N	10E	80	1 Dec. 1849	Miss
Rikard	Bell	L.	27	21N	4W	160	29 Apr. 1893	Shar
Rikard	Marion	B.	3	20N	4W	80	4 Oct. 1900	Shar
Rikard	William	H.	27	21N	4W	80	26 Jan. 1889	Shar
Rikard	William	H.	27	21N	4W	80	28 Nov. 1894	Shar

Last Name	First Name	Int.	Section No.	Twp.	Ran	Acres	Date	Co.
Rikard	William	L.	3	20N	4W	160	14 Sep. 1906	Shar
Riley	Columbus	J.	36	20N	2W	160	4 Jun. 1906	Rand
Riley	Henry		30	18N	1W	160	27 Nov. 1820	Rand
Riley	John		31	15N	1W	160	1 Feb. 1821	Lawr
Riley	Washington		4	17N	6E	38.86	28 Mar. 1861	Gree
Riley	Washington		4	17N	6E	39.3	28 Mar. 1861	Gree
Ring	Franklin	P.	11	16N	5W	120	31 Jul. 1903	Shar
Ring	James		36	16N	6W	40	1 Sep. 1857	Shar
Ring	Joseph		30	16N	5W	82.36	16 Jun. 1856	Shar
Ring	Martin		12	16N	6W	88.11	1 May 1860	Shar
Ring	Martin		7	16N	5W	40	16 Jun. 1856	Shar
Ring	Martin		6	16N	5W	137.5	1 Jul. 1859	Shar
Ring	Thomas		2	16N	6W	120	1 May 1860	Shar
Ring	Thomas		18	16N	5W	120	1 May 1860	Shar
Ring	Thomas		18	16N	5W	40	1 Jul. 1859	Shar
Ring	Thomas		7	16N	5W	40	1 Sep. 1857	Shar
Ring	William		26	16N	6W	80	1 Sep. 1857	Shar
Ring	William		30	16N	5W	40	1 Oct. 1860	Shar
Risener	John		25	12N	3W	40	10 Jul. 1844	Jack
Risley	Zechariah		22	21N	8E	40	1 Oct. 1860	Clay
Ritchey	James	M.	23	21N	1E	40	1 Oct. 1839	Rand
Ritchie	G		1	18N	6W	160	1 May 1860	Shar
Ritchie	Isaac	H.	4	19N	4W	40	1 May 1860	Shar
Ritchie	John	H.	14	18N	6W	120	1 Jul. 1859	Shar
Ritchie	Robert	T.	9	18N	6W	40	1 May 1860	Shar
Ritchie	William	T.	9	18N	6W	80	30 Oct. 1857	Shar
Ritter	Albert		15	19N	5W	160	27 Aug. 1898	Shar
Ritter	Christopher		26	17N	5E	80	12 Feb. 1892	Gree
Ritter	Ernst		17	11N	7E	154.6	18 Jan. 1891	Poin
Rives	Peter	G.	5	10N	9E	80	1 Mar. 1834	Miss
Rives	Peter	G.	6	10N	9E	320	1 Mar. 1834	Miss
Rives	Peter	G.	6	10N	9E	80	1 Mar. 1834	Miss
Rives	Peter	G.	7	10N	9E	160	1 Mar. 1834	Miss
Rives	Peter	G.	7	10N	9E	80	1 Mar. 1834	Miss
Rives	Peter	G.	15	10N	9E	320	1 Mar. 1834	Miss
Rives	Peter	G.	15	10N	9E	80	1 Mar. 1834	Miss
Rives	Peter	G.	17	10N	9E	160	1 Mar. 1834	Miss
Rives	Peter	G.	17	10N	9E	80	1 Mar. 1834	Miss
Rives	Peter	G.	14	12N	11E	160	1 Mar. 1834	Miss
Rives	Peter	G.	12	11N	10E	80	10 Apr. 1837	Miss
Rives	Peter	G.	33	11N	11E	320	10 Apr. 1837	Miss
Rives	Peter	G.	30	12N	11E	160	10 Apr. 1837	Miss
Rives	Peter	G.	31	12N	11E	160	10 Apr. 1837	Miss
Rives	Peter	G.	32	12N	11E	160	10 Apr. 1837	Miss
Rives	Peter	G.	32	12N	11E	80	10 Apr. 1837	Miss
Rives	Peter	G.	33	12N	11E	115.8	10 Apr. 1837	Miss
Rives	Peter	G.	12	11N	10E	80	24 Jun. 1834	Miss
Rives	Peter	G.	13	11N	10E	80	24 Jun. 1834	Miss

Last Name	First Name	Int.	Section No.	Twp.	Ran	Acres	Date	Co.
Rives	Peter	G.	32	11N	11E	40	24 Jun. 1834	Miss
Rives	Peter	G.	33	11N	11E	40	24 Jun. 1834	Miss
Rives	Peter	G.	34	11N	11E	80	24 Jun. 1834	Miss
Rives	Peter	G.	34	11N	11E	80	24 Jun. 1834	Miss
Rives	Peter	G.	34	11N	11E	80	24 Jun. 1834	Miss
Rives	Peter	G.	28	11N	10E	80	15 Jun. 1837	Miss
Rives	Peter	G.	33	10N	9E	147.2	15 Aug. 1837	Miss
Rives	Peter	G.	8	12N	11E	0.64	1 Oct. 1839	Miss
Rives	Peter	G.	17	10N	10E	160	1 Oct. 1844	Miss
Rivez	Peter	G.	6	11N	11E	80	28 Jul. 1838	Miss
Rivez	Peter	G.	30	12N	11E	160	28 Jul. 1838	Miss
Roach	Alexander	F.	4	20N	1W	120	31 May 1890	Rand
Roach	Jacob	W.	12	12N	3W	40	1 Sep. 1856	Jack
Roach	John	A.	32	20N	1E	40	1 Oct. 1860	Rand
Roach	William	F.	1	20N	1W	164	1 Oct. 1860	Rand
Roadlander	Robert	L.	31	17N	5W	80	1 Sep. 1857	Shar
Robb	Aaron		1	19N	2E	163.3	16 Aug. 1838	Shar
Robbins	Noel	B.	9	20N	7E	80	31 May 1890	Clay
Robbins	William	B.	12	20N	4W	160	1 May 1860	Shar
Roberts	Alexander	E.	30	16N	4W	160	23 Feb. 1892	Shar
Roberts	Anderson	W.	18	16N	5E	40	1 Aug. 1861	Gree
Roberts	Ezra		21	12N	4E	160	20 Feb. 1821	Poin
Roberts	George	M.	28	19N	1E	160	30 Oct. 1857	Rand
Roberts	Henry	L.	5	18N	6W	40	1 Mar. 1855	Shar
Roberts	Henry	L.	9	18N	6W	40	1 Mar. 1855	Shar
Roberts	Henry	L.	5	18N	6W	40	1 May 1860	Shar
Roberts	Henry	L.	5	18N	6W	80	1 Jul. 1859	Shar
Roberts	Henry	L.	5	18N	6W	120	1 Jul. 1859	Shar
Roberts	John	H.	14	19N	5W	160	13 Feb. 1899	Shar
Roberts	John		21	13N	1W	160	9 Jul. 1821	Jack
Roberts	Moses		8	18N	6W	120	1 Jul. 1859	Shar
Roberts	Moses		5	18N	6W	80	30 Oct. 1857	Shar
Roberts	Peter	S.	15	18N	4W	160	1 Sep. 1857	Shar
Roberts	Reuben	W.	30	18N	5E	39.42	1 May 1860	Gree
Roberts	Robert	R.	9	21N	3W	160	23 Jun. 1896	Rand
Roberts	Samuel	S.	19	19N	4W	85.05	15 Oct. 1895	Shar
Roberts	Samuel	S.	19	19N	4W	44.5	10 Dec. 1859	Shar
Roberts	Shelby		2	18N	5E	80	7 Sep. 1894	Gree
Roberts	Simeon	T.	19	18N	5E	159	27 Jan. 1904	Gree
Roberts	Stephen	L.	19	19N	4W	120	1 May 1860	Shar
Roberts	Wiley	H.	34	18N	6W	120	1 Jul. 1859	Shar
Roberts	Zachariah		21	17N	3W	160	1 Jul. 1859	Lawr
Robertson	George	N.	9	15N	5E	40	1 Mar. 1855	Crai
Robertson	George	W.	4	15N	5E	80	1 Jul. 1859	Crai
Robertson	Lewis		27	13N	3W	40	10 Jul. 1844	Jack
Robertson	Lewis		27	13N	3W	40	10 Jul. 1844	Jack
Robertson	Lindley	J.	25	18N	3W	40	1 May 1860	Lawr
Robertson	Lindley	J.	30	18N	2W	40.24	15 Oct. 1895	Lawr

Last Name	First Name	Int.	Section No.	Twp.	Ran	Acres	Date	Co.
Robertson	Moses		15	17N	1W	20.75	1 Mar. 1855	Lawr
Robertson	Moses		5	17N	1W	40.06	1 Mar. 1856	Lawr
Robertson	Moses		5	17N	1W	40	16 Jun. 1856	Lawr
Robertson	Moses		5	17N	1W	40	1 Nov. 1856	Lawr
Robertson	William	H.	18	20N	4W	160	11 Jan. 1892	Shar
Robertson	William		13	17N	3W	160	21 Mar. 1821	Lawr
Robinett	Joseph	H.	19	21N	1W	150.8	10 Jul 1907	Rand
Robinson	Alexander		6	11N	2W	120.2	16 Aug. 1838	Jack
Robinson	Alexander		6	11N	2W	24.2	16 Aug. 1838	Jack
Robinson	Alexander		6	11N	2W	80	5 Sep. 1842	Jack
Robinson	Alexander		12	11N	3W	160	1 Sep. 1846	Jack
Robinson	Andrew	M.	30	16N	5E	160	10 May 1882	Gree
Robinson	Burrel		21	11N	4E	160	27 Nov. 1820	Poin
Robinson	David		28	16N	1W	40	1 Mar. 1855	Lawr
Robinson	Garrett		1	12N	3W	40	1 Sep. 1856	Jack
Robinson	George		6	11N	2W	80	1 Nov. 1835	Jack
Robinson	James	H.	5	15N	5E	40	28 Mar. 1861	Crai
Robinson	James	H.	5	15N	5E	80	1 Sep. 1857	Crai
Robinson	James	S.	7	9N	2W	161.1	1 Sep. 1856	Jack
Robinson	James		5	10N	2W	40	1 May 1854	Jack
Robinson	James		17	21N	2E	160	1 May 1860	Rand
Robinson	James		6	11N	2W	80	10 Jul. 1844	Jack
Robinson	James		29	21N	2E	40	16 Aug. 1838	Rand
Robinson	James		29	21N	2E	40	10 Sep. 1844	Rand
Robinson	James		24	10N	2W	40	1 Sep. 1856	Jack
Robinson	James		1	11N	3W	40	1 Sep. 1856	Jack
Robinson	James		32	12N	2W	40	1 Sep. 1856	Jack
Robinson	James		32	12N	2W	40	1 Sep. 1856	Jack
Robinson	James		18	11N	2W	65.91	1 Nov. 1834	Jack
Robinson	Jesse		19	21N	2E	67.37	1 May 1860	Rand
Robinson	Jesse		18	21N	2E	105.8	2 Jul. 1860	Rand
Robinson	Jesse		13	21N	1E	80	24 Nov. 1899	Rand
Robinson	Jesse		14	21N	1E	40	31 Dec. 1890	Rand
Robinson	John		18	21N	2E	40	1 May 1860	Rand
Robinson	John		18	21N	2E	144.9	1 May 1860	Rand
Robinson	John		24	11N	3W	160	15 Jul. 1842	Jack
Robinson	John		31	12N	2W	160	16 Aug. 1838	Jack
Robinson	John		31	12N	2W	165.6	16 Aug. 1838	Jack
Robinson	John		31	12N	2W	80	1 Nov. 1835	Jack
Robinson	Jonathan		12	10N	5W	160	15 Apr. 1822	Jack
Robinson	Joseph	L.	19	16N	5W	120.6	1 May 1860	Shar
Robinson	Joseph	L.	25	16N	6W	40	1 Jul. 1859	Shar
Robinson	Joseph	L.	24	16N	6W	120	1 Aug. 1861	Shar
Robinson	Joseph	T.	24	19N	1W	80	23 May 1898	Rand
Robinson	Melville	L.	7	9N	2W	320	1 Sep. 1856	Jack
Robinson	Minerva		32	16N	1W	40	10 Sep. 1844	Lawr
Robinson	Minerva		31	16N	1W	40	1 Sep. 1846	Lawr
Robinson	Minerva		7	9N	2W	160	1 Sep. 1856	Jack

Last Name	First Name	Int.	Section No.	Twp.	Ran	Acres	Date	Co.
Robinson	Peyton		6	21N	3E	27.95	1 Nov. 1834	Rand
Robinson	Samuel		30	16N	1W	30.7	10 Jan. 1843	Lawr
Robinson	Samuel		30	16N	1W	40	10 Jul. 1844	Lawr
Robinson	Samuel		32	16N	1W	40	10 Jul. 1848	Lawr
Robinson	Samuel		29	16N	1W	40	1 Jul. 1850	Lawr
Robinson	Samuel		7	11N	2W	67.18	16 Aug. 1838	Jack
Robinson	Samuel		7	11N	2W	78.02	5 Sep. 1842	Jack
Robinson	Samuel		32	16N	1W	80	10 Sep. 1844	Lawr
Robinson	Samuel		31	16N	1W	80	1 Sep. 1846	Lawr
Robinson	Samuel		29	16N	1W	39.95	1 Oct. 1850	Lawr
Robinson	Samuel		31	16N	1W	40	1 Oct. 1850	Lawr
Robinson	Samuel		31	16N	1W	67.44	1 Oct. 1850	Lawr
Robinson	Samuel		29	16N	1W	40	1 Nov. 1849	Lawr
Robinson	Stephen		31	13N	1W	160	18 Feb. 1822	Jack
Robinson	Thomas		7	10N	5W	160	30 Apr. 1821	Jack
Robinson	William	C.	7	21N	2E	72.42	7 Mar. 1902	Rand
Robinson	William		12	11N	3W	160	19 Jan. 1841	Jack
Robinson	William		22	12N	3W	160	10 Apr. 1850	Jack
Robinson	William		13	11N	3W	40	1 Oct. 1849	Jack
Robinson	William		8	16N	5W	160	27 Nov. 1820	Shar
Robison	William	C.	32	16N	6W	80	1 Jul. 1859	Shar
Robison	William	C.	32	16N	6W	40	1 Jul. 1859	Shar
Robison	William	C.	32	16N	6W	120	30 Oct. 1857	Shar
Rockwell	A	W.	22	19N	1E	280	1 Jul. 1859	Rand
Rockwood	Thayer		7	13N	1W	160	9 Jul. 1828	Jack
Rodd	Francis		27	10N	4E	160	28 Dec. 1830	Poin
Rodgers	James	M.	34	10N	10E	158.5	1 Dec. 1849	Miss
Rodgers	James		2	20N	3W	40	1 May 1860	Rand
Rodgers	John	W.	3	20N	7E	83.61	30 Jun. 1882	Clay
Rodgers	Nathaniel	A.	29	21N	3W	160	31 May 1890	Rand
Rodgers	Thomas	W.	3	20N	7E	80	30 Jun. 1882	Clay
Rodgers	William	B.	22	18N	1W	240	1 May 1860	Rand
Roe	John	H.	3	15N	4W	144	16 Jun. 1856	Shar
Rogers	Albert		7	20N	3W	40	5 Mar. 1880	Shar
Rogers	Albert		6	20N	3W	120	10 Dec. 1859	Shar
Rogers	Ana	L.	35	21N	3W	125	21 Oct 1900	Rand
Rogers	Anna		32	20N	3W	40	1 Sep. 1856	Shar
Rogers	Artemissia		29	21N	4W	160	20 Feb. 1894	Shar
Rogers	Bethsheba		27	10N	4E	160	28 Dec. 1830	Poin
Rogers	Eli		25	10N	5W	160	20 Dec. 1837	Jack
Rogers	Elisha		32	19N	6E	40	30 Apr. 1890	Gree
Rogers	Fountain		36	18N	6W	40	1 May 1860	Shar
Rogers	Fountain		35	18N	6W	240	2 Jul. 1860	Shar
Rogers	Fountain		33	19N	5W	40	1 Sep. 1857	Shar
Rogers	Fountain		36	18N	6W	80	1 Oct. 1901	Shar
Rogers	Frederick	W.	31	15N	4W	160	14 Dec. 1821	Shar
Rogers	George		26	20N	3W	80	20 Sep. 1889	Rand
Rogers	James	M.	4	9N	10E	164.4	1 Feb. 1843	Miss

Last Name	First Name	Int.	Section No.	Twp.	Ran	Acres	Date	Co.
Rogers	James	M.	35	19N	5W	127.9	1 May 1860	Shar
Rogers	James	M.	3	18N	5W	80.6	1 May 1861	Shar
Rogers	James	M.	4	10N	9E	321.2	28 Jul. 1838	Miss
Rogers	James	N.	2	18N	5W	120	1 May 1861	Shar
Rogers	James		8	20N	3W	80	10 Dec. 1859	Shar
Rogers	Jeremiah	D.	29	18N	5W	40	1 Jul. 1859	Shar
Rogers	Jeremiah	D.	30	18N	5W	40	1 Jul. 1859	Shar
Rogers	Jeremiah	D.	30	18N	5W	80	1 Jul. 1859	Shar
Rogers	Jeremiah	D.	29	18N	5W	40	1 Sep. 1857	Shar
Rogers	Jeremiah	D.	33	19N	5W	80	1 Sep. 1857	Shar
Rogers	Jeremiah	D.	29	18N	5W	40	10 Dec. 1859	Shar
Rogers	John	W.	1	17N	6W	160	31 Dec. 1890	Shar
Rogers	John		36	19N	1W	160	30 Apr. 1821	Rand
Rogers	John		31	20N	3W	40	10 Dec. 1859	Shar
Rogers	Jonathan		8	20N	3W	40	1 May 1860	Shar
Rogers	Jonathan		30	20N	4W	87.2	25 Jun. 1872	Shar
Rogers	Joseph	A.	26	19N	5W	160	25 Feb. 1899	Shar
Rogers	Josiah		20	18N	2W	80	1 May 1861	Lawr
Rogers	Lindsey		24	18N	6W	40	24 Aug 1901	Shar
Rogers	Lydia		25	18N	3W	160	26 Mar. 1836	Lawr
Rogers	Oliver	M.	11	17N	6W	80	1 Feb. 1875	Shar
Rogers	Oliver	M.	36	18N	6W	40	1 May 1860	Shar
Rogers	Oliver	M.	31	18N	5W	81.34	15 Oct. 1895	Shar
Rogers	Oliver	M.	12	17N	6W	120	21 Dec. 1899	Shar
Rogers	Richmond	E.	8	18N	2W	80	31 May 1890	Lawr
Rogers	Thomas	W.	28	21N	4W	160	7 Sep. 1894	Shar
Rogers	Walker	W.	31	19N	4W	80	30 Aug. 1899	Shar
Rogers	William	B.	15	15N	5W	160	16 Jun. 1856	Shar
Rogers	William	B.	15	15N	5W	40	30 Oct. 1857	Shar
Rogers	William	H.	24	20N	3W	120	16 Jun 1906	Rand
Roke	Timothy		20	19N	2W	160	27 Nov. 1820	Rand
Rollings	John	A.	30	10N	5W	40	1 May 1860	Jack
Rollings	John	A.	30	10N	5W	105.7	1 Jul. 1859	Jack
Rolston	David		34	15N	4W	160	27 Nov. 1820	Shar
Rolston	Samuel		27	15N	3W	160	4 Feb. 1824	Lawr
Romines	Albert	G.	2	19N	2W	80	21 Sep. 1905	Rand
Romines	Andrew	J.	19	20N	7E	80	2 Apr. 1860	Clay
Romines	William	C.	19	20N	7E	36.63	23 Sep. 1879	Clay
Rooks	Joseph		3	10N	4E	120	1 Jul. 1859	Poin
Rose	Amelia	M.	13	21N	4W	80	12 Nov. 1900	Rand
Rose	Daniel		30	21N	3W	80	1 May 1860	Rand
Rose	Daniel		30	21N	3W	40	1 May 1860	Rand
Rose	Daniel		29	21N	3W	120	11 Nov. 1895	Rand
Rose	Daniel		29	21N	3W	80	10 Dec. 1859	Rand
Rose	Hugh	F.	22	11N	10E	160	23 Jul. 1880	Miss
Rose	Jane		17	13N	4E	160	16 Jan. 1826	Crai
Rose	Sidney		8	21N	1E	80	1 May 1860	Rand
Rosett	John	G.	36	10N	5W	160	28 Aug. 1827	Jack

Last Name	First Name	Int.	Section No.	Twp.	Ran	Acres	Date	Co.
Ross	Daniel		18	13N	11E	160	1 Nov. 1848	Miss
Ross	Joseph		10	21N	3W	160	1 Jun. 1898	Rand
Ross	Obidiah		21	16N	1W	39.9	1 Oct. 1849	Lawr
Ross	William		11	19N	2E	40	16 Aug. 1838	Rand
Ross	William		11	19N	2E	40	16 Aug. 1838	Rand
Rossman	James	C.	36	19N	2W	160	16 Jun. 1905	Rand
Round	Reuben		13	18N	1W	160	7 May 1821	Rand
Rountree	Sinia		2	13N	3E	80	10 Sep. 1875	Crai
Rouse	James		25	10N	5W	160	17 Apr. 1838	Jack
Rowan	John	C.	31	17N	4W	85	1 May 1860	Shar
Rowan	Samuel		28	17N	4W	80	1 May 1860	Shar
Rowan	Samuel		31	17N	4W	80	30 Oct. 1857	Shar
Rowan	Samuel		29	17N	4W	40	8 Oct. 1895	Shar
Rowe	James	H.	24	17N	4E	80	1 May 1860	Gree
Rowe	James	H.	24	17N	4E	40	1 Aug. 1861	Gree
Rowe	Joseph		18	17N	5E	120	1 May 1860	Gree
Rowe	Robert		5	20N	1E	160	1 Mar. 1821	Rand
Rowen	Samuel		30	17N	4W	80	16 Jun. 1856	Shar
Rowland	John		18	19N	1W	40	1 Sep. 1860	Rand
Rowland	John		19	19N	1W	40	1 Sep. 1860	Rand
Rowland	Joseph		34	18N	6W	160	10 Sep 1906	Shar
Rowton	Edward	L.	2	19N	6E	152.9	10 Sep. 1883	Clay
Roy	Abel		8	15N	4E	40	28 Mar. 1861	Crai
Roy	Abel		8	15N	4E	40	1 Sep. 1856	Crai
Roy	Daniel		1	14N	3E	40	15 Apr. 1858	Crai
Roy	Henry	C.	10	15N	3E	80	28 Nov. 1894	Crai
Roy	Jesse		10	15N	3E	40	1 May 1860	Crai
Roy	Jesse		10	15N	3E	40	30 Oct. 1857	Crai
Roy	Mary		27	15N	4E	40	15 Jun. 1855	Crai
Royal	Joseph	G.	1	17N	6W	160	31 Jul. 1903	Shar
Royall	Elbert	N.	17	21N	8E	40	23 Sep. 1879	Clay
Royals	William	C.	32	20N	1W	120	1 May 1860	Rand
Royle	William	C.	12	19N	1W	80	1 May 1860	Rand
Royls	Mary		19	19N	1E	143.8	1 May 1860	Rand
Royls	William	C.	12	19N	1W	40	1 Jul. 1859	Rand
Rozzell	Richard	D.	6	15N	3W	40	30 Oct. 1857	Lawr
Rozzell	Richard	D.	6	15N	3W	80	10 Dec. 1859	Lawr
Ruddell	Daniel	C.	29	20N	3E	320	16 Aug. 1838	Rand
Ruddell	John		7	10N	3W	163.3	1 Apr. 1857	Jack
Ruddell	John		12	10N	4W	320	1 Apr. 1857	Jack
Rude	Isaac		28	13N	1W	160	8 Jan. 1824	Jack
Rudisaile	William	J.	23	11N	7E	47.85	1 Oct. 1901	Poin
Rumage	Samuel		12	15N	7W	80	1 Jul. 1859	Shar
Rushing	John	H.	31	11N	8E	125.3	12 Feb. 1902	Miss
Rushing	Seaborne	A.	12	18N	2W	120	22 May 1901	Rand
Rushing	Seaborne	A.	12	18N	2W	120	22 Jun 1901	Rand
Rushing	Thomas	L.	6	17N	4W	152.2	21 Jan. 1897	Shar
Russel	William	J.	29	21N	1E	80	1 May 1860	Rand

Last Name	First Name	Int.	Section No.	Twp.	Ran	Acres	Date	Co.
Russell	Bias	L.	15	21N	1W	160	19 Oct. 1905	Rand
Russell	Bias		20	21N	1W	160	1 Mar. 1883	Rand
Russell	Francis	M.	21	20N	1E	80	1 Jul. 1859	Rand
Russell	George	W.	6	16N	4W	80	18 Oct. 1890	Shar
Russell	Isam		19	21N	1E	80	10 Jan. 1876	Rand
Russell	Isam		30	21N	1E	160	1 Jul. 1859	Rand
Russell	Isam		28	21N	1E	40	16 Aug. 1838	Rand
Russell	James	G.	4	20N	1E	94.35	10 Jul. 1848	Rand
Russell	James	G.	20	20N	1E	40	5 Sep. 1842	Rand
Russell	James	G.	20	20N	1E	40	5 Sep. 1842	Rand
Russell	James	J.	2	17N	5E	39.76	16 Mar. 1885	Gree
Russell	James		21	16N	1W	60.4	10 Jul. 1848	Lawr
Russell	James		28	16N	1W	40	10 Jul. 1848	Lawr
Russell	Margaret		28	16N	1W	40	10 Jul. 1848	Lawr
Russell	Mary		20	20N	1E	40	1 Nov. 1835	Rand
Russell	Noah		27	21N	1W	160	2 Apr. 1891	Rand
Russell	Radford	R.	20	20N	1E	40	1 Sep. 1860	Rand
Russell	Sarah		20	12N	11E	80	15 Jun. 1837	Miss
Russell	Sarah		21	12N	11E	80	15 Jun. 1837	Miss
Russell	Thomas	B.	20	21N	1E	40	1 Jul. 1903	Rand
Russell	William	J.	6	18N	1W	80	20 Nov. 1884	Rand
Russell	William		28	16N	1W	40	10 Sep. 1844	Lawr
Russell	William		21	16N	1W	39.2	1 Sep. 1846	Lawr
Russell	William		21	20N	1E	80	10 Nov. 1830	Rand
Russell	William		20	20N	1E	80	12 Dec. 1823	Rand
Russell	William		20	20N	1E	80	12 Dec. 1823	Rand
Russom	George	R.	5	20N	7E	85.36	20 May 1885	Clay
Russum	George	A.	5	20N	7E	85.45	16 Nov. 1894	Clay
Rust	George	W.	24	16N	6W	130.5	21 Oct. 1895	Shar
Rust	Vincent		35	16N	6W	80	30 Oct. 1857	Shar
Rust	William	J.	34	16N	5W	80	1 Aug. 1898	Shar
Rust	William		12	15N	3W	160	26 Apr. 1822	Lawr
Rutherford	James	G.	3	15N	4E	40	1 Mar. 1855	Crai
Rutherford	James	G.	10	15N	4E	40	1 Mar. 1855	Crai
Rutherford	James	G.	3	15N	4E	40	1 Mar. 1856	Crai
Ryan	Catherine		12	15N	4W	160	19 Oct. 1835	Shar
Sadler	Alfred	F.	11	20N	3W	80	1 Jul. 1859	Rand
Sadler	Benjamin		15	14N	4E	160	25 Feb. 1830	Crai
Sadler	Gerome	B.	2	21N	2W	138.3	1 Jul. 1903	Rand
Safety	Anthony		30	17N	5W	80	1 Sep. 1857	Shar
Saffell	James	E.	23	14N	3E	120	1 May 1861	Crai
Saffell	Zachariah		23	14N	3E	80	1 Jul. 1859	Crai
Saffold	James	F.	12	10N	4W	80	1 Sep. 1856	Jack
Saffold	James		13	10N	4W	80	10 Jul. 1848	Jack
Saffold	John		13	10N	4W	40	10 Jul. 1844	Jack
Saffold	John		13	10N	4W	42.17	5 Sep. 1842	Jack
Saffold	Luke		6	11N	3W	58.58	5 Sep. 1842	Jack
Safford	John	F.	28	12N	3W	40	1 Sep. 1856	Jack

Last Name	First Name	Int.	Section No.	Twp.	Ran	Acres	Date	Co.
Safley	Alexander	W.	14	15N	4E	80	15 Jan. 1883	Crai
Sage	Pink	H.	34	19N	1W	98.12	2 Jul. 1860	Rand
Sage	Seymore		36	19N	1W	160	1 May 1860	Rand
Salliday	Samuel		10	13N	1W	160	6 Mar. 1826	Jack
Sambert	James	M.	24	21N	2W	160	23 Apr. 1891	Rand
Sammons	Jacob		2	20N	1W	80	1 Aug. 1861	Rand
Sammons	James		9	20N	1W	120	1 May 1860	Rand
Sammons	James		5	20N	1E	80	1 Jul. 1859	Rand
Sammons	John		30	21N	2E	149.5	1 May 1860	Rand
Sandefer	John		17	18N	4W	120	1 May 1860	Shar
Sandefer	Mordica	H.	8	18N	5W	160	27 Jan. 1904	Shar
Sandefer	Samuel	B.	4	18N	5W	80	13 Mar. 1890	Shar
Sanders	Amanda		33	18N	4W	40	19 Aug. 1890	Shar
Sanders	Benjamin	A.	25	11N	8E	160	10 May 1882	Miss
Sanders	Benjamin		29	18N	4W	160	1 Jul. 1859	Shar
Sanders	Elizabeth		27	17N	4W	40	1 Jul. 1859	Shar
Sanders	Elizabeth		22	17N	4W	40	30 Oct. 1857	Shar
Sanders	Frank		34	21N	8E	80	26 May 1904	Clay
Sanders	James	D.	27	17N	4W	120	1 May 1860	Shar
Sanders	James	D.	34	17N	4W	120	1 Jul. 1859	Shar
Sanders	James	D.	28	17N	4W	80	18 Oct. 1898	Shar
Sanders	John	A.	33	17N	4W	120	1 May 1860	Shar
Sanders	Joseph		33	18N	4W	40	1 May 1860	Shar
Sanders	Lewis		1	19N	3W	80	30 Jun. 1885	Rand
Sanders	Martha	A.	24	18N	5E	80	17 Sep. 1889	Gree
Sanders	Samuel	B.	8	17N	4W	80	6 May 1871	Shar
Sanders	Samuel	B.	8	17N	4W	80	1 Jul. 1859	Shar
Sanders	William	J.	28	17N	4W	40	10 Jan. 1876	Shar
Sanders	William	J.	21	17N	4W	40	15 Mar. 1876	Shar
Sanders	William	J.	25	18N	4W	160	31 May 1890	Shar
Sanderson	Lewis	G.	14	15N	3E	40	1 May 1860	Crai
Sanderson	Lewis	G.	14	15N	3E	80	1 May 1860	Crai
Sanderson	Lewis	G.	14	15N	3E	40	1 Jul. 1859	Crai
Sandlin	Jesse		11	15N	3W	160	27 Nov. 1820	Lawr
Sandlin	Randolph		24	16N	3W	160	27 Nov. 1820	Lawr
Sandreth	Constantine	C.	29	10N	4W	120	30 Oct. 1857	Jack
Santschi	John	U.	36	21N	4W	160	15 Mar. 1894	Shar
Sappington	Robert		12	17N	1W	40	1 Oct. 1850	Lawr
Sasseen	Alexander	N.	3	18N	5W	160	1 May 1861	Shar
Sasseen	Alexander	N.	11	18N	6W	40	8 May 1888	Shar
Sasseen	Alexander	N.	3	18N	5W	84.52	1 Jul. 1859	Shar
Satterfield	Hosa		15	10N	5W	160	27 Nov. 1820	Jack
Saul	Hiram		18	10N	4W	160	27 Nov. 1820	Jack
Saunders	Jesse		6	19N	2W	160	11 Jan. 1827	Rand
Savage	Levin	A.	23	11N	7E	59.62	27 Jan. 1904	Poin
Savage	Samuel	F.	1	11N	7E	152.6	10 May 1907	Poin
Sawyers	Aaron	M.	2	16N	2W	137.1	1 May 1861	Lawr
Saygers	Samuel		28	11N	8E	160	26 Oct. 1903	Miss

Last Name	First Name	Int.	Section No.	Twp.	Ran	Acres	Date	Co.
Sayre	Joshua	H.	19	21N	4W	160	16 Jun. 1905	Shar
Sayre	Sarah	I.	19	21N	4W	80	8 Jul 1904	Shar
Scantlin	Robert	J.	13	10N	5W	80	4 Oct. 1886	Jack
Scantlin	Robert		13	10N	5W	80	10 May 1882	Jack
Sceitz	Isaac	M.	10	21N	8E	40	1 Jul. 1859	Clay
Schales	Fred	W.	9	17N	6W	80	30 Mar. 1905	Shar
Schales	George	W.	31	18N	4W	80	14 May 1906	Shar
Schales	George	W.	30	18N	4W	80	12 Mar. 1906	Shar
Schales	Jacob		21	17N	6W	120	1 May 1860	Shar
Schales	Philip	J.	35	18N	5W	160	8 Dec 1903	Shar
Schanz	Jacob		4	19N	3W	165.4	12 May 1901	Shar
Scheidt	Richard		36	20N	1E	40	9 Jun. 1894	Rand
Schisler	Nicholaus		4	15N	3E	79.78	1 Jul. 1859	Crai
Schiveley	John	R.	9	21N	4W	160	16 Jun. 1905	Shar
Schmick	Casper		34	19N	1E	40	16 Aug. 1838	Rand
Schmick	Casper		34	19N	1E	40	16 Aug. 1838	Rand
Schmick	Casper		34	19N	1E	115.6	16 Aug. 1838	Rand
Schmick	Casper		34	19N	1E	80	1 Nov. 1835	Rand
Schmidt	Hugo		34	21N	4W	160	8 Nov. 1905	Shar
Scholes	Joseph	S.	10	17N	4E	160	18 Sep. 1891	Gree
Schomburg	William	F.	36	21N	4W	126	1 Jul. 1903	Shar
Schulz	Frederick		29	20N	3W	160	5 Oct. 1897	Shar
Sconce	William	D.	12	20N	3W	84.28	21 Nov 1900	Rand
Scott	Alexander	B.	6	10N	4E	122.3	1 Sep. 1857	Poin
Scott	Andrew	J.	11	19N	3W	80	28 Sep. 1893	Shar
Scott	Daniel		5	18N	3W	40	15 Nov. 1854	Lawr
Scott	Elijah	A.	25	13N	8E	120	28 Oct. 1897	Miss
Scott	Frank	P.	6	20N	4W	160	27 Aug. 1898	Shar
Scott	John		24	20N	1W	160	20 Feb. 1826	Rand
Scott	Robert		19	16N	5W	160	27 Nov. 1820	Shar
Scruggs	Edward	D.	33	17N	3W	40	5 Sep. 1842	Lawr
Scudamore	George	W.	9	13N	8E	138.3	26 May 1904	Miss
Scudamore	James	A.	12	13N	8E	78.35	10 Jan 1907	Miss
Scudamore	James	A.	12	13N	8E	40	10 Feb 1907	Miss
Seagraves	Valentine	O.	26	20N	1W	80	16 Apr. 1890	Rand
Searcy	Mary	J.	7	11N	11E	80	1 Nov. 1834	Miss
Seaver	Gabriel		3	20N	1E	160	12 Dec. 1823	Rand
Seaver	Gabriel		10	20N	1E	160	12 Dec. 1823	Rand
Seay	William	H.	11	20N	6E	80	7 Mar. 1902	Clay
Seeman	Anna		26	13N	8E	159.3	15 Dec. 1897	Miss
Seeton	John	W.	17	15N	6W	80	1 May 1860	Shar
Seeton	William		7	15N	6W	40	1 May 1860	Shar
Segraves	Isaac		2	17N	5E	55.3	15 Jun. 1855	Gree
Segroves	Albert		22	18N	6E	160	1 Oct. 1860	Gree
Selby	James	T.	10	20N	2W	80	1 Jul. 1903	Rand
Selby	Ransom	M.	10	20N	2W	80	1 Jul. 1859	Rand
Self	Noble	J.	14	15N	4E	80	1 May 1860	Crai
Sell	Abraham	B.	26	21N	4W	160	17 Mar. 1892	Shar

Last Name	First Name	Int.	Section No.	Twp.	Ran	Acres	Date	Co.
Semore	John	F.	3	20N	1W	40	23 Apr. 1892	Rand
Semraw	Frederick	W.	25	21N	4W	160	27 Jul. 1904	Rand
Semraw	Fredrick	W.	25	21N	4W	160	27 Jul. 1904	Rand
Settlemire	John	W.	31	10N	4E	132.8	2 Apr. 1891	Poin
Sevier	Rhoda	M.	19	18N	4W	160	18 Aug 1905	Shar
Sexton	Alice	E.	12	15N	5W	41.66	18 Oct. 1898	Shar
Sexton	Bazel		3	15N	4W	42.01	10 Sep. 1844	Shar
Sexton	Bazzle		7	15N	3W	152	16 Jun. 1856	Lawr
Shaddon	Joseph		27	10N	4W	40	30 Oct. 1857	Jack
Shaddon	William		10	16N	4W	160	9 Apr. 1821	Shar
Shafer	Jacob		23	18N	2W	160	1 Mar. 1831	Lawr
Shanklin	William		11	10N	5W	160	27 Nov. 1820	Jack
Shanks	Joel	R.	1	15N	6W	240	1 Sep. 1857	Shar
Shanks	Joel	R.	1	15N	6W	80	1 Oct. 1860	Shar
Shanks	John	W.	8	15N	5W	298.1	1 Sep. 1857	Shar
Shanks	Levi	D.	7	15N	5W	40	1 Jul. 1859	Shar
Shanks	Levi	D.	17	15N	5W	40	1 Jul. 1859	Shar
Shanks	William		12	15N	6W	284.9	1 Nov. 1856	Shar
Shannon	Erwin		18	16N	4W	85.82	1 May 1860	Shar
Shannon	Ewin		18	16N	4W	44.34	1 Jul. 1859	Shar
Shannon	Ewin		18	16N	4W	44.06	30 Oct. 1857	Shar
Shannon	Henry		15	19N	3W	250	1 May 1860	Shar
Shannon	James	E.	26	19N	3W	160	1 May 1860	Shar
Shannon	James		7	16N	4W	89.7	1 May 1860	Shar
Shannon	John	C.	33	17N	4W	120	1 May 1860	Shar
Shares	Calvin		11	13N	3E	80	2 Apr. 1874	Crai
Shares	William		11	13N	3E	40	2 Apr. 1874	Crai
Sharky	William	H.	14	19N	3E	71.5	5 Dec. 1850	Clay
Sharp	Coalson		31	15N	4E	80	1 Jul. 1859	Crai
Sharp	Ephraim		4	18N	5W	166.6	1 Sep. 1857	Shar
Sharp	Ezekiel	H.	26	16N	4W	80	1 May 1860	Shar
Sharp	George		33	19N	5W	160	1 Sep. 1857	Shar
Sharp	Isaac	E.	15	16N	6W	320	1 May 1860	Shar
Sharp	Jacob	J.	15	18N	3W	80	1 Jun. 1896	Lawr
Sharp	Jacob		7	17N	1W	40	1 Mar. 1855	Lawr
Sharp	Jacob		1	18N	3W	12.11	27 Jul. 1885	Lawr
Sharp	James	E.	19	17N	1W	40	1 Mar. 1855	Lawr
Sharp	John	G.	9	15N	5W	120	16 Jun. 1856	Shar
Sharp	John		31	18N	2W	160	27 Nov. 1820	Lawr
Sharp	Levi		12	17N	2W	40	1 Jul. 1859	Lawr
Sharp	Levi		26	17N	2W	80	1 Aug. 1861	Lawr
Sharp	Levi		12	17N	2W	80	1 Sep. 1860	Lawr
Sharp	Morgan		33	19N	5W	160	1 Sep. 1857	Shar
Sharp	Samuel		27	18N	6W	80	1 Jul. 1859	Shar
Sharp	Samuel		2	16N	6W	89.05	1 Sep. 1857	Shar
Sharp	Samuel		28	18N	6W	80	1 Sep. 1857	Shar
Sharp	Solomon		26	17N	1W	40	1 Sep. 1856	Lawr
Sharp	William	J.	18	15N	6W	80	1 Jun. 1875	Shar

Last Name	First Name	Int.	Section No.	Twp.	Ran	Acres	Date	Co.
Sharp	William	T.	8	18N	3W	80	31 May 1890	Lawr
Sharp	William		27	17N	6W	40	1 Jul. 1859	Shar
Sharp	William		35	17N	6W	210.2	1 Jul. 1859	Shar
Shaver	Alexander	C.	25	21N	1W	120	10 Dec. 1885	Rand
Shaver	Alfred	P.	2	19N	2E	40	16 Aug. 1838	Rand
Shaver	Anderson		31	21N	1E	40	1 May 1860	Rand
Shaver	Charles	W.	8	16N	6W	80	24 Apr. 1894	Shar
Shaver	Daniel		34	18N	5E	40	1 Mar. 1856	Gree
Shaver	Daniel		2	17N	5E	55.23	8 Jun. 1895	Gree
Shaver	Daniel		33	21N	1E	40	16 Aug. 1838	Rand
Shaver	Henry	C.	2	17N	5E	118.8	1 May 1860	Gree
Shaver	Henry	C.	2	17N	5E	39.31	1 May 1860	Gree
Shaver	Henry	C.	2	17N	5E	120	1 Jul. 1859	Gree
Shaver	Henry	C.	2	17N	5E	40	1 Oct. 1860	Gree
Shaver	Jacob	S.	29	21N	1E	120	20 Feb. 1894	Rand
Shaver	Jacob	W.	11	19N	2E	40	16 Aug. 1838	Rand
Shaver	James	F.	25	21N	1W	160	10 May 1882	Rand
Shaver	John	H.	26	21N	1W	160	26 Jan. 1889	Rand
Shaver	John	N.	33	17N	6W	40	1 Mar. 1855	Shar
Shaver	John	W.	28	17N	6W	120	1 Jul. 1859	Shar
Shaver	John	W.	34	17N	6W	160	1 Sep. 1856	Shar
Shaver	John	W.	28	17N	6W	40	30 Oct. 1857	Shar
Shaver	John		5	20N	1E	45.55	1 May 1854	Rand
Shaver	Lewis	M.	27	21N	1E	80	15 Dec. 1897	Rand
Shaver	Michael		2	19N	2E	40	16 Aug. 1838	Rand
Shaver	Michael		11	19N	2E	40	16 Aug. 1838	Rand
Shaver	Michiel		2	19N	2E	80	10 Sep. 1844	Rand
Shaver	Minerva		5	20N	1E	120	2 Jul. 1860	Rand
Shaver	Peter	H.	30	21N	1E	40	1 May 1860	Rand
Shaver	Peter	H.	32	21N	1E	80	2 Jul. 1860	Rand
Shaver	William	A.	1	21N	8E	320	15 Jan. 1858	Clay
Shaver	William	W.	30	21N	1E	80	18 Dec. 1890	Rand
Shaver	William		33	21N	1E	40	1 Oct. 1839	Rand
Shaw	John	S.	17	16N	4W	80	1 Jul. 1859	Shar
Shaw	John	S.	19	16N	4W	40	1 Jul. 1859	Shar
Shaw	Rebecca		34	11N	4E	160	5 Sep. 1825	Poin
Shay	Mary		11	15N	3W	160	9 Jul. 1821	Lawr
Shell	Reed		9	16N	6W	280	1 Jul. 1859	Shar
Shell	Reid		3	16N	6W	40	1 Jul. 1859	Shar
Shell	Rud		2	16N	6W	40	1 Mar. 1855	Shar
Shelp	Henry		32	18N	1W	26.07	1 May 1854	Rand
Shelton	Henry	A.	34	18N	2W	160	1 Mar. 1883	Lawr
Shelton	Mary		31	20N	2W	80	10 Mar 1907	Rand
Shelton	Stephen		17	12N	4E	40	1 Mar. 1855	Poin
Shelton	Stephen		3	13N	3E	40	16 Dec. 1895	Crai
Shelton	William		12	10N	3E	160	10 Oct. 1839	Poin
Shemwell	Milous	G.	18	21N	3E	40	21 Apr 1900	Rand
Shemwell	Milous	R.	18	21N	3E	40	1 May 1860	Rand

Last Name	First Name	Int.	Section No.	Twp.	Ran	Acres	Date	Co.
Shepard	John		26	15N	4W	160	16 Apr. 1821	Shar
Shepherd	Charles	W.	26	19N	2W	80	9 Jun. 1894	Rand
Shepherd	David	M.	15	21N	1E	160	6 Mar. 1891	Rand
Sherburne	Hezekiah		5	11N	4E	160	31 Dec. 1821	Poin
Sherfield	Ephraim		18	19N	7E	39.72	10 May 1882	Clay
Sherman	Daniel		8	20N	1W	160	2 Aug. 1824	Rand
Sherman	J	D.	21	11N	10E	80	1 Feb. 1843	Miss
Sherman	J	D.	24	11N	9E	80	1 Aug. 1849	Miss
Sherman	J	D.	5	11N	10E	53.22	10 Aug. 1850	Miss
Sherman	J	D.	10	12N	10E	40	10 Aug. 1850	Miss
Sherman	J	D.	32	12N	10E	38.75	10 Aug. 1850	Miss
Sherman	J	D.	34	11N	9E	40.4	1 Dec. 1849	Miss
Sherman	J	D.	20	12N	10E	40	1 Dec. 1849	Miss
Sherman	Roger		23	12N	10E	40	10 Apr. 1850	Miss
Sherrell	Samuel		23	12N	2W	160	30 Oct. 1857	Jack
Sherrill	Alason	P.	18	19N	4E	166.3	1 Sep. 1846	Clay
Sherrill	Alfred	W.	22	19N	5W	160	13 Mar. 1890	Shar
Sherrum	Mary		5	13N	4E	160	25 Sep. 1826	Crai
Sheumaker	Peter	E.	6	19N	2E	41.5	1 Sep. 1860	Rand
Shewcraft	Henson	L.	8	17N	6W	80	1 Jul. 1859	Shar
Shewmaker	Robert	L.	6	19N	2E	40	10 Dec. 1859	Rand
Shields	John	L.	26	19N	5W	160	16 Jul 1906	Shar
Shields	Preston	T.	14	21N	3W	160	4 Dec. 1901	Rand
Shields	William		20	12N	11E	160	28 Jul. 1838	Miss
Shields	William		20	12N	11E	160	28 Jul. 1838	Miss
Shields	William		21	12N	11E	160	28 Jul. 1838	Miss
Shields	William		29	12N	11E	160	28 Jul. 1838	Miss
Shields	William		29	12N	11E	160	28 Jul. 1838	Miss
Shields	William		21	12N	11E	120	20 Aug. 1838	Miss
Shields	William		22	12N	11E	120	20 Aug. 1838	Miss
Shilton	Samuel		26	9N	1W	160	3 Jan. 1838	Jack
Shipman	Alexander		18	21N	1E	40	7 Sep. 1894	Rand
Shipman	James	W.	12	16N	6W	80	1 Sep. 1857	Shar
Shippey	Daniel		6	13N	4E	160	12 Dec. 1825	Crai
Shirley	Aaron		13	15N	7W	40	1 May 1854	Shar
Shirley	Aaron		13	15N	7W	120	16 Jun. 1856	Shar
Shirley	Aaron		7	15N	6W	85.58	1 Sep. 1860	Shar
Shirley	Aaron		13	15N	7W	40	1 Sep. 1860	Shar
Shirley	Benjamin	F.	35	16N	6W	40	1 Sep. 1860	Shar
Shirley	Benjamin	S.	36	16N	6W	40	1 Mar. 1855	Shar
Shirley	Benjamin	S.	36	16N	6W	40	1 Mar. 1856	Shar
Shirley	Benjamin		36	16N	6W	80	16 Jun. 1856	Shar
Shirley	James		23	16N	6W	120	1 Jul. 1859	Shar
Shirley	James		23	16N	6W	80	1 Jul. 1859	Shar
Shivers	Thomas		20	12N	4E	160	7 Jun. 1836	Poin
Shong	Abraham		7	10N	4E	160	5 Mar. 1821	Poin
Shook	Albert	B.	6	16N	5W	120.4	1 Jul. 1859	Shar
Shores	James	F.	11	13N	3W	40	20 Oct. 1882	Jack

Last Name	First Name	Int.	Section No.	Twp.	Ran	Acres	Date	Co.
Shores	Samuel	W.	26	11N	2W	40	10 Jul. 1848	Jack
Shores	Samuel	W.	26	11N	2W	40	1 Sep. 1856	Jack
Shores	Samuel	W.	26	11N	2W	40	1 Sep. 1856	Jack
Shores	Samuel	W.	26	11N	2W	40	1 Sep. 1856	Jack
Short	Bennet		8	14N	4E	160	11 Mar. 1836	Crai
Short	Catherine		8	14N	5E	80	5 May 1904	Crai
Short	Daniel	S.	9	16N	4W	120	1 Aug. 1861	Shar
Shrewsbury	Arthur	C.	15	17N	4W	40	23 Nov. 1891	Shar
Shride	James	M.	9	20N	4W	160	11 Jan. 1892	Shar
Shroud	Sally		34	14N	2W	40	1 Sep. 1856	Jack
Shroyer	George	W.	30	11N	8E	160	7 Mar. 1902	Miss
Shumaker	Lee		27	19N	5W	40	31 Dec. 1904	Shar
Sides	Thomas	H.	20	19N	7E	40	30 Jun. 1885	Clay
Sikes	John		28	15N	4W	160	26 Oct. 1830	Shar
Silkwood	Humphrey	M.	35	10N	4W	160	8 Feb. 1838	Jack
Silvey	Garland		23	12N	3W	80	1 Sep. 1856	Jack
Simino	Charles	F.	32	21N	1E	40	1 May 1854	Rand
Simmones	John		29	14N	3E	280	1 Mar 1902	Crai
Simmons	Charles		8	9N	1W	160	17 Aug. 1826	Jack
Simmons	James		9	13N	4E	160	16 Jul. 1821	Crai
Simmons	Micajah		15	10N	5W	160	27 Nov. 1820	Jack
Simmons	Sarah		30	14N	3E	40	1 Mar. 1856	Crai
Simmons	Thomas		30	14N	3E	90.54	1 Jul. 1859	Crai
Simmons	Zachariah		12	19N	1W	160	27 Nov. 1820	Rand
Simms	Jeffrey		31	11N	4E	160	3 Feb. 1824	Poin
Simms	William	F.	14	15N	3E	40	1 May 1860	Crai
Simonds	Alfred		4	11N	4E	160	27 Nov. 1820	Poin
Simpkins	Dickerson		15	19N	1W	160	24 Apr. 1821	Rand
Simpson	Abijah	A.	25	17N	5W	40	1 Mar. 1856	Shar
Simpson	Abijah	A.	25	17N	5W	40	1 Nov. 1834	Shar
Simpson	Benjamin	S.	23	17N	6W	120	1 May 1860	Shar
Simpson	Benjamin	S.	23	17N	6W	40	30 Jun. 1882	Shar
Simpson	Benjamin	S.	23	17N	6W	80	1 Jul. 1859	Shar
Simpson	Bird	M.	32	20N	3E	40	16 Aug. 1838	Rand
Simpson	Catharine		27	17N	5W	160	1 Sep. 1860	Shar
Simpson	David	M.	12	19N	6E	80	20 Nov. 1884	Clay
Simpson	Delila		23	17N	5W	40	1 Jul. 1859	Shar
Simpson	Eva		9	20N	3W	80	25 Jun. 1901	Rand
Simpson	Francis	W.	30	17N	5W	40	1 Jan. 1835	Shar
Simpson	Green	B.	27	17N	5W	40	1 Oct. 1839	Shar
Simpson	Isaac	M.	33	17N	5W	40	1 Sep. 1846	Shar
Simpson	Joel	V.	20	18N	2W	160	17 Sep. 1889	Lawr
Simpson	John		34	18N	1W	160	30 Apr. 1821	Rand
Simpson	Louisa	C.	27	17N	6W	40	1 Sep. 1857	Shar
Simpson	Malachi		24	17N	5W	80	27 Aug. 1840	Shar
Simpson	Malachi		24	17N	5W	40	10 Sep. 1844	Shar
Simpson	Mary		25	17N	5W	40	20 Jan. 1871	Shar
Simpson	Mary		25	17N	5W	80	1 Jul. 1859	Shar

Last Name	First Name	Int.	Section No.	Twp.	Ran	Acres	Date	Co.
Simpson	Mary		26	17N	5W	160	1 Jul. 1859	Shar
Simpson	Robert	R.	26	17N	6W	80	1 May 1874	Shar
Simpson	Salina		36	17N	5W	200	6 Nov. 1895	Shar
Simpson	Thomas	F.	26	17N	6W	40	1 Jul. 1859	Shar
Simpson	Thomas	F.	23	17N	6W	40	1 Sep. 1857	Shar
Simpson	Thomas	F.	26	17N	6W	120	30 Oct. 1857	Shar
Simpson	Thomas	F.	27	17N	6W	120	20 Oct. 1870	Shar
Simpson	William		26	16N	6W	80	23 Jan. 1901	Shar
Sims	James	M.	32	16N	5E	120	10 May 1882	Gree
Sims	James	S.	5	18N	5W	168	27 Jan. 1904	Shar
Sims	James		21	19N	1E	40	1 Oct. 1839	Rand
Sims	Thomas	C.	3	15N	6W	40	1 May 1860	Shar
Sims	Thomas	J.	32	16N	5E	40	13 Mar. 1890	Gree
Sims	William	J.	1	15N	4E	120	1 May 1860	Crai
Sims	William	J.	1	15N	4E	159.2	1 May 1860	Crai
Sing	William		32	16N	4W	160	15 Apr. 1822	Shar
Singleton	Peter	T.	10	16N	2W	40	1 May 1860	Lawr
Sink	George		28	12N	1W	40	1 Sep. 1856	Jack
Sisson	John		18	15N	4W	160	27 Nov. 1820	Shar
Sisson	Sterling	J.	3	15N	5E	37.48	1 Jul. 1859	Crai
Sisterson	William		2	18N	1W	160	24 Mar. 1821	Rand
Sitz	Isaac	M.	10	21N	8E	40	2 Apr. 1860	Clay
Sitz	John		30	19N	4W	163.7	7 Sep. 1894	Shar
Skelly	Edward		25	16N	4W	80	1 Oct. 1860	Shar
Skepworth	Peyton	H.	33	11N	11E	80	1 Oct. 1839	Miss
Slaid	James		9	11N	4E	160	27 Nov. 1820	Poin
Slaten	Enoch		33	19N	1W	120	1 Jul. 1859	Rand
Slater	Daniel		5	15N	4W	160	27 Nov. 1820	Shar
Slatton	Henry	C.	10	16N	4E	80	26 Sep 1904	Gree
Slatton	Henry	C.	10	16N	4E	40	14 Sep. 1906	Gree
Slavens	Fletcher	H.	5	19N	3E	40	16 Aug. 1838	Rand
Slavens	Henry		5	19N	3E	80	16 Aug. 1838	Rand
Slavens	Henry		32	20N	3E	40	16 Aug. 1838	Rand
Slavens	Henry		5	19N	3E	40	1 Nov. 1834	Rand
Slayden	Coleman		25	12N	3W	40	10 Jul. 1844	Jack
Slayden	Coleman		25	12N	3W	40	1 Jul. 1850	Jack
Slayden	Coleman		25	12N	3W	40	5 Dec. 1850	Jack
Slayton	Abel	W.	18	17N	1W	80	10 Dec. 1885	Lawr
Sliger	Jackson		8	20N	2W	80	28 Mar. 1861	Rand
Sloan	Benjamin	B.	33	19N	3W	15.5	1 Mar. 1856	Shar
Sloan	Clay		36	17N	2W	40	25 Oct. 1897	Lawr
Sloan	Fergus		3	18N	3W	106.9	16 Aug. 1838	Lawr
Sloan	Homer	F.	36	18N	2W	10.85	7 May 1907	Lawr
Sloan	Hugh	M.	11	18N	2W	320	2 Jul. 1860	Rand
Sloan	James	H.	5	18N	2W	80	1 Jan. 1861	Rand
Sloan	James	H.	8	18N	2W	40	1 Mar. 1856	Lawr
Sloan	James	H.	9	18N	2W	120	22 Jun. 1895	Lawr
Sloan	James		20	19N	2W	80	12 Dec. 1823	Rand

Last Name	First Name	Int.	Section No.	Twp.	Ran	Acres	Date	Co.
Sloan	Jane		36	17N	6W	132.3	1 Jul. 1859	Shar
Sloan	Jane		1	16N	6W	160	20 Sep. 1870	Shar
Sloan	Robert		35	17N	3W	160	13 Feb. 1823	Lawr
Sloan	Rosana		2	18N	3W	294	1 Jul. 1859	Lawr
Sloan	William	C.	3	18N	3W	41.05	1 Jul. 1859	Lawr
Sloan	William	C.	3	18N	3W	40	1 Jul. 1859	Lawr
Sloan	William	C.	4	18N	3W	178.7	1 Jul. 1859	Lawr
Sloan	William	C.	20	18N	5W	40	23 Jul. 1880	Shar
Sloan	William	C.	34	19N	3W	40	25 Aug. 1882	Shar
Sloan	William	C.	35	19N	3W	40	25 Aug. 1882	Shar
Sloan	William	L.	2	16N	6W	48.71	1 Oct. 1860	Shar
Small	John		5	15N	3W	120	16 Jun. 1856	Lawr
Smalley	Amos	P.	25	20N	4W	160	20 Feb. 1894	Shar
Smalley	Franklin	P.	15	17N	6W	80	5 May 1904	Shar
Smart	James	P.	22	20N	7E	160	20 Nov. 1884	Clay
Smelser	John	A.	36	17N	4E	160	13 Mar. 1890	Gree
Smelser	John	W.	26	17N	4E	40	10 Dec. 1859	Gree
Smelser	William	H.	26	17N	4E	40	25 Jan. 1894	Gree
Smelser	William	J.	26	17N	4E	40	10 Dec. 1859	Gree
Smelser	William	P.	4	17N	5E	39.86	1 Oct. 1860	Gree
Smith	Adam		18	21N	2E	320	5 Oct. 1870	Rand
Smith	Albert	V.	28	18N	2W	80	7 Sep. 1894	Lawr
Smith	Alexander	B.	35	16N	5W	40	16 Jun. 1856	Shar
Smith	Alexander	B.	35	16N	5W	80	30 Oct. 1857	Shar
Smith	Alexander		11	15N	5W	40	16 Jun. 1856	Shar
Smith	Alexander		11	15N	5W	40	10 Jul. 1844	Shar
Smith	Alexander		11	15N	5W	120	10 Dec. 1859	Shar
Smith	Allen	M.	5	19N	3W	40	1 Feb. 1875	Shar
Smith	Allen	M.	22	17N	2W	160	30 Jul. 1891	Lawr
Smith	Anderson		26	17N	4W	40	1 May 1860	Shar
Smith	Andrew	J.	21	17N	4W	40	10 Jun. 1889	Shar
Smith	Andrew		12	19N	4W	160	6 Jul. 1893	Shar
Smith	Anna		31	12N	3W	40	16 Aug. 1838	Jack
Smith	Augustus	M.	20	13N	8E	160	3 Jul. 1902	Miss
Smith	Benjamin		29	12N	4E	160	14 Nov. 1836	Poin
Smith	Campbell		34	21N	1W	80	5 Oct. 1897	Rand
Smith	Campbell		34	21N	1W	80	3 Nov. 1876	Rand
Smith	Christian		15	20N	1W	240	1 May 1860	Rand
Smith	Christian		18	20N	1E	40	1 May 1860	Rand
Smith	Christian		18	20N	1E	40	1 May 1860	Rand
Smith	Christian		20	20N	1E	40	16 Aug. 1838	Rand
Smith	Christian		20	20N	1E	80	5 Sep. 1842	Rand
Smith	Christian		21	20N	1E	80	5 Sep. 1842	Rand
Smith	Christian		17	20N	1E	80	1 Oct. 1839	Rand
Smith	Christian		18	20N	1E	80	1 Oct. 1839	Rand
Smith	Christian		21	20N	1E	80	1 Oct. 1839	Rand
Smith	Clark	M.	5	16N	5W	230	1 Jul. 1859	Shar
Smith	Clark	M.	31	17N	5W	80	1 Sep. 1857	Shar

Last Name	First Name	Int.	Section No.	Twp.	Ran	Acres	Date	Co.
Smith	Cornelius		36	13N	1W	160	30 Apr. 1821	Jack
Smith	Daniel		15	14N	4E	160	10 Feb. 1836	Crai
Smith	Daniel		2	20N	1W	160	19 Jun. 1837	Rand
Smith	Daniel		22	10N	4E	160	27 Nov. 1820	Poin
Smith	David	C.	6	17N	1W	44.83	1 Mar. 1883	Lawr
Smith	David		1	17N	2W	80	1 Mar. 1855	Lawr
Smith	David		1	17N	2W	40	1 Mar. 1855	Lawr
Smith	David		29	10N	5W	160	13 Nov. 1821	Jack
Smith	Dimps		23	20N	3W	160	14 Sep. 1906	Rand
Smith	Elizabeth		21	20N	1W	160	27 Nov. 1820	Rand
Smith	Erastus		15	12N	11E	80	10 Apr. 1837	Miss
Smith	Erastus		21	12N	11E	160	28 Jul. 1838	Miss
Smith	Franklin	N.	30	19N	1W	158.8	4 Jun. 1906	Rand
Smith	Frederick		31	21N	1E	80	10 Jul. 1844	Rand
Smith	Frederick		17	20N	1E	80	5 Sep. 1842	Rand
Smith	Fredrick	L.	12	19N	3W	80	31 Dec. 1904	Rand
Smith	George		23	18N	1W	160	31 Aug. 1821	Rand
Smith	Gibbon		31	10N	4W	160	9 Oct. 1821	Jack
Smith	Green	L.	9	20N	7E	80	10 Apr. 1882	Clay
Smith	Henry	J.	13	19N	3E	160	1 Sep. 1848	Clay
Smith	Henry	J.	13	19N	3E	40	1 Oct. 1850	Clay
Smith	Henry	J.	12	17N	2W	40	23 Jan. 1901	Lawr
Smith	Henry		29	15N	4W	160	15 Nov. 1822	Shar
Smith	Ira	J.	21	15N	4W	186.1	30 Oct. 1857	Shar
Smith	Ira	J.	34	16N	6W	40	21 Dec. 1904	Shar
Smith	Isaac	M.	18	16N	5W	40	1 Sep. 1857	Shar
Smith	Jackson	P.	32	17N	5W	120	16 Jun. 1856	Shar
Smith	Jackson	P.	32	17N	5W	80	1 Jul. 1859	Shar
Smith	Jacob	M.	11	20N	3W	160	21 Dec 1900	Rand
Smith	James	C.	18	15N	3W	160	7 May 1821	Lawr
Smith	James	C.	36	19N	1W	240	1 May 1860	Rand
Smith	James	C.	5	15N	6W	40	1 May 1860	Shar
Smith	James	C.	36	16N	5W	120	1 Sep. 1857	Shar
Smith	James	C.	7	13N	4E	40	10 Dec. 1859	Crai
Smith	James	J.	6	20N	1W	160	31 Mar. 1837	Rand
Smith	James	L.	8	15N	6W	80	1 May 1860	Shar
Smith	James	M.	33	21N	1W	80	23 Feb. 1892	Rand
Smith	James	M.	12	17N	2W	40	1 Mar. 1855	Lawr
Smith	James	M.	2	19N	1E	200	1 Sep. 1860	Rand
Smith	James	M.	30	11N	9E	40	1 Dec. 1849	Miss
Smith	James	N.	12	17N	2W	120	1 Jul. 1859	Lawr
Smith	James	S.	7	15N	6W	120	10 Dec. 1859	Shar
Smith	James	W.	18	11N	4E	40	1 May 1860	Poin
Smith	James		18	19N	4W	24.53	1 May 1854	Shar
Smith	James		4	14N	1W	160	27 Dec. 1825	Jack
Smith	James		14	18N	3W	40	26 Oct. 1903	Lawr
Smith	Jasper	N.	22	11N	7E	40	12 Jan 1901	Poin
Smith	John	A.	35	11N	8E	160	8 Dec. 1896	Miss

Last Name	First Name	Int.	Section No.	Twp.	Ran	Acres	Date	Co.
Smith	John	B.	23	17N	3W	40	1 Jul. 1859	Lawr
Smith	John	E.	8	18N	1W	160	27 Jul. 1904	Rand
Smith	John	F.	28	18N	4W	80	1 Jul. 1859	Shar
Smith	John	H.	21	12N	4E	80	1 Mar. 1855	Poin
Smith	John	H.	26	15N	3W	160	16 Apr. 1821	Lawr
Smith	John	M.	35	17N	5W	40	8 May 1888	Shar
Smith	John	M.	23	10N	5W	160	27 Nov. 1820	Jack
Smith	John	P.	28	18N	4W	80	1 Jul. 1859	Shar
Smith	John	P.	29	18N	4W	160	30 Oct. 1857	Shar
Smith	John	V.	14	10N	5W	160	14 May 1821	Jack
Smith	John	W.	22	10N	5W	160	27 Nov. 1820	Jack
Smith	John		20	17N	5W	40	1 Jul. 1859	Shar
Smith	John		9	20N	1W	40	7 Sep. 1894	Rand
Smith	John		19	17N	5W	80	30 Oct. 1857	Shar
Smith	John		20	15N	3W	160	2 Dec. 1831	Lawr
Smith	Joseph		24	18N	1W	40	6 Mar. 1891	Rand
Smith	Joseph		6	14N	4E	160	14 May 1821	Crai
Smith	Leonard	H.	7	17N	6W	80	30 Jun. 1882	Shar
Smith	Levi		26	21N	1E	120	1 May 1860	Rand
Smith	Lewis	H.	11	12N	3W	80	10 Jul. 1844	Jack
Smith	Lewis	H.	11	12N	3W	80	1 Oct. 1839	Jack
Smith	Littleton	M.	4	20N	1W	200	1 May 1860	Rand
Smith	Littleton	M.	4	20N	1W	40	1 May 1860	Rand
Smith	Louis	P.	11	21N	1E	160	1 Jul. 1903	Rand
Smith	Lucy	A.	15	16N	5W	160	26 Jan. 1889	Shar
Smith	Malcolm		26	15N	3W	160	1 May 1860	Lawr
Smith	Marion		10	17N	4W	80	1 Feb. 1875	Shar
Smith	Marion		15	17N	4W	40	1 May 1854	Shar
Smith	Mary	A.	14	18N	3W	160	11 Jan. 1892	Lawr
Smith	Mary	E.	9	16N	5W	160	5 May 1904	Shar
Smith	Nathan		1	17N	3W	160	16 Apr. 1821	Lawr
Smith	Newton		20	14N	3E	80	19 Mar. 1889	Crai
Smith	Nimrod		21	20N	1W	160	1 May 1860	Rand
Smith	Peter		5	16N	4W	80	21 Oct. 1895	Shar
Smith	Philip		14	15N	5W	40	22 Jun. 1895	Shar
Smith	Philip		11	15N	5W	40	10 Jul. 1844	Shar
Smith	Philip		12	15N	5W	40	10 Jul. 1844	Shar
Smith	Robert	L.	26	19N	4W	160	21 Dec. 1899	Shar
Smith	Robert	W.	34	11N	8E	160	10 Feb. 1897	Miss
Smith	Robert	W.	34	11N	8E	160	10 Feb. 1897	Miss
Smith	Robert		3	17N	2W	80	1 Mar. 1856	Lawr
Smith	Robert		11	21N	1W	40	1 May 1854	Rand
Smith	Robert		11	18N	2W	80	23 Jun. 1836	Rand
Smith	Robert		18	11N	4E	40	10 Jul. 1844	Poin
Smith	Robert		3	17N	2W	40	1 Jul. 1859	Lawr
Smith	Robert		15	18N	2W	157.4	5 Sep. 1842	Lawr
Smith	Samuel	P.	30	17N	6W	40	16 Dec. 1895	Shar
Smith	Samuel		11	15N	4W	160	14 May 1832	Shar

Last Name	First Name	Int.	Section No.	Twp.	Ran	Acres	Date	Co.
Smith	Sarah	E.	17	18N	3W	160	11 Jan. 1892	Lawr
Smith	Silas	E.	12	20N	4W	80	14 Sep. 1906	Shar
Smith	Silvia		11	15N	5W	40	1 Mar. 1855	Shar
Smith	Silviah		11	15N	5W	80	16 Jun. 1856	Shar
Smith	Stephen		8	13N	4E	160	7 May 1821	Crai
Smith	Thomas	J.	19	11N	4E	160	9 Mar. 1829	Poin
Smith	Thomas	J.	6	17N	1W	120	1 Aug. 1861	Lawr
Smith	Thomas	J.	6	17N	1W	40	15 Oct. 1875	Lawr
Smith	Thomas	J.	18	20N	8E	40	20 Nov. 1884	Clay
Smith	Thomas	W.	30	16N	4W	43.93	1 May 1860	Shar
Smith	Thomas		14	10N	5W	160	14 May 1821	Jack
Smith	Tilman	M.	29	12N	1W	40	1 May 1854	Jack
Smith	Trian	C.	30	17N	4W	86.12	30 Oct. 1857	Shar
Smith	Tryan	C.	30	17N	4W	162.3	16 Jun. 1856	Shar
Smith	Turner		20	15N	4W	160	9 Jul. 1821	Shar
Smith	Uriah		2	18N	2W	80	23 Jun. 1636	Rand
Smith	Uriah		10	17N	2W	120	1 Jul. 1859	Lawr
Smith	Uriah		10	17N	2W	80	1 Jul. 1859	Lawr
Smith	Wiley		27	20N	4W	120	10 Dec. 1859	Shar
Smith	William	C.	7	11N	4E	40	1 May 1860	Poin
Smith	William	C.	8	17N	2W	40	1 Jul. 1859	Lawr
Smith	William	C.	17	17N	2W	120	1 Jul. 1859	Lawr
Smith	William	C.	9	17N	2W	160	18 Oct. 1898	Lawr
Smith	William	C.	34	17N	4W	120	26 Nov. 1904	Shar
Smith	William	H.	19	10N	4E	152.5	1 Jul. 1859	Poin
Smith	William	H.	2	20N	4W	160	31 Dec. 1890	Shar
Smith	William	L.	13	18N	4W	160	2 Feb. 1900	Shar
Smith	William	S.	34	18N	1W	80	28 Mar. 1861	Rand
Smith	William	S.	34	18N	1W	107.2	24 Sep. 1903	Rand
Smith	William	T.	11	15N	5W	40	1 Mar. 1855	Shar
Smith	William	Y.	20	19N	6E	40	8 Jul. 1895	Clay
Smith	William		20	11N	10E	80.97	10 Apr. 1882	Miss
Smith	William		10	20N	1W	120	1 May 1860	Rand
Smith	William		15	20N	1W	120	1 May 1860	Rand
Smith	William		7	11N	4E	80	10 Jul. 1844	Poin
Smith	William		7	11N	4E	40	10 Jul. 1844	Poin
Smith	William		17	11N	4E	80	10 Jul. 1844	Poin
Smith	William		7	11N	4E	80	10 Jul. 1848	Poin
Smith	William		7	11N	4E	80	1 Oct. 1839	Poin
Smith	William		7	11N	4E	40	1 Oct. 1839	Poin
Smith	William		11	20N	1W	160	27 Nov. 1820	Rand
Smith	Winnifred		21	19N	2W	160	16 Jun. 1823	Rand
Smith	Zachariah	E.	17	21N	1W	160	1 Mar. 1883	Rand
Snead	John	W.	28	14N	3E	80	28 Mar. 1861	Crai
Sneed	Edward		35	16N	4W	160	27 Nov. 1820	Shar
Snell	George		9	11N	7E	84.3	26 Feb 1904	Poin
Snell	James	B.	30	11N	7E	119.7	11 Jan. 1895	Poin
Snell	Thomas	H.	2	19N	3W	80	1 Aug. 1861	Shar

Last Name	First Name	Int.	Section No.	Twp.	Ran	Acres	Date	Co.
Snider	Catherine		6	16N	2W	52.04	15 May 1880	Lawr
Snoddy	Furgus		13	14N	3E	80	1 Jul. 1859	Crai
Snody	Rufus		24	14N	3E	40	1 Mar. 1855	Crai
Snody	Rufus		34	16N	5E	160	1 Apr. 1857	Gree
Snow	Ambrose		34	16N	4W	160	27 Nov. 1820	Shar
Somers	Hiram		8	17N	5E	40	1 Jul. 1859	Gree
Somers	Pharoah		5	14N	4E	160	16 Jul. 1821	Crai
Sommers	Hiram		8	17N	5E	40	1 May 1860	Gree
Songer	Curdy		12	18N	2W	80	2 Apr. 1891	Rand
Sorrell	Isaiah		12	21N	2W	160	1 Oct. 1860	Rand
Sorrell	John		14	21N	2W	40	1 Jul. 1859	Rand
Sorrell	John		14	21N	2W	120	1 Jul. 1859	Rand
Sorrell	John		24	21N	2W	40	1 Sep. 1860	Rand
Southerland	Thomas		4	11N	2W	56.22	1 Sep. 1856	Jack
Southwick	Theodore		8	16N	3W	160	1 Feb. 1821	Lawr
Southwick	William		31	13N	1W	160	5 Feb. 1822	Jack
Southworth	Hannibal	M.	2	16N	6W	40	1 Sep. 1857	Shar
Soward	Levi	A.	20	18N	6W	120	30 Jul. 1891	Shar
Soward	William	R.	20	18N	6W	160	30 Jun. 1882	Shar
Sparkman	Hugh	H.	8	20N	1E	40	1 May 1860	Rand
Sparkman	Hugh	H.	19	20N	1E	151.3	1 Jul. 1859	Rand
Sparks	Burrel	J.	14	15N	6W	80	1 Oct. 1860	Shar
Sparks	Edward		23	21N	1E	40	10 Jul. 1848	Rand
Sparling	George		32	15N	3W	160	27 Nov. 1820	Lawr
Spaulding	John	P.	18	20N	2W	160	16 Apr. 1890	Rand
Speer	William		32	17N	5E	40	7 Sep. 1894	Gree
Spence	Daniel		17	21N	2E	40	15 Feb. 1884	Rand
Spence	John	W.	9	21N	2E	80	1 May 1860	Rand
Spence	Joseph		9	18N	5E	120	31 May 1890	Gree
Spence	Samuel		4	14N	4E	160	23 Apr. 1821	Crai
Spencer	Charles	M.	18	21N	2E	80	1 May 1860	Rand
Spencer	Charles	M.	28	21N	2E	80	1 May 1860	Rand
Spencer	Charles	M.	29	21N	2E	160	24 Jun. 1878	Rand
Spencer	Daniel	A.	12	21N	1E	80	21 Jul. 1903	Rand
Spencer	Franklin	E.	4	17N	5E	80	1 Jul. 1859	Gree
Spencer	Martha		29	10N	4E	160	10 Oct. 1837	Poin
Spencer	Richard		7	11N	4E	81.44	5 Sep. 1842	Poin
Spencer	Richard		18	11N	4E	81.8	17 Nov. 1842	Poin
Spencer	Richard		24	11N	3E	80	1 Nov. 1849	Poin
Spering	James		17	15N	1W	160	27 Nov. 1820	Lawr
Spikes	Jane		21	20N	3E	40	1 Nov. 1835	Rand
Spikes	Jesse		7	20N	1E	60.4	1 Oct. 1839	Rand
Spikes	Joseph	W.	6	20N	1E	40	8 May 1888	Rand
Spikes	William		7	20N	1E	80	1 Jul. 1859	Rand
Spikes	William		7	20N	1E	189.5	1 Jul. 1859	Rand
Spikes	William		7	20N	1E	40	16 Aug. 1838	Rand
Spikes	William		7	20N	1E	40	5 Sep. 1842	Rand
Spikes	William		7	20N	1E	40	5 Sep. 1842	Rand

Last Name	First Name	Int.	Section No.	Twp.	Ran	Acres	Date	Co.
Spiller	Annie		12	19N	3W	80	4 Dec. 1901	Rand
Spiller	James		10	13N	1W	160	2 Mar. 1826	Jack
Spotts	Henry		26	17N	4W	80	16 Jun. 1856	Shar
Spotts	Henry		24	17N	4W	40	1 Jul. 1859	Shar
Spotts	Henry		24	17N	4W	40	1 Jul. 1859	Shar
Spotts	Henry		26	17N	4W	40	1 Jul. 1859	Shar
Spotts	John		24	17N	5W	40	16 Jun. 1856	Shar
Spotts	John		24	17N	5W	40	10 Jul. 1844	Shar
Spotts	John		24	17N	5W	40	10 Jul. 1844	Shar
Spotts	John		26	17N	5W	40	9 Jul. 1895	Shar
Spotts	John		23	17N	5W	120	30 Oct. 1857	Shar
Spotts	John		25	17N	5W	120	20 Oct. 1870	Shar
Sprigg	Franklin		19	15N	4W	160	17 Aug. 1821	Shar
Springer	William	M.	9	15N	6W	40	1 Oct. 1860	Shar
Sprouse	John	R.	31	19N	3W	120	15 Dec. 1897	Shar
Spruce	Elizabeth		21	12N	4E	160	20 Feb. 1821	Poin
Spruce	Thomas	N.	26	15N	4W	160	16 Apr. 1821	Shar
Spurlock	David		28	18N	5W	40	1 Feb. 1875	Shar
Spurlock	David		23	18N	5W	160	1 May 1860	Shar
Spurlock	David		21	18N	5W	40	1 Jul. 1859	Shar
Spurlock	David		28	18N	5W	80	1 Jul. 1859	Shar
Spurlock	Houston		14	18N	5W	80	1 Sep. 1860	Shar
Spurlock	James	B.	23	18N	5W	80	17 Mar. 1899	Shar
Spurlock	Jesse		28	18N	5W	40	1 Sep. 1848	Shar
Spurlock	John	W.	13	18N	5W	160	8 May 1901	Shar
Spurlock	John		17	18N	5W	40	1 May 1860	Shar
Spurlock	John		20	18N	5W	160	11 May 1895	Shar
Spurlock	John		20	18N	5W	120	1 Sep. 1856	Shar
Spurlock	Joseph	B.	14	18N	5W	80	21 Dec. 1904	Shar
Spurlock	Margaret		33	18N	5W	40	1 Jul. 1859	Shar
Spurlock	Matthew		15	18N	5W	80	1 Jul. 1859	Shar
Spurlock	Pleasant		20	18N	5W	120	1 May 1860	Shar
Spurlock	Pleasant		18	18N	5W	40	1 Sep. 1856	Shar
Spurlock	Robert		32	18N	5W	120	11 May 1895	Shar
Spurlock	Robert		32	18N	5W	40	1 Jul. 1859	Shar
Spurlock	Robert		33	18N	5W	160	1 Jul. 1859	Shar
Spurlock	Robert		28	18N	5W	40	1 Sep. 1848	Shar
Spurlock	Stephen	B.	11	18N	5W	160	23 Jan. 1901	Shar
Spurlock	William	K.	21	18N	5W	80	17 Sep. 1889	Shar
Spurlock	William	R.	15	18N	5W	160	20 Sep. 1889	Shar
Spurlock	William		28	18N	3W	240	1 May 1860	Lawr
Spurlock	William		28	18N	5W	40	1 Jul. 1859	Shar
Square	Arden		13	20N	2W	160	27 Nov. 1820	Rand
Srite	Henry		34	17N	5E	40	1 Mar. 1860	Gree
St John	Isaac	R.	12	13N	9E	80	5 Sep. 1842	Miss
St John	Jacob		11	14N	4E	160	30 Apr. 1821	Crai
Stacy	Albert		26	10N	7E	160	15 May 1894	Poin
Stafford	Arnold		35	9N	1W	160	7 May 1821	Jack

Last Name	First Name	Int.	Section No.	Twp.	Ran	Acres	Date	Co.
Stafford	John	F.	27	12N	3W	40.04	1 Oct. 1839	Jack
Staggs	Henry	H.	27	21N	7E	80	30 Jun. 1882	Clay
Staine	Jessee	B.	4	20N	2W	123.7	1 Jul. 1859	Rand
Stainer	Moses		11	15N	3W	160	9 Jul. 1821	Lawr
Stallings	John	H.	14	19N	6E	160	7 Sep. 1894	Clay
Stalnaker	Susan	F.	2	17N	3W	136.1	25 Jun. 1901	Lawr
Stamper	William	A.	15	15N	5W	40	4 Feb. 1895	Shar
Stamper	William	A.	15	15N	5W	160	1 Sep. 1857	Shar
Stanfield	William		28	17N	4W	80	4 Oct. 1900	Shar
Stanfill	Ervin		32	17N	4W	80	1 Sep. 1860	Shar
Stanford	George		23	16N	3E	40	1 Oct. 1839	Gree
Stansbury	John		28	17N	3W	160	2 Mar. 1821	Lawr
Stares	John	H.	14	18N	5E	80	1 Jul. 1859	Gree
Stares	John	H.	14	18N	5E	120	1 Jul. 1859	Gree
Stares	Richard		18	18N	6E	40	1 Oct. 1860	Gree
Stares	William	B.	4	18N	6E	80	1 May 1860	Gree
Stares	William	R.	4	18N	6E	160	1 Mar. 1860	Gree
Starkey	James		12	10N	4W	160	31 Aug. 1824	Jack
Starling	Jacob	S.	18	18N	2W	80	17 Jan. 1902	Lawr
Starling	John	F.	31	21N	2W	160	31 Jan. 1903	Rand
Starling	Mattie		34	21N	2W	80	12 Nov. 1900	Rand
Starling	William		19	21N	2W	40	1 May 1860	Rand
Starns	Peter		27	17N	1W	39.8	1 Oct. 1850	Lawr
Staten	Enoch		1	19N	3W	80	16 Mar. 1885	Rand
Staten	John		11	21N	4W	40	24 Apr. 1888	Rand
Steadman	Nathaniel	C.	3	16N	3W	46.17	1 Mar. 1855	Lawr
Steadman	Nathaniel	C.	4	16N	3W	47.94	1 Mar. 1855	Lawr
Stearns	Ebenezer		6	15N	1W	160	27 Nov. 1820	Lawr
Stearns	Peter		34	17N	1W	40	1 Sep. 1856	Lawr
Stears	John		13	19N	1W	160	27 Nov. 1820	Rand
Stedman	Elizabeth		33	17N	3W	80	5 Sep. 1842	Lawr
Steekly	James		6	19N	5W	151.8	30 Oct. 1857	Shar
Steel	Alexander	C.	18	14N	4E	160	1 May 1860	Crai
Steel	Robert	M.	4	15N	6W	160	30 Oct. 1857	Shar
Steel	William	M.	33	15N	4E	80	1 Jan. 1861	Crai
Steel	William	M.	34	15N	4E	40	1 Jul. 1859	Crai
Steen	Benjamin		13	12N	3W	40	1 Sep. 1856	Jack
Steen	Benjamin		24	12N	3W	40	1 Oct. 1849	Jack
Steen	Benjamin		24	12N	3W	40	1 Oct. 1850	Jack
Steen	Christopher		13	12N	3W	40	1 Oct. 1850	Jack
Steen	James	C.	6	12N	2W	49.73	1 Sep. 1856	Jack
Steen	James	C.	6	12N	2W	40	1 Sep. 1856	Jack
Steen	James	C.	32	13N	2W	39.74	1 Sep. 1856	Jack
Steen	James		25	12N	3W	40	10 Jul. 1844	Jack
Steen	James		25	12N	3W	40	10 Jul. 1844	Jack
Steen	James		30	12N	2W	87.01	5 Sep. 1842	Jack
Steen	John		33	13N	2W	40	1 Mar. 1855	Jack
Steen	William		35	12N	3W	80	16 Aug. 1838	Jack

Last Name	First Name	Int.	Section No.	Twp.	Ran	Acres	Date	Co.
Steen	William		36	12N	3W	40	16 Aug. 1838	Jack
Steen	William		30	12N	2W	85.86	1 Oct. 1839	Jack
Stembridge	William		35	17N	3W	120	1 May 1860	Lawr
Stenerwald	Jacob		4	18N	4W	80	30 Dec. 1905	Shar
Stephen	John	N.	24	11N	3W	80	1 Sep. 1848	Jack
Stephen	Thomas	J.	17	17N	6W	80	18 Jan 1905	Shar
Stephens	Abraham		12	18N	2W	160	13 Jun. 1823	Rand
Stephens	Benjamin	K.	26	12N	3W	80	10 Apr. 1850	Jack
Stephens	George	K.	9	10N	3W	80	30 Jun. 1882	Jack
Stephens	George	R.	1	20N	4W	80	1 Jul. 1903	Shar
Stephens	George	W.	15	21N	3W	80	26 Jan. 1889	Rand
Stephens	George	W.	33	21N	3W	40	16 Jun. 1905	Rand
Stephens	James	C.	18	21N	3W	160	14 Aug 1906	Rand
Stephens	James		33	21N	4W	240	1 Sep. 1860	Shar
Stephens	Jeremiah		32	17N	4W	120	10 Dec. 1859	Shar
Stephens	John	H.	26	15N	3E	40	1 May 1860	Crai
Stephens	John	H.	26	15N	3E	240	1 May 1860	Crai
Stephens	John	N.	25	11N	3W	40	1 May 1854	Jack
Stephens	John	N.	24	11N	3W	80	1 Nov. 1849	Jack
Stephens	Nancy	P.	29	13N	2W	37.97	1 Sep. 1856	Jack
Stephens	Ransom		8	15N	4E	40	1 Sep. 1860	Crai
Stephens	Theophilus	S.	5	10N	3W	62.5	17 Aug 1903	Jack
Stephens	Thomas	J.	33	21N	3W	40	8 Oct. 1892	Rand
Stephens	Thomas	J.	28	21N	3W	40	16 Nov. 1901	Rand
Stephens	Thomas	K.	35	11N	3W	40	1 Nov. 1849	Jack
Stephens	William	J.	14	15N	3E	40	1 May 1860	Crai
Stephens	William	J.	34	15N	3E	80	1 May 1860	Crai
Stephens	William	S.	32	15N	3E	40	23 Sep. 1879	Crai
Stephens	William		20	15N	3E	40	1 Mar. 1855	Crai
Stephens	Young	J.	21	18N	6W	40	1 Mar. 1856	Shar
Stephens	Young	J.	21	18N	6W	40	1 May 1860	Shar
Stephens	Young	J.	21	18N	6W	40	16 Jun. 1856	Shar
Stephens	Young	J.	21	18N	6W	80	8 Jun. 1895	Shar
Stephenson	David	W.	29	15N	4E	80	1 May 1860	Crai
Stephenson	George	W.	27	17N	6W	40	1 Sep. 1857	Shar
Stephenson	John	A.	20	15N	4E	80	1 May 1860	Crai
Stephenson	John	A.	20	15N	4E	40	1 May 1860	Crai
Stephenson	Robert		21	18N	5W	120	1 May 1860	Shar
Sternberg	Peter		4	19N	1E	178.2	1 Feb. 1875	Rand
Sternbridge	William		36	17N	3W	40	1 Jul. 1859	Lawr
Sterns	Denison		2	14N	4E	160	27 Nov. 1820	Crai
Stevens	A		11	21N	1W	160	26 Mar 1904	Rand
Stevens	Ann		33	9N	1W	160	19 Dec. 1835	Jack
Stevens	John	B.	10	21N	1W	80	28 Feb. 1906	Rand
Stewart	Amanda	F.	29	10N	3W	41.21	25 Jun. 1901	Jack
Stewart	Champ	T.	2	17N	2W	40	10 Jul. 1844	Lawr
Stewart	Champ	T.	2	17N	2W	40	10 Jul. 1844	Lawr
Stewart	Champ	T.	3	17N	2W	200	1 Jul. 1859	Lawr

Last Name	First Name	Int.	Section No.	Twp.	Ran	Acres	Date	Co.
Stewart	Champ	T.	22	17N	2W	40	1 Oct. 1850	Lawr
Stewart	Champ	T.	22	17N	2W	40	1 Oct. 1850	Lawr
Stewart	Charles		6	17N	1W	253.8	1 May 1860	Lawr
Stewart	Charles		29	13N	4E	160	27 Nov. 1820	Crai
Stewart	Henry		33	13N	4E	160	7 May 1821	Crai
Stewart	James	M.	2	16N	3W	81.83	1 Apr. 1857	Lawr
Stewart	John	A.	21	21N	4W	160	21 Dec. 1899	Shar
Stewart	John	A.	21	21N	4W	160	21 Dec. 1899	Shar
Stewart	John		23	11N	2W	40	16 Jun. 1856	Jack
Stewart	John		24	11N	2W	40	1 Jul. 1850	Jack
Stewart	Martha	P.	1	16N	5W	80	21 Sep. 1905	Shar
Stewart	Robert	W.	4	20N	4W	137.2	11 Nov. 1892	Shar
Stewart	Thomas	H.	29	10N	3W	159.9	22 Aug 1901	Jack
Stewart	William	F.	14	17N	5W	160	7 Sep. 1894	Shar
Stewart	William		22	10N	4W	160	1 Apr. 1857	Jack
Stewart	William		20	11N	4E	160	31 Dec. 1821	Poin
Stigale	Zachariah		29	14N	4E	160	27 Nov. 1820	Crai
Stimson	Mandread		7	11N	1W	40	1 Sep. 1848	Jack
Stimson	Mandread		7	11N	1W	40	1 Sep. 1848	Jack
Stimson	Mandread		7	11N	1W	40	1 Oct. 1850	Jack
Stimson	Mandread		8	11N	1W	40	1 Oct. 1850	Jack
Stimson	Mandred		8	11N	1W	40	10 Oct. 1850	Jack
Stinnett	Thomas	B.	14	12N	1W	80	1 Sep. 1856	Jack
Stinnett	Thomas	B.	24	10N	2W	40	1 Oct. 1850	Jack
Stinnett	William	J.	2	16N	4W	160	17 Sep. 1889	Shar
Stinson	Mandred		8	11N	1W	40	1 Sep. 1856	Jack
Stivers	Hiram		4	13N	4E	160	7 May 1821	Crai
Stocker	Gotlieb		15	21N	4W	160	4 Oct. 1900	Shar
Stockwell	Samuel		27	11N	11E	149.8	1 May 1827	Miss
Stockwell	Samuel		35	12N	11E	7.87	1 May 1827	Miss
Stockwell	William		21	13N	1W	160	9 Jul. 1821	Jack
Stoddard	Matthew		7	15N	4W	160	27 Nov. 1820	Shar
Stoddard	Zerah		12	13N	3E	160	1 Apr. 1857	Crai
Stoddard	Zerah		25	14N	3E	160	1 Apr. 1857	Crai
Stokes	Charles		30	20N	8E	120.8	10 May 1882	Clay
Stokes	George	W.	7	11N	2W	78.6	17 Nov. 1842	Jack
Stone	David		29	13N	1W	160	27 Nov. 1820	Jack
Stone	Eugene	D.	30	15N	4E	80	5 May 1904	Crai
Stone	John	C.	7	11N	4E	40	10 Oct. 1902	Poin
Stone	John		11	21N	1W	120	26 Jan. 1889	Rand
Stone	Luther	W.	21	21N	1W	120	31 May 1890	Rand
Stone	Robert	H.	31	12N	4E	40	9 Dec. 1850	Poin
Stone	Rufus		27	12N	3W	40.06	17 Nov. 1842	Jack
Stone	Wilbur		3	20N	4W	166.9	8 Dec. 1896	Shar
Stone	William	A.	28	10N	4W	40	1 Sep. 1856	Jack
Stone	William	D.	34	14N	2W	40	1 Mar. 1856	Jack
Stoneking	John		19	11N	4E	160	1 Feb. 1821	Poin
Stotts	James		23	13N	6E	0.96	1 Mar. 1855	Crai

Last Name	First Name	Int.	Section No.	Twp.	Ran	Acres	Date	Co.
Stotts	James		24	16N	3E	327.1	1 Apr. 1857	Gree
Stotts	James		12	13N	3E	40	16 Jun. 1856	Crai
Stotts	James		12	13N	3E	40	1 Jul. 1850	Crai
Stotts	James		12	13N	3E	40	1 Jul. 1850	Crai
Stotts	John	E.	11	13N	3E	40	10 Apr. 1882	Crai
Stotts	John		32	13N	4E	40	1 May 1854	Crai
Stotts	Sarah		12	13N	3E	46.87	1 Jul. 1859	Crai
Stout	Edith		34	21N	4W	40	23 Nov. 1891	Shar
Stout	Henry	C.	33	21N	4W	160	13 Feb. 1899	Shar
Stout	Henry	C.	26	21N	4W	40	8 May 1888	Shar
Stout	Henry	C.	33	21N	4W	80	8 May 1888	Shar
Stout	John	W.	3	20N	1W	75.55	27 Jul. 1904	Rand
Stout	Mark	F.	26	17N	6W	40	10 Dec. 1859	Shar
Stout	Peter		18	15N	4W	160	18 Feb. 1822	Shar
Stout	Peter		15	17N	2W	40	18 Oct. 1898	Lawr
Stout	Robert	C.	27	21N	1W	160	10 May 1882	Rand
Stout	William		34	21N	1W	81.1	30 Jun. 1882	Rand
Stovall	Andrew	J.	23	17N	6W	40	7 Mar. 1902	Shar
Stratton	Leonidas		18	18N	2W	41.01	1 Jun. 1896	Lawr
Stratton	Leonidas		18	18N	2W	121	20 Nov. 1884	Lawr
Stratton	Thomas		36	20N	1W	120	1 Nov. 1860	Rand
Straughan	Carney	C.	5	16N	3W	282.2	1 Oct. 1860	Lawr
Straughan	Gaston	L.	6	17N	2W	151.1	1 Jul. 1859	Lawr
Straughan	Presley	G.	9	17N	5E	40	1 Mar. 1855	Gree
Street	Berry		15	16N	4W	40	30 Oct. 1857	Shar
Street	David		5	21N	1E	160	30 Dec. 1899	Rand
Street	John		22	16N	4W	80	2 Jul. 1860	Shar
Street	Will		7	21N	1E	120	30 Jan 1904	Rand
Strickland	Allen		2	16N	5E	79.89	1 May 1860	Gree
Strickland	James		14	20N	1W	160	27 Nov. 1820	Rand
Strickland	John	R.	24	16N	4E	80	1 Nov. 1860	Gree
Stricklin	John	R.	24	16N	4E	40	1 Oct. 1860	Gree
Stringer	Joseph	L.	32	19N	5W	40	23 Jan. 1901	Shar
Strother	Richard		21	17N	6W	31.62	1 Jul. 1859	Shar
Strother	Richard		31	17N	6W	31.52	1 Jul. 1859	Shar
Strother	Richard		31	17N	6W	80	1 Sep. 1857	Shar
Stroud	Willis	K.	10	18N	5E	160	1 May 1860	Gree
Stuart	Albert	L.	12	15N	4E	40	1 Jul. 1859	Crai
Stuart	Albert	L.	32	17N	5E	40	16 Dec. 1895	Gree
Stuart	Alexander		36	18N	2W	40	15 May 1883	Lawr
Stuart	Champ	T.	3	17N	2W	40	1 Mar. 1855	Lawr
Stuart	Champ	T.	11	17N	2W	40	1 Mar. 1856	Lawr
Stuart	Champ	T.	22	21N	2W	77.44	10 Jul. 1848	Rand
Stuart	Champ	T.	23	21N	2W	72.55	10 Jul. 1848	Rand
Stuart	Champ	T.	31	17N	1W	80	1 Jul. 1850	Lawr
Stuart	Champ	T.	32	17N	1W	14.75	1 Jul. 1850	Lawr
Stuart	Champ	T.	32	17N	1W	12.29	1 Jul. 1850	Lawr
Stuart	Champ	T.	2	17N	2W	40	1 Oct 1850	Lawr

Last Name	First Name	Int.	Section No.	Twp.	Ran	Acres	Date	Co.
Stuart	Champ	T.	2	17N	2W	40	1 Oct. 1850	Lawr
Stuart	Champ	T.	11	17N	2W	40	5 Dec. 1850	Lawr
Stuart	John		23	11N	2W	40	10 Jul. 1848	Jack
Stuart	John		23	11N	2W	40	10 Jul. 1848	Jack
Stuart	John		24	11N	2W	40	10 Jul. 1848	Jack
Stuart	John		24	11N	2W	40	1 Sep. 1856	Jack
Stuart	Pitman	C.	36	18N	2W	80	1 Mar. 1855	Lawr
Stuart	Pitmon	C.	35	18N	2W	40	1 Mar. 1856	Lawr
Stuart	Rebecca		26	17N	2W	320	10 Jul. 1826	Lawr
Stuart	Rebecca		27	17N	2W	80	10 Jul. 1826	Lawr
Stuart	Rebecca		27	17N	2W	80	5 Sep. 1842	Lawr
Stuart	Robert	H.	27	10N	4W	120	8 May 1901	Jack
Stubblefield	Abram	B.	20	20N	1W	56.47	1 Mar. 1855	Rand
Stubblefield	Abram	B.	17	20N	1W	40	1 May 1860	Rand
Stubblefield	Abram	B.	21	20N	1W	80	1 Jul. 1859	Rand
Stubblefield	Absalom	W.	17	20N	1W	40	1 Mar. 1855	Rand
Stubblefield	Absalom		5	20N	1E	40	10 Jul. 1844	Rand
Stubblefield	Absalom		8	20N	1E	40	10 Jul. 1844	Rand
Stubblefield	Absalom		10	20N	2W	40	5 Dec. 1850	Rand
Stubblefield	Absolem	W.	17	20N	1W	40	1 Jul. 1859	Rand
Stubblefield	Alanson	M.	31	21N	1W	80	30 Jun. 1885	Rand
Stubblefield	Anna		3	21N	2W	121.2	1 Jul. 1859	Rand
Stubblefield	Coleman		15	21N	2W	200	1 May 1860	Rand
Stubblefield	Coleman		22	21N	2W	82.29	1 May 1860	Rand
Stubblefield	Coleman		17	20N	1W	63.21	10 Jul. 1844	Rand
Stubblefield	Coleman		17	20N	1W	80	1 Nov. 1834	Rand
Stubblefield	Coleman		20	20N	1W	80	1 Nov. 1835	Rand
Stubblefield	Coleman		17	20N	1W	122.6	12 Dec. 1823	Rand
Stubblefield	Coleman		17	20N	1W	70.63	12 Dec. 1823	Rand
Stubblefield	Ezekiel		23	21N	2W	8.58	18 Jul. 1898	Rand
Stubblefield	Feilding		28	21N	2W	40	1 Oct. 1850	Rand
Stubblefield	Fielding		11	21N	2W	92.99	10 Jul. 1844	Rand
Stubblefield	Fielding		15	20N	2W	40	10 Jul. 1844	Rand
Stubblefield	Fielding		27	21N	2W	40	10 Jul. 1848	Rand
Stubblefield	Fielding		27	21N	2W	40	1 Jul. 1859	Rand
Stubblefield	Fielding		27	21N	2W	40	1 Jul. 1859	Rand
Stubblefield	Fielding		35	21N	2W	80	1 Jul. 1859	Rand
Stubblefield	Fielding		5	18N	2E	157.3	16 Aug. 1838	Rand
Stubblefield	Fielding		1	20N	2W	150.2	5 Sep. 1842	Rand
Stubblefield	Fielding		4	20N	1E	40	5 Sep. 1842	Rand
Stubblefield	Fielding		8	20N	1E	80	5 Sep. 1842	Rand
Stubblefield	Fielding		12	20N	2W	80	5 Sep. 1842	Rand
Stubblefield	Fielding		26	21N	2W	39.43	5 Sep. 1842	Rand
Stubblefield	Fielding		27	21N	2W	136.5	5 Sep. 1842	Rand
Stubblefield	Fielding		35	21N	2W	80	10 Sep. 1844	Rand
Stubblefield	Fielding		26	21N	2W	160	20 Sep. 1870	Rand
Stubblefield	Fielding		26	21N	2W	74.87	1 Nov. 1834	Rand
Stubblefield	Fielding		36	21N	2W	158.2	1 Nov. 1834	Rand

Last Name	First Name	Int.	Section No.	Twp.	Ran	Acres	Date	Co.
Stubblefield	Fielding		8	20N	1E	40	1 Nov. 1856	Rand
Stubblefield	Fielding		27	21N	2W	40	5 Dec. 1850	Rand
Stubblefield	Jefferson	D.	15	21N	2W	40	15 Dec. 1897	Rand
Stubblefield	Joseph	L.	8	21N	2W	80	1 Mar. 1855	Rand
Stubblefield	Joseph	L.	8	21N	2W	80	1 May 1860	Rand
Stubblefield	Joseph	L.	4	21N	2W	50.8	8 Jun. 1895	Rand
Stubblefield	Joseph	L.	8	21N	2W	40	1 Jul. 1859	Rand
Stubblefield	Joseph	L.	8	21N	2W	40	1 Oct. 1850	Rand
Stubblefield	Joseph	L.	9	21N	2W	40	1 Oct. 1850	Rand
Stubblefield	Joseph		9	21N	2W	40	1 May 1860	Rand
Stubblefield	Lola		13	20N	2W	80	23 Jan. 1901	Rand
Stubblefield	Michael	L.	10	21N	2W	54.39	1 May 1860	Rand
Stubblefield	Michael	L.	14	21N	2W	40	10 Jul. 1844	Rand
Stubblefield	Michael	L.	14	21N	2W	49.43	1 Jul. 1859	Rand
Stubblefield	Michael		22	21N	2W	121.2	1 Nov. 1834	Rand
Stubblefield	Michael		14	21N	2W	91.89	1 Nov. 1835	Rand
Stubblefield	Michael		14	21N	2W	74.89	1 Nov. 1835	Rand
Stubblefield	Moses		9	21N	2W	80	1 Mar. 1855	Rand
Stubblefield	Moses		10	21N	2W	40	1 Mar. 1855	Rand
Stubblefield	Nathaniel		27	21N	2W	40	10 Jul. 1848	Rand
Stubblefield	Nathaniel		27	21N	2W	40	10 Jul. 1849	Rand
Stubblefield	Robert	M.	17	20N	1W	120	1 Jul. 1859	Rand
Stubblefield	Tipton		36	21N	2W	40	1 May 1860	Rand
Stubblefield	Tipton		36	21N	2W	80	8 Jun. 1895	Rand
Stubblefield	Tipton		25	21N	2W	80	1 Sep. 1860	Rand
Stubblefield	William		36	21N	2W	40	10 Jul. 1844	Rand
Stubblefield	William		28	21N	2W	80	10 Jul. 1848	Rand
Stubblefield	William		22	21N	2W	56.01	1 Sep. 1846	Rand
Stubblefield	William		31	20N	1W	50	1 Oct. 1839	Rand
Sullins	Galen	P.	28	16N	4E	40	1 May 1860	Gree
Sullins	Galin	P.	28	16N	4E	80	1 May 1860	Gree
Sullins	Jesse	D.	12	19N	3W	160	13 Mar. 1890	Rand
Sullins	Jesse		33	15N	4E	40	1 Mar. 1856	Crai
Sullins	Jesse		33	15N	4E	40	1 Sep. 1856	Crai
Sullins	Jessie		33	15N	4E	40	1 Mar. 1856	Crai
Sullins	Joseph	C.	12	19N	5W	160	17 Sep. 1889	Shar
Sullins	Phillip		3	19N	3W	159.2	31 May 1890	Shar
Sullins	William	J.	25	19N	5W	160	31 May 1890	Shar
Sullivan	Littleberry		27	16N	4W	80	1 Jul. 1859	Shar
Sullivan	Littleberry		27	16N	4W	80	30 Oct. 1857	Shar
Summer	Hiram		4	10N	5W	160	14 May 1821	Jack
Summer	William		14	18N	5W	40	1 Jul. 1859	Shar
Summerell	William	T.	30	10N	4E	50.63	11 Jun. 1889	Poin
Summers	Frederick		21	13N	4E	160	29 Apr. 1822	Crai
Summers	Sarah	N.	14	18N	3W	160	14 Apr. 1897	Lawr
Summers	William		7	17N	5W	40	28 Mar. 1861	Shar
Summers	William		7	17N	5W	80	1 May 1860	Shar
Summers	William		14	18N	5W	40	1 Jul. 1850	Shar

Last Name	First Name	Int.	Section No.	Twp.	Ran	Acres	Date	Co.
Summers	William		23	18N	5W	40	1 Jul. 1859	Shar
Summers	William		15	18N	5W	40	1 Sep. 1860	Shar
Summerville	Elizabeth	A.	35	17N	1W	40	1 Sep. 1856	Lawr
Summerville	Elizabeth	A.	35	17N	1W	40	1 Oct. 1850	Lawr
Sumner	John		12	18N	1W	40	28 Mar. 1861	Rand
Sumner	William	B.	36	19N	1W	40	1 Jul. 1859	Rand
Sumner	William		30	19N	1E	40	3 Jan. 1896	Rand
Sumpter	William		21	12N	4E	80	10 Jul. 1844	Poin
Surget	Francis		17	10N	2W	640	16 Aug. 1838	Jack
Surget	Francis		18	10N	2W	80	16 Aug. 1838	Jack
Surget	Francis		18	10N	2W	80	16 Aug. 1838	Jack
Surget	Francis		31	10N	2W	1506	16 Aug. 1838	Jack
Surget	Francis		5	12N	2W	160	16 Aug. 1838	Jack
Surget	Francis		19	12N	2W	80	16 Aug. 1838	Jack
Surget	Francis		21	12N	2W	80	16 Aug. 1838	Jack
Surget	Francis		33	12N	2W	5012	16 Aug. 1838	Jack
Surget	Francis		15	12N	3W	3040	16 Aug. 1838	Jack
Surget	Francis		21	12N	3W	3040	16 Aug. 1838	Jack
Surget	Francis		28	13N	2W	972.8	16 Aug. 1838	Jack
Surget	Francis		26	13N	3W	640	16 Aug. 1838	Jack
Surget	Francis		10	20N	3E	80	16 Aug. 1838	Clay
Surget	Francis		2	18N	1E	90.73	16 Aug. 1838	Rand
Surget	Francis		11	19N	2E	80	16 Aug. 1838	Rand
Surget	Francis		31	18N	1E	160	16 Aug. 1838	Rand
Surget	Francis		31	18N	1E	80	16 Aug. 1838	Rand
Surget	Francis		32	18N	1E	160	16 Aug. 1838	Rand
Surget	Francis		32	18N	1E	160	16 Aug. 1838	Rand
Surget	Francis		32	18N	1E	80	16 Aug. 1838	Rand
Surget	Francis		33	18N	1E	320	16 Aug. 1838	Rand
Surget	Francis		36	19N	1E	80	16 Aug. 1838	Rand
Surget	Francis		8	13N	2W	72.11	1 Oct. 1839	Jack
Sutfin	Jacob		5	16N	4E	40	1 Mar. 1855	Gree
Sutfin	Jacob		5	16N	4E	40	1 Mar. 1856	Gree
Suttle	Edward	G.	9	16N	6W	40	1 Aug. 1861	Shar
Sutton	Dempsy		33	13N	4E	160	7 May 1821	Crai
Sutton	George	W.	35	19N	1W	120	27 Sep. 1892	Rand
Sutton	James	F.	35	19N	1W	160	1 May 1860	Rand
Swafford	Joseph	J.	22	17N	2W	40	4 Oct. 1900	Lawr
Swafford	Lewis	F.	29	18N	6W	160	31 May 1890	Shar
Swain	George		24	20N	1E	160	7 May 1821	Rand
Swain	William	A.	5	21N	2E	120	1 May 1861	Rand
Swan	George		6	18N	1E	80	1 May 1860	Rand
Swan	George		20	19N	1E	40	1 May 1860	Rand
Swan	George		23	19N	1W	40	1 Jul. 1859	Rand
Swan	George		6	18N	1E	93.96	30 Oct. 1857	Rand
Swan	Moses	H.	34	17N	2W	40	1 Mar. 1855	Lawr
Swan	Moses	H.	27	17N	2W	40	1 Mar. 1856	Lawr
Swan	Thomas	W.	27	17N	2W	40	1 Mar. 1855	Lawr

Last Name	First Name	Int.	Section No.	Twp.	Ran	Acres	Date	Co.
Swan	William	H.	8	16N	1W	18.81	1 Oct. 1850	Lawr
Sweatman	Oscar	B.	6	19N	3W	153.4	31 Jan. 1903	Shar
Sweazea	Richard		27	20N	1E	80	10 Jul. 1844	Rand
Sweazea	Richard		27	20N	1E	40	16 Aug. 1838	Rand
Sweazea	Richard		34	20N	1E	40	1 Nov. 1834	Rand
Swetnam	Asa	L.	21	20N	4W	160	5 May 1897	Shar
Swigget	Peter	C.	6	16N	3W	160	1 Feb. 1821	Lawr
Swindle	Jacob	C.	36	16N	3E	40	1 May 1860	Gree
Swindle	William	T.	12	21N	1E	120	13 Feb. 1899	Rand
Swiss	Joseph		4	11N	3W	300.5	2 Mar. 1839	Jack
Symons	James	N.	5	19N	4W	160	25 Jun. 1901	Shar
Tabo	John	B.	6	10N	4E	160	17 Aug. 1826	Poin
Tackett	Lucinda		13	11N	7E	160	2 Apr. 1897	Poin
Tadlock	George	W.	33	18N	6W	80	24 Aug. 1901	Shar
Tadlock	Hugh	A.	24	17N	6W	80	1 May 1860	Shar
Tadlock	James		13	17N	6W	120	1 Jul. 1859	Shar
Tadlock	Thomas	J.	28	18N	6W	160	31 Dec. 1904	Shar
Talbot	William		23	9N	1W	160	27 Nov. 1820	Jack
Talley	William	H.	15	19N	4W	160	1 Sep. 1856	Shar
Talliaferro	Zachariah		13	16N	4W	160	16 Apr. 1821	Shar
Tandy	Leonidas	W.	26	18N	2W	40	10 Apr. 1882	Lawr
Tannehill	Andrew		11	13N	3E	40	30 Jun. 1882	Crai
Tannehill	John		1	13N	3E	83.37	26 Jan. 1889	Crai
Tannehill	Z		15	9N	1W	160	1 Mar. 1821	Jack
Tanner	Jacob		3	14N	4E	160	16 Jul. 1821	Crai
Tapp	Bailes		20	17N	3W	160	27 Nov. 1820	Lawr
Tarter	Robert		17	18N	6W	80	1 Sep. 1848	Shar
Tarwater	Lewis		9	13N	4E	160	9 Jul. 1821	Crai
Tate	Hugh		33	10N	9E	154.2	10 Apr. 1837	Miss
Tatum	Joel		29	18N	1W	160	27 Nov. 1820	Rand
Taylor	Alexander	E.	4	21N	2E	80	1 May 1860	Rand
Taylor	Alexander	E.	9	21N	2E	120	9 Jul. 1895	Rand
Taylor	Armstead		34	13N	3W	40	1 Oct. 1850	Jack
Taylor	Asa		9	21N	2E	80	1 Jul. 1859	Rand
Taylor	Benjamin	F.	4	21N	2E	48.21	6 Mar. 1891	Rand
Taylor	Capwell		23	16N	4W	160	17 Jul. 1828	Shar
Taylor	Charles		1	16N	3W	160	4 Jun. 1822	Lawr
Taylor	Dallas		34	20N	7E	40	1 Jun. 1896	Clay
Taylor	Elanathan	D.	34	16N	3W	40	1 Jul. 1859	Lawr
Taylor	Eli		22	16N	3W	80	15 Aug. 1876	Lawr
Taylor	Elijah		27	16N	3W	160	2 Jul. 1860	Lawr
Taylor	Ephroditus		22	17N	3W	160	12 Jun. 1827	Lawr
Taylor	George		11	18N	3W	40	1 Aug. 1857	Lawr
Taylor	Hester	A.	22	16N	3W	120	1 Jul. 1859	Lawr
Taylor	Hester	A.	22	16N	3W	40	1 Jul. 1859	Lawr
Taylor	Isaac	K.	9	13N	2W	40	1 Sep. 1856	Jack
Taylor	James		34	11N	4E	160	18 May 1826	Poin
Taylor	James		28	16N	3W	40	1 Sep. 1846	Lawr

Last Name	First Name	Int.	Section No.	Twp.	Ran	Acres	Date	Co.
Taylor	James		34	16N	3W	80	1 Sep. 1856	Lawr
Taylor	James		27	15N	3W	160	27 Nov. 1820	Lawr
Taylor	Jesse	M.	11	21N	3W	80	28 Mar. 1861	Rand
Taylor	Jesse	M.	2	21N	3W	55.01	20 Jun. 1873	Rand
Taylor	Jesse	M.	2	21N	3W	56.31	10 Dec. 1859	Rand
Taylor	Jesse	M.	11	21N	3W	40	27 Jan. 1904	Rand
Taylor	John	H.	36	19N	5W	160	31 Dec. 1890	Shar
Taylor	John		2	15N	3W	40	1 Mar. 1855	Lawr
Taylor	John		27	16N	3W	40	5 Sep. 1842	Lawr
Taylor	John		27	16N	3W	40	1 Oct. 1850	Lawr
Taylor	Jonathan	M.	24	20N	4W	160	31 May 1890	Shar
Taylor	Joseph		20	16N	3W	160	16 Jun. 1856	Lawr
Taylor	Laura	B.	30	21N	3W	160	5 May 1904	Rand
Taylor	Leander	W.	15	20N	3W	160	15 Mar. 1894	Rand
Taylor	Milledge		22	16N	3W	40	16 Aug. 1838	Lawr
Taylor	Milledge		15	16N	3W	40	1 Oct. 1850	Lawr
Taylor	Millidge		22	16N	3W	40	1 Oct. 1850	Lawr
Taylor	Phineas	W.	31	16N	5W	320	23 Nov. 1822	Shar
Taylor	Phineas	W.	31	16N	5W	320	26 Dec. 1893	Shar
Taylor	Phineas		35	9N	1W	160	14 May 1821	Jack
Taylor	Samuel		34	16N	4W	160	27 Nov. 1820	Shar
Taylor	Simeon	P.	25	21N	4W	80	21 Jan. 1889	Rand
Taylor	Simeon	P.	30	21N	3W	80	18 Jan. 1894	Rand
Taylor	Thomas	S.	31	21N	3W	160	5 May 1904	Rand
Taylor	Thomas		1	21N	3W	57.43	1 Jul. 1859	Rand
Taylor	Whitefield		21	20N	3W	160	12 Nov. 1900	Shar
Taylor	William	A.	15	21N	3W	160	9 Mar. 1896	Rand
Taylor	William	T.	11	21N	3W	160	17 Mar. 1892	Rand
Taylor	William		2	15N	4W	160	6 Feb. 1826	Shar
Taylor	William		10	19N	1E	80	1 May 1860	Rand
Taylor	William		36	14N	1W	160	9 Jul. 1823	Jack
Taylor	William		27	16N	3W	40	16 Aug. 1838	Lawr
Taylor	William		27	16N	3W	40	16 Aug. 1838	Lawr
Taylor	William		35	21N	1W	80	19 Aug. 1890	Rand
Taylor	William		27	16N	3W	80	12 Dec. 1823	Lawr
Taylors	John	C.	18	11N	2W	40	1 Oct. 1839	Jack
Teal	Andrew	J.	36	19N	1W	40	1 Jul. 1859	Rand
Teal	Robert		4	11N	4E	160	27 Nov. 1820	Poin
Teasley	Elijah		8	16N	3W	160	1 Feb. 1821	Lawr
Teel	Green	J.	24	20N	1W	80	1 Mar. 1883	Rand
Teele	Preston	Y.	9	20N	1W	40	1 Jul. 1859	Rand
Teeny	Thomas		2	14N	4E	160	27 Nov. 1820	Crai
Templeton	John	M.	4	20N	8E	80	23 Jan. 1901	Clay
Tennison	Hiram	F.	11	15N	4E	120	1 Jul. 1859	Crai
Tennison	John	P.	20	18N	6W	40	16 Mar. 1885	Shar
Tennison	John	P.	20	18N	6W	160	10 May 1882	Shar
Tennisson	Hiram	F.	4	15N	3E	39.78	1 Mar. 1855	Crai
Tennisson	Hiram		33	16N	3E	40	1 Mar. 1855	Gree

Last Name	First Name	Int.	Section No.	Twp.	Ran	Acres	Date	Co.
Tennisson	James	S.	4	15N	3E	120	1 Mar. 1856	Crai
Tennisson	James	S.	4	15N	3E	40	1 Sep. 1856	Crai
Terrett	Cornelius		22	18N	5E	40	1 May 1860	Gree
Terrill	Orren		21	13N	4E	160	29 Apr. 1822	Crai
Terry	Abner		36	15N	3W	160	16 Apr. 1821	Lawr
Terry	James	H.	26	19N	6E	80	8 May 1901	Gree
Terry	Patty		24	15N	3W	160	27 Nov. 1820	Lawr
Thacker	Pleasant	A.	26	18N	3W	160	16 Apr. 1821	Lawr
Tharp	John	G.	9	15N	5W	40	1 Mar. 1855	Shar
Thatcher	Joseph		28	12N	4E	320	27 Nov. 1820	Poin
Thetge	George	O.	31	19N	4W	124.4	30 Dec. 1901	Shar
Thetge	Sarah	E.	23	18N	5W	160	4 Dec. 1901	Shar
Thies	Leo	C.	17	19N	5W	80	16 Nov. 1901	Shar
Thies	Otto		17	19N	5W	80	8 Jan 1902	Shar
Thomas	Abraham		32	15N	4E	80	1 Mar. 1856	Crai
Thomas	Cit	C.	24	18N	6W	160	10 Apr. 1899	Shar
Thomas	Ebenezer		33	12N	2W	40	1 Sep. 1856	Jack
Thomas	Gray	W.	24	20N	1W	160	1 Jul. 1859	Rand
Thomas	Hastin		29	12N	10E	40	10 Aug. 1850	Miss
Thomas	Hastin		29	12N	10E	80	1 Dec. 1849	Miss
Thomas	Isaac		1	14N	3E	158.8	1 May 1860	Crai
Thomas	James	C.	20	19N	7E	40	2 Apr. 1860	Clay
Thomas	James		22	13N	1W	160	27 Nov. 1820	Jack
Thomas	Jefferson		35	15N	4E	80	15 Jun. 1855	Crai
Thomas	John		25	11N	3W	40	1 Mar. 1855	Jack
Thomas	John		36	11N	3W	40	1 Nov. 1849	Jack
Thomas	Prince		25	19N	3W	80	25 Jun. 1901	Rand
Thomas	Russell		35	11N	3W	40	1 Oct. 1849	Jack
Thomas	Wesley	G.	25	15N	4E	40	15 Jun. 1855	Crai
Thomas	William	H.	11	21N	2W	120	1 Oct. 1860	Rand
Thomas	William	R.	22	12N	4E	40	1 Aug. 1861	Poin
Thomas	William		25	20N	2W	160	27 Nov. 1820	Rand
Thomason	Arnold		4	17N	5E	40	1 Jul. 1859	Gree
Thomason	Arnold		4	17N	5E	80	1 Jul. 1859	Gree
Thomason	Arnold		4	17N	5E	40	1 Jul. 1859	Gree
Thomason	Arnold		4	17N	5E	39.37	1 Oct. 1860	Gree
Thomason	George		20	17N	5E	80	1 May 1860	Gree
Thomason	George		20	17N	5E	80	1 Jul. 1859	Gree
Thomason	George		30	17N	5E	80	10 Dec. 1859	Gree
Thomason	William	B.	4	17N	5E	60.35	1 May 1860	Gree
Thomason	William	B.	18	17N	5E	40.11	1 Sep. 1860	Gree
Thomasson	Arnold		8	17N	5E	40	1 Oct. 1860	Gree
Thompson	Andrew		7	14N	4E	160	15 Sep. 1823	Crai
Thompson	Andrew		24	18N	2W	160	12 Dec. 1823	Rand
Thompson	Benjamin	E.	15	21N	4W	160	19 Jul. 1893	Shar
Thompson	Benjamin	F.	31	20N	1E	160	1 May 1861	Rand
Thompson	Benjamin	F.	29	20N	1E	160	1 Jul. 1859	Rand
Thompson	Charles		9	16N	6W	40	16 Jun. 1856	Shar

Last Name	First Name	Int.	Section No.	Twp.	Ran	Acres	Date	Co.
Thompson	Charles		8	16N	6W	40	1 Jul. 1859	Shar
Thompson	Charles		17	16N	6W	240	30 Oct. 1857	Shar
Thompson	David	W.	30	17N	4W	40	10 Dec. 1859	Shar
Thompson	David		9	17N	4W	80	1 Aug. 1861	Shar
Thompson	Evin		26	18N	4E	40	1 Oct. 1839	Gree
Thompson	George	W.	27	17N	5W	40	1 May 1860	Shar
Thompson	George	W.	27	17N	5W	80	1 Sep. 1857	Shar
Thompson	Gideon		2	19N	1W	80	21 Nov 1900	Rand
Thompson	Henderson		28	18N	2W	40	1 Mar. 1855	Lawr
Thompson	Henderson		28	18N	2W	80	1 Jul. 1859	Lawr
Thompson	Henderson		29	18N	2W	160	1 Jul. 1859	Lawr
Thompson	Henry		35	10N	5W	160	20 Jan. 1823	Jack
Thompson	Isaac	A.	8	20N	3W	80	1 Feb. 1875	Shar
Thompson	Isaac	R.	8	16N	5E	80	1 May 1860	Gree
Thompson	Isaac	R.	8	16N	5E	40	4 Jun. 1888	Gree
Thompson	Isaac	R.	8	16N	5E	40	10 Dec. 1859	Gree
Thompson	James	M.	4	21N	1W	80	14 Sep. 1906	Rand
Thompson	James	S.	23	21N	2W	160	9 Mar. 1896	Rand
Thompson	James		2	16N	6W	48.95	1 Sep. 1846	Shar
Thompson	James		25	20N	1E	160	27 Nov. 1820	Rand
Thompson	Jefferson		7	14N	4E	160	21 Jul. 1826	Crai
Thompson	John	A.	10	21N	1W	80	8 Oct. 1892	Rand
Thompson	John	G.	30	18N	2W	40	1 May 1860	Lawr
Thompson	John	H.	36	20N	7E	200	2 Apr. 1860	Clay
Thompson	John	L.	27	13N	3W	80	29 Feb. 1856	Jack
Thompson	John	L.	28	13N	3W	40	29 Feb. 1856	Jack
Thompson	John	P.	18	10N	4W	160	27 Nov. 1820	Jack
Thompson	John		17	12N	4E	160	27 Nov. 1820	Poin
Thompson	Jonathan	J.	5	20N	4W	171.7	26 May 1892	Shar
Thompson	Lawrence		9	15N	5E	40	1 Mar. 1855	Crai
Thompson	Mack	A.	31	17N	4W	80	17 Mar. 1892	Shar
Thompson	Mahala	L.	9	15N	5E	80	1 Jul. 1859	Crai
Thompson	Margaret		19	14N	4E	160	4 Nov. 1830	Crai
Thompson	Olin		35	20N	1W	80	14 Apr. 1897	Rand
Thompson	Simon	H.	6	12N	3W	105.2	1 Mar. 1855	Jack
Thompson	Thomas	G.	28	13N	3W	40	1 Sep. 1856	Jack
Thompson	William	C.	23	21N	1E	40	1 Jul. 1859	Rand
Thompson	William	C.	24	21N	1E	80	1 Sep. 1860	Rand
Thompson	William	C.	24	21N	1E	40	30 Oct. 1857	Rand
Thompson	William	D.	23	14N	1W	160	3 Dec. 1823	Jack
Thompson	William	R.	33	17N	5W	40	1 Mar. 1855	Shar
Thompson	William	R.	33	17N	5W	80	16 Jun. 1856	Shar
Thompson	William		3	16N	6W	80	1 Jan. 1835	Shar
Thompson	William		3	19N	1W	40	1 May 1860	Rand
Thompson	William		3	19N	1W	80	11 May 1895	Rand
Thompson	William		10	19N	1W	40	10 Jul. 1844	Rand
Thompson	William		4	19N	1W	40	1 Jul. 1859	Rand
Thompson	William		5	19N	1W	107.6	1 Jul. 1859	Rand

Last Name	First Name	Int.	Section No.	Twp.	Ran	Acres	Date	Co.
Thompson	William		10	19N	1W	40	1 Jul. 1859	Rand
Thompson	William		10	19N	1W	40	1 Jul. 1859	Rand
Thompson	William		3	19N	1W	40	16 Aug. 1838	Rand
Thomson	Cyrus	M.	25	17N	6W	40	1 Oct. 1839	Shar
Thorn	Merriman		15	12N	4E	160	27 Nov. 1820	Poin
Thornburgh	Eli		28	17N	3W	160	1 May 1860	Lawr
Thornton	John		24	19N	5W	41.3	1 Sep. 1860	Shar
Throgmorton	Richard		34	21N	8E	40	15 May 1894	Clay
Thronebury	Francis	M.	15	21N	1W	80	20 Sep. 1889	Rand
Thrower	Valinous	S.	34	12N	4E	320	1 Aug. 1861	Poin
Tidwell	Nat	W.	5	13N	4E	40	20 Oct. 1882	Crai
Tidwell	Roland		30	11N	2W	80	16 Aug. 1838	Jack
Tidwell	Roland		11	11N	3W	148	5 Sep. 1842	Jack
Tidwell	Sanders		10	11N	3W	132.1	5 Sep. 1842	Jack
Tiffen	Calvin		10	18N	6W	160	30 Oct. 1857	Shar
Tiffin	Calvin		10	18N	6W	40	30 Oct. 1857	Shar
Tilley	Edmund		8	20N	2E	120	1 May 1860	Rand
Tilley	Edmund		8	20N	2E	120	1 Jul. 1859	Rand
Tillman	John	C.	10	16N	4E	40	14 Apr. 1897	Gree
Tillman	Malichi	J.	14	19N	6E	160	8 Jul. 1895	Clay
Tiloterson	John	M.	35	15N	4E	80	1 Oct. 1860	Crai
Tindel	Bryant		22	16N	5W	80	1 Jul. 1859	Shar
Tiner	Francis	L.	31	21N	1E	40	10 Dec. 1885	Rand
Tiner	Margaret	L.	30	21N	1E	82.13	10 May 1882	Rand
Tiner	Thomas	L.	1	20N	1W	156	18 Sep. 1894	Rand
Tiner	William		10	19N	1E	80	1 Jul. 1859	Rand
Tiner	William		10	19N	1E	80	1 Jul. 1859	Rand
Tinkel	Charles	H.	12	19N	1E	240	1 May 1860	Rand
Tippen	Mary	A.	36	14N	3E	160	13 Mar. 1890	Crai
Tips	Moses		10	17N	2W	80	1 Jul. 1859	Lawr
Tipton	Samuel		32	21N	2E	80	17 Sep. 1889	Rand
Tipton	William	H.	32	21N	2E	40	24 Jul. 1888	Rand
Tirey	John		6	16N	5W	160	9 Jul. 1821	Shar
Tisdale	James	B.	31	18N	1W	13.15	1 May 1854	Rand
Tisdale	James	B.	31	18N	1W	42.48	1 Jul. 1850	Rand
Tisdale	Oren	G.	36	18N	2W	120	18 Oct. 1898	Lawr
Tisdale	Orren		36	18N	2W	40	10 Sep. 1844	Lawr
Tisdale	Orrin	G.	36	18N	2W	40	1 Mar. 1855	Lawr
Tisdale	Owen		35	18N	2W	40	1 Jul. 1859	Lawr
Tittman	Alexander		23	13N	8E	160	25 Jun. 1901	Miss
Todd	John	C.	8	18N	6W	40	1 Mar. 1855	Shar
Todd	Quinton		29	12N	4E	160	1 Feb. 1821	Poin
Tolbert	Washington		10	14N	4E	160	15 Aug. 1826	Crai
Tolloh	William		27	11N	9E	160	1 Nov. 1848	Miss
Tombs	William	B.	32	19N	5W	120	1 Jul. 1859	Shar
Tompkins	Andrew	J.	30	17N	4W	80	26 Jan. 1889	Shar
Tompkins	Lurania	A.	31	17N	4W	40	14 May 1906	Shar
Tompkins	Mathew	A.	36	17N	5W	40	19 Oct. 1905	Shar

Last Name	First Name	Int.	Section No.	Twp.	Ran	Acres	Date	Co.
Tompkins	Silas		6	16N	4W	124.7	25 May 1870	Shar
Tompkins	Silas		1	16N	5W	80	1 Sep. 1857	Shar
Tompkins	Thomas		18	11N	11E	31.71	10 Sep. 1827	Miss
Tompkins	Thomas		33	12N	11E	54.92	10 Sep. 1827	Miss
Tompkins	William	J.	12	16N	5W	40	1 May 1860	Shar
Toneray	James	H.	27	15N	3W	160	30 Jan. 1824	Lawr
Toombs	Owen	T.	27	21N	7E	160	1 Feb. 1893	Clay
Toothaker	Joanna		33	10N	4W	160	9 Jan. 1823	Jack
Totten	Samuel		14	17N	1W	40	1 Oct. 1850	Lawr
Tousong	Francis	T.	26	16N	4W	160	16 Dec. 1831	Shar
Townsend	Benjamin		20	14N	4E	320	27 Nov. 1820	Crai
Toy	Elijah		21	21N	1E	80	16 Apr. 1890	Rand
Toy	Elijah		21	21N	1E	120	1 May 1860	Rand
Toy	Loranzo		36	19N	2W	160	9 Mar. 1896	Rand
Tracy	Caroline		15	13N	1W	160	9 May 1837	Jack
Trafford	John	P.	12	17N	4W	157.3	25 Mar. 1902	Shar
Trammell	Jarret	H.	3	16N	4W	40	1 Sep. 1857	Shar
Trammell	Jarrett	H.	4	16N	4W	80	1 Sep. 1857	Shar
Trantham	Floyd		4	19N	7E	40	1 Jul. 1859	Clay
Trantham	George	P.	28	20N	7E	40	18 Oct. 1890	Clay
Trantham	Jesse	N.	12	18N	6E	120	1 Jul. 1859	Gree
Trantham	John	H.	12	18N	6E	160	1 Oct. 1860	Gree
Treadaway	James	O.	34	20N	7E	40	10 Jul. 1861	Clay
Treadaway	Richard		14	17N	5E	80	1 May 1860	Gree
Treatham	Needham	J.	26	18N	5E	160	1 Jul. 1859	Gree
Tribble	Eli	L.	26	21N	1W	80	23 Jan. 1901	Rand
Tribble	James	C.	2	19N	6E	120.3	3 May 1895	Clay
Tribble	John	L.	36	21N	1W	80	1 Mar. 1876	Rand
Tribble	Robert	C.	26	21N	1W	160	4 Oct. 1900	Rand
Tribble	Silas		12	20N	2W	160	20 Apr. 1822	Rand
Trible	John	G.	21	17N	6W	40	10 Jul. 1844	Shar
Trice	Samuel	T.	30	15N	4E	80	1 Mar. 1855	Crai
Trice	Samuel	T.	9	15N	4E	40	1 May 1874	Crai
Trimble	John	G.	22	17N	6W	40	1 Nov. 1834	Shar
Trotman	Dempsey		24	16N	3W	160	27 Nov. 1820	Lawr
Troy	John		31	11N	11E	100.1	1 Jan. 1835	Miss
Troy	John		17	12N	11E	320	10 Apr. 1837	Miss
Troy	John		18	12N	11E	320	10 Apr. 1837	Miss
Troy	John		21	11N	11E	41.05	1 May 1827	Miss
Troy	John		21	11N	11E	23.11	1 May 1827	Miss
Troy	John		27	11N	11E	70.88	1 May 1827	Miss
Troy	John		28	11N	11E	160	1 May 1827	Miss
Troy	John		18	11N	11E	80	23 Jun. 1836	Miss
Troy	John		19	11N	11E	80	23 Jun. 1836	Miss
Troy	John		17	12N	11E	96.39	15 Aug. 1837	Miss
Troy	John		20	12N	11E	97.7	21 Aug. 1837	Miss
Troy	John		34	11N	11E	83.11	10 Sep. 1827	Miss
Troy	John		34	11N	11E	80	10 Sep. 1827	Miss

Last Name	First Name	Int.	Section No.	Twp.	Ran	Acres	Date	Co.
Troy	John		32	11N	11E	156.5	10 Oct. 1839	Miss
Troy	John		29	11N	11E	160	27 Nov. 1834	Miss
Truesdale	Thirza		23	21N	3E	80	1 Nov. 1834	Clay
Trumbull	Joseph		11	13N	1W	160	1 Jan. 1833	Jack
Tucker	Alfred		36	17N	4E	40	10 May 1882	Gree
Tucker	Alfred		36	17N	4E	40	1 Oct. 1860	Gree
Tucker	Chester	A.	7	11N	3W	58.76	1 Oct. 1850	Jack
Tucker	Elisha		2	20N	2W	160	9 May 1822	Rand
Tucker	Frank	W.	33	16N	1W	40	15 Aug. 1896	Lawr
Tucker	Frank	W.	21	16N	1W	13.5	23 Sep. 1879	Lawr
Tucker	George	F.	22	17N	4W	40	16 Jun. 1856	Shar
Tucker	George	T.	36	20N	4W	151.4	30 Dec. 1902	Shar
Tucker	Henry	G.	21	17N	4W	80	10 Jan. 1876	Shar
Tucker	Henry	G.	28	17N	4W	40	10 Jan. 1876	Shar
Tucker	Henry	G.	28	17N	4W	40	1 Jul. 1859	Shar
Tucker	Henry	G.	33	17N	5W	80	1 Jul. 1859	Shar
Tucker	Henry	G.	21	17N	4W	40	1 Oct. 1839	Shar
Tucker	Henry	G.	21	17N	4W	40	1 Nov. 1835	Shar
Tucker	James	D.	13	20N	6E	120	22 Oct 1901	Clay
Tucker	James	H.	14	12N	1W	40	1 Sep. 1856	Jack
Tucker	Jessey	J.	36	20N	4W	160	27 Oct. 1904	Shar
Tucker	John	R.	24	17N	3W	160	29 Sep. 1835	Lawr
Tucker	John	W.	21	17N	4W	40	1 Oct. 1839	Shar
Tucker	Marion	J.	35	21N	7E	80	20 Nov. 1884	Clay
Tucker	Mathew		19	10N	10E	74.44	1 Feb. 1843	Miss
Tucker	Rushlot		7	11N	3W	57.05	1 Oct. 1850	Jack
Tucker	William	B.	36	20N	4W	160	20 Oct. 1882	Shar
Tucker	William	H.	12	17N	4W	40	1 Mar. 1855	Shar
Tucker	William	H.	28	17N	4W	120	1 Jul. 1859	Shar
Tully	Lewis	B.	36	12N	3W	40	1 Oct. 1839	Jack
Tully	Lewis	B.	36	12N	3W	40	1 Oct. 1839	Jack
Tunstall	George	T.	28	12N	3W	40	10 Jul. 1844	Jack
Tunstall	George	T.	1	12N	3W	80	1 Sep. 1856	Jack
Tunstall	George	T.	11	12N	3W	120	1 Sep. 1856	Jack
Tunstall	Thomas	T.	28	12N	3W	80	10 Jul. 1844	Jack
Tunstall	Thomas	T.	28	12N	3W	55.66	16 Aug. 1838	Jack
Tunstall	Thomas	T.	33	12N	3W	74.16	1 Oct. 1839	Jack
Tunstall	Thomas	T.	33	12N	3W	15.51	1 Oct. 1839	Jack
Tunstall	William	W.	27	12N	3W	37.9	5 Sep. 1842	Jack
Tunstall	William	W.	20	12N	1W	80	1 Sep. 1856	Jack
Tunstall	William	W.	27	12N	3W	40	1 Oct. 1850	Jack
Tunstall	William	W.	28	12N	3W	40	1 Oct. 1850	Jack
Tunstall	William	W.	28	12N	3W	40	1 Oct. 1850	Jack
Tunstall	William	W.	28	12N	3W	40	1 Oct. 1850	Jack
Turhoon	John	L.	8	13N	4E	160	27 Nov. 1820	Crai
Turman	Charles	B.	15	17N	1W	58.42	1 Oct. 1850	Lawr
Turman	James	H.	1	17N	2W	39.28	27 Feb. 1889	Lawr
Turman	James	H.	1	17N	2W	40	1 May 1854	Lawr

Last Name	First Name	Int.	Section No.	Twp.	Ran	Acres	Date	Co.
Turnbow	John	B.	17	16N	3W	120	10 May 1882	Lawr
Turnbow	John	B.	17	16N	3W	40	8 Aug. 1895	Lawr
Turnbull	Cathrine		18	21N	4W	67.09	24 Nov. 1905	Shar
Turner	George	W.	13	18N	6W	40	25 Aug. 1882	Shar
Turner	John	W.	6	11N	4E	160	21 Mar. 1821	Poin
Turner	John		26	11N	1W	40	30 Oct. 1857	Jack
Turner	John		23	9N	1W	160	27 Nov. 1820	Jack
Turner	John		9	11N	4E	160	27 Nov. 1820	Poin
Turner	Reuben		8	14N	4E	160	4 Oct. 1831	Crai
Turner	Richard		13	15N	7W	200	6 Apr. 1895	Shar
Turner	Richard		13	15N	7W	120	1 Jul. 1859	Shar
Turner	Sterling	P.	28	17N	6W	80	27 Apr. 1898	Shar
Turner	Whiting		3	10N	1W	87.95	10 Jul. 1848	Jack
Turner	Whitney		3	10N	1W	80	1 Sep. 1856	Jack
Turpin	George	N.	19	19N	2W	167.2	15 Feb. 1884	Rand
Tuttle	Truman		4	11N	4E	160	27 Nov. 1820	Poin
Twedy	Adler	A.	7	20N	1E	40	1 May 1860	Rand
Tweedy	Adlar	A.	32	20N	1E	160	16 Jun. 1856	Rand
Tweedy	Adler	A.	6	20N	1E	155.8	1 May 1860	Rand
Tweedy	Adler	A.	5	19N	1E	112	13 Nov. 1884	Rand
Tweedy	Adley	A.	8	20N	1E	80	16 Jul. 1835	Rand
Tweedy	John	W.	15	20N	2W	40	1 Aug. 1861	Rand
Tweedy	Waston		11	20N	1W	80	1 May 1860	Rand
Tweedy	Watson	D.	11	20N	1W	80	1 Oct. 1860	Rand
Tweedy	Watson		11	20N	1W	160	1 May 1860	Rand
Twiss	Daniel		7	19N	1W	160	25 Jun. 1822	Rand
Twist	Stephen		7	10N	5W	160	30 Apr. 1821	Jack
Tyer	Michael		13	15N	6W	40	1 Oct. 1850	Shar
Tyler	Benjamin	F.	4	19N	1W	40	2 Jul. 1860	Rand
Tyler	Benjamin	F.	28	20N	1W	160	11 Nov. 1895	Rand
Tyler	Daniel	R.	9	15N	3E	40	1 Mar. 1856	Crai
Tyler	Daniel		9	15N	3W	40	1 Mar. 1856	Lawr
Tyler	Francis	M.	35	20N	1W	80	1 Jul. 1859	Rand
Tyler	Francis	M.	35	20N	1W	40	1 Jul. 1859	Rand
Tyler	General	H.	23	20N	1W	40	2 Jul. 1860	Rand
Tyler	General	H.	23	20N	1W	80	30 Oct. 1857	Rand
Tyler	Isham		4	19N	1W	160	1 Jul. 1859	Rand
Tyler	James	M.	12	19N	1W	40	16 Jun. 1856	Rand
Tyler	James	M.	11	19N	1W	80	1 Jul. 1859	Rand
Tyler	James	M.	33	20N	1W	80	1 Jul. 1859	Rand
Tyler	James	T.	18	19N	7E	40	14 Nov. 1905	Clay
Tyler	James		24	15N	1W	160	27 Nov. 1820	Lawr
Tyler	Jefferson		28	20N	1W	80	1 Sep. 1857	Rand
Tyler	Jeneral	H.	26	20N	1W	80	1 Jul. 1859	Rand
Tyler	Jeneral	H.	26	20N	1W	80	1 Jul. 1859	Rand
Tyler	Jineral	H.	23	20N	1W	40	1 Jul. 1859	Rand
Tyler	John		2	19N	1W	40	1 May 1860	Rand
Tyler	Lafayette		2	19N	1W	98.96	1 Jul. 1859	Rand

Last Name	First Name	Int.	Section No.	Twp.	Ran	Acres	Date	Co.
Tyler	Stephen	S.	31	16N	4W	88.75	19 Jun. 1895	Shar
Tyler	Thomas	J.	35	20N	1W	120	1 Aug. 1861	Rand
Tyler	Uriah		10	15N	5W	40	1 Mar. 1855	Shar
Tyler	Uriah		10	15N	5W	160	16 Jun. 1856	Shar
Tyler	Washington		28	20N	1W	40	30 Jun. 1882	Rand
Tyler	William	H.	22	20N	1W	80	1 Jul. 1859	Rand
Tyler	William	H.	27	20N	1W	80	1 Jul. 1859	Rand
Tyler	William	M.	34	20N	1W	160	1 Jul. 1859	Rand
Tyler	William		23	20N	1W	40	1 Oct. 1839	Rand
Tyre	Jackson		14	21N	3W	160	6 Feb. 1891	Rand
Tyre	Jackson		23	21N	3W	40	1 May 1860	Rand
Tyre	Nathan		24	21N	4W	160	20 Feb. 1894	Rand
Tyre	William	S.	19	21N	3W	80	16 Mar. 1885	Rand
Underwood	Gideon	M.	32	17N	3W	40	1 Oct. 1839	Lawr
Underwood	Gideon	M.	33	17N	3W	40	17 Nov. 1842	Lawr
Underwood	James		32	17N	3W	40	5 Sep. 1842	Lawr
Underwood	John	C.	14	21N	4W	120	1 May 1860	Shar
Underwood	John	C.	14	21N	4W	80	1 May 1860	Shar
Underwood	John	J.	17	17N	4W	200	1 Jul. 1859	Shar
Upcraft	Mary		14	19N	3W	160	7 May 1821	Shar
Updegraft	William		18	13N	1W	160	27 Nov. 1820	Jack
Upshaw	Thomas	J.	32	21N	1W	120	31 May 1890	Rand
Upton	Hugh		10	19N	1E	80	10 Dec. 1859	Rand
Upton	Joseph		2	18N	4W	40	1 Nov. 1834	Shar
Ussery	William	G.	18	20N	8E	80.75	1 Jul. 1859	Clay
Vactor	John		5	11N	3W	170.8	15 Sep. 1851	Jack
Valentine	Jarvis		9	11N	4E	160	23 Apr. 1821	Poin
Van Zandtz	Mary		26	11N	10E	83.45	10 Apr. 1837	Miss
Vanaken	Peter		10	21N	1W	40	1 Mar. 1855	Rand
Vance	Almos	B.	2	16N	5W	160	7 Sep. 1894	Shar
Vance	Eli		24	11N	3W	160	27 Feb. 1841	Jack
Vance	George	W.	24	16N	6W	40	1 Sep. 1857	Shar
Vance	James	M.	17	16N	5W	80	8 May 1901	Shar
Vance	John	L.	5	16N	5W	151.5	10 Dec. 1859	Shar
Vance	Mathias		23	11N	3W	40	1 Sep. 1856	Jack
Vance	Mathias		26	11N	3W	40	1 Sep. 1856	Jack
Vance	Mathias		26	11N	3W	40	1 Sep. 1856	Jack
Vance	Samuel	L.	9	16N	5W	40	1 May 1860	Shar
Vance	Samuel	L.	24	16N	6W	40	1 Jul. 1859	Shar
Vance	Samuel	L.	25	16N	6W	120	1 Sep. 1857	Shar
Vance	William		6	15N	5W	103.7	16 Jun. 1856	Shar
Vance	William		36	16N	6W	125.3	16 Jun. 1856	Shar
Vancil	Edmund		8	17N	1W	120	1 Jul. 1859	Lawr
Vandeford	John		24	10N	5W	160	16 Apr. 1821	Jack
Vandergriff	Jacob	R.	14	21N	1W	40	23 Jan. 1901	Rand
Vandergriff	Redding		20	20N	1W	150.9	20 Jul. 1881	Rand
Vandergriff	Ruffin		20	20N	1W	80	1 May 1860	Rand
Vanhoozer	John	M.	18	16N	4W	40	1 May 1860	Shar

Last Name	First Name	Int.	Section No.	Twp.	Ran	Acres	Date	Co.
Vanhoozer	John	M.	18	16N	4W	80	1 Jul. 1859	Shar
Vanhoozer	John	M.	18	16N	4W	40	1 Jul. 1859	Shar
Vanhorn	Samuel	S.	28	17N	5W	40	27 Jan. 1904	Shar
Vann	Jesse		14	17N	6W	40	28 Mar. 1861	Shar
Vann	Jesse		13	17N	6W	40	1 May 1860	Shar
Vann	William		21	17N	6W	40	30 Sep. 1873	Shar
Vanwinkle	Parthena		23	18N	4W	80	8 May 1901	Shar
Vanwinkle	Wiley	R.	13	17N	5W	160	7 Sep. 1894	Shar
Vanzandt	Benjamin	F.	21	18N	6W	80	1 Jul. 1859	Shar
Vanzandt	Hugh		21	18N	6W	40	1 May 1854	Shar
Vanzandt	Hugh		22	18N	6W	120	1 Sep. 1857	Shar
Vanzandt	James	E.	13	17N	6W	40	1 Jul. 1859	Shar
Vanzant	James	C.	13	18N	6W	120	13 Feb. 1899	Shar
Vanzant	James	E.	14	18N	6W	40	10 May 1882	Shar
Vanzant	Mary		23	11N	10E	160	23 Feb. 1848	Miss
Vardell	Thomas	Y.	17	18N	4W	160	16 Nov. 1901	Shar
Vaughan	Benjamin		19	16N	3W	160	27 Nov. 1820	Lawr
Vaughan	George	W.	6	19N	5W	80	26 Jul. 1897	Shar
Vaughan	James		8	16N	4E	40	1 Oct. 1839	Gree
Vaughan	John		7	19N	5W	80	1 May 1860	Shar
Vaughan	John		7	19N	5W	53.23	1 Jul. 1859	Shar
Vaughan	Talton		7	19N	5W	40	1 Aug. 1861	Shar
Vaughan	William	L.	8	19N	5W	80	23 May 1898	Shar
Vaughan	William		4	16N	6W	129.3	30 Oct. 1857	Shar
Vaughn	Andrew	J.	4	20N	8E	40	31 Dec. 1904	Clay
Vaughn	George	W.	33	21N	7E	80	30 Jun. 1882	Clay
Vaughn	John	M.	7	15N	5W	40	27 Apr. 1891	Shar
Vaughn	Riley		18	17N	6E	40	1 Mar. 1856	Gree
Vaughn	Samuel		3	11N	2W	80	1 Sep. 1856	Jack
Vaughn	Samuel		3	11N	2W	40	1 Sep. 1856	Jack
Vaughn	Samuel		3	11N	2W	40	10 Oct. 1850	Jack
Vaun	Jesse		33	17N	6W	40	25 Jun. 1872	Shar
Veezer	Mathew		21	15N	3W	160	27 Nov. 1820	Lawr
Vermilye	James	H.	33	21N	1W	80	20 Sep. 1889	Rand
Vermilye	John	W.	34	21N	1W	160	13 Mar. 1890	Rand
Vermilye	Mark	S.	28	21N	1W	160	5 May 1904	Rand
Vermilyea	Elizabeth		33	21N	1W	80	30 Dec. 1905	Rand
Verter	James		4	21N	2E	40	6 Apr. 1895	Rand
Vest	Reuben	B.	2	18N	4W	79.87	1 Nov. 1834	Shar
Vest	Ulysses	G.	30	18N	4W	160	1 Jul. 1903	Shar
Vester	Berry		7	21N	3E	298	1 May 1860	Rand
Vester	David	T.	13	21N	2E	80	1 May 1860	Rand
Vester	David	Y.	12	21N	2E	80	1 May 1860	Rand
Vester	David	Y.	13	21N	2E	80	1 Jul. 1859	Rand
Vester	James	H.	9	21N	2E	40	1 May 1860	Rand
Vester	James		4	21N	2E	200	1 Jul. 1859	Rand
Vester	John	H.	20	21N	3E	82.03	26 Feb. 1897	Rand
Vick	Elizabeth	A.	7	19N	1E	147.6	16 Dec. 1895	Rand

Last Name	First Name	Int.	Section No.	Twp.	Ran	Acres	Date	Co.
Vickery	William		5	20N	1W	33	10 Dec. 1859	Rand
Vincil	Zachariah	W.	14	15N	5W	120	1 Jun. 1859	Shar
Vinson	James	M.	13	19N	1W	40	10 Nov. 1859	Rand
Vinson	John	C.	12	19N	1W	40	28 Mar. 1861	Rand
Vinson	John	C.	12	19N	1W	80	1 Jul. 1859	Rand
Vinson	John	C.	12	19N	1W	40	1 Jul. 1859	Rand
Vinson	William		28	16N	1W	40	1 Sep. 1848	Lawr
Vinson	William		29	16N	1W	40	1 Sep. 1848	Lawr
Vinson	William		29	16N	1W	40	1 Sep. 1856	Lawr
Vinson	William		29	16N	1W	40	1 Sep. 1856	Lawr
Voorhies	Arthur	S.	21	21N	2W	160	30 Mar. 1905	Rand
Vowel	Francis	M.	2	13N	3E	44.99	30 Oct. 1857	Crai
Vowel	William	A.	23	12N	1W	80	16 Jun. 1856	Jack
Waddel	Carrie		31	18N	5W	40	10 Jul. 1883	Shar
Waddell	James	I.	11	11N	3W	40	1 Oct. 1849	Jack
Waddell	James	J.	1	11N	3W	40	1 Oct. 1849	Jack
Waddell	James	J.	5	9N	2W	55.21	1 Oct. 1850	Jack
Waddill	James	I.	35	13N	2W	160	1 Apr. 1857	Jack
Waddill	James	J.	15	11N	2W	193.4	1 Apr. 1857	Jack
Waddill	James	J.	1	12N	3W	160	1 Apr. 1857	Jack
Waddill	James	J.	27	12N	1W	40	16 Jun. 1856	Jack
Waddill	James	J.	10	11N	2W	40	1 Sep. 1856	Jack
Waddill	James	J.	10	11N	2W	40	1 Sep. 1856	Jack
Waddill	James	J.	1	11N	3W	80	1 Sep. 1856	Jack
Waddill	James	J.	13	11N	3W	40	1 Sep. 1856	Jack
Waddill	James	J.	13	10N	3W	40	1 Oct. 1850	Jack
Waddill	James	J.	1	11N	3W	80	1 Nov. 1849	Jack
Waddill	James	J.	1	11N	3W	40	1 Nov. 1849	Jack
Waddle	George	W.	25	21N	1W	40	30 Apr. 1890	Rand
Waddle	George	W.	36	21N	1W	80	14 Apr. 1897	Rand
Waddle	Henry	M.	31	21N	1E	40	16 Aug. 1838	Rand
Waddle	James	M.	29	21N	1E	80	7 Sep. 1894	Rand
Waddle	Johnny		17	14N	4E	160	1 Feb. 1821	Crai
Waddle	William	H.	28	19N	1E	80	10 Dec. 1859	Rand
Wade	James	M.	22	16N	3W	40	14 Nov. 1906	Lawr
Wade	James		11	16N	4W	160	20 Mar. 1826	Shar
Wade	Lucy		32	17N	5W	80	5 May 1904	Shar
Wade	Mary		33	17N	5W	40	25 Aug. 1882	Shar
Wade	William	P.	36	20N	3W	42.67	1 Jul. 1859	Rand
Wadley	William	G.	20	16N	1W	73.24	1 Nov. 1849	Lawr
Waggoner	George		13	18N	1W	160	2 Jan. 1822	Rand
Waggoner	Tolbert	A.	2	21N	2W	80	7 Mar. 1902	Rand
Wagner	Alfred	M.	2	18N	1W	40	21 Sep. 1905	Rand
Wagner	John		28	18N	5E	80	1 Jul. 1859	Gree
Wagner	John		28	18N	5E	40	1 Sep. 1860	Gree
Wainwright	Cornelius	S.	13	16N	6W	160	1 May 1860	Shar
Wainwright	William		3	16N	6W	50.05	1 Jul. 1859	Shar
Wainwright	William		35	17N	6W	80	1 Jul. 1859	Shar

Last Name	First Name	Int.	Section No.	Twp.	Ran	Acres	Date	Co.
Wainwright	William		34	17N	6W	80	1 Sep. 1857	Shar
Walcoxon	Isaac		14	16N	4E	160	1 Nov. 1860	Gree
Waldo	Rebecca		20	15N	3W	160	2 Dec. 1831	Lawr
Waldrof	Morgan	C.	26	21N	8E	40	2 Apr. 1891	Clay
Waldrum	Benjamin	L.	26	16N	3E	80	1 Jul. 1903	Gree
Waldrum	James	E.	12	16N	3E	40	1 Sep. 1856	Gree
Waldrum	William		24	16N	3E	40	1 Oct. 1839	Gree
Walker	Abram	E.	2	15N	5W	58.97	1 May 1860	Shar
Walker	Alexander	T.	19	20N	3W	40	1 Aug. 1861	Shar
Walker	Benjamin	L.	21	21N	2W	80	10 Dec. 1859	Rand
Walker	D	D.	17	19N	4W	41.46	10 Jun. 1889	Shar
Walker	David	D.	17	19N	4W	40	10 Jun. 1889	Shar
Walker	David	D.	17	19N	4W	115	5 Jun. 1889	Shar
Walker	George	W.	12	19N	5W	207.5	1 Sep. 1857	Shar
Walker	Gustavus	B.	28	18N	5E	80	1 Jul. 1859	Gree
Walker	Henry	E.	10	16N	5E	80	20 Sep. 1889	Gree
Walker	Henry	H.	5	16N	2W	40	1 Mar. 1855	Lawr
Walker	Henry	H.	10	16N	2W	120	6 Jul. 1896	Lawr
Walker	Jeremiah		30	16N	4W	82.32	1 May 1860	Shar
Walker	Jesse	C.	22	19N	1W	40	1 Mar. 1855	Rand
Walker	Jesse	C.	22	19N	1E	40	11 Mar. 1858	Rand
Walker	John	A.	28	18N	4W	120	10 Jan. 1876	Shar
Walker	John		33	20N	4W	160	13 Mar. 1890	Shar
Walker	Levi		26	18N	1W	160	1 Aug. 1861	Rand
Walker	Louis	H.	22	19N	4W	160	26 Nov. 1904	Shar
Walker	Nathan	P.	20	19N	4W	80	10 Dec. 1859	Shar
Walker	Peter	B.	7	19N	1E	240	1 Sep. 1860	Rand
Walker	Robert		28	21N	3W	80	1 May 1860	Rand
Walker	Samuel	J.	12	19N	5W	167.5	1 May 1860	Shar
Walker	Samuel	J.	13	19N	5W	41.94	20 Jun. 1885	Shar
Walker	Samuel	J.	13	19N	5W	40	10 Jun. 1889	Shar
Walker	Samuel	J.	19	19N	4W	40	18 Sep. 1891	Shar
Walker	Samuel	J.	19	19N	4W	40	23 Nov. 1891	Shar
Walker	Samuel	J.	21	19N	4W	20.95	23 Nov. 1891	Shar
Walker	Samuel	J.	13	19N	5W	81.94	23 Nov. 1891	Shar
Walker	Thomas	M.	8	19N	4W	40	27 Jan. 1904	Shar
Walker	Thomas	W.	18	19N	4W	94.12	16 Jun. 1856	Shar
Walker	William	R.	7	19N	4W	80	6 Jul. 1893	Shar
Wallace	Jacob		8	16N	2W	160	1 May 1860	Lawr
Wallace	Joseph		22	10N	4E	160	27 Nov. 1820	Poin
Waller	Nathan	H.	22	12N	10E	160	1 Aug. 1849	Miss
Waller	Walter		26	15N	1W	160	17 Apr. 1832	Lawr
Wallin	Thomas		11	18N	4W	160	31 May 1890	Shar
Walling	John		8	11N	4E	160	26 May 1892	Poin
Walling	Joseph	H.	12	18N	7W	80	1 Sep. 1857	Shar
Walling	Thomas	R.	27	17N	4W	40	1 Jan. 1861	Shar
Walling	Thomas	R.	27	17N	4W	80	1 May 1861	Shar
Walling	Thomas	R.	17	17N	2W	160	1 Jul. 1859	Lawr

Last Name	First Name	Int.	Section No.	Twp.	Ran	Acres	Date	Co.
Walling	Thomas	R.	18	17N	2W	40	1 Jul. 1859	Lawr
Wallis	John	R.	7	18N	4W	156.1	18 Feb 1905	Shar
Walls	Adam	C.	36	17N	4E	120	14 Apr. 1897	Gree
Walraven	David		4	14N	4E	160	27 Nov. 1820	Crai
Walrond	Henry	P.	3	20N	1W	40	20 May 1885	Rand
Walrond	Lesley	H.	28	21N	1E	40	10 Dec. 1885	Rand
Walsh	Henry	M.	11	10N	5W	160	18 Dec. 1820	Jack
Walters	Jesse	T.	12	15N	6W	80	18 Apr. 1898	Shar
Walters	Jesse	T.	12	15N	6W	40	1 May 1861	Shar
Waltrip	Elcanah		12	19N	1W	40	1 May 1860	Rand
Waltrip	Eleanah		12	19N	1W	40	1 Sep. 1860	Rand
Wann	Samuel		19	13N	2W	40	1 Sep. 1856	Jack
Ward	Anderson		8	15N	3W	120	1 Jul. 1859	Lawr
Ward	Augustus	M.	31	10N	2W	80	10 Jul. 1848	Jack
Ward	Calvin	H.	24	20N	7E	160	7 Sep. 1894	Clay
Ward	Francis		18	17N	3W	80	1 May 1860	Lawr
Ward	Francis		19	17N	3W	40	1 May 1860	Lawr
Ward	Francis		6	16N	2W	40	1 Jul. 1859	Lawr
Ward	Francis		6	16N	2W	54.18	1 Oct. 1860	Lawr
Ward	Isaac		8	15N	3W	160	30 Oct. 1857	Lawr
Ward	James	W.	9	16N	4W	40	1 May 1860	Shar
Ward	James	W.	26	16N	4W	40	1 Jul. 1859	Shar
Ward	John	L.	33	20N	3W	160	30 Aug. 1899	Shar
Ward	John		29	12N	4E	160	1 Feb. 1821	Poin
Ward	William	A.	4	15N	3W	174.1	16 Jun. 1856	Lawr
Ward	William		26	19N	1W	40	28 Mar. 1861	Rand
Ward	William		9	11N	4E	160	23 Apr. 1821	Poin
Ward	William		26	19N	1W	80	1 May 1860	Rand
Warden	Sarah	J.	19	18N	6W	80	30 Aug. 1899	Shar
Wardlow	William		5	13N	12E	123.6	1 Nov. 1848	Miss
Ware	Albert	B.	10	16N	4W	40	23 Jun. 1888	Shar
Ware	Asa		30	16N	4W	80	1 Feb. 1875	Shar
Ware	Asa		20	16N	4W	40	1 May 1874	Shar
Ware	Asa		30	16N	4W	80	1 Jul. 1859	Shar
Ware	Asa		30	16N	4W	80	30 Oct. 1857	Shar
Ware	Charles		25	16N	4W	40	1 May 1874	Shar
Ware	Charles		25	16N	4W	80	1 Jul. 1859	Shar
Ware	Charles		25	16N	4W	200	1 Jul. 1859	Shar
Ware	Joseph		24	16N	4W	40	23 Nov. 1841	Shar
Ware	Martha		23	16N	4W	80	16 Aug. 1838	Shar
Ware	Martha		24	16N	4W	40	23 Nov. 1841	Shar
Ware	William		24	16N	4W	40	10 Sep. 1844	Shar
Warfall	William		26	16N	3W	160	27 Nov. 1820	Lawr
Warnack	George		15	15N	4W	160	27 Nov. 1820	Shar
Warner	Isaac	A.	10	19N	1E	40	3 Jul. 1897	Rand
Warner	Isaac	J.	34	20N	1E	40	15 Jun. 1855	Rand
Warner	Isaac	J.	34	20N	1W	120	1 Jul. 1859	Rand
Warner	Thomas	J.	20	17N	1W	120	1 Mar. 1860	Lawr

Last Name	First Name	Int.	Section No.	Twp.	Ran	Acres	Date	Co.
Warner	Thomas	J.	20	17N	1W	194.1	1 May 1860	Lawr
Warner	Thomas	J.	20	17N	1W	80	30 Jun. 1882	Lawr
Warnick	Tennie		13	11N	7E	160	26 Oct. 1903	Poin
Warren	David	B.	12	17N	5E	120	20 Dec. 1861	Gree
Warren	Ebenezer	E.	15	20N	4W	160	21 Sep 1900	Shar
Warren	Elijah	J.	10	18N	2W	40	1 Oct. 1860	Lawr
Warren	Isaiah		36	16N	5W	80	1 May 1860	Shar
Warren	John		4	17N	4W	40	28 Mar. 1861	Shar
Warren	William		14	17N	4W	80	1 May 1874	Shar
Warring	Abraham		3	16N	3W	160	1 May 1826	Lawr
Washburn	Richard		5	9N	1W	96.95	16 Jun. 1856	Jack
Washum	Bennet	C.	20	18N	3W	80	1 May 1860	Lawr
Wasson	James	A.	20	15N	4W	160	23 Jul. 1888	Shar
Wasson	James		23	15N	4W	80	1 Jul. 1859	Shar
Wasson	James		23	15N	4W	80	15 Oct. 1895	Shar
Wasson	John	M.	30	17N	2W	36	28 Mar. 1861	Lawr
Wasson	John		6	15N	4W	40	1 Mar. 1856	Shar
Wasson	John		1	15N	5W	42.84	1 Sep. 1860	Shar
Wasson	John		6	15N	4W	103.2	30 Oct. 1857	Shar
Wasson	Sophia	J.	26	17N	3W	80	1 Jul. 1859	Lawr
Wasson	William	L.	30	17N	2W	40	1 Mar. 1855	Lawr
Wasson	William	L.	30	17N	2W	41.98	1 Mar. 1856	Lawr
Wasson	William	L.	30	17N	2W	72	1 Jul. 1859	Lawr
Waston	Willie		6	19N	8E	160	3 Aug. 1882	Clay
Waterbery	Gilbert	G.	31	16N	4W	160	23 Mar. 1837	Shar
Waters	David		8	11N	2W	40	1 Nov. 1835	Jack
Watkins	Benjamin	F.	18	18N	1E	120	1 May 1860	Rand
Watkins	Calvin		25	17N	5W	80	8 Dec. 1896	Shar
Watkins	Evan		10	14N	3E	40	1 Feb. 1875	Crai
Watkins	Evan		1	14N	3E	120	1 Jul. 1859	Crai
Watkins	Evan		10	14N	3E	80	1 Jul. 1859	Crai
Watkins	James	W.	36	17N	5W	80	21 Sep. 1905	Shar
Watkins	James		23	10N	5W	160	21 Nov. 1821	Jack
Watkins	Lucian	M.	18	14N	3E	168.7	1 Jul. 1859	Crai
Watkins	Lucian	M.	18	14N	3E	80	1 Jul. 1859	Crai
Watkins	Micajah		18	15N	6W	40	1 Mar. 1855	Shar
Watkins	Micajah		7	15N	6W	240	16 Jun. 1856	Shar
Watkins	Micajah		18	15N	6W	80	30 Oct. 1857	Shar
Watkins	Thomas	B.	25	17N	5W	80	14 Apr. 1897	Shar
Watkins	William		36	19N	2W	40	10 Jun. 1889	Rand
Watson	Abraham		10	19N	5W	80	1 May 1860	Shar
Watson	George	M.	11	20N	6E	160	31 Jul. 1903	Clay
Watson	George	W.	22	16N	4E	40	15 May 1880	Gree
Watson	George		9	19N	5W	124.7	1 May 1860	Shar
Watson	Henry		36	16N	4W	160	27 Nov. 1820	Shar
Watson	Israel		15	15N	4W	160	27 Nov. 1820	Shar
Watson	James	M.	31	16N	5W	40	1 Sep. 1860	Shar
Watson	James	T.	18	17N	4W	28.38	25 Jun. 1901	Shar

Last Name	First Name	Int.	Section No.	Twp.	Ran	Acres	Date	Co.
Watson	James		10	16N	6W	80	1 May 1860	Shar
Watson	James		10	16N	6W	160	1 May 1860	Shar
Watson	Jesse		2	16N	5W	80	1 Jul. 1859	Shar
Watson	John	L.	15	18N	3W	160	10 Dec. 1859	Lawr
Watson	John		2	15N	6W	40	16 Jun. 1856	Shar
Watson	John		30	15N	4W	160	27 Nov. 1820	Shar
Watson	Levi		25	16N	6W	40	22 Jan. 1890	Shar
Watson	Levi		25	16N	6W	40	1 Mar. 1855	Shar
Watson	Levi		31	16N	5W	41.2	1 Jul. 1859	Shar
Watson	Levi		1	15N	6W	181.4	30 Oct. 1857	Shar
Watson	Peter		28	20N	3E	40	16 Aug. 1838	Rand
Watson	Peter		22	17N	4E	80	10 Sep. 1883	Gree
Watson	Richard		10	19N	5W	80	10 Dec. 1859	Shar
Watson	Robert	B.	5	17N	3W	40	1 May 1860	Lawr
Watson	Robert	B.	5	17N	3W	40	11 Nov. 1895	Lawr
Watson	Samuel		8	19N	5W	200	1 Jul. 1859	Shar
Watson	William	D.	19	18N	6W	80	21 Dec. 1899	Shar
Watson	William	T.	9	17N	3W	80	28 Mar. 1861	Lawr
Watson	William		4	20N	1E	40	16 Aug. 1838	Rand
Watson	William		4	20N	1E	80	16 Aug. 1838	Rand
Watson	William		4	20N	1E	40	1 Oct. 1839	Rand
Watson	William		8	12N	4E	160	27 Nov. 1820	Poin
Watts	James	W.	27	18N	3W	80	10 Apr. 1894	Lawr
Watts	Margaret		3	14N	4E	160	30 Dec. 1833	Crai
Watts	Thomas		9	18N	3W	160	14 Aug. 1899	Lawr
Watts	William		28	18N	3W	160	31 Dec. 1890	Lawr
Waugh	William	J.	27	17N	2W	40	1 May 1854	Lawr
Wayland	Henry	B.	36	17N	3W	40	15 Jan. 1883	Lawr
Wayland	Henry		33	18N	1W	40	1 Jul. 1850	Rand
Wayland	James		5	16N	1W	127.3	29 May 1848	Lawr
Wayland	Jarrett		4	17N	2W	80	1 May 1860	Lawr
Wayland	Jarrette		4	17N	2W	200	20 Jun. 1873	Lawr
Wayland	Jarrette		4	17N	2W	200	1 Jul. 1859	Lawr
Wayland	Jonathan		32	18N	2W	120	23 Jan. 1897	Lawr
Wayland	Jonathan		3	17N	2W	46.4	1 Mar. 1855	Lawr
Wayland	Jonathan		10	17N	2W	40	1 May 1854	Lawr
Wayland	Jonathan		4	17N	1W	37.53	1 Jul. 1850	Lawr
Wayland	Jonathan		32	18N	2W	120	1 Jul. 1859	Lawr
Wayland	Jonathan		32	18N	2W	80	11 Jul. 1896	Lawr
Wayland	Nevil		32	18N	1W	40	5 Sep. 1842	Rand
Wayland	Thompson	H.	32	18N	2W	40	1 May 1860	Lawr
Wayland	Thompson	H.	32	18N	2W	40	11 Jul. 1896	Lawr
Wayland	William		36	17N	2W	80	30 Nov. 1826	Lawr
Weatherford	Daniel		20	11N	4E	160	12 Sep. 1837	Poin
Weatherford	Jones		27	13N	1W	160	18 Mar. 1824	Jack
Weatherford	William	M.	36	20N	1W	160	28 Nov. 1894	Rand
Weaver	Alfred	G.	8	21N	1E	160	12 Aug. 1896	Rand
Weaver	Ezekiah		5	19N	3E	40	16 Aug. 1838	Rand

Last Name	First Name	Int.	Section No.	Twp.	Ran	Acres	Date	Co.
Weaver	James		12	20N	4W	200	10 Dec. 1859	Shar
Weaver	Jasper	N.	14	20N	4W	160	18 Nov 1905	Shar
Weaver	John	N.	31	21N	2E	39.26	1 May 1860	Rand
Weaver	John	N.	6	20N	2E	251.7	10 Dec. 1859	Rand
Weaver	John	V.	29	19N	5W	160	7 Mar. 1902	Shar
Weaver	Joseph	L.	14	20N	4W	160	21 Jul. 1903	Shar
Weaver	Joseph		3	20N	1E	240	1 Feb. 1875	Rand
Weaver	Joseph		35	21N	1E	40	1 Jul. 1859	Rand
Weaver	Thomas	J.	5	15N	5W	40	1 Sep. 1856	Shar
Weaver	Thomas	J.	2	18N	2W	80	5 May 1904	Rand
Weaver	William	A.	11	20N	4W	120	10 Feb. 1897	Shar
Webb	Bennet		30	10N	4W	160	14 Mar. 1828	Jack
Webb	Chesley	E.	32	17N	2W	40	1 Sep. 1860	Lawr
Webb	Franklin	B.	12	18N	6W	80	21 Dec. 1899	Shar
Webb	Jacob	M.	8	16N	5E	40	1 May 1860	Gree
Webb	Jacob	M.	8	16N	5E	80	1 Jul. 1859	Gree
Webb	Jacob	M.	8	16N	5E	40	1 Jul. 1859	Gree
Webb	Jacob	M.	24	16N	4E	120	1 Oct. 1860	Gree
Webb	James	F.	6	18N	1W	40	26 Mar 1904	Rand
Webb	Jefferson		30	17N	2W	38.52	1 Mar. 1855	Lawr
Webb	John	H.	1	11N	3W	79.54	1 Oct. 1849	Jack
Webb	John	T.	13	18N	6W	80	7 Mar. 1902	Shar
Webb	Joshua		14	21N	8E	40	10 Mar. 1875	Clay
Webb	Thomas	J.	30	17N	2W	233.3	1 Jul. 1859	Lawr
Webb	William	R.	4	16N	4W	120	1 Sep. 1857	Shar
Webb	William	T.	18	17N	1W	128.6	20 May 1885	Lawr
Webb	William		18	15N	3W	160	7 May 1821	Lawr
Webber	Benjamin	F.	18	10N	7E	160	26 Jan. 1889	Poin
Webber	Joseph		31	15N	1W	40	1 Sep. 1856	Lawr
Weber	Joseph		31	15N	1W	37.97	1 Sep. 1856	Lawr
Webert	Mary		20	21N	4W	160	16 Jun. 1905	Shar
Webster	Frederick		34	17N	3W	160	19 Feb. 1824	Lawr
Webster	James	C.	14	17N	2W	40	28 Mar. 1861	Lawr
Webster	William	E.	2	20N	7E	123	26 Jun. 1896	Clay
Weed	Harvey		27	10N	3E	800	28 Jul. 1838	Poin
Weed	Joseph		29	20N	1W	160	27 Nov. 1820	Rand
Weede	Harvey		19	10N	2W	160	19 Jul. 1839	Jack
Weede	Harvey		30	10N	2W	320	19 Jul. 1839	Jack
Weede	Harvey		30	10N	2W	80	19 Jul. 1839	Jack
Weede	Harvey		30	10N	2W	80	19 Jul. 1839	Jack
Weede	Harvey		31	10N	2W	389	19 Jul. 1839	Jack
Weede	Harvey		31	10N	2W	160	19 Jul. 1839	Jack
Weede	Harvey		31	10N	2W	80	19 Jul. 1839	Jack
Weede	Harvey		32	10N	2W	80	19 Jul. 1839	Jack
Weeks	Joseph		8	16N	5E	40	1 Oct. 1860	Gree
Weeks	Joseph		8	16N	5E	120	10 Dec. 1859	Gree
Weeks	Thomas		29	20N	1W	160	27 Nov. 1820	Rand
Wegner	William		20	19N	6E	160	3 May 1895	Clay

Last Name	First Name	Int.	Section No.	Twp.	Ran	Acres	Date	Co.
Weidman	Christopher		31	10N	4E	160	25 Feb. 1825	Poin
Weir	Catharine		24	15N	3W	160	27 Nov. 1820	Lawr
Weir	Elizabeth		32	11N	10E	79.34	1 Nov. 1848	Miss
Weir	George	F.	36	18N	2W	80	6 Jul. 1893	Lawr
Weir	Georgia	A.	34	18N	2W	40	27 Jan. 1904	Lawr
Weir	James	A.	12	17N	2W	120	2 Jul. 1860	Lawr
Weisenforth	Paul		26	20N	4W	160	27 Sep. 1892	Shar
Welch	Abner	N.	15	17N	5W	40	1 Oct. 1860	Shar
Welch	Abner	N.	15	17N	5W	40	1 Oct. 1860	Shar
Welch	Arthur	C.	5	18N	2W	40	10 Jul. 1848	Rand
Welch	Arthur	C.	32	19N	2W	40	1 Oct. 1839	Rand
Welch	Elias		2	18N	1W	120	1 Jan. 1861	Rand
Welch	Flavia		21	14N	2W	40	1 Sep. 1846	Jack
Welch	John		10	19N	2W	160	23 Jan. 1901	Rand
Welch	Ralph	D.	7	19N	2W	200	10 Apr. 1882	Rand
Welch	Scott	T.	7	17N	6W	80	16 Jun. 1905	Shar
Welch	Scott		7	17N	6W	80	6 Feb. 1891	Shar
Weller	Frederick		9	10N	10E	63.98	1 Dec. 1849	Miss
Wells	Abel	S.	23	21N	7E	160	1 Jul. 1859	Clay
Wells	Abel	S.	19	21N	8E	40	1 Jul. 1859	Clay
Wells	Abrem		23	19N	2W	160	12 Mar. 1894	Rand
Wells	Andrew	J.	31	19N	2W	40	25 Aug. 1882	Rand
Wells	Andrew	J.	25	18N	5W	40	10 Dec. 1859	Shar
Wells	Coleman	S.	2	18N	2W	40	1 May 1860	Rand
Wells	Coleman	S.	28	18N	2W	80	1 May 1860	Lawr
Wells	George		27	19N	2W	40	1 Mar. 1855	Rand
Wells	George		27	19N	2W	40	1 Mar. 1856	Rand
Wells	George		27	19N	2W	40	16 Jun. 1856	Rand
Wells	George		22	19N	2W	120	30 Oct. 1857	Rand
Wells	Henry		12	18N	3W	48.77	10 Jul. 1844	Lawr
Wells	Hugh		34	19N	2W	40	1 Mar. 1856	Rand
Wells	Hugh		34	19N	2W	40	1 Mar. 1856	Rand
Wells	Hugh		15	19N	2W	120	1 May 1860	Rand
Wells	Hugh		15	19N	2W	40	1 May 1860	Rand
Wells	Hugh		22	19N	2W	40	1 May 1860	Rand
Wells	Hugh		13	19N	3W	80	10 Jul. 1844	Rand
Wells	Hugh		34	19N	2W	120	30 Oct. 1857	Rand
Wells	Hugh		19	19N	2W	40	30 Nov. 1878	Rand
Wells	Isaac	M.	28	19N	2W	120	20 Nov. 1884	Rand
Wells	James	B.	32	19N	2W	80	27 Sep. 1892	Rand
Wells	James	R.	14	18N	2W	80	1 Nov. 1904	Rand
Wells	John	C.	1	16N	5W	160	17 Jan. 1902	Shar
Wells	John	F.	35	21N	2W	80	31 May 1890	Rand
Wells	John	R.	36	17N	2W	40	30 Jun. 1882	Lawr
Wells	John		2	18N	3W	24.49	1 Mar. 1855	Lawr
Wells	John		2	18N	3W	8.41	1 Mar. 1855	Lawr
Wells	John		9	18N	2W	76.58	1 Mar. 1856	Lawr
Wells	John		12	18N	3W	80.01	10 Jul. 1844	Lawr

Last Name	First Name	Int.	Section No.	Twp.	Ran	Acres	Date	Co.
Wells	John		24	20N	2W	80	1 Jul. 1859	Rand
Wells	John		26	20N	2W	160	1 Aug. 1861	Rand
Wells	John		2	18N	3W	51.21	1 Sep. 1848	Lawr
Wells	John		24	20N	2W	79.84	1 Sep. 1857	Rand
Wells	John		2	18N	3W	40.45	1 Oct. 1850	Lawr
Wells	John		2	18N	3W	291.1	30 Oct. 1857	Lawr
Wells	John		1	18N	3W	160	12 Dec. 1823	Lawr
Wells	Lydia	C.	19	19N	2W	80	27 Apr. 1888	Rand
Wells	Thomas	H.	19	18N	1W	157	14 Apr. 1897	Rand
Wells	Thomas	H.	6	18N	2W	65.29	16 Jun. 1856	Lawr
Wells	Thomas	H.	3	18N	2W	120	1 Jul. 1859	Rand
Wells	Thomas	H.	7	18N	2W	27.01	2 Jul. 1860	Lawr
Wells	Thomas	W.	15	19N	2W	40	2 Apr. 1891	Rand
Wells	Thomas	W.	22	19N	2W	40	10 Jun. 1889	Rand
Wells	Thomas		3	18N	2W	80	23 Jun. 1836	Rand
Wells	Thomas		9	18N	2W	40	10 Jul. 1844	Lawr
Wells	Thomas		8	18N	2W	105.3	1 Oct. 1839	Lawr
Wells	Thomas		3	18N	2W	80	10 Nov. 1830	Rand
Wells	Washington		4	18N	2W	40	1 Jul. 1859	Rand
Wells	Washington		4	18N	2W	80	19 Aug. 1890	Rand
Wells	Washington		11	18N	3W	40	5 Sep. 1842	Lawr
Wells	William		12	18N	3W	120	1 Jul. 1859	Lawr
Wells	William		2	18N	3W	40	16 Aug. 1838	Lawr
Wells	William		13	18N	3W	80	1 Sep. 1857	Lawr
Welty	Rachel		35	19N	1E	320	15 Nov. 1830	Rand
Werner	George	F.	17	17N	4W	120	1 Aug. 1861	Shar
Werner	George	F.	22	17N	4W	40	30 Oct. 1857	Shar
Werner	George	W.	27	17N	4W	40	23 Nov. 1892	Shar
Wernick	John	W.	11	11N	7E	80	10 Jun 1907	Poin
Wertz	Samuel		14	16N	5W	160	24 Feb. 1837	Shar
Wesson	Littleberry		34	15N	3W	160	23 Jul. 1821	Lawr
West	Abner	B.	21	17N	4W	80	10 Jul. 1826	Shar
West	Elizabeth		33	21N	1E	80	2 Jul. 1860	Rand
West	Frederick	G.	30	15N	4E	80	26 Jan. 1889	Crai
West	George	R.	13	16N	4W	80	30 Oct. 1857	Shar
West	John		27	12N	4E	160	19 Jul. 1832	Poin
West	John		22	20N	1E	160	28 Aug. 1822	Rand
West	Oliver	P.	24	19N	6E	80	26 May 1892	Clay
West	Perry		24	17N	6W	120	20 Jan. 1870	Shar
West	Perry		19	17N	5W	61.36	28 Mar. 1861	Shar
West	Perry		23	17N	6W	40	28 Mar. 1861	Shar
West	Perry		30	17N	5W	59.63	1 Jul. 1859	Shar
Westfall	Daniel	A.	4	20N	2W	120	31 Jul. 1903	Rand
Westfall	Lewis	J.	36	21N	3W	160	1 Jul. 1903	Rand
Westfall	William	W.	36	21N	3W	160	7 Mar. 1902	Rand
Westlake	Catharine		10	14N	4E	160	15 Aug. 1826	Crai
Wetherford	Mary	M.	11	15N	5W	40	1 Jul. 1859	Shar
Wetsel	Henry		28	16N	3W	40	10 Jul. 1848	Lawr

Last Name	First Name	Int.	Section No.	Twp.	Ran	Acres	Date	Co.
Wever	James		12	20N	4W	80	10 Dec. 1885	Shar
Whalan	Patrick	P.	32	10N	9E	160	1 Feb. 1843	Miss
Whatley	Andrew	J.	15	19N	2W	40	23 Sep. 1879	Rand
Wheat	William		32	12N	2W	40	10 Jul. 1844	Jack
Wheeleas	Lettie	M.	8	17N	5E	160	16 Mar. 1885	Gree
Wheeler	Leonard		23	10N	4W	160	26 Apr. 1836	Jack
Wheeler	William	C.	18	17N	5E	40	4 Nov. 1893	Gree
Wheeler	William	S.	27	20N	4W	40	30 Jan. 1906	Shar
Whetstine	John		34	17N	4W	80	1 May 1861	Shar
Whetstine	John		34	17N	4W	80	18 Oct. 1898	Shar
Whitacre	Ephraim		11	21N	2W	120.8	30 Jun. 1882	Rand
Whitakker	Thomas	H.	15	18N	1E	160	30 Oct. 1857	Rand
Whitbeck	Nelson		23	21N	4W	160	20 Feb. 1894	Shar
White	Abram	T.	15	17N	3W	40	1 May 1860	Lawr
White	Andrew	J.	24	18N	5E	80	26 Jan. 1889	Gree
White	Clinton	F.	22	20N	2W	40	1 May 1860	Rand
White	Clinton	J.	15	20N	2W	40	1 Nov. 1860	Rand
White	Clinton	J.	15	20N	2W	40	1 Nov. 1860	Rand
White	Daniel		11	17N	6W	80	1 Sep. 1860	Shar
White	Darius		24	18N	3W	80	1 May 1860	Lawr
White	Darius		24	18N	3W	80	1 May 1860	Lawr
White	Elizabeth		17	15N	3W	160	23 Jan. 1833	Lawr
White	Hannah		19	10N	5W	160	29 Jun. 1827	Jack
White	Henry	H.	8	19N	2W	40	25 Feb. 1899	Rand
White	Henry	H.	22	20N	2W	80	20 Sep. 1889	Rand
White	Henry	S.	13	20N	2W	80	21 Apr 1900	Rand
White	Henry		10	18N	1W	160	6 Mar. 1821	Rand
White	James		20	15N	1W	160	13 Dec. 1822	Lawr
White	John	F.	25	16N	3E	80	1 Mar. 1855	Gree
White	Joseph	H.	10	15N	3W	160	10 Apr. 1822	Lawr
White	Lee	W.	20	17N	5E	80	25 Feb. 1907	Gree
White	Melinda		8	10N	4E	160	13 Jul. 1824	Poin
White	Nathan		23	14N	1W	160	8 Dec. 1823	Jack
White	Peter		13	16N	5W	160	20 Feb. 1821	Shar
White	Richard	J.	15	20N	2W	160	22 Apr. 1899	Rand
White	Thomas	S.	28	15N	4E	40	1 Jul. 1859	Crai
White	William	A.	10	20N	2W	120	1 May 1860	Rand
White	William	A.	9	20N	2W	200	1 Sep. 1857	Rand
White	William	J.	21	20N	2W	160	24 Nov. 1899	Rand
Whiteaker	Nancy		28	20N	2E	120	1 May 1860	Rand
Whited	Jeremiah	M.	24	18N	6W	40	27 Jan. 1904	Shar
Whitehead	George	W.	20	21N	3E	137.9	1 May 1854	Rand
Whitehead	Lazarus		22	16N	4E	80	1 Jul. 1859	Gree
Whitehead	Louisa	I.	32	16N	5E	40	1 May 1860	Gree
Whitehead	Sophia		24	21N	2E	80	1 Sep. 1860	Rand
Whiteley	Etheldred		28	11N	9E	40	1 Nov. 1848	Miss
Whiteside	Andrew	M.	34	21N	1W	40	1 Mar. 1855	Rand
Whiteside	Andrew	M.	34	21N	1E	80	1 Nov. 1849	Rand

Last Name	First Name	Int.	Section No.	Twp.	Ran	Acres	Date	Co.
Whiteside	James	M.	2	21N	1E	40	1 Oct. 1849	Rand
Whiteside	James	M.	3	21N	1E	40	1 Nov. 1849	Rand
Whiteside	Jonathan	C.	9	20N	1E	160	1 Jul. 1859	Rand
Whiteside	Jonathan	C.	10	20N	1E	80	1 Jul. 1859	Rand
Whiteside	William	S.	18	20N	2E	320	10 Dec. 1859	Rand
Whitesides	Andrew	M.	34	21N	3E	40	1 Oct. 1850	Rand
Whiting	Elijah		10	11N	4E	160	21 Nov. 1822	Poin
Whitleberry	Benjamin		8	15N	3W	40	1 Sep. 1846	Lawr
Whitlow	Obediah		32	20N	2E	40	1 Sep. 1856	Rand
Whitlow	Stephen	C.	2	10N	5W	126	1 Jul. 1859	Jack
Whitlow	William		1	20N	1E	79.62	10 Jul. 1848	Rand
Whitly	Etheldred		28	11N	9E	40	1 Dec. 1849	Miss
Whitney	Seymour		26	21N	4W	120	21 Dec. 1904	Shar
Whitright	Jacob		10	15N	3W	160	7 May 1821	Lawr
Whitstine	David		15	17N	4W	80	1 Jul. 1859	Shar
Whitted	Andrew	J.	3	20N	4W	120	1 May 1860	Shar
Whittenburg	Isaac		13	21N	1W	80	18 Sep. 1891	Rand
Whittet	Robert		2	11N	4E	160	1 Feb. 1821	Poin
Whittington	Olive	W.	25	19N	4W	161.3	25 Jun. 1901	Shar
Whitworth	Jacob		2	18N	6E	80	27 Mar. 1905	Gree
Whunn	David		1	14N	4E	160	27 Nov. 1820	Crai
Wicker	Samuel		22	20N	3W	160	30 Dec. 1905	Shar
Wicker	William	J.	23	19N	5W	160	25 Jun. 1901	Shar
Wickersham	Erving	M.	6	17N	1W	106.1	13 Nov. 1884	Lawr
Wickham	John	T.	6	19N	7E	80	1 Jul. 1859	Clay
Wickham	John	T.	8	19N	7E	40	20 Nov. 1880	Clay
Wideman	Thomas		30	11N	2W	80	23 Jun. 1836	Jack
Widenor	Moses		15	16N	4E	40	1 Mar. 1855	Gree
Wieburg	Otto	H.	35	21N	4W	160	26 Sep. 1902	Shar
Wilaford	William		32	20N	3W	40	1 Jul. 1859	Shar
Wilburn	Henderson		32	20N	4W	160	9 Mar. 1896	Shar
Wilburn	Henderson		32	20N	4W	40	10 Jun. 1889	Shar
Wilburn	Thomas	J.	29	20N	4W	80	8 Jul. 1895	Shar
Wilburn	William	R.	34	20N	4W	40	8 Mar. 1898	Shar
Wilburn	William		33	20N	4W	40	23 Nov. 1891	Shar
Wilcoxon	John	W.	28	16N	4E	160	1 May 1860	Gree
Wilcoxson	John	W.	28	16N	4E	160	10 Dec. 1859	Gree
Wilder	Samuel		7	15N	1W	160	17 Jul. 1833	Lawr
Wiles	George	W.	4	18N	5W	160	7 Mar. 1902	Shar
Wiles	Henry	N.	23	18N	6W	160	31 Jul. 1903	Shar
Wiles	James	A.	2	18N	6W	154.2	16 Jun. 1856	Shar
Wiles	James	F.	30	18N	5W	40	1 Oct. 1901	Shar
Wiles	William		10	18N	6W	80	1 May 1860	Shar
Wiles	William		3	18N	6W	80	1 Jul. 1859	Shar
Wiley	Benjamin		1	18N	1W	160	20 Nov. 1821	Rand
Wiley	Burwell	J.	23	19N	1W	40	10 Jul. 1844	Rand
Wiley	Burwell	J.	10	18N	2E	80	1 Jul. 1859	Rand
Wilkerson	Benjamin	W.	18	19N	3W	160	20 Jun. 1894	Shar

Last Name	First Name	Int.	Section No.	Twp.	Ran	Acres	Date	Co.
Wilkerson	Ellender	C.	18	19N	3W	40	13 Oct. 1898	Shar
Wilkerson	Francis	E.	34	14N	3E	80	20 Jun. 1885	Crai
Wilkerson	Morland		19	11N	2W	40	9 Dec. 1850	Jack
Wilkerson	Presley	H.	8	15N	4W	71.42	1 Aug. 1861	Shar
Wilkerson	Purvey		17	19N	3W	80	16 Jun. 1856	Shar
Wilkerson	Thomas	J.	10	21N	2W	40	1 Mar. 1855	Rand
Wilkerson	William	Y.	12	13N	3E	42.02	27 Jan. 1904	Crai
Wilkes	John	C.	17	16N	6W	80	1 May 1860	Shar
Wilkes	John	C.	21	16N	6W	80	1 Jul. 1859	Shar
Wilkes	John	C.	21	16N	6W	40	1 Jul. 1859	Shar
Wilkes	Joseph	H.	9	16N	6W	120	27 Jul. 1885	Shar
Wilkins	James	C.	33	10N	2W	2430	16 Aug. 1838	Jack
Wilkins	James	C.	31	11N	2W	320	10 Sep. 1844	Jack
Wilkins	James	W.	20	21N	2E	80	30 Jun. 1882	Rand
Wilkins	Stephen	A.	30	21N	2E	80	25 Jun. 1901	Rand
Wilkins	Stephen		8	21N	3E	142.9	10 Dec. 1859	Rand
Wilkinson	James	O.	18	13N	4E	160	1 Oct. 1839	Crai
Wilkinson	Seaborn	J.	11	11N	10E	37.63	1 Dec. 1849	Miss
Wilkinson	Seaborn	J.	11	11N	10E	77.35	1 Dec. 1849	Miss
Wilkinson	Seaborn		1	11N	10E	161	1 Nov. 1848	Miss
Wilkinson	Seabourn		12	11N	10E	80	28 Jul. 1838	Miss
Wilkinson	Seborn	J.	1	11N	10E	80	1 Feb. 1843	Miss
Wilks	John	C.	21	16N	6W	40	1 Mar. 1855	Shar
Wilks	John	C.	21	16N	6W	120	16 Jun. 1856	Shar
Wilks	Joseph	H.	8	16N	6W	40	28 Mar. 1861	Shar
Wilks	Joseph	H.	21	16N	6W	40	1 May 1861	Shar
Wilks	Thomas	G.	34	17N	4W	320	16 Jun. 1856	Shar
Willaford	George	W.	33	19N	3W	37.61	1 Jul. 1859	Shar
Willaford	George	W.	33	19N	3W	84.46	1 Aug. 1861	Shar
Willaford	William		36	19N	4W	43.8	1 Aug. 1861	Shar
Willcakson	Samuel		33	17N	4E	40	15 Jun. 1855	Gree
Willcockson	Joseph	H.	10	16N	5E	80	26 Jan. 1889	Gree
Willcockson	Samuel		10	16N	4E	120	1 Jul. 1859	Gree
Willcockson	Samuel		6	16N	5E	80	1 Jul. 1859	Gree
Willcockson	Samuel		10	16N	4E	120	6 Nov. 1895	Gree
Willett	Darius		25	17N	4W	40	1 Jan. 1861	Shar
Willey	John	E.	20	15N	4E	160	17 Mar. 1892	Crai
Willey	Joseph		27	15N	4E	80	1 Jul. 1859	Crai
Willey	Rufus		27	15N	4E	40	15 Jun. 1855	Crai
William	James		24	17N	5W	40	16 Aug. 1838	Shar
Williams	Anderson	E.	30	21N	3E	380.2	1 May 1860	Rand
Williams	Azariah		4	10N	5W	42.11	28 Mar. 1861	Jack
Williams	Benjamin		10	18N	1W	320	16 Jun. 1823	Rand
Williams	Burwell	T.	33	21N	7E	120	23 Feb. 1892	Clay
Williams	Daniel		14	17N	5W	40	1 Mar. 1855	Shar
Williams	Daniel		14	17N	5W	40	1 May 1860	Shar
Williams	Daniel		14	17N	5W	80	16 Jun. 1856	Shar
Williams	Daniel		14	17N	5W	80	1 Jul. 1859	Shar

Last Name	First Name	Int.	Section No.	Twp.	Ran	Acres	Date	Co.
Williams	Daniel		14	17N	5W	80	1 Sep. 1860	Shar
Williams	David		29	15N	3W	160	17 Jul. 1838	Lawr
Williams	Elisha		9	13N	11E	160	10 Aug. 1850	Miss
Williams	Ewing	D.	21	16N	6W	120	13 Feb. 1899	Shar
Williams	Francis	A.	14	20N	7E	40	26 Jan. 1889	Clay
Williams	George	A.	20	17N	6W	160	1 Jul. 1903	Shar
Williams	George	W.	36	14N	3E	40	1 Mar. 1855	Crai
Williams	Henry	P.	34	13N	10E	160	10 Aug. 1850	Miss
Williams	Henry		33	14N	3E	40	1 Jul. 1859	Crai
Williams	Henry		33	14N	3E	40	1 Jul. 1859	Crai
Williams	Isaac		20	19N	2W	40	16 Jun. 1856	Rand
Williams	Isaac		10	21N	2W	52.18	1 Jul. 1859	Rand
Williams	Isaac		5	21N	2W	47.34	1 Sep. 1860	Rand
Williams	James	A.	30	17N	3W	160	31 May 1890	Lawr
Williams	James	S.	27	18N	6W	120	27 Jan. 1904	Shar
Williams	James		11	16N	6W	160	29 Feb. 1896	Shar
Williams	James		30	16N	2W	120	1 May 1860	Lawr
Williams	James		10	17N	4W	40	1 Jul. 1859	Shar
Williams	James		30	18N	5W	120	1 Jul. 1859	Shar
Williams	James		31	18N	5W	40	1 Jul. 1859	Shar
Williams	James		30	16N	2W	54.06	1 Aug. 1861	Lawr
Williams	James		36	15N	12E	150.2	23 Sep. 1879	Miss
Williams	James		26	17N	5W	40	30 Oct. 1857	Shar
Williams	James		11	15N	3W	160	27 Nov. 1820	Lawr
Williams	Jesse		10	17N	4E	80	1 Mar. 1856	Gree
Williams	Jesse		34	18N	4E	40	1 Mar. 1856	Gree
Williams	Jesse		35	18N	4E	120	24 Jun. 1903	Gree
Williams	Jessie		26	18N	4E	40	1 Mar. 1856	Gree
Williams	John	D.	25	16N	3W	160	13 Jan. 1824	Lawr
Williams	John	D.	7	21N	3W	122.3	1 Jul. 1903	Rand
Williams	John	H.	19	21N	1W	150.8	5 Feb. 1894	Rand
Williams	John	W.	12	16N	6W	160	1 May 1860	Shar
Williams	John	W.	12	16N	6W	120	1 May 1860	Shar
Williams	John		14	16N	3W	160	28 Mar. 1861	Lawr
Williams	John		19	15N	1W	160	17 Apr. 1823	Lawr
Williams	John		7	20N	2E	80	1 May 1860	Rand
Williams	John		7	20N	2E	89.12	1 May 1860	Rand
Williams	John		14	16N	3W	80	1 May 1860	Lawr
Williams	John		14	16N	3W	80	1 May 1860	Lawr
Williams	John		23	15N	3W	160	11 Oct. 1827	Lawr
Williams	Jonathan		32	19N	1E	160	1 Jul. 1859	Rand
Williams	Jonathan		32	19N	1W	40	1 Jul. 1859	Rand
Williams	Joseph	P.	25	13N	10E	320	5 Aug. 1852	Miss
Williams	Keziah		8	10N	4E	160	6 Aug. 1822	Poin
Williams	Levi		14	15N	4E	40	1 Mar. 1855	Crai
Williams	Levina		24	17N	5W	40	16 Aug. 1838	Shar
Williams	Lewis		17	16N	5W	160	1 Jul. 1859	Shar
Williams	Lewis		18	16N	5W	80	1 Jul. 1859	Shar

Last Name	First Name	Int.	Section No.	Twp.	Ran	Acres	Date	Co.
Williams	Lewis		24	16N	6W	80	10 Dec. 1859	Shar
Williams	Lucy		8	10N	5W	160	11 Apr. 1836	Jack
Williams	Nancy	A.	27	18N	6W	120	1 Jul. 1859	Shar
Williams	Nathan	R.	6	17N	1W	146.1	1 Aug. 1861	Lawr
Williams	Nathaniel	C.	11	12N	2W	40	1 Jul. 1850	Jack
Williams	Nathaniel	C.	34	12N	2W	40	1 Jul. 1850	Jack
Williams	Nathaniel	C.	34	12N	2W	40	1 Jul. 1850	Jack
Williams	Nathaniel	C.	2	11N	2W	56.66	1 Sep. 1848	Jack
Williams	Nathaniel	C.	22	12N	2W	40	1 Sep. 1856	Jack
Williams	Nathaniel	C.	27	12N	2W	40	1 Sep. 1856	Jack
Williams	Nathaniel	C.	34	12N	2W	40	1 Sep. 1856	Jack
Williams	Nathaniel	C.	34	12N	2W	40	1 Sep. 1856	Jack
Williams	Nathaniel		34	12N	2W	40	1 Sep. 1856	Jack
Williams	Paschal		3	20N	7E	80	15 Jan. 1883	Clay
Williams	Ralph		9	16N	5W	40	1 Mar. 1855	Shar
Williams	Ralph		17	16N	5W	40	1 Mar. 1855	Shar
Williams	Ralph		17	16N	5W	120	1 May 1860	Shar
Williams	Richard	D.	4	16N	6W	98.93	1 May 1860	Shar
Williams	Richard	D.	31	17N	6W	40	1 May 1860	Shar
Williams	Richard	D.	30	17N	6W	40	8 May 1888	Shar
Williams	Richard	D.	5	16N	6W	102	1 Jul. 1859	Shar
Williams	Richard	D.	5	16N	6W	40	1 Jul. 1859	Shar
Williams	Robert		1	11N	3W	80	1 Oct. 1849	Jack
Williams	Thomas	D.	18	16N	4E	40	26 May 1892	Gree
Williams	Thomas		24	10N	5W	160	16 Apr. 1821	Jack
Williams	Tobitha		5	17N	4W	147.3	14 Sep 1906	Shar
Williams	William	D.	27	12N	2W	40	1 Sep. 1856	Jack
Williams	William	P.	26	18N	6W	80	3 Jan. 1896	Shar
Williams	William	P.	35	18N	6W	120	1 May 1860	Shar
Williams	William		15	10N	4E	160	5 Jan. 1829	Poin
Williams	William		14	17N	5W	160	16 Jun. 1856	Shar
Williams	William		23	17N	5W	80	1 Jul. 1859	Shar
Williams	William		13	17N	5W	40	30 Oct. 1857	Shar
Williams	Williamson	R.	31	17N	6W	40	1 Mar. 1855	Shar
Williams	Williamson	R.	32	17N	6W	40	1 May 1854	Shar
Williamson	William	R.	31	17N	6W	328.5	30 Oct. 1857	Shar
Williford	Stephen	R.	36	19N	4W	160	8 Aug. 1895	Shar
Willis	Marlow	H.	9	10N	3W	160	27 Jan. 1904	Jack
Willmore	Wesley		8	20N	1W	80	17 Sep. 1889	Rand
Willoughby	Thomas	B.	10	16N	5E	40	1 Jul. 1859	Gree
Wilmans	James	E.	23	13N	3W	80	30 Jun. 1882	Jack
Wilmuth	Martha	J.	19	20N	4W	176.3	27 Aug. 1898	Shar
Wilson	Andrew	J.	2	12N	10E	164.4	1 Aug. 1849	Miss
Wilson	Benjamin	F.	34	19N	6E	40	1 Aug. 1861	Gree
Wilson	Benjamin		27	21N	1E	40	1 May 1860	Rand
Wilson	Benjamin		14	21N	1E	40	1 Jul. 1850	Rand
Wilson	Benjamin		14	21N	1E	120	1 Jul. 1859	Rand
Wilson	Benjamin		23	21N	1E	40	1 Sep. 1846	Rand

Last Name	First Name	Int.	Section No.	Twp.	Ran	Acres	Date	Co.
Wilson	Benjamin		26	21N	1E	80	1 Sep. 1860	Rand
Wilson	Benjamin		14	21N	1E	40	30 Oct. 1857	Rand
Wilson	David		27	20N	1E	160	12 Feb. 1825	Rand
Wilson	George	W.	13	14N	3E	80	1 May 1860	Crai
Wilson	Isaac	D.	27	18N	5W	120	6 Apr. 1895	Shar
Wilson	Isaac	D.	28	18N	5W	120	18 Oct. 1898	Shar
Wilson	Isaac		29	18N	4W	40	31 May 1890	Shar
Wilson	Isaac		29	18N	4W	120	5 May 1904	Shar
Wilson	James	A.	29	19N	4W	160	8 May 1901	Shar
Wilson	James	C.	1	19N	1W	40.61	1 May 1854	Rand
Wilson	James	C.	6	19N	1E	200	1 Jul. 1859	Rand
Wilson	James	C.	1	19N	1W	46.82	1 Jul. 1859	Rand
Wilson	James		9	20N	1E	160	14 May 1821	Rand
Wilson	John	M.	3	16N	3W	80	1 May 1860	Lawr
Wilson	John	W.	1	12N	3W	40	1 Sep. 1856	Jack
Wilson	John	W.	28	19N	4W	40	28 Jun. 1905	Shar
Wilson	John		23	21N	1E	40	1 Oct. 1849	Rand
Wilson	John		26	21N	1E	40	1 Oct. 1849	Rand
Wilson	John		26	21N	1E	40	1 Oct. 1849	Rand
Wilson	John		6	9N	1W	160	27 Nov. 1820	Jack
Wilson	John		26	21N	1E	40	1 Nov. 1849	Rand
Wilson	Joseph		25	21N	1E	40	1 Sep. 1846	Rand
Wilson	Joseph		27	21N	1E	40	1 Sep. 1846	Rand
Wilson	Joseph		25	21N	1E	40	1 Nov. 1849	Rand
Wilson	Josiah	L.	27	11N	9E	80	10 Aug. 1850	Miss
Wilson	Josiah	L.	34	11N	9E	80.68	10 Aug. 1850	Miss
Wilson	Josiah	L.	26	11N	9E	160	1 Nov. 1848	Miss
Wilson	Josiah	L.	26	11N	9E	40	1 Dec. 1849	Miss
Wilson	Lee		26	11N	9E	160	1 Nov. 1848	Miss
Wilson	Levi	A.	5	15N	3W	126.1	30 Oct. 1857	Lawr
Wilson	Oliver		12	14N	3E	80	1 May 1860	Crai
Wilson	Rebecca		4	19N	1W	80	1 May 1860	Rand
Wilson	Rebecca		4	19N	1W	40	1 Jul. 1859	Rand
Wilson	Reuben	J.	14	18N	6W	40	10 Feb. 1881	Shar
Wilson	Reuben	J.	11	18N	6W	120	1 May 1860	Shar
Wilson	Reuben	J.	11	18N	6W	160	1 May 1860	Shar
Wilson	Reuben	J.	21	18N	6W	40	1 Jul. 1859	Shar
Wilson	Reuben	J.	15	18N	6W	40	18 Mar. 1905	Shar
Wilson	Richard		20	20N	2E	320	10 Dec. 1859	Rand
Wilson	Riley	W.	7	19N	3W	80	30 Aug. 1899	Shar
Wilson	Sarah	E.	17	19N	3W	80	10 Feb. 1897	Shar
Wilson	Thomas	B.	6	18N	3W	140.5	31 May 1890	Shar
Wilson	Thomas	D.	15	15N	5W	120	16 Jun. 1856	Shar
Wilson	Thomas	D.	15	15N	5W	40	1 Sep. 1857	Shar
Wilson	Thomas	J.	4	15N	5W	120	1 Jul. 1859	Shar
Wilson	Tobitha	J.	17	21N	1E	160	14 Aug. 1899	Rand
Wilson	William	N.	6	17N	6W	82.24	1 May 1860	Shar
Wilson	William	R.	20	20N	2E	320	10 Dec. 1859	Rand

Last Name	First Name	Int.	Section No.	Twp.	Ran	Acres	Date	Co.
Wimberly	Richard	C.	19	9N	2W	38.36	1 Sep. 1856	Jack
Wimberly	Thoams		1	20N	1W	160	6 Mar. 1826	Rand
Winans	Seymour		31	11N	4E	160	2 Feb. 1824	Poin
Windham	Benjamin	F.	22	18N	5W	120	3 Nov. 1891	Shar
Winebaugh	Jacob	U.	24	20N	1W	80	23 Jun. 1896	Rand
Winfree	Charles	W.	29	14N	2W	80	18 Jan. 1891	Jack
Winfrey	William	M.	11	17N	4W	80	25 Jun. 1901	Shar
Wing	Freeman		6	11N	4E	160	27 Nov. 1820	Poin
Winkles	Frederick	T.	22	10N	5W	160	27 Nov. 1820	Jack
Winn	John	D.	36	16N	4E	40	1 Nov. 1860	Gree
Winn	Miner	M.	36	16N	4E	120	28 Mar. 1861	Gree
Winn	Samuel	C.	34	16N	4E	120	30 Jun. 1882	Gree
Winn	Simeon		15	16N	4W	40	1 Jul. 1859	Shar
Winn	William	F.	30	16N	5E	148	10 May 1882	Gree
Winningham	Jesse	P.	4	19N	3E	40	1 Oct. 1839	Rand
Winningham	Margaret	A.	18	10N	7E	120	8 May 1901	Poin
Winningham	Sherrod		33	20N	3E	40	16 Aug. 1838	Rand
Winningham	William		27	20N	3E	40	16 Aug. 1838	Clay
Winstead	John	S.	20	20N	8E	80	20 Nov. 1884	Clay
Winsted	William		21	19N	4W	93.34	1 Jul. 1859	Shar
Winters	George	H.	30	10N	4E	72	1 Jul. 1859	Poin
Winters	George	W.	36	21N	4W	80	1 Sep. 1860	Shar
Winters	James	C.	19	19N	1E	80	16 Jun. 1856	Rand
Winters	James	C.	19	19N	1E	80	1 Jul. 1859	Rand
Winters	James	C.	20	19N	1E	160	1 Jul. 1859	Rand
Wirte	James		25	17N	4W	40	1 May 1860	Shar
Wirth	Edward	B.	25	21N	4W	160	20 Feb. 1894	Shar
Wise	John		36	10N	4W	160	27 Nov. 1820	Jack
Wise	Thomas		30	20N	1W	160	14 Nov. 1836	Rand
Witcher	Henry		26	17N	4E	80	20 Jun. 1885	Gree
Witham	Charles		34	10N	4W	160	27 Nov. 1820	Jack
Withers	Allen	T.	29	17N	6W	80	30 Oct. 1857	Shar
Withers	Allen	T.	28	17N	6W	120	1 Oct. 1860	Shar
Witt	A	J.	6	19N	1W	25.11	10 Jun. 1889	Rand
Witt	John		7	19N	1W	121.1	1 Jul. 1859	Rand
Witt	Thomas	H.	22	14N	3E	40	15 Feb. 1884	Crai
Witten	James	A.	5	15N	5W	97.88	1 Feb. 1875	Shar
Witten	Leacey	J.	4	15N	5W	40	30 Oct. 1857	Shar
Witten	Leacy	T.	8	15N	5W	40	1 Mar. 1855	Shar
Witten	Thomas		9	15N	5W	240	16 Jun. 1856	Shar
Witten	William	A.	5	15N	5W	120	1 Jul. 1859	Shar
Wodd	Coleman		33	17N	4E	40	16 Jun. 1856	Gree
Wofford	Benjamin		14	21N	3W	80	1 Oct. 1860	Rand
Wolf	Andrew		21	10N	4E	160	27 Nov. 1820	Poin
Wolf	Christopher		24	10N	3E	800	28 Jul. 1838	Poin
Wolf	Christopher		5	11N	2W	382.1	1 Aug. 1839	Jack
Wolf	Christopher		5	11N	2W	160	1 Aug. 1839	Jack
Wolf	Christopher		5	11N	2W	80	1 Aug. 1839	Jack

Last Name	First Name	Int.	Section No.	Twp.	Ran	Acres	Date	Co.
Wolf	Christopher		3	13N	2W	660	1 Aug. 1839	Jack
Wolf	Christopher		4	13N	2W	661.5	1 Aug. 1839	Jack
Wolf	Christopher		5	13N	2W	79.94	1 Aug. 1839	Jack
Wolf	Christopher		5	13N	2W	152.2	1 Aug. 1839	Jack
Wolf	Christopher		8	13N	2W	303.9	1 Aug. 1839	Jack
Wolf	Christopher		8	13N	2W	152.1	1 Aug. 1839	Jack
Wolf	Christopher		8	13N	2W	80	1 Aug. 1839	Jack
Wolf	Christopher		10	13N	2W	160	1 Aug. 1839	Jack
Wolf	David		1	16N	6W	160	29 Feb. 1896	Shar
Wolf	David		12	16N	6W	40	1 May 1860	Shar
Wolf	Elijah	G.	9	18N	6W	40	1 Mar. 1856	Shar
Wolf	Elijah	G.	9	18N	6W	160	16 Jun. 1856	Shar
Wolf	Elijah	G.	3	18N	6W	40	1 Jul. 1859	Shar
Wolf	Elijah	G.	9	18N	6W	40	1 Sep. 1846	Shar
Wolf	Elijah	G.	9	18N	6W	80	30 Oct. 1857	Shar
Wolf	Enoch	O.	20	17N	6W	80	1 Jul. 1859	Shar
Wolf	Enoch	O.	15	18N	6W	40	1 Jul. 1859	Shar
Wolf	Enoch	O.	12	18N	6W	40	1 Oct. 1849	Shar
Wolf	John	G.	4	18N	6W	39.87	1 May 1860	Shar
Wolf	John	G.	3	18N	6W	120	1 Jul. 1859	Shar
Wolf	John	G.	10	18N	6W	40	30 Oct. 1857	Shar
Wolf	Susannah		33	16N	4W	160	5 Sep. 1825	Shar
Wolfe	John	D.	8	16N	5W	80	10 Dec. 1885	Shar
Wolfe	William	L.	1	9N	1W	160	23 Jul. 1821	Jack
Womack	John	P.	23	10N	3E	160	15 Jan. 1858	Poin
Woobridge	Robert		13	15N	6W	40	1 Mar. 1855	Shar
Wood	Barnaby		20	14N	1W	160	16 Aug. 1824	Jack
Wood	Benjamin	F.	8	18N	5E	40	1 May 1860	Gree
Wood	Coleman		8	16N	4E	40	1 Sep. 1856	Gree
Wood	Edmund	W.	25	16N	5W	320	27 Nov. 1820	Shar
Wood	Hiram	J.	18	15N	6W	80	25 May 1896	Shar
Wood	Hiram	J.	6	15N	6W	80	5 Jun 1905	Shar
Wood	James	E.	11	11N	7E	160	12 Mar 1901	Poin
Wood	James	R.	28	16N	5E	80	15 Dec. 1879	Gree
Wood	James		19	18N	5W	200	1 Sep. 1860	Shar
Wood	James		36	15N	4W	80	1 Oct. 1860	Shar
Wood	Joel	G.	18	15N	5E	79.7	1 Jul. 1859	Crai
Wood	Joel		18	19N	1W	39.72	22 Jun. 1895	Rand
Wood	John	I.	24	18N	5E	40	1 May 1860	Gree
Wood	John		2	21N	2E	199.6	1 May 1860	Rand
Wood	Joseph		12	17N	4W	40	10 Dec. 1859	Shar
Wood	Levi		21	10N	4E	160	27 Nov. 1820	Poin
Wood	Middleton		13	19N	2W	40	1 Oct. 1839	Rand
Wood	Penelope		7	18N	2W	160	20 May 1826	Lawr
Wood	Robert	H.	4	19N	3W	80	11 Jan. 1895	Shar
Wood	Robert	H.	9	19N	3W	80	10 Apr. 1894	Shar
Wood	Sabret		6	16N	6W	40	1 Jul. 1859	Shar
Wood	Sarah	A.	28	16N	5W	40	20 Oct. 1882	Shar

Last Name	First Name	Int.	Section No.	Twp.	Ran	Acres	Date	Co.
Wood	William	F.	32	19N	5W	120	1 Jul. 1859	Shar
Wood	William	H.	28	16N	5W	40	28 Mar. 1861	Shar
Wood	William	H.	28	16N	5E	40	1 May 1860	Gree
Wood	William	H.	28	16N	5E	40	1 Jul. 1859	Gree
Wood	William		29	19N	2W	40	5 Sep. 1842	Rand
Woodall	James	R.	7	21N	2E	40	25 Jun. 1901	Rand
Woodard	Charles		24	16N	5W	160	11 Jun. 1821	Shar
Woodard	James	A.	28	16N	6W	320	1 Sep. 1857	Shar
Woodard	James	H.	21	16N	6W	80	1 Sep. 1857	Shar
Woodburn	Robert		10	12N	10E	40	1 Dec. 1849	Miss
Woodburn	Robert		6	12N	11E	93.96	1 Dec. 1849	Miss
Woodde	William		3	11N	4E	160	1 Feb. 1821	Poin
Woodhatch	Maurice		14	11N	7E	160	23 Jan. 1901	Poin
Woodruff	James	N.	36	13N	8E	145.6	19 Oct. 1905	Miss
Woodson	Mary	A.	15	21N	1E	40	23 Jan. 1901	Rand
Woodyard	Mary	L.	12	19N	3W	160	7 Sep. 1894	Rand
Wooldridge	Robert		12	15N	6W	40	1 Mar. 1855	Shar
Wooldridge	Robert		12	15N	6W	80	16 Jun. 1856	Shar
Wooldridge	Robert		13	15N	6W	40	1 Jul. 1859	Shar
Wooldridge	Robert		13	15N	6W	40	1 Aug. 1861	Shar
Wooldridge	Starling		28	21N	1W	40	5 May 1897	Rand
Wooldridge	Starling		28	21N	1W	40	2 Jul. 1860	Rand
Wooldridge	Sterling		21	21N	1W	40	1 May 1860	Rand
Wooldridge	William		23	21N	1W	40	1 May 1854	Rand
Wooldridge	William		23	21N	1W	80	2 Jul. 1860	Rand
Wooldridge	William		23	21N	1W	120	20 Oct. 1882	Rand
Wooten	John	G.	29	11N	10E	159.2	1 Aug. 1849	Miss
World	Lewis	J.	19	18N	5W	85.73	6 Feb. 1891	Shar
Worrell	Thomas	W.	8	11N	4E	160	10 Dec. 1859	Poin
Worsham	Hines	D.	6	14N	4E	160	27 Nov. 1820	Crai
Worsham	William		18	11N	4E	160	27 Nov. 1820	Poin
Worthington	William		6	19N	5W	160	24 Nov. 1903	Shar
Wraspir	Joseph		26	11N	7E	133.7	23 Jan. 1901	Poin
Wrenfro	John	D.	6	19N	2W	43.7	1 Jul. 1859	Rand
Wrenfrow	Henderson		6	19N	2W	86.8	1 May 1860	Rand
Wrenfrow	Henderson		33	21N	3W	160	10 May 1882	Rand
Wrenfrow	John	D.	1	19N	3W	40	1 Jul. 1859	Rand
Wrenfrow	John	T.	33	21N	3W	40	23 May 1898	Rand
Wright	Abner	B.	31	19N	5W	40	6 Mar. 1891	Shar
Wright	Absalom		27	21N	1E	40	10 Jul. 1848	Rand
Wright	David		32	10N	10E	87.81	1 Dec. 1849	Miss
Wright	Ellis		20	21N	1E	160	1 May 1860	Rand
Wright	Ellis		20	21N	1E	160	1 May 1860	Rand
Wright	Fannie		26	10N	7E	160	2 Apr. 1897	Poin
Wright	George	W.	35	17N	3W	40	1 Mar. 1855	Lawr
Wright	George	W.	17	21N	1E	80	18 Jan 1905	Rand
Wright	Granville	L.	1	21N	1E	40	1 Mar. 1855	Rand
Wright	Hezekiah	B.	8	18N	6E	160	5 Mar. 1880	Gree

Last Name	First Name	Int.	Section No.	Twp.	Ran	Acres	Date	Co.
Wright	Hezekiah	B.	8	18N	6E	160	1 Jul. 1859	Gree
Wright	James	P.	17	19N	2W	80	16 Jun. 1856	Rand
Wright	James	P.	18	19N	2W	40	1 Jul. 1859	Rand
Wright	John		1	21N	1W	150.6	30 Jul. 1891	Rand
Wright	John		26	21N	1E	80	1 Oct. 1849	Rand
Wright	John		27	21N	1E	40	1 Oct. 1849	Rand
Wright	John		34	21N	1E	80	1 Nov. 1849	Rand
Wright	Joseph		30	12N	4E	40	1 Mar. 1855	Poin
Wright	Levi		22	15N	4W	160	27 Nov. 1820	Shar
Wright	Manuel	K.	20	21N	1E	160	31 Dec. 1904	Rand
Wright	Philemon	W.	2	21N	2E	40	1 Mar. 1855	Rand
Wright	Philemon	W.	2	21N	2E	40	1 Jul. 1859	Rand
Wright	Philemon		2	21N	2E	80	1 Jul. 1859	Rand
Wright	Philomon	W.	2	21N	2E	80	1 May 1860	Rand
Wright	Robert		33	17N	3W	160	16 Jul. 1821	Lawr
Wright	Thomas		1	20N	2W	160	26 Apr. 1822	Rand
Wright	Thompson		18	18N	6E	120	10 Dec. 1859	Gree
Wright	William	C.	12	16N	4W	80	1 Jul. 1903	Shar
Wurms	Herman	J.	30	19N	1E	32.3	13 Mar. 1890	Rand
Wurt	Adam		24	10N	5W	160	15 Apr. 1822	Jack
Wyatt	Daniel	D.	33	20N	1W	240	1 Jul. 1859	Rand
Wyatt	Daniel	D.	29	20N	1W	80	1 Sep. 1857	Rand
Wyatt	Harvey	H.	19	19N	1E	148.4	10 Dec. 1859	Rand
Wyatt	John	F.	30	19N	2W	120	20 Sep. 1889	Rand
Wyatt	John	M.	34	19N	6E	80	14 Apr. 1897	Gree
Wyatt	Joseph	J.	2	18N	2W	80	1 May 1860	Rand
Wyatt	Joseph	J.	30	19N	2W	40	6 Nov. 1895	Rand
Wyatt	Polly		8	18N	2W	120	1 Jul. 1859	Lawr
Wycough	Nicholas		8	18N	2E	320	16 Aug. 1838	Rand
Wycough	Samuel	B.	15	16N	4W	40	5 Sep. 1842	Shar
Wygall	William		33	15N	3W	160	12 Feb. 1828	Lawr
Wylie	Larkin		10	16N	4E	40	1 Mar. 1855	Gree
Wylie	Larkin		10	16N	4E	80	1 May 1860	Gree
Wylie	Larkin		10	16N	4E	40	1 Jul. 1859	Gree
Wynn	John		8	13N	12E	105.6	1 Nov. 1848	Miss
Wyse	Thomas	H.	27	19N	3E	40	8 May 1888	Clay
Wyse	Thomas	H.	27	19N	3E	40	19 Jun. 1890	Clay
Yarberough	John	A.	7	21N	1W	70.73	11 Sep. 1905	Rand
Yarbrough	John	H.	28	21N	1E	160	18 Jan. 1894	Rand
Yates	Robert		26	9N	1W	160	27 Nov. 1820	Jack
Yates	Samuel		17	19N	3W	40	31 May 1890	Shar
Yeager	Daniel		34	16N	6W	80	1 Feb. 1875	Shar
Yeager	Daniel		34	16N	6W	40	1 Mar. 1855	Shar
Yeager	Daniel		34	16N	6W	40	1 May 1860	Shar
Yeager	Daniel		34	16N	6W	80	1 Jul. 1859	Shar
Yeager	Daniel		34	16N	6W	40	30 Sep. 1873	Shar
Yeager	Daniel		34	16N	6W	80	30 Oct. 1857	Shar
Yeager	Lemuel	A.	12	15N	7W	120	16 Jun. 1856	Shar

Last Name	First Name	Int.	Section No.	Twp.	Ran	Acres	Date	Co.
Yeager	Solomon	R.	7	16N	6W	40	20 Oct. 1882	Shar
Yeager	Solomon		7	16N	6W	40	1 Jul. 1859	Shar
Yeager	Solomon		18	16N	6W	200	1 Jul. 1859	Shar
Yeager	Solomon		18	16N	6W	40	30 Sep. 1873	Shar
Yeager	Solomon		18	16N	6W	80	30 Oct. 1857	Shar
Yeasian	Adam		36	21N	1E	40	1 May 1860	Rand
Yeatman	Preston		7	11N	10E	160	10 Apr. 1837	Miss
Yeatman	Preston		18	11N	10E	320	10 Apr. 1837	Miss
Yeatman	Preston		21	11N	10E	80	10 Apr. 1837	Miss
Yeatman	Preston		21	11N	10E	160	10 Apr. 1837	Miss
Yeazer	Lemuel	A.	7	15N	6W	89.88	1 Mar. 1856	Shar
Yetschke	Herman		30	19N	5W	160	8 Nov 1903	Shar
Yong	Sutton		23	9N	1W	160	7 May 1821	Jack
York	Ann	H.	30	18N	2W	80	26 Jan. 1889	Lawr
Youmans	Sidney		36	20N	3E	43.85	16 Nov. 1901	Clay
Young	Evelin		5	21N	2W	87.34	4 Nov. 1893	Rand
Young	Isaac		30	11N	4E	160	27 Nov. 1820	Poin
Young	John	D.	14	21N	4W	40	8 May 1888	Shar
Young	John	R.	17	18N	3W	160	21 Mar. 1893	Lawr
Young	John	T.	5	19N	3W	80	16 Jan 1906	Shar
Young	John		30	19N	3W	69.22	21 Mar. 1898	Shar
Young	John		30	11N	4E	160	23 Apr. 1821	Poin
Young	John		15	16N	5W	160	27 Dec. 1825	Shar
Young	John		19	18N	5W	80	10 Feb 1907	Shar
Young	Nancy	E.	1	20N	6E	80	23 Jun. 1896	Clay
Young	Robert	B.	6	21N	4W	53.66	30 Apr. 1890	Shar
Young	Robert	B.	7	21N	4W	40	10 Jun. 1889	Shar
Young	William	R.	9	20N	4W	40	1 Oct. 1860	Shar
Young	William		15	19N	2E	40	1 Sep. 1846	Rand
Young	William		20	20N	3E	40	1 Sep. 1856	Rand
Young	William		18	16N	5W	91.87	1 Sep. 1860	Shar
Young	Zachariah	E.	20	16N	2W	80	13 Feb. 1905	Lawr
Youngblood	Henry		14	10N	4W	160	20 Dec. 1861	Jack
Youngblood	James		10	15N	4W	160	9 Apr. 1821	Shar
Zearian	Henry		12	20N	1E	160	1 May 1860	Rand
Zeiger	Charles		22	20N	4W	160	13 Oct. 1898	Shar
Zeiger	Charles		34	20N	4W	160	4 Nov. 1893	Shar
Zeiger	Henry	C.	23	20N	4W	160	15 Feb. 1895	Shar
Zeiger	Philip		26	20N	4W	160	12 Jul. 1900	Shar
Zenor	Eliza	A.	30	19N	3W	40	21 Oct. 1898	Shar
Zentz	Henry	W.	9	21N	4W	160	20 Jan. 1892	Shar
Zentz	Henry	W.	11	21N	4W	80	30 Apr. 1890	Rand
Zimmers	Nicholas		13	19N	3W	160	9 May 1836	Rand

Other Heritage Books by Sherida K. Eddlemon:

Missouri Genealogical Records and Abstracts:
Volume 1: 1766-1839
Volume 2: 1752-1839
Volume 3: 1787-1839
Volume 4: 1741-1839
Volume 5: 1755-1839
Volume 6: 1621-1839
Volume 7: 1535-1839

Missouri Genealogical Gleanings 1840 and Beyond, Volumes 1-9

1890 Genealogical Census Reconstruction: Mississippi, Volumes 1 and 2

1890 Genealogical Census Reconstruction: Missouri, Volumes 1-3

1890 Genealogical Census Reconstruction: Ohio, Volume 1
(with Patricia P. Nelson)

1890 Genealogical Census Reconstruction: Tennessee, Volume 1

A Genealogical Collection of Kentucky Birth and Death Records

Callaway County, Missouri Marriage Records: 1821 to 1871

Cumberland Presbyterian Church, Volume One: 1836 and Beyond

Dickson County, Tennessee Marriage Records, 1817-1879

Genealogical Abstracts from Missouri Church Records and Other Religious Sources, Volume 1

Genealogical Abstracts from Tennessee Newspapers, 1791-1808

Genealogical Abstracts from Tennessee Newspapers, 1803-1812

Genealogical Abstracts from Tennessee Newspapers, 1821-1828

Tennessee Genealogical Records and Abstracts, Volume 1: 1787-1839

Genealogical Gleanings from New York Fraternal Organizations Volumes 1 and 2

Index to the Arkansas General Land Office, 1820-1907 Volumes 1-10

Kentucky Genealogical Records and Abstracts, Volume 1: 1781-1839

Kentucky Genealogical Records and Abstracts, Volume 2: 1796-1839

Lewis County, Missouri Index to Circuit Court Records, Volume 1, 1833-1841

Missouri Birth and Death Records, Volumes 1-4

Morgan County, Missouri Marriage Records, 1833-1893

Our Ancestors of Albany County, New York, Volumes 1 and 2

Our Ancestors of Cuyahoga County, Ohio, Volume 1
(with Patricia P. Nelson)

Ralls County, Missouri Settlement Records, 1832-1853

Records of Randolph County, Missouri, 1833-1964

Ten Thousand Missouri Taxpayers

The "Show-Me" Guide to Missouri: Sources for Genealogical and Historical Research

CD: Dickson County, Tennessee Marriage Records, 1817-1879

CD: Index to the Arkansas General Land Office, 1820-1907 Volumes 1-10

CD: Missouri, Volume 3

CD: Tennessee Genealogical Records

CD: Tennessee Genealogical Records, Volumes 1-3

www.ingramcontent.com/pod-product-compliance
Lightning Source LLC
Chambersburg PA
CBHW050146170426
43197CB00011B/1989